1983 버마

1983 버마

강진욱 지음

박종철출판사

일러두기

이 책에서 다른 사람의 글을 인용할 때는 아래와 같은 원칙을 적용했다.

1. 오자나 탈자는 바로잡았고, 맞춤법, 외국어 고유명사 표기, 부호도 현재 규정에 맞게 고쳤다. 특별한 경우에만 원문을 살리고 [   ] 안에 바로잡았다. 단, 책 제목의 경우에는 원문 그대로 두었다.
2. 단독으로 사용된 한자는 모두 한글로 바꾸었다. 단, 원문이 괄호 안에 한자를 넣었을 때는 그대로 따랐다.
3. 이해를 돕기 위해 인용문 중간에 [   ]를 이용해 설명을 넣기도 했다.
4. 특별한 언급이 없는 한, 인용문 일부를 강조한 것은 이 책 저자다.

_ 차례 _

어둠의 역사를 파헤치는 용기와 기자 정신

김종철 (자유언론실천재단 이사장)

　　전두환 정권 시절 민주·통일운동에 대한 탄압과 공포정치의 칼바람이 휘몰아치던 1983년 10월 9일 오후, TV를 보던 국민들은 엄청난 충격을 받았습니다. 당시 버마의 수도 랑군에 있는 아웅 산 묘소에서 서석준 부총리 겸 경제기획원장관, 이범석 외무부장관, 함병춘 대통령 비서실장, 김재익 청와대 경제수석비서관 등 한국인 17명과 버마인 4명이 폭사했다는 뉴스 때문이었습니다. 전두환 대통령의 버마 방문을 수행한 고위 관리들뿐 아니라 당시 집권당이었던 민주정의당 총재 비서실장과 언론사 기자도 처참한 죽음을 당했습니다.

　　당시 한국의 모든 언론 매체는 버마 외무부장관이 약속된 시각보다 늦게 대통령 숙소로 찾아왔기 때문에 전두환 대통령이 아웅 산 묘소의 행사에 늦게 참석하게 되어 '기적적'으로 참사를 모면했다고 보도했습니다. '천우신조에 의한 구사일생'으로 목숨을 잃지 않았다는 전 대통령은 '아웅 산 테러'는 '북괴의 소행'이라고 단정했고, 신문과 방송은 그 말을 대서특필했습니다.

　　전 대통령의 주장대로 '아웅 산 테러'는 북한의 소행이라는 결론이 내려졌고, 이 결론은 34년 가까이 지난 지금까지도 그 사건에 관한 이견을 허용하지 않고 있지만, 많은 이가 사건의 진위에 대해 의심을 품었던 것 또한 부인할 수 없는 사실입니다.

그러나 이제까지 이 나라 언론인이나 학자 그 누구도 그 '공식 결론'의 진위를 파헤치려는 노력을 하지 못했습니다.

강진욱 기자는 국내외에서 나온 다양한 문헌과 자료들을 면밀히 검토하고 분석한 뒤, '아웅 산 묘소 테러 사건'은 북한 정권이 '강민철'이라는 공작원을 보내 저지른 '테러'라는 종래의 '정설'을 설득력 있게 뒤집습니다. 강민철은 북한 공작원이 아니라 전두환 정권의 '북파공작원'임을 시사하는 정황증거들이 하나둘 드러나고 있기 때문입니다. 그래서 지은이는 '책머리'에 이렇게 적었습니다.

단편적인 정보들을 취합해 가면서, 버마 아웅 산 묘소 폭탄 테러는
전두환 정권 초기 3년 내내 계속됐던 '북한에 의한 대통령 시해 기
도' 사건들 가운데 하나이며, 앞선 여러 사건을 통해 리허설을 거
친 뒤에 벌어진 사건이라는 결론에 이르게 됐다.

지은이는 1983년 일어난 '아웅 산 묘소 사건'이 어느 날 갑자기 북한에 의해 저질러진 것이 아니며, 1981년부터 연이어 발생한 "북한에 의한 전두환 대통령 시해 기도" 조작 사건들의 하나였다는 사실을 여러 정황과 방증자료를 통해 밝혀내고 있습니다. 「1982년: 전두환 정권의 수상한 북파공작」, 「CIA 비밀문건: '아웅 산 묘소 테러 = 북한 소행' 각본」, 「버마와 한국은 CIA 동시작전구역」 등의 절에서 밝힌 것이 바로 그것입니다.

강진욱 기자는 "『연합뉴스』에 민족뉴스취재본부가 있던 호시절에 북한부와 남북관계부에서 7년 정도 근무했고, 그 전후 몇 년 외신부에서 근무하면서 분단 체제의 모순을 제대로 깨달았다"라고 합니다.

1945년 8월 일제로부터 해방된 한반도가 두 동강이 나고 동족상잔의 전쟁까지 겪은 이래, 분단을 극복하고 통일을 이루는 것은 민족의 최대 과업이 되었습니다. 그런데 김대중, 노무현 정권 10년을 빼면 이승만, 박정희, 전두환, 노태우, 김영삼, 이명박, 박근혜 정권은 정도의 차이는 있지만, 민족의 통일과 화합을 지향하기보다는 극우적 이데올로기로 대중을 '레드 콤플렉스'에 빠뜨리면서 '정권 안보'에만 힘을 쏟았습니다. 대다수 언론인과 매체가 그런 정권 안보에 동조한 것은 부인할 수 없는 사실입니다. 이런 상황에서 '금기'처럼 되어 어둠 속에 갇혀 있던 '아웅 산 묘소 사건'의 진실을 과감하게 파헤친 강진욱 기자의 용기에 찬사를 보냅니다.

　　독자 여러분은 이 책에서 단순한 '탐사'의 영역을 넘어 뛰어난 역사서의 진면목을 감상할 수 있을 것이라고 믿습니다. '아웅 산 묘소 사건'과 관련된 여러 사건의 진상을 추적하는 과정에서는 추리소설을 읽는 듯한 짜릿함과 재미를 느낄 수 있을 것입니다.

　　강진욱 기자가 앞으로도 현역 언론인으로서 본업에 정진하면서 저술 활동도 열심히 하시기를 진심으로 기원합니다.

1983년 10월 9일, 버마(현 미얀마)의 수도 랭군(현 양곤)에 있는 아웅 산 묘소에서 전두환 대통령을 수행하던 외교사절을 포함한 한국인 17명과 버마인 4명이 폭사하고 한국과 버마 양측 인원 수십 명이 부상을 당했다. 서남아시아 및 오세아니아 6개국 순방길에 나섰다가 첫 방문지인 버마에서 벌어진 일이었다. 대통령과 장세동 경호실장 등은 숙소에서 늦게 출발해 사건 당시 현장에 없었다.

사망한 이들은 부총리 겸 경제기획원장관 서석준, 외무부장관 이범석, 상공부장관 김동휘, 동자부장관 서상철, 대통령 비서실장 함병춘, 버마 주재 대사 이계철, 민주정의당 총재 비서실장 심상우, 청와대 공보비서관 이재관, 청와대 경제수석 비서관 김재익, 재무부차관 이기욱, 과학기술처차관 김용한, 농수산부차관 강인희, 해외협력위원회 기획단장 하동선, 대통령 주치의 민병석, 『동아일보』 기자 이중현, 경호원 한경희 · 정태진 등이다. 부상자는 합참의장 이기백, 청와대 공보비서관 최재욱, 외무부 의전국장 최상덕, 『연합통신』 사진부장 최금영, 『연합통신』 기자 김기성, 『한국일보』 기자 윤국병, 『중앙일보』 기자 송진혁, 『동아일보』 기자 최규철, 『코리아 헤럴드』 기자 김기석, 문화공보부 직원 임삼택 · 김상영, 경호원 김상태 등이다.

전두환 대통령은 사건 직후 이 사건이 "북괴의 소행"임을 주장했고, 남은 일정을 모두 취소하고 귀국한 뒤 비상국무회의를 소집해 비상경계태세를 발동했다. 전국적으로 '북괴 만행 규탄대회'가 열렸고 보복과 응징 분위기가 고조됐지만, 10월 20일 대통령 특별담화를 통한 대북 경고를 끝으로 위기감이 해소됐다.

버마 정부는 사건 발생 후 3주가 지나도록 '북한'을 특정하지 않은 채 '코리언'이 범인이라는 입장이었다. 그러나 범인으로 체포된 '강민철'이 국가안전기획부 관계자들과 만난 뒤인 11월 3일 '북한에서 왔다'라고 진술하자, 버마 정부는 바로 다음 날인 11월 4일 북한 외교관에게 출국을 명령했고 북한과의 외교 관계 단절을 선언했다.

북한 대사관 직원들이 11월 6일 버마를 떠난 뒤 열린 재판에서 '강민철'에게 사형이 선고되지만, 수사에 협조했다는 이유로 무기로 감형됐다. '강민철'은 2008년 옥중에서 사망한 것으로 돼 있으나 사실 여부는 확인되지 않았다. 북한과 미얀마는 2007년 4월 국교를 회복했다.

책 머리에

참배하는데 사건이 일어났죠. 나중에 보니까 북한 사람이 다 한 것
인데. …… 남의 나라에 가서 남의 나라의 주권을 짓밟고 그런 테
러를 한다, 이건 인류 역사상 없던 일입니다. (앵커: 상상할 수 없
는 일이죠.) 상상할 수 없는 야만적인 일인데 그런 일을 저지른 것
이 북한이었습니다.

2015년 10월 8일 YTN에 방영된 인터뷰의 한 대목이다. 『경향신문』 기자
출신인 최재욱 씨는 1983년 10월 9일 당시 청와대 공보비서관으로 전두환 대
통령을 수행하고 있었다. 테러 현장에 있다 생존한 최 씨는 그 뒤에 환경부
장관과 국회의원을 지냈다.

'남의 나라의 주권을 짓밟으면서까지 인류 역사상 상상할 수 없는 야만
적인 테러를 저질렀다.' 1983년 10월 9일 버마(현 미얀마)의 아웅 산 묘소에
서 일어난 사건이 이처럼 명쾌하게 설명될 수 있는 것일까?

각료 4명 등 한국인 17명과 버마인 4명의 목숨을 앗아가고도, 정작 살해
목적이라던 전두환 대통령은 '천우신조'로 '구사일생'했다는 사건이었다.

아시아, 아프리카, 중남미를 망라한 비동맹운동 진영에서 압도적 우위를 자랑하던 북한을 국제사회로부터 철저히 고립시킴으로써, 남한이 비동맹운동에서의 열세를 단번에 만회하고 국제사회에서 우뚝 서게 된 사건이었다. 북한은 모든 것을 잃고 미국과 남한은 원하는 것을 모두 성취했으며, 미-일-한의 대소對蘇 대북對北 동맹의 틀이 완성되었다.

그렇다면 아웅 산 묘소 테러 사건은 북한이 남한 대통령을 살해하고 '남조선 혁명'을 노리다 실패하고 한-미-일은 가만히 앉아 있다 북한의 자충수 덕분에 얻고자 했던 모든 것을 한꺼번에 거머쥔 사건일까?

아웅 산 묘소 테러가 발생한 지 31년 만인 2014년 6월 정부가 테러 현장에 세웠다는 '아웅산 묘역 대한민국 순국사절 추모비' 끝머리의 수상한 글귀가 의구심을 자극했다.

추모비는 한국과 미얀마의 우정과 화합을 상징하며, 평화와 상생
의 길을 열어가는 이정표가 될 것이다.

추모비가 '우정의 탑'이란 말인가?

2012년 테인 세인 미얀마 대통령의 국빈 방한 때 한국 정부가 건의한 지 2년 만에 건립된 추모비의 문구는 '30년 세뇌'로 각인된 아웅 산 묘소 테러 사건에 대한 인식을 노골적으로 배신하고 있었다. 안내 팸플릿에도 "전두환 대통령이 방문하기 바로 전에 폭발 사고로 기념관 건물이 파괴됐다"라고 적혀 있을 뿐, '북한 소행'이라는 문구가 없다. 미얀마 정부는 공개적으로는 또는 대외적으로는 '북한 소행'임을 인정하지 않는다는 말인가? '북한 소행'을 언급하는 이가 있기는 있다. 한국 관광객들의 비위를 맞추려는 택시 운전사들.

2007년 미얀마와 국교를 회복한 북한의 반대 때문이라는 상투적 설명이 가당찮다. 이런 추모비를 세워 놓고 '가신 이들의 한을 풀었다'라며 언론 플

레이에 여념이 없는 파렴치함과 뻔뻔함이란!

    정부가 미얀마에 추모공원을 짓기 위해 외교적 공력을 쏟아 부을 즈음,
『아웅산 테러리스트 강민철』(창비, 2013년)이라는 책이 나왔다. 저자 라종일
씨는 김대중 정부 시절에는 국가안전기획부 1차장과 2차장, 그 뒤 국가정보
원으로 바뀐 뒤에도 1차장이었으며, 김대중 정부와 노무현 정부에서 각각 주
영 대사와 주일 대사였던 인물이다.
    라 씨의 책은 '아웅 산 묘소 테러 = 북한 소행'이라는 공식이 '비공식 결
론'임을 웅변하고 있다. '북한 소행'이라는 큰 틀을 유지하면서도, 이 '공식
적 결론'을 구성하는 중요한 '팩트'들이 사실은 비공식적임을 인정하고 때
로 의문을 제기한다. 북한 소행임을 주장할 수 있는 단서라고는 정체가 의심
스러운 '테러리스트 강민철'의 자백(?)뿐임을 시인하면서, 북한 소행이라는
공식적 결론의 틀을 유지하려 안간힘을 쓰고 있다.
    "테러리스트 강민철"을 한국에 데려오지 못한 데 대해 마치 죽을죄를 지
은 듯 죄스러운 마음을 드러내고, 그를 가리켜 "한국인"이라 하고, 사건의 책
임은 남과 북 모두에 있다 한다. 또한 북한이 사건을 일으킨 직접적인 계기
는 전두환의 "광주 학살"이라고 말하고, 우리 모두가 공범이며 강민철은 "국
가가 저지른 범죄"의 피해자라고 주장한다.
    그런데 아웅 산 묘소 테러가 광주에서의 학살에서 연유했다는 라종일
씨의 주장에는 '뜻밖의 진실'이 담겨 있다.
    1980년 5월 광주 현지에서 군사작전을 진두지휘한 인물(당시 보안사령
부 작전참모), 1983년 전두환 대통령의 서남아 순방 일정에 버마 방문 일정
을 억지로 끼워 넣은 인물(당시 대통령 경호실장)이 동일인이었던 것이다.
라종일 씨는 또 아웅 산 묘소 테러 사건이 일어난 지 불과 일 년이 채 못 돼
남북이 화해와 협력을 논하고 다시 일 년 뒤 남북정상회담을 위한 밀사 회담
이 열린 것을 심히 못마땅하게 여겼다. 1985년에 전두환 정권이 남북정상회

담을 위한 특사 회담에 나선 이유는 아웅 산 묘소 테러 사건에 대한 '북한의 시인'을 받아내는 것이었고, 그런 남북 밀담을 배후에서 총지휘한 이가 바로 위 인물이었다.

그렇다면 아웅 산 묘소 테러 사건이 광주 학살에서 연유했다는 주장이나 그처럼 끔찍한 사건을 겪고도 밀담을 나누는 남북 당국에 대한 라종일 씨의 비난은 비록 궤변처럼 들리지만 그 나름의 합리적인 논거를 깔고 있다는 말이다.

이런 식의 서술은 문제의 위 인물에만 국한되지 않았다.

『아웅산 테러리스트 강민철』은 '강민철 = 북한 공작원'이라는 공식 결론을 견지하고 있지만, 그 책은 사실상 '북파공작원'을 위한 헌사다. 그의 책을 여러 번 읽다 보면 강민철은 북한의 공작원이 아니라 북파공작원, 즉 남한의 공작원이라는 느낌을 갖게 된다. 그러면서 그 책은 아웅 산 묘소 테러는 북한 소행이라는 '공식적 결론'을 부정하는 여러 '비공식 정보'를 제공한다.

'공식적 결론'과 맞지 않는 정보들은 아웅 산 묘소 테러 사건에 대한 인식의 모순으로 작용한다. 이 모순은 아웅 산 묘소 테러 사건이 북한 소행이라는 공식 결론에 대한 신뢰성을 심히 손상하는 것이고, 결국 새로운 결론을 도출해 내기 위한 합리적 의심과 추리 및 추론을 유발한다.

그런 단편적 정보들을 단서로 1980년대 초 버마와 한국의 권력 핵심부의 수상쩍은 움직임들을 추적했다.

우선, 1982년 초부터 국가안전기획부와 각 군부대가 비밀리에 북파공작원들을 대거 양성했으며 외무부는 버마와 북한이 한 축을 형성하고 있는 비동맹운동 진영을 겨냥해 아시아와 아프리카 국가들을 순방하는 대통령 외유 일정을 잇달아 기획했다는 점에 주목했다.

그 과정에서 1981년 아시아 순방 때는 필리핀에서, 1982년 아프리카 순방에서는 가봉에서 각각 전두환 대통령을 위해하려 한다는 첩보가 날아들었다는 사실, 또 북한이 캐나다 교포들을 이용해 '광주 학살에 대한 응징으로 전두환 대통령을 살해하려 한다'라는 '대통령 시해 기도' 사건들이 연출됐다는 사실을 확인했다.

이처럼 으레 북한 소행으로 돌리는 사건이 잇달아 등장하는 가운데 해가 바뀌었고, 1983년 5월에는 한국과 버마에서 수상한 일들이 동시에 일어났다. 버마에서는 군정보국Military Intelligence Service(MIS) 수장이 갑자기 숙청되고 군정보국이 해체되면서 치안 체계가 한 순간에 마비되고, 바로 이 시기에 난데없이 대통령의 서남아 순방 일정에 버마를 끼워 넣는 '청와대 지시'가 내려왔다.

이런 단편적인 정보들을 취합해 가면서, 버마 아웅 산 묘소 폭탄 테러는 전두환 정권 초기 3년 내내 계속됐던 '북한에 의한 대통령 시해 기도' 사건들 가운데 하나이며, 앞선 여러 사건을 통해 리허설을 거친 뒤에 벌어진 사건이라는 결론에 이르게 됐다.

이러한 결론에 얼마나 많은 이가 동의할지는 알 수 없다. 이 책은 아웅 산 묘소 테러가 북한 소행이라는 주장과 그런 주장을 30년 넘게 퍼트려 온 이들의 언행에 대한 의구심에서 시작된 작은 성과물이다. 어떤 이의 증언도, 어떤 '결정적' 물증도 새로 확보할 수 없는 상태에서, 지금까지 알려진 이야기를 지금까지 간과됐던 당시의 정황과 대조하며 진상을 찾으려 노력했다.

그렇게 여기저기 흩어져 있던 그림 조각들의 아귀를 맞춰 어렴풋하게나마 원래의 그림을 복원하기는 했지만, 진상을 밝혀냈다고는 생각하지 않는다. 누군가는, 언젠가는 반드시 해야 할 이야기를 먼저 꺼냈을 뿐이다. 더 많은 이들이 더 많은 이야기를 나누다 보면 이 사건의 진상이 밝혀지리라 믿는다.

앞서 언급한 『아웅산 테러리스트 강민철』(2013년) 외에도, 사건 당시 청와대 경호실장이었던 장세동의 『일해재단』(한국논단, 1995년), 당시 버마 주재 한국 대사관 참사관이었던 송영식의 자서전 『나의 이야기』(엔북, 2012

년), 사건 현장에 있었던 『코리아 타임스』 기자 박창석의 『아웅산 다시 보기』(백산출판사, 2013년), 당시 안기부장이었던 노신영의 『노신영 회고록』(고려서적, 2000년), 미국 신문 『워싱턴 포스트』 기자였던 돈 오버도퍼Don Oberdorfer의 책 『The Two Koreas: A Contemporary History』(1997년)를 번역한 『두 개의 코리아 : 北(북)한국과 南(남)조선』(중앙일보사, 1998년)를 많이 참조했다. 장세동 씨의 이름으로 2013년 출간된 『역사의 빛과 그림자 — 버마 아웅산 국립묘지 폭탄테러 사건』(맑은샘)도 참고했다. 이 책은 사건 발생 30주기에 즈음해 『일해재단』(한국논단, 1995년)의 전반부인 아웅 산 묘소 테러 사건 부분을 요약해 출판한 것이다.

이들 책 가운데 아웅 산 묘소 테러 사건만을 취급한 책은 『아웅산 테러리스트 강민철』과 『아웅산 다시 보기』다.

둘 중 라 씨의 책은 지금까지 다른 이들이 이야기하지 않은 많은 정보를 담고 있을 뿐만 아니라 아웅 산 묘소 테러가 북한 소행이라는 공식 결론을 근본적으로 뒤흔들어 놓는 반증을 내포하고 있어 많이 인용했다. 또 『아웅산 다시 보기』에는 다른 책에는 없는 천병득 경호처장 인터뷰와 아웅 산 묘소 현장 점검과 관련된 중요한 증언이 실려 있어 유용했다.

오버도퍼의 책을 번역한 『두 개의 코리아: 北(북)한국과 南(남)조선』도 주목할 만한 책이다. 2000년대 이후 출간된 아웅 산 묘소 사건 관련 책과 월간지 등에 실린 내용의 원형이 모두 이 책에 들어 있기 때문이다. 아웅 산 묘소 테러 사건에 대한 공식 설명의 '원본' 같은 책이다.

이처럼 아웅 산 묘소 사건을 직간접적으로 다룬 책들은 저마다 숨기고 감추려는 이야기를 제외한 나머지 이야기들만 실려 있다. 그래서 부분적으로 여러 사람의 책 구절을 따라가며 시비를 가리려 노력했다. 그것은 이미 드러난 사실에 근거해 여러 저자의 논거나 논지의 허점과 오류를 지적하기 위함이다. 그러면서 진상과 진실의 영역을 조금씩 넓혀 가려 했다.

위 책들 외에도 버마와 미국의 관계 등에 대한 정보는 버틸 린트너Bertil

Lintner의 『OUTRAGE — Burma's Struggle for Democracy』(1990), 요시히로 나카니시Yoshihiro Nakanichi의 『Strong Soldiers, Failed Revolution: The State and Military in Burma, 1962-88』(2013), 르노 이그리토Renauld Egreteau와 래리 제이건Larry Jagan이 함께 쓴 『Soldiers and Diplomacy in Burma: Understanding the Foreign Relations of The Burmese Praetorian State』(2013), 알프레드 맥코이Alfred W. McCoy의 『The Politics of Heroin: CIA Complicity in the Global Drug Trade』(2003), 미국 민주주의의 허상과 제국주의적 만행을 고발해 온 윌리엄 블럼William Blum의 『KILLING HOPE — US Military & CIA Interventions since World War Ⅱ』(2003), 조중훈 전 한진그룹 회장의 자서전 『내가 걸어온 길』(나남출판, 1996년) 등을 참조했다.

아웅 산 묘소 테러가 '북파공작'이라는 심증을 굳히는 데는 여러 월간지와 주간지에 실린 북파공작원들의 증언이 주효했다. 지극히 단편적이지만 북파공작원들의 한 맺힌 증언과 그 증언을 통해 말하고자 하는 그 무엇, 아웅 산 묘소 사건을 이야기하는 이들이 애써 숨기는 사실들, 이들의 이야기 속에서 은연중 드러나는 뜻밖의 진실을 마주하면서, 아웅 산 묘소 테러 사건은 북한 소행이 아니라 북한 소행을 가장해 치밀하게 기획된 '대북 공작'이었다는 결론을 피할 수 없었다.

이런 결론을 도출하는 과정에서 다소 무리가 있을 수 있음을 인정한다. 쉽게 읽히지 않는다는 출판사 측의 지적도 있었다. 쉽게 읽을 수 있는 책이 아님을 안다. 몇 가지 공개된 단편적 사실에 근거해 어떤 결과를 추론하고, 그렇게 귀납한 결론으로부터 새로운 사실들을 연역하며, 단편적으로 알려진 개별적 사실들을 다시 살피면서 사건의 진상을 파악해 들어가는 서술 방식 때문일 것이다.

독자들에게는 어떤 결론 또는 어떤 사실에 대한 인식을 강요하는 것처럼 느껴질 수도 있다. 지금까지 세상에 알려졌던 이야기와는 정반대의 이야기를 풀어 가야 했고 더구나 공인된 자료를 통해 일목요연하게 설명할 수 없는 상황이기에 그럴 수밖에 없었음을 이해해 주기 바란다.

부득이 실명을 쓴 것은 진실을 밝히고자 함일 뿐, 관련자들의 명예를 훼손할 의도가 없음을 밝힌다. 거명된 이들이 진실을 이야기함으로써 이 시대의 아픔, 이 민족의 아픔을 치유해 준다면 더없이 고마운 일이다.

끝으로, 부족한 글을 책으로 엮어 준 박종철출판사 편집부에게 감사의 말을 전한다. 옛날 신문과 여러 책에서 인용한 곳을 대조해 잘못된 부분을 바로잡고, 흐름에서 벗어나는 지나친 추리와 예단을 차단하는 출판사의 고된 수고 덕분에 책이 나올 수 있었다.

아울러 부족한 글임에도 과분한 추천의 말씀을 전해 주신 김종철 자유언론실천재단 이사장님과 정남기 동학농민혁명유족회 고문님께도 감사의 인사를 드린다.

2016년 12월 어느 일요일
세상의 모퉁이
정말 이 책을 내야 할까 고민하며

제 1 부

1981~1982년 전두환 대통령 시해 모의 사건들

1983년 버마에서 일어난 아웅 산 묘소 테러 사건은 1981년부터 벌어진 일련의 '대통령 시해 모의 공작'의 완결판이었다. 전두환 정권 초기 집중됐던 비동맹권 순방 외교 때마다 대통령 위해 첩보가 날아들었다. 1981년 아시아 순방 때는 필리핀에서, 1982년 아프리카 순방 때는 가봉에서, 아웅 산 묘소 테러와 똑같은 방식의 사건이 일어날 뻔했다. 아웅 산 묘소 테러는 충분히 예견할 수 있는 사건이었고, 여러 차례 리허설을 거친 사건이었다.

먼저 살펴 볼 '최중화 사건'은 아웅 산 묘소 테러 사건의 전주곡이면서, 박정희 정권이 1970년대 후반기 내내 최 씨의 부친인 최홍희 국제태권도연맹ITF 총재를 겨냥해 벌인 '더러운 외교'의 필연적 결과였다. 태권도 창시자 최홍희 씨는 박정희가 존경했던 군 선배였지만, 쿠데타로 정권을 잡은 박정희를 못마땅하게 여겼고 박 정권의 탄압 속에 결국 한국을 떠나 친북 인사가 됐고, 박 정권의 중앙정보부는 세계 각국에서 최 씨의 태권도 보급을 방해하는 공작을 전개했다. 남한 정권이 제3국에서 북한을 겨냥해 벌이던 비열한 외교전이 극단으로 치달으면서 아웅 산 묘소 테러 사건이 일어난 것이다.

최중화 사건: 허구와 실체 사이

사건은 1982년 2월 24일 캐나다 경찰 당국의 발표로부터 시작된다.

『경향신문』 1982년 2월 26일 자 「캐나다 경찰이 24일 발표한 전두환 대통령 위해 음모」에 따르면, '전두환 대통령 위해 음모 사건'은 "북괴의 사주에 의한 국제적 요인 암살 기도"이며, "캐나다 거주 친북괴 최중화가 중심이 돼 캐나다인들을 포섭한 암살 음모 사건"이었다. 신문은 "암살 공작 착수금 지불, 범행 방법 모의 등에 대한 경찰 수사 결과로 미뤄 보아도 주모자 최가 사전에 북괴 비밀공작책과 내통하여 은밀히 꾸민 국제적 암살 획책임이 분명하다"라고 썼다.

신문은 또 "대통령 위해 음모를 획책한 주모자 최는 경찰이 사건 수사에 착수, 수사망이 압축되자 지난 1월 북괴로 도주한 사실이 판명됐다"라며 최중화 씨가 전 한국군 장성이며 말레이시아 주재 한국 대사를 지낸 최홍희의 아들이라고 소개했다. 신문은 이어 "캐나다 경찰은 미국 정부가 이번 사건 수사에 있어 일부 정보를 제공해 주었다고 밝혔다"라고 적시했다.

곧 밝혀지듯이 이 사건은 당시 정권이 기획한 '북한에 의한 전두환 살해' 모의극이었다. 미국 정부가 이 사건과 관련된 정보를 제공해 줬다는 것은 이 모의극이 전두환 정권의 단독 플레이가 아니었음을 시사한다. 이는 또한 이 사건을 시작으로 3년간 계속되다 버마 아웅 산 묘소 사건으로 완성된 '북한에 의한 전두환 살해' 모의 공작 전반에 미국이 개입됐을 것이라는 의구심으로 이어지며, 실제로 그런 정황들이 곳곳에 드러나 있다.

캐나다 경찰의 발표로 시작된 사건의 파장은 자못 컸다.

전두환 정권의 정부 대변인인 이광표 문화공보부장관이 직접 담화를 발표해 "북한 공산 집단이 국제 암살 조직까지 끌어들였다"라며 북한을 비난했다.

캐나다 경찰의 발표로 시작되고 전두환 정권의 대변인이 담화까지 발표하면서 반북 적대 분위기를 고조시킨 이 사건은 처음부터 끝까지 조작의 냄새를 풍기고 있었지만, 이 사건에 대한 인식은 그때나 지금이나 크게 다르지 않다.

라종일 씨는 2013년 펴낸 『아웅산 테러리스트 강민철』에서 아웅 산 묘소 테러 사건에 대해 "단지 일회성의 모험적인 공작이 아니었다"라며(61쪽), 지속적으로 이어진 일련의 사건의 일례로 이 사건을 들었다.

> 북한의 전두환 암살 기도에 이용된 사람들 중 한 명이 최홍희의 아들 최중화였다. 최홍희는 남한에서 박정희 대통령에 대한 불만으로 월북한 전(前) 한국군 장군이다. 그는 또 태권도의 창시자이며 국제태권도협회['국제태권도연맹ITF'의 오기]를 만들어 운영한 인물이다. 최중화는 전두환 암살 기도가 실패한 후 사법 당국의 조사를 받을 때 처음에는 자기는 전혀 모르는 일이며 남한 측의 날조라고 주장했다. 그 후 말을 바꾸어 전 대통령을 살해하려 한 것은 광주의 학살에 대한 징벌이었다는 증언을 남겼다. (62쪽)

라종일 씨의 오류부터 바로잡고 가자. 최홍희 씨가 박정희 유신정권을 피해 한국을 떠난 것은 맞지만 '월북했다'는 표현은 모함이다. '월북'은 남한 병사들이 휴전선을 넘어가거나 남한 주민이 제3국을 통해 북한으로 갔을 때 쓰는 말이다. 최 씨는 유신독재 시절 또는 그 전후 어떤 정치적 이유로 이 나라를 떠나 타국에 살고 있는 수십 만 명의 재외동포들 가운데 한 사람일 뿐이다. 그런 그를 환대한 것이 북한이고, 그 역시 태권도의 세계화를 위한 국가적 기반이 필요했기에 북한의 환대를 수용한 것이다.

라 씨는 미주尾註에서 위 인용문의 논거로 2007년 9월 3일 자《오마이뉴스》기사 「전두환 암살 계획 지금도 후회는 없다」를 제시하면서도, "그러나 다른 회견에서는 자신이 한 일을 뉘우치고 용서를 구하고 싶다는 말을 했다"

라고 덧붙였다. 라 씨는 이 덧붙이는 말의 논거로 2008년 9월 7일 자『중앙선데이』기사와 2008년 9월 8일 자『동아일보』기사를 예시했다.

위 인용문과 미주만 놓고 보면, '친북괴親北傀 인사'인 최중화 씨가 자신이 저지른 일을 뒤늦게 후회하고 있다는 말은 최 씨가 북한의 지령을 받고 전두환 대통령 살해를 기도했다는 뜻으로 읽히지만, 이는 전후 관계를 거두절미한 일종의 짜깁기다. 최 씨의 행위를 '북괴의 지령'으로 엮으려는 속임수다. 라 씨가 인용한《오마이뉴스》와『중앙선데이』글을 살펴보자.

《오마이뉴스》인터뷰와『중앙SUNDAY』인터뷰는 서로 상반된 내용을 담고 있고, 1년의 시차가 있다.『중앙SUNDAY』인터뷰는 최 씨가 한국 정보 당국과의 협의 하에 '전향'에 동의한 뒤 일본을 경유해 입국하기 직전에 일본 나리타공항에서 진행된 것이고,《오마이뉴스》와의 인터뷰는 '전향'과 전혀 무관한 상태에서 최 씨가 매우 자유롭게 자신의 의사를 피력한 것이다.

『중앙SUNDAY』는 2008년 9월 14일 자에서, 최 씨가 귀국에 앞서 일본에 머물던 5~6일 이틀간 일본 나리타공항에서 두 차례 단독 인터뷰를 진행했다고 밝히고 있다. 최 씨는 34년 전인 1974년 한국을 떠났고, 그동안 '친북괴 인사'로 낙인찍힌 아버지 최홍희 국제태권도연맹 총재를 따라 북한을 드나들었다. 한국은 그런 전력을 가진 이를 아무런 대가 없이 '고국의 품'으로 받아들일 나라가 아니다. 한국에 오기 전 일본에 불러 놓고『중앙SUNDAY』기자와 만나게 한 것은 바로 '친북괴 인사의 아들'인 최 씨의 입을 통해 그에게 씌워져 있는 '전두환 대통령 암살 모의' 혐의를 기정사실화하기 위해서였을 것이다.

『중앙SUNDAY』가 "전두환 전 대통령 암살 계획과 관련한 최 씨의 증언은 충격적"이라고 밝힌 것이 그것이다. 무엇이 그리 충격적일까? 이 사건에 어떻게 개입됐는지 설명해 달라는 질문에 최 씨는 다음과 같이 대답한 것으로 돼 있다.

1981년 2월 (오스트리아) 빈의 북한 대사관에서 최승철 부부장에게 암살 지시를 받았다. '마피아 친구를 이용해 광주사태 유가족의 원수를 갚을 수 있게 하라'고 했다. 내게 마피아 친구가 있다는 사실을 박정태 사범이 최승철에게 보고했기 때문이다. 나는 캐나다로 돌아가 유대인 마피아인 찰스 야노버와 만났고 그는 OK했다. 이후 81년 5~6월에 걸쳐 빈·마카오 등지에서 광주사태 유가족으로 위장한 북한 공작원들이 야노버와 암살을 논의했다. 나는 이들을 소개하고 본의 아니게 통역을 맡았다. 음모 내용은 '81년 7월 6~8일 필리핀 푸에르토아즐 골프장에서 마르코스와 전두환 대통령이 골프를 칠 때 잠복해 있다가 암살하고 반군 본거지인 민다나오 섬으로 탈출한다'는 것이었다. 야노버는 100만 달러를 요구했고 나는 선불 60만 달러를 81년 7월 초 제네바 '스위스은행'의 야노버 구좌로 입금했다. 그런데 날짜가 돼도 아무 일이 없었다. 야노버는 '시기가 나쁘다. 다음에 하겠다'며 60만 달러를 더 요구했다. 나는 '네가 직접 협상하라'고 한 뒤 손을 뗐다. 야노버는 캐나다 경찰에 체포돼 2년 형을 선고받았다. (「"통전부 부부장이 빈에서 전두환 암살 지시"」,『중앙SUNDAY』 2008년 9월 7일)

차차 밝혀지겠지만, 위 인용문 전반부는 소설이고 후반부는 대체로 사실이다.

1981년 2월 오스트리아 빈의 북한 대사관에서 최승철 부부장에게 암살 지시를 받았다거나, 북한의 최승철 부부장이 "마피아 친구를 이용해 광주사태 유가족의 원수를 갚을 수 있게 하라"라고 했다거나, 마피아 친구가 있다는 사실을 박정태 사범이 최승철에게 보고했다거나, 최중화 씨가 캐나다로 돌아가 유대인 마피아인 찰스 야노버와 만났고 야노보가 OK했다는 것은 모두 거짓 또는 왜곡이다.

또 최중화 씨가 스위스은행 구좌로 돈을 입금했다는 말도 사실과 다르다. 야노버의 통장으로 돈을 입금한 자들이 누구인지, 어디서 나온 돈인지는 야노버의 변호사도 모른다.

> 한국 대통령 위해 음모 사건 용의자 가운데 한 명으로 체포된 찰스 야노버의 변호사 얼 레비는 [1982년 3월] 2일 야노버와 제롤 등 두 혐의자에 대한 검찰의 기소장에 "이들이 최중화와 알려지지 않은 북한 사람들로부터 돈을 받고 최와 북한 사람들을 사취하려 했다"는 혐의 사실이 적혀 있다고 밝혔다. 이날 기자와의 전화 인터뷰에서 이와 같이 밝힌 레비 변호사는 그러나 이들이 받은 돈의 액수에 대해서는 "30만 달러를 받았다는 등 추측 보도가 많으나 나도 모르겠다"고 말했다. (「대통령 위해 사건. 법원 "최홍희 미행 중" 加[캐나다] 경찰」, 『동아일보』 1982년 3월 3일)

그가 사건에 연루됐다는 사실 말고는 온통 조작과 왜곡의 연속이었다.

최 씨 부자는 북한과 친했고 오스트리아 빈의 북한 대사관에서 최승철 부부장을 만났을 수 있다. 이를 야노버와 함께 만난 것으로 조작한 뒤, '북한의 지령'이라고 모함한 것이다.

그 다음. 최 씨가 '북한의 지령'에 따라 야노버라는 캐나다 마피아를 만난 것이 아니라, 야노버가 먼저 최 씨에게 접근했고 이 야노버를 최 씨에게 보낸 것은 미국 — 또는 캐나다 — 정보 당국이었다. 최 씨는 야노버의 요청에 따라, '광주학살피해유가족협회'를 사칭한 '코리언들'을 남한 사람인지 북한 사람인지도 모른 채 그냥 만났고, 야노버가 선창하고 '광주학살피해유가족협회 회원들(?)'이 제창한 '전두환 암살 모의'를 통역하면서 사건에 끌려들어갔을 뿐이다. 그렇게 '전두환 암살 모의'가 시작됐고, "81년 7월 6~8일 필리핀 푸에르토아즐 골프장에서 마르코스와 전두환 대통령이 골프를 칠 때 잠복해 있다가 암살하고 반군 본거지인 민다나오 섬으로 탈출한다"라는 웃기는 각본이 만들어진 것이다.

『중앙SUNDAY』는 이어 최중화 사건과 아웅 산 묘소 사건을 연결하기 위한 질문과 대답을 이어간다. 그런데 "다른 암살 계획은?"이라는 질문에 대한 최 씨의 대답에 "한 관계자"가 했다는 말이 괄호로 붙어 있다.

> 통전부가 태권도 사범에게 지시해 두 차례 더 있었다. 내가 알기론 통전부가 최소 세 차례 전두환 암살 기도를 했다. (최 씨는 자신이 가르친 사범들의 이름을 거론하기 싫어했다. 한 관계자는 "통전부 김우종 부부장(당시 85세)이 박정태 사범에게 81년 2월 미국을 방문하는 전두환 대통령의 암살을 계획하라고 지시했으며, 한삼수 사범에게는 81년 10월 여의도 국군의 날 행사 때 암살하라고 지시했다"고 말했다. 이 시도들이 실패하자 작전부가 직접 나서 83년 아웅 산 사건을 일으켰다.)

인터뷰에서 괄호를 쓰는 것은 통상 인터뷰이가 하지 않은 말을 인터뷰어가 덧붙일 때 쓰는 방법이다. 『중앙SUNDAY』는 어떻게든 최 씨에게서 원하는 대답을 들으려 애썼던 모양이지만 최 씨로부터 그 대답을 듣지 못하자 "한 관계자"의 말을 괄호에 넣어 덧붙인 것이다.

『중앙SUNDAY』는 이밖에도 최중화 씨가 북한에 머물 때 무엇을 했는지, 어떤 경위로 평양을 가게 됐으며 이후 어떤 지령을 받았는지, 북한 측이 최 씨의 아버지가 창설한 국제태권도연맹을 어떻게 선전 도구로 만들었는지 등에 대한 질문을 이어갔다.

그 "대답"은 모두 확인할 수 없는 소설들이다. 다만, 북한 측이 국제태권도연맹을 세계적인 조직으로 키우면서 사회주의 이데올로기와 접목시키려했다거나, 그 때문에 순수한 체육인이었던 최홍희 총재와 북한 당국이 갈등을 빚었으며 최홍희 총재 타계 후 북한 측이 국제태권도연맹 조직을 장악하려 했다는 최중화 씨의 대답은 신빙성이 있어 보인다. 최 씨가 한국으로 온 이유도 그 때문일 것이다.

최 씨는 『중앙SUNDAY』와 이렇게 인터뷰하기 두 달 전인 2008년 7월경 남한 인사들과 접촉하며 자신의 '전향' 문제를 협의했던 것으로 알려졌다.

그와 한국 정부 당국을 연결시켜 준 이는 오경호 태권도문화축제위원장이었다. 오 씨는 2008년 9월 11일 자 『경향신문』과의 인터뷰에서 최 씨가 2008년 7월 "소리 소문 없이 입국, 친북 · 반한 활동에 대한 관계 기관의 조사를 받았"고 그에 앞서 2007년에 오 위원장은 "정부 관계자와 함께 제3국에서 최 총재를 만"났다고 했다.

이처럼 한국 정보기관이 최 씨의 전향 공작에 착수하기 전, 최 씨가 정치적으로 자유로운 처지에서 진행한 《오마이뉴스》 인터뷰(2007년 9월)를 보자. 『중앙SUNDAY』 인터뷰(2008년 9월)와는 많이 다르다.

최 씨는 2007년 8월 5일 영국 버밍엄에서 열린 제14회 세계태권도선수권대회에 참석한 자리에서 《오마이뉴스》 기자와 만나 다음과 같이 밝혔다.

> 전두환 씨를 암살하려던 계획에 참여한 것을 후회하지 않는다. 오히려 사명감을 갖고 시작했다. 전두환 씨는 선량한 수천 명의 광주 시민을 죽이고 정권을 잡지 않았나? 1980년대 초부터 토론토의 집 근처에 살고 있는 유대계 마피아를 알게 됐고, 친구 사이로 지냈다. 1982년 경 어느 날 전두환에 대한 적개심이 있다는 것을 알고 있는 이 친구가 찾아와 '내가 전두환을 없애려고 하는데 지금을 대 줄 사람이 있다'며 통역을 해 달라고 말했다. 비엔나에 갔다. 처음엔 북한 사람인지 남한 사람인지 몰랐다. 통역을 하면서 전두환 암살 계획에 깊숙하게 개입됐다. 오직 전두환 씨만 없애 버리면 된다는 생각으로 앞뒤 가리지 않았다.
> (「"전두환 암살 계획 지금도 후회는 없다" [인터뷰] '진짜 태권도'

외치는 최중화 국제태권도연맹 총재」, 《오마이뉴스》 2007년 9월 3
일)

위 인용문에서 최 씨가 한 말을 보면, 최 씨는 분명 전두환 대통령을 살
해할 마음이 있었다. 그러나 살의를 품는 것과 그 뜻을 실행하기 위한 행동
에 나서는 것은 별개다. 당시 최 씨처럼 전 씨를 살해하겠다는 생각을 가진
이들은 하나둘이 아니었지만, 누구도 그런 일을 행하지 못했다. 다만, 최 씨
는 자신의 살의를 간파하고 악용하려는 자들이 짜 놓은 덫에 빠진 것이다.

그런데 위 기사를 쓴 《오마이뉴스》 윤형권 기자는 최중화 씨가 귀국한
2008년 9월 8일에 다시 최 씨 인터뷰 기사를 썼다. 이때는 최 씨가 1년 전 정
치적으로 자유로운 처지에서 했던 말과 달리 '북한의 은밀한 공작'이 추가
된다.

1980년 5월, 진압군에 의해 학살당하는 광주 시민의 처참한 모습
을 지켜 본 26세의 청년 최중화는 전두환 육군 소장을 살해하기로
결심했다고 한다. 그가 캐나다에서 망명 생활을 하던 때였다. 그러
던 어느 날 그에게 '광주학살피해유가족협회'에서 일한다는 사람
이 "자금을 댈 테니 거사(전두환 암살)를 치를 만한 사람을 찾아
달라"는 부탁을 했다. 최 총재는 혼자 고민하다가 이들에게 유태계
마피아 조직을 연결해 주었고, 통역을 해 줬단다.
최 총재는 기자회견에서 밝힌 대로 수차례 통역을 하면서 **전두환
암살을 계획한 사람들이 당초 신분을 밝힌 '광주학살피해유가족협회'가
아닌 북한 당국이었다는 놀라운 사실을 알게 되었다.** 최 총재는 "그만두
려 했으나 이미 때가 늦었다는 것을 알게 됐다"고 말해 전두환 암
살 미수 사건이 처음부터 북한의 지령을 받고 시작한 것이 아니라
고 주장했다. (「"북한이 태권도를 정치적 도구로 이용하고 있다",

주목 받는 국제태권도연맹 최중화 총재 방한」,《오마이뉴스》2008
년 9월 8일)

《오마이뉴스》기자는 최 씨의 말이 1년 전 했던 말과 달랐음에도 불구하
고 아무런 의문을 제기하지 않았다.

이 기자가 최 씨를 다시 만나 인터뷰한 것은 1년 전 최 씨가 정치적으로
자유로운 처지에서 거리낌 없이 털어놓은 말을 부정하고 최 씨의 행동이 '북
한의 공작'에 의한 것이었다는 식으로 '정리'한 것으로 볼 수 있다.

드러나는 진실, '최중화 공작'

최중화 사건은 최 씨가 1991년 자수하고 중형을 선고받는 형식으로 마무
리된다. 사건 구성 초기와 비교하면 '태산명동서일필' 딱 그 꼴이었다.

전두환 대통령을 쏘기로 했던 '총잡이'마저도 애초부터 전두환 대통령
을 살해할 의도는 없었고 단지 전두환 살해를 빙자해 북한으로부터 거액을
사취하려 했다는 식으로 혐의가 축소된다. 당초의 거창한 '시나리오'가 풍
겼던 긴장감은 온 데 간 데 없었고, 다만 최홍희-최중화 부자가 북한의 지령
을 받는 '친북괴 인사'임을 기정사실화하기 위한 억지만 남는다.

최 씨에게 6년 형이 선고됐음을 전하는 기사. 그는 1년 만에 석방된다.
굵게 표시된 부분에 사건의 진실이 담겨 있다.

온타리오 주 지방법원은 최 씨에 대한 검찰의 기소문을 그대로 인
정했는데, 이 기소문에 따르면 이 사건은 캐나다인 국제 사기꾼 2명
이 최 씨를 통해 북한인들에게 접근, 전슞 前 대통령을 암살해 주겠다며
자금조로 북한으로부터 모두 60만 달러를 받아 가로챈 사건이라는 것.

(「북한, 국제 테러꾼들에 60만 달러 사기당해 — 한국 대통령 암살 음모 사건 기소문 요약」,『연합뉴스』1991년 3월 14일)

위 기사의 다른 부분을 보면, 이 사건의 연출자가 누구이고 누가 배우 역할을 했는지를 알 수 있다.

최중화는 80년대에 국제 무기 거래 및 조직범죄와도 관련이 있는 챨스 야노버를 알게 됐는데, 야노버는 81년 최에게 접근해 석탄 거래를 하겠다며 북한인들을 소개해 달라고 요청했다. 그는 통역을 통해 은근히 한국의 전 대통령을 암살해 줄 수도 있다는 뜻을 전달했으며, 북한인들은 그에게 전 대통령의 암살을 요청했다. 야노버는 81년 5월에 오스트리아 빈에서 북한인들과 다시 만나 전 대통령을 암살하겠다는 내용의 계약서에 서명한 데 이어 6월에는 마카오에서 북한으로부터 착수금조로 '미화 1백 달러짜리가 가득 담겨져 있는 가방'을 두 개 받았다. 북한은 81년 7월에 야노버에게 전 대통령이 곧 필리핀을 방문할 예정이라고 통보하고 마르코스 대통령과 전 대통령이 필리핀의 푸에르토아즐에서 골프를 치는 동안 암살해 달라고 요청했다. 야노버는 자신의 친구인 마이클 제롤과 함께 필리핀 현지를 답사한 뒤 다시 빈에서 최를 통해 북한인들과 만나 구체적인 암살 계획을 논의했다. 이때 야노버는 소형 녹음기를 감추고 들어가 대화 내용을 녹음했으며, 제롤은 야노버를 경호하면서 그 장면을 사진으로 촬영했다. 야노버와 제롤은 이때 방탄복을 입고 있었다. 사실 야노버와 제롤은 전 대통령을 암살할 의사가 없었으며, 오히려 그들은 북한으로부터 성공적으로 거금을 사취하려고 했다. 야노버와 제롤은 81년 7월 중순께 캐나다에서 평소 안면이 있는 변호사를 만나 지난 몇 달 동안 일어난 일들을 설명했다. 그는 북한인들과의 대화

녹음테이프와 사진, 필름 등을 보여 주었으며, 자신이 아무도 살해할 용의가 없다고 변호사에게 말했다. 그는 또 한국 정부 당국이 그 음모를 알아차리고 전 대통령의 일정을 바꿀 수 있도록 어떤 조치를 취했다고 말했다. **그는 이후 북한인들과 접촉을 계속하면서 변호사를 통해 연방경찰 및 합동수사본부 등에 가서 확실한 정보를 제공했다.** 이 사건에 대한 수사는 한국의 관계 기관을 비롯해 필리핀, 태국, 오스트리아, 네덜란드, 벨기에, 프랑스, 마티니크[마르티니크], 토론토 시 당국 등이 참여한 가운데 세계 도처에서 이루어지게 됐다. 81년 9월 야노버는 다시 최를 통해 북한 당국에 편지를 보내 "자금이 부족해 일을 하지 못하고 있다"고 호소, 거금을 받아내는 데 성공했다. 야노버가 북한 당국으로부터 받은 돈은 모두 미화 60만 달러에 달한다. 야노버와 제롤은 82년 2월 24일 살인 음모에 대해 유죄 선고를 받고 투옥됐다. 최는 그 이후 북한에서 은신해 오다 지난 1월 21일 토론토 경찰에 자수했다. 한편 야노버와 제롤은 이미 형기(야노버 2년, 제롤 6개월)를 마치고 자유롭게 생활하고 있다고 토론토 관계 당국은 밝혔다.

최 씨가 캐나다 마피아를 동원한 거대한 조직범죄의 함정에 빠진 것이다. 이 사건의 수사가 한국은 물론 필리핀과 태국, 오스트리아, 네덜란드, 벨기에, 프랑스, 마르티니크, 토론토 등 세계 도처에서 이뤄졌다는 위 기사 내용만 봐도 알 수 있다. 마르티니크는 카리브해에 있는 프랑스령 섬이다. 이런 나라 또는 지역은 모두 미국 또는 캐나다 정보기관과 연결된 야노버 일당이 해괴한 공작을 꾸미고 다녔을 법한 곳이다. 북한이 캐나다 교포를 꾀어 한국에 위해를 가하기 위해 이처럼 광범위한 지역을 무대로 일을 벌일 이유가 없다. 위 기사에서 "북한인들"이란 실제 북한인들이 아니라 북한인들로 가장한 자들, 그러니까 캐나다 마피아를 동원한 범죄극의 배우들이다. 바로

『중앙선데이』에 "광주사태 유가족으로 위장한 북한 공작원들"로 등장했던 이들이다.

"북한인들과" 전두환 살해를 위한 계약서를 썼다? 이런 말도 안 되는 소리를 공소장에 버젓이 쓰는 이들은 대체 뭐하는 자들이고, 이런 공소장을 아무런 의심 없이 있는 그대로 베껴 쓰는 자들은 또 뭔가? 북한이 계약서 쓰면서 전두환 살해를 부탁할까? 또 "북한인들"과 만나 전두환 살해를 모의하는 자들이 소형 녹음기를 감추고 들어가 대화 내용을 녹음하고 대화 장면을 사진으로 촬영한 뒤, 곧바로 자신의 변호사를 통해 캐나다 경찰에 그 증거물을 넘기고 자수한다?

캐나다 경찰의 발표가 처음 나온 지 석 달여 만에 1982년 5월 31일 캐나다 온타리오 대법원 42호 법정에서 캘리 판사의 심리로 열린 첫 공판. 최중화를 끌어들인 장본인인 야노버 등이 최중화의 범죄 혐의를 입증하기 위해 갖가지 증거물을 제시하고 있다.

> 【토론토=연합】40만 달러의 보석금을 내고 석방된 찰스 야노버와 7만 달러의 보석금을 내고 풀려난 마이클 제롤에 대한 첫 공판 …… 제롤 야노버 최중화 등 3인이 한식당에서 밀담하는 장면을 찍은 사진 1장 등을 증거물로 제시했다. (「전 대통령 위해 음모 ─ 캐나다 법원 첫 공판」,『경향신문』1982년 6월 1일)

야노버, 제롤, 최중화 셋이 함께 식당에 있는 장면을 촬영한 것은 틀림없이 이 사건의 연출자일 것이다. 연출자가 따로 있고 야노버와 제롤 등은 배우였다는 말이다.

『동아일보』가 1982년 3월 16일 자에서 「전두환 대통령 위해 음모 사건 ─ 야노버 보석 허가」 제목으로 쓴 기사에 따르면, 캐나다 온타리오 주 대법원은 3월 15일 전두환 대통령 위해 음모 혐의로 구속돼 있는 찰스 야노버를 미화 40만 달러로 보석을 허가했다. 신문에 따르면, 캐나다 연방경찰의 론 앨러드 수사관은 1981년 7월 말 경에 야노버의 변호사 얼 레디로부터 연락을 받았고, 이 변호사는 자신의 소송 의뢰인이 검찰 기소를 면제받는 조건으로 암살 음모에 대한 정보를 제공할 것을 제의했지만 연방경찰의 담당 수사관 로스 오크는 이런 변호사의 제의를 거부하고 수사에 착수했다고 한다.

오크 수사관은 재판정에서 야노버, 제롤, 최중화 등이 토론토에서 모의를 시작하여 1981년 6월 홍콩, 마카오, 마닐라, 방콕, 암스테르담, 빈, 파리 등지에서 만났으며, 야노버가 1981년 6월부터 북한인들로부터 40만 달러 이상의 돈을 받았다고 증언했다. 1981년 6월 홍콩에서 5만 달러, 빈에서 30만 달러를 받았고, 그해 7월 미화 6만8천 달러가 스위스은행을 통해 캐나다에 송금됐다는 것이다.

야노버에 대한 보석을 허가하는 재판에서 야노버의 변호사는 또 중요한 사실을 지적했다. 야노버가 빈에서 접촉한 인물들이 북한인들이라는 것을 어떻게 알았느냐고 질문한 것이다. 이 질문에 오크 수사관은 오스트리아 수사 당국이 북한인들이라고 알려줬다고 대답했다.

하나하나 짚어 보자.

야노버를 보석으로 풀어 주기 위한 재판이 열린 날은 3월 15일. 그런데 앞서 봤듯이, 그가 유죄 선고를 받고 투옥된 것은 1982년 2월 24일이었다. 그러면 야노버는 구속된 지 불과 3주 만에 보석으로 풀려났다는 말이다. 이런 식으로 야노버 등은 모두 빠져나갔고 함정에 빠진 최중화 씨만 중형이 선고됐다.

또 야노버의 변호사도 자신의 의뢰인이 오스트리아 수도 빈에서 접촉했다는 인물들이 정말 조선민주주의인민공화국(북한) 사람들인지에 대해 의문을 가졌을 것이다. 캐나다 연방경찰 수사관이 대답한 대로 정말 오스트리아 수사 당국이 확인했다면, 정말 그들이 북한 사람들이었다면, 한국 신문들이 연일 떠들던 오스트리아 주재 북한 대사관 최승철 부부장은 당장 추방됐어야 마땅하다. 한 국가의 대통령을 살해하라고 지시한 외교관을 그냥 둘 나라는 없다. 그런 일이 벌어졌다면 남한 언론은 연일 그 사실을 대서특필했을 것이고, 굳이 버마 아웅 산 묘소 테러 사건을 치르지 않고도 북한을 국제사회의 미아로 만들 수 있었을 것이다.

그런데 그런 일은 일어나지 않았다. 그렇다면 오스트리아 정부가 야노버와 최중화 씨 등이 만난 '코리언'들은 북한 사람들이라고 알려줬다는 말도 사실이 아닐 것이다.

이들 정체불명의 '북한 사람들'은 2008년 최중화 씨가 한국에 귀화하는 과정에서 『중앙SUNDAY』와 진행한 수상한 인터뷰를 통해 "광주 사태 유가족으로 위장한 북한 공작원들"로 다시 한 번 둔갑한다.

최 씨가 한국 국적 취득과 귀화 절차를 밟기 전 자유로운 상태에서 했던 인터뷰 내용들은 모두 왜곡되고 새로운 이야기들이 조작되면서, '북한이 광주 학살에 대한 응징으로 전두환 대통령을 살해하기 위해 여러 차례 기도했다'라는 '결론'이 난 것이다.

또 그렇게 내려진 이상한 결론은 3년 뒤인 2011년 7월 라종일 씨가 '아웅 산 테러리스트 강민철'을 거론하며 '광주 학살 응징을 위한 아웅 산 묘소 테러'라는 30년 전 '공식'을 재확인하는 근거가 된다.

최중화 씨가 한국에 들어올 때 그랬던 것처럼 이번에도 『중앙SUNDAY』가 전면에 나선 점이 특이했다. 라종일 씨는 이 매체와의 인터뷰를 통해 아웅 산 묘소 테러가 광주 학살에서 시작되었다고 주장했고, 2년 뒤인 2013년 이 논지에 입각한 책 『아웅산 테러리스트 강민철』이 나왔다. 라종일 씨는 최중화 씨가 광주에서의 학살에 대한 응징으로 전두환을 살해하려 했다는 '공식 결론'을 재확인하면서(62쪽), 아웅 산 묘소 테러 역시 광주의 학살을 응징하기 위한 것이라고 강조했다. '광주 학살 응징으로서의 아웅 산 묘소 테러'라는 1982년 공식은 이처럼 여러 단계의 확대재생산 공정을 거쳐 2013년 책으로 엮이면서 하나의 정설처럼 된 것이다.

라 씨의 '강민철 이야기'가 등장하기 앞서 한 차례 더 아웅 산 묘소 테러 사건을 광주사태와 연결시키려는 시도가 있었다.

1991년 출간된 신봉길의 『시간이 멈춘 땅, 미얀마』(한나라)라는 책을 통해서였다.

최중화 씨가 1991년 1월 캐나다로 들어와 3월 6년 형을 선고받음으로써 전두환 살해 음모 사건이 공식적으로 마무리될 때 이 책이 나왔고, 2008년 최중화 씨가 한국으로 전향하는 때에 맞춰 『중앙SUNDAY』가 재차 '광주 학살 응징을 위한 북한의 전두환 살해 기도' 가설을 확산시켰으며, 그로부터 3년 뒤인 2011년에 또 한 번 『중앙SUNDAY』가 나서 국가정보원 차장을 지낸 라종일 씨와의 인터뷰 기사를 통해 '광주 학살에서 연유하는 아웅 산 묘소 테러' 논리를 편 것이다.

어떤 가설을 확대재생산하는 공정에는 새로운 재료가 추가되기 마련이다. '아웅산 테러리스트 강민철'이 재판을 참관하던 일본인 외교관을 한국 정부 관계자로 착각하고 그를 향해 침을 뱉었다는 뜬금없는 이야기가 그것이다. '아웅 산 테러리스트 강민철'이 전두환의 광주 학살을 응징하려는 의지로 똘똘 뭉쳐 있었던 것처럼 분위기를 연출한 것이다.

이 이야기는 1991년 『시간이 멈춘 땅, 미얀마』 98쪽에 처음 등장했고, 라종일 씨가 2013년 펴낸 『아웅산 테러리스트 강민철』에 아래와 같이 다시 등장한다.

> 강민철은 그 사람이 한국 대사관 직원이 아니냐며 반문했다고 한다. 그때까지 그는 적어도 광주항쟁을 일으킨 남한의 군사정권에 대한 적개심만은 그대로 갖고 있었던 것 같다. 그는 버마에 파견되기 전 정치 교양에서 한국의 정치 상황에 대해 교육을 받았다고 했다. 텔레비전을 통해서 광주항쟁의 실상을 보았고, 남한 동포를 해치는 전두환을 처치하라는 지시를 '정의로운 사명감'을 갖고 받아

들었다고 했다. (63쪽)

그런데 강민철이 재판 도중 한국인으로 보이는 참관인을 향해 침을 뱉었다는 이야기는 당시 재판 과정을 시시각각 전하던 국내 신문 어디에도 나오지 않는다. 도대체 어디서 그런 정보가 나왔는지 언급조차 없다. 당시 현장을 지켜봤던 국내외 수많은 기자도 전하지 않았던 이야기를 '누군가 말했다더라' '~했다 한다' 식으로 갖다 붙인 것이다.

'강민철의 침 뱉기'는 1981년부터 미국과 한국 및 캐나다 정부 당국이 벌인 '전두환 살해 모의 함정 작전'으로부터 연유하는 '광주 학살 응징론'을 위해 꾸며낸 이야기일 것이다.

암살 기도는 단지 일회성의 모험적인 공작이 아니었다. 북한 정권
이 실패를 거듭하면서도 여러 번 집요하게 이를 기획하고 추진한
것을 보아도 알 수 있다. (61쪽)

'광주 학살 응징을 위한 북한의 전두환 살해 기도' 시나리오야말로 일회성에 그치지 않고, 세세연년, 거듭거듭, 지속적으로 확대되고 재생산되고 있다.

캐나다 마피아의 배후는 CIA

캐나다 검찰이 쓰고 한국 언론이 전한 최중화 씨의 고소장만 보면, 캐나다 마피아 찰스 야노버는 전두환을 살해할 의도도 없으면서 단지 전두환을 살해하겠다는 말로 북한 당국을 속여 60만 달러를 갈취한 국제 사기꾼이다.

그런데 캐나다 검찰의 공소장 자체가 엉터리다. 최중화 씨와 야노버 일

당이 만났다는 사람이 오스트리아 빈 주재 북한 대사관 직원인지조차 확인하지 않고 '원래 각본대로' 북한 사람들을 만났다고 쓴 것이다. 그리고 한국의 정보기관은 이런 각본에 양념을 듬뿍 쳐, "북한의 최승철 부부장"이 직접 최중화 씨에게 전두환 암살을 지시한 것처럼 조작했다. 이런 각본을 쓴 자들이 누구인지는 굳이 말하지 않아도 알 수 있을 터.

북한으로부터 돈을 우려내기 위해 전두환에게 적개심을 가진 최중화라는 사람을 끌어들인다는 발상은 한낱 사기꾼의 머리에서 나올 수 없는 일이다. 미국의 철천지 원수 북한과 접촉하는 사기극을 어찌 한낱 사기꾼이 벌일 수 있단 말인가!

실제로 야노버는 미국과 캐나다의 극우 인종주의 조직 및 신新나치 단체와 연결돼 있고, 일찍부터 미국 정보 조직이 중남미 약소국들을 상대로 벌이는 국가 전복 등 '더러운 전쟁dirty war'에 관여해 왔다. 그가 최중화 씨를 상대로 공작을 벌이던 때는 그가 중남미 약소국 도미니카공화국의 쿠데타 음모에 가담했다 미국 경찰에 체포된 때였다.

한국의 정보 당국이나 정보 당국의 자료를 베껴 쓴 제도 언론에 따르면, 1981년 2월 오스트리아 빈의 북한 대사관에서 최승철 부부장이 최중화 씨에게 전두환 암살 지시를 내린 것으로 돼 있다. "마피아 친구를 이용해 광주사태 유가족의 원수를 갚을 수 있게 하라." 그리고 1981년 5~6월 빈과 마카오 등지에서 "광주사태 유가족으로 위장한 북한 공작원들"이 야노버와 암살을 논의하고, 1981년 7월 6~8일 전두환이 골프를 치기로 했다던 필리핀 푸에르토아즐 골프장 인근 호텔에 투숙했다(「"통전부 부부장이 빈에서 전두환 암살 지시"」, 『중앙SUNDAY』 2008년 9월 7일).

그런데 야노버 일당이 도미니카공화국 쿠데타를 일으킨다며 거사를 일으키려다 미국 뉴올리언스에서 미연방수사국FBI에 체포된 때가 1981년 4월 27일이다. 야노버는 이보다 조금 늦게 체포된 것으로 보인다. 어쨌든 야노버는 1981년 초 도미니카공화국 쿠데타를 일으키기 위해 이런저런 자들과 만나는 동시에 최중화 씨를 꾀어 '북한의 지령에 의한 전두환 살해 공작'을 연출하고 있었다는 말이다. 마치 스파이더맨처럼 동에 번쩍, 서에 번쩍 하면서!

야노버의 정체를 폭로하는 외국 문헌이 있다.

고급 정보 소식지를 자처하는 『EIR』은 야노버를 가리켜 "미국 연방수사국이 조종하는 신나치 조직과 백인 인종주의 조직인 KKK단 미주 지부와 캐나다 지부 자금책"이라고 밝히고 있다. (EIR은 'Executive Intelligence Review'의 머리글자로 인터넷 www.Larouchepub.com에서 볼 수 있다. 미 파워엘리트 세력의 심리전 매체로 보이며, 시시때때로 미 파워엘리트 세력의 움직임을 파악하는 데 꽤 도움이 되는 자료를 공개하기도 한다.)

미국 뉴올리언스와 토론토의 나치 용병 지망생들에게 군자금을 댄 이는 캐나다 토론토의 유대계 조폭Jewish mobster이면서 쿠바 코카인 밀매 조직의 우두머리인 로버트 베스코Robert Vesco와 끈이 닿아 있는 찰스 야노버였다. 놀라운 사실은 야노버가 …… 현재 북한으로부터 40만 달러를 갈취 …… 이 돈은 …… KKK가 기도했던 쿠데타 군자금으로 사용……. (「FBI가 테러를 부추기는 방식」, EIR 12호 1985년 8월 2일)

EIR은 또 야노버를 가리켜 이스라엘의 정보조직인 "모사드Mossad"의 "떨거지cutout"라고 표현하기도 한다.

모사드는 특히 헨리 키신저가 미국의 비밀 작전들을 이스라엘에 퍼뜨린 이후 중앙아메리카와 남아메리카 및 다른 지역에서 미국 국가안보위원회NSC가 수행할 수 없는 쿠데타를 배후 조종해 왔다. …… 이런 작전의 대표적인 예가 바로 샤론 이스라엘 총리의 동지인 제에비Ze'evi 장군이 1980년 주도한 볼리비아 쿠데타다. 제에비 장군은 1977년 이스라엘 정보국을 떠나 에콰도르로 이주한 뒤, 이 곳에서 보안 관련 회사를 설립해 [이스라엘] 정부를 돕고 있다. 제에비는 에콰도르에서 아르헨티나 군부 및 문[선명]의 통일교와 손잡고 볼리비아에서 코카인 밀수에 관여한 군부 인사들cocaine colonels 이 볼리비아를 장악하도록 공작을 벌였다. …… 전형적인 모사드 쿠데타는 도미니카공화국에서 일어났다. 1979년에 모사드 떨거지 Mossad cutout이자 토론토에 근거지를 둔 깡패 조직원mobster인 **찰스 야노버**가 미국과 캐나다의 KKK단 조직원들을 끌어 모아 유진 찰스Eugine Charles 정부를 전복시키려 했다. **야노버**의 형은 캐나다 정부 조직인 프라이비위원회Privy Council 고위직에 있다. (「중앙아메리카 내 이스라엘 커넥션」, EIR 14호, 1987년 1월 23일)

"모사드 떨거지"라든가 KKK단의 조직책이라는 소리를 듣는 야노버 가 1970년대 말 카터 행정부 때부터 1981년 레이건 행정부 초기까지 도미 니카공화국 쿠데타 음모에 가담한 내력도 흥미롭다. 그 이야기는 www. thegrenadarevolutiononline.com/page17a.html에 상세히 실려 있으며, 2008년 벨Bell과 스튜어트Stewart에 의해 『돼지들의 늪: 적도 섬나라를 범죄의 낙원으로 만들려는 대담한 음모의 진상Bayou of Pigs: The True Story of an Audacious Plot to turn a tropical island into a criminal paradise』이라는 제목의 책으로도 출간됐다.

우선 야노버의 도미니카 쿠데타에 대한 매튜 로더Matthew A. Lauder의 보고 서 「온타리오 남서부에서의 극우파의 준동The Far Rightwing Movement in Southwest Ontario」을 보자.

이 보고서는 야노버 일당의 도미니카공화국 쿠데타 음모를 "만화책에나 나올 법한 모험 이야기comic book escapade"라고 지칭하면서 경찰들은 이들이 개 입된 사건을 "돼지들의 늪Bayou of Pigs"이라고 부른다고 밝혔다. 한마디로 야노버 네들의 도미니카공화국 쿠데타 음모가 웃기는 얘기라는 말이다. ("돼지들의 늪", 즉 "Bayou of Pigs"는 미 군산복합체 파워엘리트 세력이 1961년 4월 17일 쿠바 망명자들 1,400명을 5개 대대와 낙하산 부대로 나눠 쿠바의 피그스만, 즉 Bay of Pigs를 침공했다가 쿠바 정부에 격퇴당한 사건을 패러디한 것이다.)

이들은 '붉은 개 작전Operation Red Dog'이라는 이름으로 도미니카공화국 정부 전복을 모의했다고 한다.

> 이들 극단적 인종주의자들과 신나치 조직원들은 [미국] 뉴올리언스에서 도미니카공화국으로 이동할 계획을 세우고 고무보트를 빌려 해안으로 침입하려 했다. 이들은 도미니카공화국에서 코카인 제조 공장과 카지노, 호텔, 성매매 업소, 총기 밀매 조직을 운영해 돈을 벌고 도미니카공화국의 천연자원과 값싼 노동력을 착취하려 했다.

어떤 나라 정보 조직의 끄나풀들이 중남미 소국 하나를 접수한 뒤 허접한 돈벌이를 모의했다는 말이다. "만화책에나 나올 법한 모험 이야기"라는 표현이 딱 맞는다. 그런데 이들은 제법 진지했고, 약소국 경찰과 군인들을 제압하기 위해 총기와 폭발물을 구입했으며, 실제로 약속된 날짜에 '거사'를 벌이려 했다.

문제는 그 '거사'라는 것이 미국 정보기관이 '예비 범법자'를 잡아들이기 위해 늘 벌이는 함정수사였다는 점이다. 그 함정수사는 그네들의 감옥에 있던 전과자 등 약점이 있는 이들에게 '테러 모의'를 시키고 이들에게 인터넷 등을 통해 동조자들을 끌어들인 뒤 '국제 테러 조직을 일망타진' 하는 수법이다.

1981년 4월, 야노버와 그의 동료[제롤?]는 도미니타공화국 쿠데타를 위한 현지 정찰을 마치고 토론토로 돌아왔다. 이후 야노버 등이 쿠데타 디데이 며칠 전 도미니카공화국으로 들어가, 해안으로 상륙할 팀과 만나기로 의견을 모았고 …… 상륙팀은 뉴올리언스에서 …… 폭약과 무기를 보트에 싣고 떠나기로 했다. 침략 개시 직전 팀원 하나가 도미니카공화국 쿠데타 모의에 가담한 혐의로 현지 경찰에 체포됐고, 이 소식은 세계적 뉴스거리로 떠올랐다. …… 그러나 또 한 사람의 용병[퍼듀]이 친구에게 도미니카공화국 쿠데타 모의 사실을 이야기했다. 1981년 4월 26일, 퍼듀 등은 미국 뉴올리언스에서 세 명의 후원자를 만났다. 이들은 모두 미국 알코올마약무기단속국ATF의 위장 요원들이었다. 퍼듀는 이들의 정체를 모른 채, 이들에게 다음 날 밤 도미니카 침공을 개시할 것이라고 밝히고 약속 장소에서 다시 만나기로 했다. 4월 27일 밤 열 명의 용병은 신분을 숨긴 세 명의 ATF 위장 요원과 함께 다시 만났고, 무기와 폭약을 밴에 실은 뒤 해안으로 출발했다. 바닷가에서는 미국 연방수사국FBI 요원들이 이들을 기다리고 있었다. 얼굴에 서치라이트 불빛이 비춰지고 중무장한 경찰들이 에워싸자 용병들은 깜짝 놀랐다. 경찰들은 용병들이 갖고 있던 기관총, 소총, 권총, 다이너마이트, 총알 5천여 발, 나치 깃발 등을 압수했다.

결국 야노버 패거리의 도미니카공화국 쿠데타 모의는 미국의 알코올마약무기단속국과 연방수사국의 함정수사였다는 말이다.

1981년 4월 27일, 볼프강 발터 드뢰거 등 두 명의 캐나다인과 8명의 미국인이 미국 뉴올리언스에서 수사 당국에 체포됐고, 나중에 찰스 야노버 등 네 명의 캐나다인이 추가로 체포됐다. 체포된 이들 가운데 야노버 등 두 명을 제외한 나머지 캐나다인과 미국인은 모두 극우 조직 구성원들이었다. 야노버는 토론토에서 유명한 마피아다. …… 도미니카공화국 쿠데타를 모의했던 어설픈 용병들에게는 1~3년의 징역형, 야노버에게는 6개월 징역형이 선고됐다.

그러나 야노버는 보석금을 내고 풀려났고, 이후 20여 년간 — 아마 그가 사망할 때까지 — 최중화 씨를 끌어들이는 수법과 똑같이 정보 당국의 '함정 수사 요원'으로 맹활약했다. 2007년 12월 7일 자 캐나다의 신문 『더 스타The Star』에는, 전직 캐나다 경찰청인 왕립기마경찰대 소속이었고 자신의 경찰 경력을 소재로 『더 네이키드 마운티The Naked Mountie』라는 책을 낸 데이비드 키프트David Kift가 야노버의 꾐에 빠져 무기 거래 혐의로 체포됐다는 기사가 실려 있다.

이 신문에 따르면, 그는 2003년 3~4월 불법으로 총기 번호가 삭제된 무기를 거래한 혐의로 유죄 판결을 받은 반면, 그와 함께 기소된 레온 크루거Leon Kruger는 모든 혐의를 벗고 방면됐다. 기소장에는 두 사람이 53개 항목에 걸쳐 범법 행위를 한 것으로 돼 있다. 크루거의 변호사는 4년 반에 걸친 긴 법정 다툼에 대해 "사건의 핵심은 자칭 걸출한 사기꾼이면서 깡패 조직원인 챨스 야노버"라며 "그가 불법으로 총기와 탄약을 사들였고, 불법 무기들을 수입했다"라고 말했다.

레온 크루거 역시 야노버와 수십 년 동안 한 패였다. 그렇다면 결국 야노버 일당이 불법 무기를 사들이는 공작을 꾸몄고 데이비드 키프트라는 이는 이런 자들과 어울리다 함정에 빠진 것이다. 최중화 씨처럼.

북미주 간첩단 사건을 꾸미려 했나?

미국과 이스라엘 및 캐나다 경찰 또는 정보 당국의 끄나풀이라는 야노버와 그 일당이 최중화 씨를 끌어들인 사건은 최중화 씨 한 사람만을 노린 일과성 사건이 아니었다.

야노버 일당은 최 씨뿐만 아니라 최 씨와 어울리는 또 다른 캐나다 교포 문지식文智軾 씨를 끌어들여 또 다른 사건을 벌이고 있었다. 1980년 전두환의 광주 학살을 증오하던 캐나다 교포 최중화 씨가 미국 정보기관의 끄나풀이 던진 올가미에 걸려들면서 시작된 '캐나다 교포를 활용한 북한의 전두환 암살 음모' 사건은 '북미 교포 간첩단 사건'으로 비화될 수 있었다는 말이다. 전두환 정권은 최중화 씨의 부친인 최홍희 씨를 사건의 핵심으로 몰고 가려했고, 그와 동시에 이들 최 씨 부자와 친분이 있는 또 다른 캐나다 교포 문지식 씨를 '북한의 전두환 살해 모의' 사건에 엮어 넣으려 했다.

먼저 문지식 씨에 대한 공작.

문 씨는 1981년 4월 21일 홍콩에서 김포공항을 통해 입국하면서 우황청심환과 브로바 시계 등 1천 7만원 상당의 외제품을 밀수한 혐의로 그해 9월 30일 구속돼 1심에서 징역 1년 집행유예 2년을 선고받는다. 문 씨가 관세법 위반 혐의로 구속된 것은 전두환 살해 음모와는 무관하게 일단 그의 신병을 확보해 놓으려는 전두환 정권의 사전 작업이었을 것이다.

그런데 문 씨는 이미 캐나다 마피아 야노버가 꾸민 '디스코텍 폭파 사건'(1980년 1월)에 연루돼 있었다. 그렇게 이리저리 엮인 문 씨는 1982년 2월 24일 캐나다 당국이 최중화 씨가 전두환 살해 모의 사건에 연루됐다고 발표한 뒤 최 씨 사건의 공범 격으로 다시 거명되기 시작한다. 야노버는 문지식 씨를 끌어들여 폭파 사건을 조작하고, 곧이어 최중화 씨를 끌어들여 전두환 살해 모의 사건을 연출했던 것이다.

이처럼 캐나다 마피아 야노버가 캐나다 토론토에 살고 있는 한인들을 차례차례 꾀어내면서 벌어지는 수상한 사건들은 모두 1982년 언론 플레이를 통해 동시에 이슈화되면서 "북한의 지령에 의한 전두환 살해 사건"이 실제로 벌어질 듯한 분위기가 조성된다.

문지식 씨 사건과 최중화 씨 사건은 미 정보기관의 끄나풀임이 분명한 캐나다 마피아 야노버가 핵심적 역할을 했다는 사실 말고는 서로 연관성이 없고 시간적으로도 연속성이 없다. 그런데도 전두환 정권을 떠받치던 권력기관들과 그 선전 매체들은 두 사건을 한데 묶어 "전두환 대통령 위해 음모 사건"으로 몰아갔다.

야노버를 핵심 고리로 하는 디스코텍 폭파와 전두환 살해 모의 등등 이런저런 사건들을 조작한 뒤 이 사건들을 모두 북한과 연결시키는 어떤 시나리오가 있었던 것이다. 그렇지 않았다면, 전두환 정권을 보위하는 치안본부가 문 씨를 이미 1981년 9월 검거해 놓고도 굳이 1982년 3월에야 그 사실을 발표할 이유가 없었다.

문 씨는 이후 캐나다 온타리오 지방법원에서 유죄판결을 받지만 죄목은 전두환 살해 모의와 무관했다. 그럼에도 불구하고 전두환 정권은 문 씨를 전두환 살해 모의 사건의 공범이라고 줄기차게 선전했다.

그렇게 전두환 정권에 의해 "최중화 사건의 공범"으로 몰렸던 문지식 씨에 대한 모든 법적 절차는 1983년 4월 마무리된다. 아웅 산 묘소 폭탄 테러가 발생하기 6개월 전 "북한에 의한 전두환 대통령 살해 모의" 분위기는 한껏 달아오른다. 그리고 한 달 뒤, 버마에서는 군 정보국MIS 국장이 숙청되면서 버마 치안 및 경호 체계가 마비되고, 한국에서는 버마의 이런 치안과 행정 마비 상태를 틈타 전두환 대통령의 버마 방문 일정을 억지로 끼워 넣는 공작이 시작된다. 미국과 캐나다, 버마와 한국의 정보조직을 완전히 장악한 자들만이 벌일 수 있는 거대하고도 끔찍한 시나리오가 있었다는 말이다. 이에 대해 논하기 앞서 사건 하나를 더 살펴보기로 한다.

아웅 산 묘소 사건의 데자뷔 '동건애국호 제1탄'

전두환 정권이 캐나다 교포 최홍희-최중화 부자를 핵심으로 하는 간첩 (단) 사건을 조작하면서 '북한의 전두환 시해 음모' 분위기를 고조시킬 때인 1982년, 버마 아웅 산 묘소 테러 사건과 흡사한, 아니 똑같은 방식의 테러가 아프리카에서 벌어질 뻔했다.

이때도, 버마 아웅 산 묘소 테러 사건을 통해 널리 이름이 알려지게 될 '동건애국호'가 등장한다. 동건애국호는 버마 아웅 산 묘소 테러 사건을 일으킨 범인들이 타고 왔다는 북한 화물선이다. 이 배는 1980년대 세계 각지를 오가며 북한으로 물자를 수송했던 배로, 1982년에는 가봉에도 갔던 모양이다.

놀랍게도 1982년 이 배를 활용한 아프리카판 아웅 산 묘소 테러 사건이 기획된 정황이 드러났다.

'북한 테러리스트들이 이 배를 타고, 전두환 대통령의 아프리카 순방 일정에 맞춰 그 방문국의 하나였던 가봉에 들어와 전두환 대통령을 살해하려 했다'라는 각본이 공개된 것이다.

그 행간을 읽으면 소름이 끼치는 소설 같은 이야기가 『신동아』2004년 5월호에 실렸다. 이야기 제목은 「김정일, 1982년 아프리카 가봉에서 전두환 암살 노렸다」. "특수부대 1급 킬러 3인, 폭발물 테러 위해 20일간 4000km 잠행"이라는 부제가 붙어 있는 이 소설은 그 제목만 보면 그럴싸한 스릴러물처럼 보이지만, 내용을 보면 영락없는 '간첩 조작 사건' 줄거리다.

이런 간첩 조작 사건 줄거리를 세밀히 살피는 이유는 이 '동건애국호 제1탄' 소설에는 아웅 산 묘소 테러 사건이 왜 일어났는지를 알려 주는 중요한 모티프가 담겨 있기 때문이다. 이런 테러 시나리오들은 모두 북한과 제3세계 비동맹운동 진영의 관계를 파탄시키기 위한 목적에서 꾸며진 것이었다. 이런 파괴적 목적으로 꾸며진 동건애국호 작전 제1탄은 시나리오 단계에서 보류되지만, 그 목적은 동건애국호 작전 제2탄인 아웅 산 묘소 테러 사건으로 완성된다.

『신동아』는 이 글이 "당시 계획 준비에 참여하고 실행 과정에 동행했던 전직 북한 관료(신분을 밝힐 수 없으므로 편의상 'A 씨'로 호칭한다)"와 "A 씨가 북한을 탈출, 망명한 이후 진술 과정에 관여했던 국정원 관계자들"의 증언을 바탕으로 쓰여졌다고 밝혔다. '소설가'는 탈북자와 국정원이란 말이다. 탈북자 A 씨가 언제 한국에 왔는지, 북한에서 무슨 일을 했다는 것인지에 대해서도 일언반구 언급이 없다.

그런데 이 '신동아 소설'의 원형이 있었다. 7년 전인 1997년 돈 오버도퍼 Don Oberdorfer가 쓴 『The two Koreas: A Contemporary History』(1997년)가 그것이다. 이 책을 번역한 『두 개의 코리아: 북한국과 남조선』(중앙일보사, 1998년) 141쪽.

> 미국의 테러 문제 전문가 조지프 버뮤데즈에 따르면 양곤[당시 랭군] 폭탄 테러 사건이 일어나기 1년 전인 1982년 북한의 해외 비밀공작 업무는 권력 세습자로 부상한 김정일(金正日)의 관할로 넘어갔다. 북한은 1982년 가을 전 대통령의 아프리카 순방 중 가봉에서 그를 암살하려는 계획을 세웠었다. 당시 음모에 가담했다가 나중에 한국으로 망명한 북한 외교관 고영환(高英煥)에 따르면 그 계획은 마지막 순간 김정일의 지령에 의해 취소됐다. 김일성의 불어 통역을 맡기도 했던 고(高)는 아프리카에서 한국 대통령을 암살하게 되면 유엔 총회에서 아프리카의 지지를 상실할지도 모른다는 이유 때문에 계획을 취소한 것으로 보인다고 말했다.

'신동아 소설'에 등장하는 '탈북자 A씨'는 바로 고영환이었다. 콩고 북한 대사관에서 1등서기관으로 근무하다가 1991년 탈북해 지금은 국가안보

전략연구원 부원장을 맡고 있다. 그런데 왜 『신동아』는 고 씨를 "A 씨"라 했을까? 당연히 『신동아』 기자는 글을 쓰기 전에 고 씨를 만났을 것이다. 그러나 고 씨는 오버도퍼 책에 등장하는 자신의 말을 부인했을 것이다. 그래서 그냥 '탈북자 A'로 쓸 수밖에 없었던 것이다.

만일 오버도퍼 책에 등장하는 고영환 씨의 말이 사실이었다면, 그런 사실이 그가 한국에 온 지 7년 만에 외국인이 쓴 책을 통해, 그것도 고 씨의 말이 아닌 "미국의 테러 문제 전문가"의 입을 빌려 공개될 이유가 없다. 1991년은 마침 아웅 산 묘소 테러 사건에 대한 버마 최고재판소의 판결문이 한국에 입수돼 대서특필됐을 때다. 당연이 고 씨는 이에 대해 언급했어야 하지만, 그는 이런 이야기를 입에 담지 않았다.

오버도퍼가 '1982년 북한의 전두환 테러', 즉 '아프리카판 아웅 산 묘소 사건'을 북한이 기획한 것처럼 쓰기 위해 인용한 테러 전문가 조지프 버뮤데즈는 2001년 미국 부시 행정부가 '테러와의 전쟁'이라는 이름으로 약소국들을 침탈할 때 무시로 활용하는 '테러 전문가'의 한 사람이다. 결국 오버도퍼의 책을 원형으로 하는 '신동아 소설'의 작자는 국정원 또는 미국 정보 당국이었다는 말이다.

또 '신동아 소설'은 사건이 언제 일어났는지에 대해서도 구체적으로 밝히지 않는다. 전두환 대통령이 가봉을 방문한 것은 버마 아웅 산 묘소 테러 사건이 일어나기 약 10개월 전인 1982년 8월, 나이지리아와 세네갈을 포함해 서아프리카 3국을 순방할 때였다.

이 순방과 관련해 특이점이 있다면, 나이지리아와 세네갈에서는 별 문제가 없었지만 가봉에서는 수도 리브르빌Libreville 공항에서의 환영 행사에서 가봉 대통령실 소속 군악대가 한국의 애국가 대신 북한 국가를 연주하는 해프닝이 있었다는 점이었다. 해프닝이었지만, 의미를 둔다면 가봉이 북한과 가까운 나라라는 사실을 웅변하는 '사건'으로 취급될 수도 있었다. 어쨌든 가봉은 1983년 10월의 서남아시아 순방 일정 중 갑자기 포함된 버마에서 사건이 일어난 것과 유사한 사건이 일어날 수 있는 나라였다.

도무지 믿을 만한 구석이 조금도 없어 보이지만, 국정원 또는 미국 정보 당국이 만든 '신동아 소설'을 보자.

> 같은 시각, 거사 예정지인 가봉의 수도 리브르빌에서 10km 남짓 떨어진 오웬도항. 호텔과 상점이 즐비해 흡사 마이애미비치를 연상케 한다는 이 호사스러운 도시 앞바다 …… 그 바다 한켠에 주변 풍경과 전혀 어울리지 않는 초라한 배 한 척이 몸을 숨기고 있었다. 북한 국적의 '동건애국호'였다.

사건이 언제 일어났는지조차 밝히지 못하는 것은 동건애국호의 가봉 오웬도항 입항 날짜와 전두환 대통령 일행의 가봉 방문 일정이 크게 어긋나기 때문인지도 모른다. 일정이 너무 차이가 나면 '동건애국호 테러리스트들에 의한 전두환 대통령 살해 음모' 각본을 꿰맞출 수 없는 것이다.

이듬해 벌어지는 버마 사건 때도 동건애국호의 입항 시기와 사건 발생 시기가 거의 3주나 차이가 난다. 그 때문에 테러리스트들은 이 배가 입항한 뒤에도 무려 일주일을 배에서 머물고 배에서 내려 모처에 숨어든 뒤에도 무려 두 주나 빈둥거렸다는 각본이 나온 것이다. (제4부의 「동건애국호 버마 입출항에 얽힌 비밀」 참조.)

아무튼 동건애국호가 전두환 대통령의 아프리카 순방 일정에 맞춰 1982년 8월에 가봉의 오웬도항에도 갔었다고 치자.

'신동아 소설'은 이 '아프리카 거사'를 김정일 조선로동당 총비서가 단독으로 실행하려다, 나중에 아버지 김일성 주석에게 혼이 날까 두려워 미리 이실직고했고, 된통 혼이 나 결국 계획을 실행에 옮기지 못했다고 쓰고 있다.

아프리카 계획을 보고받은 김 주석은 대노한 것으로 전해졌다. '가
봉쯤은 잃어도 좋다'는 김 비서의 판단과는 달리, 김 주석은 '계획
이 성공하든 실패하든 일단 일이 터지면, 아프리카 전체가 등을 돌
리게 될 것'이라며 김 비서를 질책했다는 것. 단순히 가봉과의 단
교 정도가 아니라 비동맹회의의 중심축인 아프리카 국가들이 일제
히 북한과의 관계를 재검토하게 만드는 무모한 시도라는 꾸중이었
다고 한다.

거사가 실행되지 못한 이유 치고는 너무 황당하지 않나! 차라리 '동건애
국호의 입항일을 대통령 일행의 방문 일정에 맞추지 못해 계획이 틀어졌다'
하는 편이 훨씬 자연스럽지 않을까? 김정일 국방위원장이 부친에게 혼이 나
계획을 실행에 옮기지 못했다면, 제2의 동건애국호 작전인 버마 아웅 산 묘
소 테러 사건도 일어날 수 없는 일 아닌가?

아웅 산 [묘소] 사건은 김일성 주석의 반대에 부딪쳐 아프리카 계
획을 포기했던 김정일 비서가 이듬해 계획을 갈고 닦아 실행했던
것으로 보인다. 아프리카에 비하면 역내 단결이 그다지 강력하지
않았던 서남아시아의 분위기, 이미 남한 쪽으로 상당히 기울어진
서남아시아의 대세 등을 감안해 미얀마를 결행 장소로 선택했고,
김 주석도 최종적으로 계획을 승인했던 것으로 관측된다.

1982년 가봉에서의 거사는 아버지의 꾸지람 때문에 실행하지 못했지만
1983년 10월 9일 버마 아웅 산 묘소 테러는 김정일 총비서가 다시 맘을 굳게
먹고 실행에 옮겼다는 말인가? 아프리카 계획을 막은 김 주석이 버마 계획을
승인했다?
이런 한심한 '신동아 소설'을 주시하는 또 하나의 이유는 이 소설에 깔

려 있는 '남북한 공동 책임론' 때문이다.

1998년 김대중 정부 출범 직후 국정원 해외담당 차장으로 발탁돼 "아웅산 테러리스트 강민철"에 대한 공작을 벌였던 라종일 씨가 2011년 아웅 산 묘소 테러 사건을 재구성하면서 읊기 시작하는 '남북한 동시 책임론'이 이미 2004년 '신동아 소설'에서 그 싹을 보였다는 말이다.

> 80년대는 극단의 시대였다. 각기 20여 년 동안 철권으로 나라를 지배한 전임자로부터 권좌를 물려받은 남과 북의 권력자에게, 공존이나 협력 같은 말은 공허한 수사에 불과했던 시기였다. 한쪽이 다른 한쪽을 무너뜨리는 것이야말로 승리의 지름길이던 일촉즉발의 시대에, 남북 간의 긴장과 갈등은 정통성이 부족했던 두 권력자의 권좌를 받쳐 주는 '안전판'이었다. …… 김정일 비서의 아프리카 계획은 대립의 시대가 낳은 모험주의의 위험성을 상징하는 또 하나의 사건이다.

"남북 간의 긴장과 갈등은 정통성이 부족했던 두 권력자의 권좌를 받쳐 주는 '안전판'이었다!" '안기부 소설' 작자들의 고해성사인가?

북한 정권이, 김일성 주석이나 김정일 국방위원장이나, 정권의 정통성 위기를 걱정한 적이 있을까? '북한의 정통성 위기'란 '굶어 죽는 북한 주민' 등의 반북 슬로건에서 나온 것으로, 아무리 길게 잡아야 1990년대 중반 이후에나 나올 법한 이야기다. 1970년대나 1980년대는 '북한의 정통성 문제' 따위는 없었다. 박정희 정권이나 전두환 정권이 나라 안팎에서 정통성 시비에 시달린 것과 대조적으로, 북쪽은 정치적 안정성 면에서 남쪽에 비해 훨씬 우월했다.

아웅 산 묘소 테러가 광주학살에 대한 북한의 응징이라는 공식을 견지하고 있는 라종일 씨의 책 『아웅산 테러리스트 강민철』에도 2004년 '안기부 소설'과 비슷한 '고해성사'가 들어 있다.

라 씨는 전두환의 신군부가 광주에서 저지른 끔찍한 학살에 대해 "광주 항쟁은 한국 내에서뿐만 아니라 국제사회에서도 권위주의에 대한 시민적 저항의 상징으로, 그리고 군사력을 앞세운 권위주의 정권이 휘두른 폭력의 전형적인 예로 기억되었다"라고 밝힌 뒤, "이 사태로 전두환 정권은 그만큼 국민적 지지나 인기는 말할 것도 없고 정통성이나 합법성을 크게 훼손하는 아픈 상처를 안고 통치에 임해야 했다"라고 지적했다(48~49쪽).

라 씨는 이어 1980년대 중반 주한 미국 대사를 지낸 제임스 릴리James Lilly의 책『차이나 핸즈China Hands』(2004)를 인용해 "80년대 중반에는 '광주를 기억하자'는 구호가 민주화를 원하는 모든 연령층의 한국인들에게 표준 시금석이 되었다"라고 부연한다. 여기까지는 역사적 사실을 제대로 설명하고 있다. 그런데 곧바로 라 씨는 이런 한국적 현실 때문에 북한이 아웅 산 묘소 테러를 저질렀다고 강변한다. 궤변의 전형이다.

정통성 위기에 시달리는 전두환 정권에 대한 서술에 이어 아웅 산 묘소 테러 사건에 대해 이야기하려면, 전두환 정권이 정통성 위기에서 벗어나고 그 나름 존재 의의를 획득하기 위해 아웅 산 테러를 저질렀다는 논리를 전개해야 이치에 맞는다. 북한이 테러를 저지름으로써 정통성 위기에 시달리는 전두환 정권을 살려냈다는 궤변 속에는 정반대의 뜻이 담겨 있다.

정통성이 부족한 권력자의 권좌를 받쳐 주기 위해 긴장과 갈등이 필요했다는 말은 전두환 정권에나 해당된다. 전두환 정권, 그리고 그 정권이 출범하도록 음으로 양으로 뒷받침했으며 그 정권과 더불어 동북아시아에서 한-미-일 3국 동맹체를 강화함으로써 반북 반소 반공反北反蘇反共 전략을 완성하려는 미국이야말로, 남북 긴장과 북한의 위기를 조장하고 조작할 필요성을 절감하고 또 절감할 때였다. 아웅 산 묘소 사건이 일어나기 한 달 전 발생한 소련의 KAL기 격추 사건(1983년 9월 1일) 당시 격렬했던 소련을 향한 미국의 첩보전이 그 방증이다. 이 사건은 제10부의 「1983년 KAL기 격추 사건」에서 자세히 논한다.

2004년 '신동아 소설'이 '북한의 테러(?)에 대한 남북한 동시 책임론'을 여론화하려 시도한 이유는 무엇이었을까? 나중에 제7부에서 보겠지만, 2003년과 2004년은 국가정보원이 강민철을 한국에 데려오기 위해 '뒷 공작'을 벌일 때였다. 2004년 '신동아 소설' 따위를 만들어내고 '남북 동시 책임론'을 퍼뜨리며 강민철에게 면죄부를 주려 한 이유도 바로 그 공작과 관련이 있을 것이다.

노무현 정부 초기인 이 시기는 또한 6·15 남북정상회담으로 정점을 찍은 김대중 정부의 대북 평화로드맵을 깨뜨리려는 여론몰이가 가속화될 때였다. 김대중 정부의 대북 정책을 망가뜨린 바로 그 '대북 송금 특검'으로 정몽헌 현대그룹 회장이 검찰 조사를 받는 과정에서 투신해 자살하는 때가 바로 2003년 8월이다.

한 가지 중요한 사실은 '대북 송금 문제'가 2002년 3월 미 의회조사국 CRS이 관련 정보를 공개하면서 시작됐다는 점이다. 이 보고서는 그다지 주목을 끌지 못했지만, 두 달 뒤 『월간 조선』이 5월호를 통해 이를 여론화했고 그해 9월 한나라당의 엄호성 의원 등을 통해 이슈화되면서 그해 말 대통령 선거의 최대 쟁점으로 부각됐다. 2002년 미 의회조사국의 대북 송금 의혹 제기는 실제로 김대중 정부의 대북 평화 프로세스를 깨뜨리는 데 결정적인 역할을 했고, 이후 '김대중-노무현의 대북 포용 정책이 북한 미사일로 돌아왔다'라는 논리의 근거가 됐다.

이 시기는 또한 북파공작원 처우 문제가 이슈화된 때이기도 했다. 바로 이러한 때, '아웅산 테러리스트 강민철'의 국내 송환 작업을 본격화하고 '국가범죄' 운운하면서 아웅 산 묘소 사건의 책임이 남북한 모두에게 있다고 주장했다면, 그럼으로써 강민철에게 어떤 면죄부를 주려 했다면, 그 이유는 단 한 가지, 강민철이 북파공작원이기 때문이 아니겠는가?

2011년 『중앙선데이』 인터뷰로 시작돼 2013년 『아웅산 테러리스트 강민철』로 완성되는 라종일 판 남북한 동시 책임론은 2004년 '신동아 소설'을 그 원형으로 하면서도, 버마 아웅 산 묘소 사건의 원인으로 1980년 5월 18일 '전두환의 광주 학살'을 끌어다 붙인 것이 새롭다 하겠다.

아웅 산 묘소 사건은 점차 진화하고 있는 것이다! 누군가, 어느 조직에선가 이 끔찍한 사건에 대해 구차한 설명에 살을 붙여 가며 그럴듯하게, 그래서 조금이라도 설득력을 더하는 각본으로 만들려는 노력을 부단히 하고 있다는 말이다.

> 잘 알려지지 않았지만, 1982년 8월 전 대통령의 아프리카 순방 때에도 암살을 기도했으나 실패했다. 이후 미얀마 순방을 계기로 북한은 '전두환 제거 계획'을 다시 꺼내들었다. 그러나 이것마저 실패하면서 [대남비서] 김중린은 김일성으로부터 심한 질책을 받고 1년간 중앙당 농장으로 좌천되었다. (이신재 국방부 군사편찬연구소 연구원, 「북 계획적으로 대한민국 대통령 시해 시도〈14〉 아웅 산 테러 사건」, 『국방일보』 2014년 10월 6일)

'광주 학살 응징론'의 유래

1981년 북미 한인들을 겨냥해 전두환 살해 모의 공작을 꾸민 것은 '광주 학살에 대한 북한의 응징' 분위기를 조장하기 위함이었고, 실제로 아웅 산 묘소 테러 사건에 대한 전두환 정권의 공식 설명도 그 논지를 따랐다.

1983년 10월의 아웅 산 묘소 테러 사건은 이미 1981년부터, 어쩌면 그 이전 광주 학살에 대한 국민적 반감이 고조될 때부터 그 시나리오 작업이 시작됐는지도 모른다.

라종일 씨가 2013년 출간된 『아웅산 테러리스트 강민철』에서 아웅 산 묘소 테러를 5·18 참극에 대한 북한의 응징으로 몰고 간 것을 보면, 그때의 시나리오 작업이 30년이 지나서도, 어쩌면 앞으로도 계속 유효하다는 뜻이다. 라 씨의 책은 당시 실재했던 각본을 풀어 썼을 뿐이다.

> 1970년대 초부터 남한의 경제 규모가 북한을 추월하기 시작했다. 이것은 남북 관계를 점점 변화시켰다. …… 다른 한편으로, 경이적인 경제성장을 주도한 남한의 권위주의적인 정권은 정치적으로는 점차 곤란한 처지가 되었다. …… 경제성장과 맞물려 양적으로나 질적으로 확대된 시민사회를 정부 마음대로 조종하거나 통제하기 어려워진 것이다. 정부는 이들을 탄압하거나 통제하려 했지만, 저항을 더 확산시킬 뿐이었다. 토착적인 좌경 혁명 세력까지 등장해서 정부뿐 아니라 사회 지도층 인사들까지도 우려하는 상황 …… 정부가 추진하는 정책을 급진적으로 비판하는 세력도 등장 …… 남한은 빠른 경제성장 과정에서 정치적으로 불안정한 상황이 계속 …… 1970년대 말, 유신체제가 심각한 위기를 맞게 된다. 이 위기는 파국으로 이어지고, 비극적인 상황을 맞게 된다. 이런 상황에서 북한 정권은 특유의 전략을 구사할 기회를 놓치지 않았다. 즉 폭력의 행사가 정치적 게임의 중요한 전술적 요소로 등장하게 된 것이다. (45~47쪽)

눈에 띄는 대목이 있다.

박정희 유신 독재가 장기화된 데 대한 국민적 저항을 서술하면서 "토착적인 좌경 혁명 세력"과 "정부가 추진하는 정책을 급진적으로 비판하는 세력"을 특정한 것이다. 이들로 인해 정치적 불안이 심화됐다는 견해는 당시 상황에 대한 객관적 서술이 아니라, 이들 세력을 사회불안 요소로 매도하는 박정희 정권과 전두환 정권을 수립하고 지탱한 국내·외 지배층의 시각을 반영한 것이다. 박정희 정권과 전두환 정권이 이들 반정부 세력을 '용공' '좌경' 또는 '친북' 세력으로 매도하며 정치적으로 탄압했음은 널리 알려진 사실이다. 라종일 씨는 바로 이런 관점에서 책을 썼다.

'광주사태'를 바라보는 관점도 그러하다. 라종일 씨가 합법성을 결여한 군사정권에 대한 국민적 저항에 주목하는 것은 이 '사회불안 요소'를 북한과 연결시키기 위해 안달했던 당시 집권 세력의 사고방식의 연장이다. 당시를 살았던 이들은 전두환 정권이 쿠데타에 의한 정권 찬탈에 항거하던 민중을 "북한의 사주에 의해 경거망동하는 폭도"로 매도했음을 또렷이 기억하고 있다.

라종일 씨 책은 북한이 이런 '광주사태'를 적화통일의 기회로 삼으려 했다는 궤변으로 이어진다.

> 이런 사태는 당연히 남북 관계에도 영향을 미칠 수밖에 없었다. 북한의 정권 담당자들은 이런 일을 남의 일처럼 생각하면서 팔짱만 끼고 바라볼 수는 없었을 것이다. 3년 후 북한이 먼 나라 버마에서 자행한 참혹한 테러 행위는 광주항쟁과 연관 지을 수밖에 없다. 여하간 남과 북의 갈등은 마침내 본국에서 멀리 떨어진 버마에까지 미쳤고, 또 다른 참상을 빚게 된다. (50쪽)

"북한의 정권 담당자들은 이런 일을 남의 일처럼 팔짱만 끼고 바라볼 수는 없었을 것"이란다. 당시 북한 지도부의 움직임과 관련한 어떤 증거도 제시하지 않으면서 막연히 '~을 것이다'라고 주장하고 있다.

이런 주장은 박정희 정권과 전두환 정권, 또는 그 이전과 이후 정권이 '국정 혼란' '국기 문란' 운운하며 시민사회의 민주화 욕구를 탄압하는 빌미로 활용하고 있는 바로 그 반공·반북 적대 이데올로기다. 이런 반공 이데올로기에 매몰돼 적개심을 심화시키다 보면 급기야는 북한이 광주사태로 인한 남한 사회의 혼란을 틈타 또는 그 주모자를 응징하기 위해 테러를 일으킨다는 상상으로 이어질 수 있다.

라 씨가 책에서 언급한 '허구적 가능성'이 바로 그것이다. "······ 강민철이 ······ 자기는 '서울대생'이라고 답을 한 것은 ······ 그 당시 남한 상황에서 사실이 될 수도 있는 일종의 허구적 가능성fictional feasibility이 있었던 것 같다"(65쪽).

일을 저질러 놓고 '북한 간첩 소행이다!'라고 떠들면 그럭저럭 먹히는 세상이었다는 말이다. 이런 '허구적 가능성'은 지금도 유효하다.

> 북한은 남한에서 일어난 대규모의 비상사태인 광주항쟁을 가만히 앉아서 구경만 할 수 없었다. 남한 내부에서 대규모의 소요 사태가 일어났고 정부군이 민간인을 대량 학살하고 있었다. 바로 북한 정권의 일관된 전략에 안성맞춤으로 만들어진 상황이나 마찬가지였다. 그야말로 그토록 고대하던 바로 혁명적인 상황인 것이다. 군대가 민간인을 살해했고 정통성도 합법성도 없는 정부가 국민을 탄압하고 있었다. 집권층은 국민들에게 증오의 대상이 되어 가고 있었고, 거의 전 국민적인 비판과 저항에 몰려 있었다. 해외에서도 지탄의 대상이 되고, 심지어는 남한과 우호적인 관계를 유지하는 우방국들뿐만 아니라 동맹국들 내부에서도 비난의 목소리가 높았다. 북한의 집권층이 오랫동안 꿈꾸어 오던 일이 현실로 나타난 것이었다. 이것은 북한이 이제까지 남한 사회를 놓고 생각하고 기대했던 것이 옳았다는 것을 증명해 주는 상황인 동시에 놓칠 수 없는 기회였다. 직접적인 군사행동까지도 할 수 있는 상황이었고 명분까지 갖추어진 셈이었다. '폭압적인 정권에서 남한 동포를 보호한다'는 명분 말이다. 남한 내부의 호응도 기대해 볼 수 있었다. (57~58쪽)

남한과 우호적인 관계를 유지하는 우방국들뿐만 아니라 동맹국들 내부에서도 비난의 목소리가 높았다? 남한 내부의 호응도 기대해 볼 수 있었다? 거짓말이다. 당시 미국은 은밀히 '광주에서의 학살'을 부추기며 하루 빨리 자신들의 꼭두각시 정권인 전두환 정권이 안정되기를 바라고 있었다.

북한의 개입에 대한 남한 내부의 호응이나 그 기대 역시 라종일 씨 또는 전두환 정권 담당자들이 지어낸 "허구적 가능성"이다. 당시 광주에서 항쟁하던 민중은 "북한은 오판하지 말라!"라고 외치고 있었다.

라종일 씨는 이어 "북한은 미국이 무서워 전쟁을 벌일 수는 없었고 테러를 통해 전두환을 응징할 수밖에 없었다"(59쪽)라고 주장한다.

> **테러를 통한 정치적 목표를 추구**할 좋은 기회였다. 말하자면 **테러 행위도 일종의 정치 행동**인 것이다. 남한 국민의 대중적인 지지가 취약한 신군부 정권의 최고 책임자를 살해하면 …… 새로운 집권층은 큰 혼란에 빠질 것이고 …… 반면, 민주화 투쟁 세력과 광주항쟁 당시의 주동 세력들은 크게 고무되어 전국적으로 집권층에 대한 저항이 확산될 수도 있었다. …… 인기가 없는 독재자를 제거한다면 적어도 남한 국민의 일부는 이를 반길지도 모른다. 남한의 일부에게는 북한이 '해방자'로 등장할 수도 있다. 이것은 **남한에 더 한층 강력한 혁명적인 기반을 구축하는 일**이 될 것이다. 그렇게 남한의 혼란이 장기화되면, 궁극적으로는 직접적인 혹은 어떤 형태로든지 제한적인 군사적 개입이 가능한 상황이 될 수도 있다. 그렇다면 자신들의 주도로 통일을 할 수 있는 가능성까지도 보였다. (55~60쪽)

전쟁할 능력은 없고, 테러로 응징한다? 이 무슨 궤변인가? 그런데 찬찬히 생각해 보면 이 궤변이야말로, 이 나라가 분단된 이후 지금까지도 남쪽 정권이 대북 적대 이데올로기를 조작하고 조장하는 데 널리 활용하고 있는 만능의 보검이다. 북한은 남한을 상대로 전쟁을 개시할 능력이 없어 테러를 일삼고 있고 남한은 그때마다 '단호한 응징'을 호언하면서 인내하고 또 인내하고 있다는 논리가 그것이다. 아웅 산 묘소 사건(1983년 10월 9일) 때도 그렇게 이야기했고, 김현희 사건(1987년 11월 29일) 때도 그랬으며, 천안함 사건(2010년 3월 26일) 때도 그랬다. 그러면서 대북 적의를 키우고 또 키우고 있는 것이고, 그럼으로써 이 땅의 분단 체제는 더욱 고착화되는 것이다.

'테러는 정치적 목표를 추구하는 일종의 정치 행동'이라는 라 씨의 말은 부도덕한 정권들이 더러운 공작들을 수행하며 터득한 실천지實踐智가 아닐까? 이 실천지가 광주사태에 대한 응징 차원에서 북한이 아웅산 묘소 테러를 저지를 수 있다는 허구적 상상을 현실로 옮겨 놓는 것이다.

> 아웅 산 테러 사건에 관한 이야기는 1983년이 아닌 적어도 그보다 3년 전인 1980년 한반도의 남쪽에 있는 전라남도 광주에서 시작되어야 한다. …… 이제까지 한국에서 일어난 가장 비극적인, 그리고 그 후의 한국 정치사에서 가장 큰 오점으로 남게 된 사건은 바로 1980년 5월에 일어난 광주민중항쟁이다. …… 대통령이 있는 관공서 건물에 화염병이 투척되는 일도 있었고 돌이 날아들기도 했다. …… 이런 사태는 당연히 남북 관계에도 영향을 미칠 수밖에 없었다. …… 3년 후 북한이 먼 나라 버마에서 자행한 참혹한 테러 행위는 광주항쟁과 연관 지을 수밖에 없다. (10쪽, 48~50쪽)

"허구적 상상"이 현실화될 수밖에 없었던 이유를 듣는 듯하다. 다음 인용문은 그 허구적 상상력을 현실화하기 위한 몇 차례 시도가 실패한 뒤 다시 한 번 결정적인 기회를 포착한 순간의 긴장감을 표현하고 있다.

> 북한 정권은 앞서 말했듯, 광주항쟁 이후 몇 차례 전두환 대통령에 대한 암살을 기도했지만 모두 실패하고 말았다. 그러다가 광주에

서 민간인에 대한 대량 학살 사태가 있었던 3년 후, 마침내 이 사태에 궁극적인 책임이 있는 남한 통치자의 살해 계획을 실천에 옮길 기회가 왔다. (66쪽)

북한이 광주사태로 인한 남한 사회의 혼란을 틈타 혁명적 분위기를 고조시키고, 또 한편으로 남한 민중들을 학살하는 전두환을 응징하기 위해 아웅 산 묘소 테러 사건을 저지른다는 "허구적 상상"은 어디서 연유한 것일까? 일을 꾸민 이들만이 알 수 있겠지만, 짚이는 데가 있다.

광주항쟁과 학살극이 벌어진 꼭 두 달 뒤인 1980년 7월 18일 북한을 방문한 스티븐 솔라즈Steven Solarz 미 하원의원이 북한 최고 지도자 김일성 주석과 나눈 대화.

미국의 방조와 묵인 속에서 한반도 남쪽에서 쿠데타와 학살이 자행된 지 두 달만에 솔라즈 미 하원 아시아태평양소위원회 위원장이 평양을 방문한 것은 매우 이례적이었다. 미국은 자신들의 '적극적 방조' 속에 자행된 전두환의 쿠데타 직후, 북한 최고 지도자의 생각을 살피기 위해 솔라즈를 북한에 보냈을 것이다. '개인 차원의 방북'이라는 형태로.

아래 인용하는 김일성 주석과 솔라즈 의원 사이의 면담 속기록은 미 정책연구소인 윌슨센터Wilson Center의 디지털 아카이브에 실려 있다. 글 제목은 「1980년 8월 4일 스티븐 솔라즈 의원과 김일성 및 김영남과의 대화 기록 August 04, 1980 Records of Conversation between Congressman Stephen Solarz and Kim Il Sung And Kim Yong-nam」이다.

면담에서 김일성 주석은 자신이 "미국인 정치인을 만난 것이 처음"이라며 진솔한 대화에 임했고, 미국으로서도 한국전 이후 처음으로 북한 최고 지도자의 의중을 면전에서 살필 수 있는 기회였다.

김일성 주석은 북-미 평화협정 체결의 당위성과 필요성을 설명하면서, 미국과 한국에서 말하는 소위 '북한의 남침'이 허황된 가설일 뿐임을 강조했다. 그리고 광주항쟁을 언급했다.

광주항쟁이 발발했을 때 미국은 제3자가 개입해서는 안 될 것이라고 말했습니다. 우리에 대한 경고라는 것을 잘 알고 있었고, 우리는 거기에 개입할 의사가 없다고 말했습니다. 앞으로도 우리는 그러한 문제에 결코 개입하지 않을 것입니다. 이는 남한 당국자들이 항상 제기하는 '남침 문제'가 존재하지 않는다는 것을 의미합니다. 광주항쟁과 같은 사건들은 과거에도 여러 차례 있었습니다. 가령 1960년 4월에는 이승만 정권에 반대하는 봉기가 있었고, 지금은 박정희와 전두환에 반대하는 봉기가 일어나고 있습니다. 지난해 부산과 마산, 대전에서 인민들의 봉기가 일어났을 때에도 우리는 그런 상황을 이용하지 않았습니다. 박정희는 확신범에 의해 살해당했고, 전두환이 정권을 잡았습니다. 인민들은 전두환에 반대하고 있습니다. 이것이 광주항쟁이 일어난 이유입니다.

이에 솔라즈 의원은 이렇게 답했다. "북한이 남한의 혼란상을 이용하지 않는다는 것은 사실입니다. 이는 건설적인 태도입니다. 앞으로도 남한의 혼란상을 이용하지 않겠다는 귀하의 발언은 환영받을 것입니다." 그리고는 다음 질문을 이어간다. 라종일 씨의 책에서 언급된 "팔짱만 끼고 바라볼 수만은 없었을 것"이라는 구절을 상기하면서 솔라즈 의원의 다음 질문을 들어 보자.

"만약 그렇다면 '남한 인민들이 봉기할 때 북은 결코 팔짱만 낀 채 좌시하지 않겠다'는 귀하의 발언은 무슨 의미인가요?"

솔라즈 의원의 이 말은 라종일 씨가 책에서 쓴 표현과 매우 흡사하다. 또 라종일 씨가 책에서 언급하는 '남한 사회의 혼란을 틈탄 내부 소요 조장'과 '공산주의혁명 분위기 조성' 따위의 말들은 모두 국가정보원 산하 기관인 북한연구소의 것에서 인용한 것이다. 국가정보원과 북한연구소는 미국으로부터 김일성-솔라즈 면담록을 입수했을 것이고 이를 전술적으로 활용하려 했을 것이다.

솔라즈 의원이 재차 묻자 김일성 주석은 "그 말은 우리가 남한 사회의 민주화를 지지한다는 차원에서 남한 인민을 격려하기 위한 발언이었을 겁니다"라고 답변했다. 분명한 것은 4 · 19혁명이나 5 · 16쿠데타, 1979년 박 정권 말기의 부마사태, 10 · 26 박정희 대통령 서거와 이듬해 5 · 18광주항쟁과 같은 남한의 혼란을 북한이 악용한 적이 없다는 사실이다. 김 주석은 이를 거듭 강조했고, 솔라즈 의원도 이를 인정했다.

그러면 '광주사태를 남한 정부 전복의 기회로 삼으려는 아웅 산 묘소 테러'라는 논지는 김일성 주석과 솔라즈 의원의 대화를 역으로 이용한 것이다.

스티븐 솔라즈에 대해 의심의 눈초리를 거두지 못하는 이유는 또 있다. 전두환 정권 시절 벌어진 또 하나의 충격적인 사건인 '김현희 사건' 때도 그가 등장하기 때문이다. 김현희 사건과 솔라즈 의원에 대해서는 제10부에서 논할 것이다. 여기서는 김현희 사건과 아웅 산 묘소 테러 사건이 똑같은 동기, 즉 전두환 정권과 노태우 정권의 창출 또는 연장이라는 목적에서 입안되고 실행된 작전일 개연성만 지적하고자 한다.

북한이 광주 학살을 응징하기 위해 버마에서 전두환 대통령을 시해하려 했다는 주장은 한국의 대북 공작 조직들을 통해 확대재생산되고 있다.

그렇다면 북한은 왜 전두환 대통령을 살해하려고 한 것일까? 이에 대해 대한민국에 귀순한 강성산 전 북한 총리의 사위[?]인 강명도 는 "김일성이 전 대통령을 두려워했다"고 증언했다. 북한은 전 대 통령이 군인 출신으로 우직하고 강한 성격으로 진짜 전쟁을 일으 킬지도 모른다고 생각했다는 것이다. 특히, 북한은 1980년 5월 광 주민주화운동 때부터 '전두환'의 행보를 주목했다고 한다. 당시 북한 대남비서였던 김중린은 김일성에게 광주민주화운동을 '폭동'으로 평가하고, 이것을 광주만이 아닌 남한 전역으로 확산시킬 경우 대남 사업의 결정적 기회가 마련될 것이라고 보고하였다. 그리고 공작원들에게 침투 명령을 내렸지만 상황이 조기에 수그러들면서, 실행할 호기를 놓쳤다고 한다. 기회를 놓친 김중린은 전 대통령을 시해함으로써 당시의 실수를 만회하려고 했다는 것이다. (이신재 국방부 군사편찬연구소 연구원, 「북 계획적으로 대한민국 대통령 시해 시도 〈14〉 아웅 산 테러 사건」, 『국방일보』 2014년 10월 6일)

앞에서 살펴본 '동건애국호 소설 1탄'의 재탕이다. 2004년 『신동아』에 실린 그 이야기가 1997년 돈 오버도퍼의 책 『The Two Koreas: A Contemporary History』의 재탕이라면, 『국방일보』는 삼탕인 셈이다.

1980년 5월 광주 학살이 벌어지던 무렵 북한 대남비서였던 김중린이 김일성 주석에게 광주민주화 '폭동'을 대남 적화 사업의 결정적 기회로 만들 수 있다고 보고하고 공작원들을 침투시키려 했지만 여러 차례 기회를 놓쳤고 이에 다시 김중린이 버마에서 전 대통령을 시해할 음모를 꾸몄다? 이 나라 정치권과 언론이 오랜 기간 '광주민중항쟁의 북한 간첩 사주'설을 열심히 퍼뜨려 온 이유를 알 만하다.

한편, 버마 아웅 산 묘소 테러 사건이 일어나기 전인 1981년 캐나다 교포 최중화 씨 등을 엮을 때부터 아웅 산 묘소 사건 발생 30년이 지난 지금도 여전히 횡행하고 있는 '북한에 의한 광주 학살 응징으로서의 아웅 산 묘소 테러'라는 가설에는 결정적인 하자가 있다.

전두환을 응징하고 남한 사회 내부의 혼란을 조장하려 했다면 굳이 동건애국호를 타고 가봉이나 버마까지 가거나, 필리핀 또는 캐나다 등지에서 전두환 대통령을 살해해야 할 이유는 없다. 당시 전두환 정권은 남한에 고정 간첩들이 수도 없이 암약하고 있으며 북한이 남한의 사회 기반 시설을 폭파하거나 요인을 암살하기 위해 무장간첩들을 수시로 내려 보내고 있다고 연일 선전하고 있었다. '북한 간첩'들에 의해 기간 시설이 폭파된 예도 없고 요인이 암살된 예도 없었지만, 어떤 끔찍한 일이 벌어지면 으레 '북한 소행'으로 인식될 수 있는 분위기가 이미 형성돼 있었다. 버마에서까지 그런 일을 벌일 능력을 가진 조직이라면, 국내에서도 얼마든지 그와 같은 일을 벌일 수 있었을 것이다.

그런데도 굳이 전두환 대통령의 아프리카 순방과 서남아시아 순방 등 비동맹국 순방 일정에 맞춰 그런 일을 벌인 이유는 따로 있었던 것이다. 그 이유는 사건의 맥락과 당시 전두환 정권과 미국의 외교적 행보, 그리고 사건이 일어난 뒤 나타나는 결과가 말해 준다.

그것은 바로 남한에 비해 북한이 절대적으로 우위를 차지하고 있었던 비동맹권에서 북한을 고립시키기 위함이었다. 북한과 절친한 비동맹국가에서 북한이 테러를 저질렀다는 쇼를 연출함으로써 북한과 비동맹권 국가들의 우호 관계를 깨뜨리고, 열세에 있던 남한의 위상을 높이려 했던 것이고, 실제 결과도 그러했다. 앞서 「아웅 산 묘소 사건의 데자뷔 '동건애국호 제1탄'」에서 인용했던 소설 같은 이야기가 바로 그런 시나리오의 하나였을 것이다.

> 아프리카 계획을 보고받은 김[일성] 주석은 대노한 것으로 전해졌다. '가봉쯤은 잃어도 좋다'는 김[정일] 비서의 판단과는 달리, 김 주석은 …… 일단 일이 터지면 …… 단순히 가봉과의 단교 정도가 아니라 비동맹회의의 중심축인 아프리카 국가들이 일제히 북한과의 관계를 재검토하게 만드는 무모한 시도라는 꾸중이었다고 한다. (「김정일, 1982년 아프리카 가봉에서 전두환 암살 노렸다」, 『신동아』 2004년 5월호)

아웅 산 묘소 테러를 간발의 차로 모면한 전두환 대통령은 사건 발생 다음 날인 1983년 10월 10일 새벽 김포공항을 통해 입국한 뒤 새벽 5시 청와대에 도착하자마자 비상국무회의를 소집했고, 이 자리에서 아웅 산 묘소 테러를 자신에 대한 "세 번째 위협(과거 두 차례는 필리핀 방문 시의 암살 음모와 캐나다 방문 시 청부살인 음모)"이라고 말했다 한다(장세동, 『일해재단』, 49쪽). 아프리카판 아웅 산 테러는 왜 언급하지 않았을까?

제 2 부

아웅 산 묘소 폭파 사건의 전조

노신영 외무부장관이 1982년 기획해 전두환 대통령의 결재까지 받았다는 서남아 순방 일정에는 버마가 포함돼 있지 않았다. 비동맹 외교를 진두지휘하던 그는 1982년 6월 2일 갑자기 안기부장으로 가야 했고, 서남아 순방 준비가 한창이던 1983년 5월 말 갑자기 '청와대 지시'라는 이유로 버마 방문 일정이 추가됐다. 그 직전인 1983년 5월 중순 버마에서는 보안과 치안을 책임지고 있던 군정보국장이 갑자기 숙청돼 보안 체계가 마비됐다. 버마와 한국 양쪽에서 아웅 산 묘소 테러 사건이 일어날 수 있는 필요하고도 충분한 조건이 조성됐던 것이다. 한국과 버마 양쪽에서 이런 일이 동시에 벌어지지 않았더라면, 아웅 산 묘소 테러는 일어날 수 없었다.

1982년: 전두환 정권의 수상한 북파공작

1981년부터 1982년까지 캐나다 교포를 이용한 전두환 대통령 살해 모의 작전들이 펼쳐지면서 '광주 학살에 대한 북한의 응징' 가설이 등장할 즈음, 국가안전기획부와 각 군은 극비리에 수상한 북파공작을 준비하고 있었다.

당시의 수상한 북파공작에 대해 전두환 정권이 내세운 이유는 '북한에 대한 응징'이었다. 1981년 8월 12일 북한의 미그기 편대가 백령도 상공을 저공으로 비행한 데 대한 보복(?) 차원에서, 이날을 기억하기 위해 '812 계획'을 세웠다는 것이다. 보복거리가 될 법하지 않은 사건을 빌미 삼아 시작한 수상한 비밀 작전은 일명 '망치 작전'(해병대) 또는 '벌초 계획'(육군)이라고 불렀다.

『월간 조선』은 이 작전에 대해 "군 내에서도 일부 인사를 제외하곤 정보가 철저하게 통제된 기밀"이어서 정황을 알고 있는 사람은 극히 드물었다고 한다. 대외적으로는 부대 이동 과정을 '전지훈련' 등으로 위장했고, 대원들은 죽을 때까지 비밀을 지켜야 한다는 명령을 받았다고 한다.

> [망치] 작전에 참여했던 한 장교는 "육군에서 실시한 '벌초 계획'
> 도 같은 시기에 계획된 것"이라며 "최종 하달된 비밀 임무 지시에
> 망치와 함께 '벌초'란 작전명이 적힌 것을 분명히 봤다"고 말했다.
> (「[비화]"백령도 해상에서 북 침투하는 작전 계획 있었다"」, 『월간
> 조선』 2010년 5월호)

해병대 관련 사이트로 보이는 인터넷 홈페이지에 올라 있는 '망치부대' 관련 글이다(http://www.rokmcmt.com/205324).

극도로 고조된 군사적 대치 상황에서 군통수권자인 대통령의 강력한 대북 경고 메시지로 각 군부대에 대통령의 특별 지시에 의거 "대북 응징 보복" 태세를 천명하였으며, 적의 도발 억지 수단으로 특별히 특정 부대를 지정하여 해병대와 육군(공수특전단)에 명시한 작전 임무를 부여하고, 1981년 후반기에 계획되어 육군 "벌초" 해병대 "망치" 작전이란 명칭이 부여되어 2급 비밀로 지시된 바 있음. (「해병대 812 망치부대」, 2013년 4월 9일)

1981년부터 캐나다 교포를 활용한 '전두환 살해 기도' 쇼가 잇달아 연출되면서 북한에 의한 전두환 시해 분위기가 고조되고, 또 1982년 초부터는 안기부와 정보사령부 및 각 군이 특수공작원(북파공작원)들을 집중 양성하며 극비의 공작을 추진하는 가운데 또 한 가지 수상한 일이 벌어진다. 1982년 5월 말 전두환 정권의 비동맹 외교를 총괄하던 노신영 외무부장관을 갑자기 안기부장으로 보내는 인사가 단행된 것이다.

노신영 외무부장관의 안기부장 발령 이유

『노신영 회고록』(2000년)에 의하면, 한일 간 경제협력 논의가 교착상태에 빠졌던 1982년 5월 하순 어느 날 청와대에서 전두환 대통령과 독대하던 중 대통령이 갑자기 "노 장관도 정치를 좀 알지요?"하고 물었단다. 그리고 며칠 뒤 다시 청와대에 들어갔더니 전 대통령은 "최근 유학성 안기부장을 만난 일이 있습니까?"라고 물었고, 다시 6월 1일 대통령은 노 장관을 청와대로 불러 "외무부는 이범석 청와대 비서실장에게 맡기고 노 장관은 국가안전기획부를 맡아 달라"라고 했다 한다. 노 장관은 극구 사양했지만, 전 대통령은 이런저런 말로 노 장관의 고사를 무마한 뒤 "그 자리에 오래 있으라고 안 하겠습니다"라며 "어서 내려가 이·취임 준비를 하라"라고 했다는 것이다. 노 씨는 이날 귀가해 부인으로부터 "어디 아프냐"는 소리를 들었을 정도로 큰 충격을 받았다고 회고했다. 노 씨는 "그날 밤 온갖 상념으로 잠을 이룰 수가 없었고," 부인과 "뜬눈으로 밤을 새웠으며," 고민 끝에 "부부는 안기부장만은 못하겠음을 대통령에게 말씀드리기로 결심"했다 한다(311~312쪽).

> 6월 2일 아침 출근하자, 곧 청와대 김병훈 의전수석비서관에게 경협 문제로 대통령을 뵐 수 있도록 요청하였다. 이 무렵에는 한·일 경협 문제로 대통령 면담을 요청하면 대개의 경우 곧 실현되었다. 김 수석으로부터의 회전을 기다리고 있던 중 뜻밖에도 낮방송에 안기부장 발령이 나 버렸다. 아마도 나의 청와대 방문 요청을 받은 대통령이 바로 발령한 듯하였다. 외무부 간부들도 모두 놀라 장관실로 몰려들었다. 직원들은 내가 떠난다 하더라도 8월에 있을 대통령의 아프리카 순방은 마친 다음이라야 하지 않겠느냐고 하였다. 간부들과 같이 직원 식당에서 점심을 하고 있는데, 전 대통령으로부터 전화가 걸려 왔다. 대통령은 "뉴스를 들었느냐"고 묻고, "오후에 안기부장 이·취임식을 하도록 지시하였으니 시간에 늦지 않도록 안기부로 가라"고 하였다. (313쪽)

청와대로 찾아가 안기부장만은 못하겠다고 말하려는 것을 알고 즉각 낮방송으로 인사 발령을 내고 그날 저녁에 이·취임식에 가라고 전화까지 했다는 말이다. 아마도 전시가 아닌 때에 이렇게 인사 발령을 낸 예는 동서고금에 전무후무할 것이다.

왜 전두환 정권은 노 씨를 안기부장에 앉히려 했을까? 그 내막은 그해 초부터 본격화된 북파공작이나 그 연장선에서 벌어진 것이 분명한 아웅 산 묘소 테러와 관련돼 있을 것이다. '망치 작전'이니 '벌초 계획'이니 하는 이름으로 '북한 응징'을 내세우며 북파공작원들을 대거 양성하면서 모종의 공작을 주도한 것은 바로 국가안전기획부였다. 안기부가 자칫 국가의 운명을 좌우할 수 있는 어마어마한 '북파공작'을 모의하는 와중에, 이 국가적 중대사와는 전혀 어울릴 수 없고 이런 일에는 완전 문외한인 노 씨는 과연 안기부장 구실을 제대로 했을까? 그렇지 않았다. 아웅 산 묘소 테러 사건 당시 노신영 안기부장은 허수아비 신세였다.

아웅 산 묘소 폭탄 테러 당시 청와대 비서관이었고, 그 사건 당시 청와대 경호실장이었던 장세동 씨가 1985년 초 안기부장으로 간 뒤 곧바로 안기부장 특보가 돼 남북회담 특사로 활약하는 박철언 씨도 그렇게 생각한다.

그는 2005년 펴낸 회고록 『바른 역사를 위한 증언 (1)』에서 아웅 산 묘소 사건이 일어난 지 불과 19일이 지난 10월 28일 전두환 대통령이 노신영 부장이 헌신적으로 뛰고 있다며 칭찬했다고 쓰고 있다. 노 부장이 고영근, 윤반웅, 문익환, 이문영, 함세웅, 박형규 등 많은 종교인을 만나 잠도 식사도 거르고 수차례 설득하여 대화한 결과 조금씩 회유되고 있다고 말했다는 것이다. 전 대통령은 또 "노 부장은 국제외교 관계에 밝아 제2차장 소관은 보고를 안들어도 훤히 알고 있기 때문에 국내 문제에만 진력하고 있다고 하더라. …… 노신영 부장은 국제정치 외교의 경험이 있고 학식도 있어 문제 종교인을 설득하는 능력이 있는 것 같더라"라며 노신영 안기부장의 업무 스타일을 높이 평가했다고 박 씨는 밝혔다(115~116쪽).

노 씨도 당시 안기부장으로서 자신은 사실상 허수아비 신세였음을 인정한다. 그는 2011년 6월 6일 『연합뉴스』와 가진 인터뷰((「노신영 전 안기부장·총리 국정원 50주년 인터뷰 "아웅 산 테러 전혀 예상 못해… 경천동지했다"」)에서 "국가정보기관장이 누구인지 모를수록 사회는 안정되고 정보기관도 잘 된다"라고 말했다. 『연합뉴스』는 그의 말에 대해 "드러나지 않으면서도 효과적인 임무 수행이 정보 업무의 기본임을 힘줘 말했다"라면서 "아웅 산 테러뿐만 아니라 소련의 KAL기 격추 사건 등도 그의 안기부장 재직시에 일어났지만 전직 정보수장답게 구체적인 업무 내용에 대해서는 극도로 말을 아꼈다. 당시가 신군부의 권력 장악 시기인 1980년대였다는 사실도 이런 신중함과 무관치 않아 보였다'라는 해설을 붙였다.

노 씨는 또 위 인터뷰에서 '안기부장 재임 시 기억에 남는 일'을 묻는 질문에 천안 독립기념관 건립 자금을 모으기 위해 재벌 기업을 찾아다닌 일과 대학 졸업정원제를 없앤 일을 꼽았다.

> 천안에 있는 독립기념관을 내가 추진해서 건립했다. …… 모금운동을 통해 독립기념관을 짓자고 내가 대통령에게 직접 제안했다. 대통령이 되겠느냐고 물어서, 반일 감정이 이렇게 높은 상황이고 경제단체에서 (성금을) 좀 내면 잘 될 것 같다고 말했다. 대통령이 한번 해 보자고 했다. 정주영 전 현대그룹 회장에게도 찾아갔다. 그렇게 해서 몇 백 억 원을 모으고 정부에서 땅을 내고 해서 건립했다. 대학 졸업정원제를 없앴다. 몹시 어려운 문제였다. 또 한 가지는 각 대학에 경찰이 들어가 있었는데, 총장이나 학장 요청 없이는 못 들어간다는 조건에 전부 철수시켰다. 당시 치안본부장이 "이래서 되겠냐"고 해서 "안 될 게 어디 있느냐"고 말해 줬다.

안기부 대북 공작 조직에서 실로 무시무시한 북파공작을 꾸미고 있을 때 안기부장 노신영은 그런 사실을 까맣게 몰랐을 것이고, 그가 천안 독립기념관 건립과 대학 졸업 정원제 폐지를 위해 애쓰던 바쁜 와중에 아웅 산 묘소 테러가 일어난 것이다.

또한 그가 안기부장이 된 지 두 달 만인 1982년 8월 전두환 대통령의 아프리카 순방 중 가봉에서 아웅 산 묘소 테러 사건과 비슷한 사건이 벌어질 뻔했다는 사실도 그의 전격적인 인사발령의 연장선에서 다시 살펴봐야 할 일이다. 위 노 씨 회고록에서 외무부 직원들이 장관실로 몰려들어 "떠난다

하더라도 8월에 있을 대통령의 아프리카 순방은 마친 다음이라야 하지 않겠느냐"라고 말한 대목이 눈에 밟히는 이유다. 가봉에서 벌어진 수상한 작전에 대해서는 제1부의 「아웅 산 묘소 사건의 데자뷔 '동건애국호 제1탄'」에서 상세히 소개했다.

전두환 정권은 '1983년 북괴 도발설'을 미리 퍼뜨리기 시작했다

캐나다 교포를 활용한 '북한의 전두환 대통령 시해' 모의극이 곳곳에서 펼쳐지고 국내에서는 수상한 북파공작이 극비리에 추진되는 가운데 1983년 새해가 밝았다.

전두환 정권 출범과 동시에 시작된 수상한 일들이 앞으로 어떤 결과를 가져올 것인지를 전혀 예측하지 못한 대다수 국민에게 새해는 여느 때처럼 벅찬 기대와 희망을 상징했을 것이다. 그러나 새해 벽두부터 대통령을 위시한 전두환 정권 담당자들은 '북한의 도발'을 잇달아 거론하는 등 남북 간 대결 분위기를 조장하면서 앞으로 닥쳐올 그 무엇인가를 예언하는 듯한 발언들을 쏟아내기 시작했다. 그런 가운데 버마와 한국 양쪽에서 곧 닥칠 엄청난 사건이 일어나는 데 필요하고도 충분한 조건을 만들기 위한 조치들이 잇따랐다.

'812 계획'이라는 이름하에 수상하기 짝이 없는 북파공작을 벌이고 있는 이들이 왜 갑자기 '북한의 도발'을 이야기하기 시작했을까? 그것도 '북한의 1983년 도발'을!

'북한의 1983년 도발설'은 3월 25일 청와대에서 전두환 대통령 주재로 열린 제8차 안보정책회의로부터 시작됐다. 이때의 '예언'은 이후 반복적으로 언론을 탔고, 아웅 산 묘소 테러 사건과 같은 일이 일어난다 해도 하등 이상할 것이 없는 분위기가 일찌감치 조성되고 있었다.

▲북한 내부의 경제 사정 악화와 김정일 세습 체제 등으로 빚어진 내부 갈등과 이에 따른 주민 불만 ▲점차 더 크게 벌어지고 있는 한국에 대한 국력의 열세 ▲각종 국제회의의 서울 유치로 인한 국제사회에서의 지위 손상에서 오는 초조감 ▲IPU(국제의원연맹) 등 국제회의 방해 등의 이유로 그해에는 어느 때보다 무력 도발 가능성이 높다는 것이다.

4월에는 북한이 서울의 주요 시설을 폭파하려 한다는 이야기까지 나돌았다. 발언자는 바로 대통령이었다.

전 대통령은 4월 25일 새벽 서울시경과 한국방송공사 및 국방부 등을 예고 없이 방문한 자리에서 "북한 공산 집단은 IPU 서울 총회와 관련, 핀란드에서의 뇌물 사건 등으로 서울 개최 저지를 위한 일차적인 외교적 노력이 실패해 설득력과 명분을 잃게 됨에 따라 2차로 서울 시내 주요 시설에 폭발물을 터뜨리는 무력 도발을 해 올 가능성이 있어 한반도로서는 올해가 큰 고비가 될 것"이라고 말했다. 이어 방송, 발전, 통신, 급수 등 주요 시설에 대한 경비를 "그 어느 때보다 강화"하도록 지시했고, 관련 기관들은 곧바로 발전소와 수원지 등에 대한 경계의 수위를 높이는 등 분주하게 움직이며 반북 심리를 고조시켰다.

전 대통령은 또 5월 11일 밤부터 12일 새벽까지 네 시간 동안 진행된 '멸공 83' 훈련 상황을 순시하는 자리에서 공갈성 발언을 반복한다. "앞으로 적은 비정규전인지 전면전인지 판단하기 어려울 정도로 증강된 대규모 병력을 침투시킬 것이 예상된다." 거의 전쟁 직전 분위기다.

나흘 뒤인 5월 16일에는 이진희 문공부장관이 "북한 내부에서는 김일성 부자의 권력 세습 체제가 구체화됨에 따라 권력 구조 내부의 갈등이 고조되고 있으며, 이것이 대외적으로는 극히 위험한 모험주의로 나타날 가능성마저 보이고 있다"라고 말했다. 이 장관은 또 "북한은 한국의 계속적인 경제발전과 88년 서울올림픽 유치 성공 등으로 좌절감에 빠져 자신들의 패배에 대해 극단적인 방법으로 돌파구를 마련해 보려고 시도할 가능성이 있다"라고 주장했다.

열흘 뒤에는 다시 대통령이 나섰다. 5월 26일 대통령은 10월 서울에서 열리는 국제의원연맹 총회와 관련 "북한이 비록 헬싱키에서 서울총회 저지 공세가 실패했지만 앞으로도 다른 나라 대표단의 불참을 획책하는 등의 방식을 통한 방해 공작을 끈질기게 펼칠 가능성이 있다"라며 "이에 대한 만반의 대책을 강구할 필요가 있다"라고 역설했다. 그의 예언을 입증이라도 하듯 전 대통령은 IPU 총회 개막 연설(10월 4일)을 하고 나흘 뒤 버마로 갔고, IPU 총회가 한창 진행 중인 가운데 아웅 산 묘소 테러 사건이 일어났으며, IPU 총회장은 곧바로 북한 성토장으로 변한다.

전두환 대통령의 '예언'은 7월에도 계속된다. 당시 청와대 수석보좌관이었던 박철언 씨는 다음과 같이 그날의 일을 회고했다.

> 7월 14일에도 청와대 상춘재에서 법무부 및 검찰 간부 34명이 모인 가운데 행사가 있었다. 전 대통령은 "금년도와 미국에서 대통령 선거가 있는 내년도가 매우 위험하다. 북한이 도발해도 미국이 강경한 대처를 하기 어렵다는 것을 김일성이 잘 알고 있을 것이다"며 안보 강화를 강조했다. 이러한 전 대통령의 우려가 현실화되어, 몇 달 후인 10월 9일에 버마(현 미얀마)에서 아웅 산 폭탄 테러가 있었다. (박철언, 『바른 역사를 위한 증언 (1)』, 108쪽)

상춘재常春齋는 1983년 4월 청와대 안에 준공된 한옥으로 지금도 외빈 접견이나 비공식 회식 장소로 활용되고 있다. 대통령의 '북한 도발' 발언이 사실상 1년 내내 계속됐음에도 불구하고 박철언 씨가 특별히 '상춘재 발언'만을 기억하는 이유가 궁금하다. 그가 전하는 내용만으로는 그다지 새로울 것도 없다. 그가 전하지 않은, 조금 더 특별한 언급이 있었을 것으로 본다.

이처럼 대통령을 위시해 전두환 정권이 총력으로 북한의 도발을 예언하고 반북 적대 분위기를 고조시키던 5월, '북한의 비정규전 도발'을 재확인하는 내용의 미 대통령 레이건의 친서가 한국에 전해진다. 4월 미국에서 열린 제15차 한-미 연례안보협의회 때 윤성민 국방부장관이 전달한 전두환 대통령의 친서에 대한 회신이었다 한다. 레이건 친서는 예의 북한의 남침 위협을 과장하면서, 침략에 대응하려면 결단력과 강력한 군사력을 유지할 필요가 있으며 비정규 대리전으로 야기되는 위험을 무시할 수 없다는 전 대통령의 견해에 동의하면서 "미국은 대리전으로 위협을 받는 국가들을 지원하는데 최선을 다할 것"이라고 약속했다.

한국 대통령이 '북한의 비정규 대리전 공격'을 기정사실화하고 미국 대통령이 한국에 대한 지원을 공언하던 1983년 5월, 한국과 버마 양쪽에서, 아웅 산 묘소 테러 사건을 위한 준비 작업과도 같은 일들이 벌어진다.

버마에서는 한국의 안기부에 해당하는 군정보국Military Intelligence Services(MIS)의 국장이 갑자기 숙청되면서 군정보국 조직이 와해돼 버마의 치안과 안보 체계가 마비되고, 바로 이러한 때 한국에서는 예정에도 없던 대통령의 버마 방문 일정을 잡으라는 '청와대 지시'가 외무부에 하달된 것이다.

레이건 정권과 전두환 정권이 '북한의 비정규전 도발과 격퇴'를 빙자해 친서를 주고받고 버마에서는 경호와 치안을 책임진 조직이 무력화되고 그 틈을 타 전두환 대통령의 버마 방문이 결정된 1983년 5월은 아웅 산 묘소 테러 시나리오 전개와 관련해 매우 결정적인 시기였다.

1983년 버마 군정보국장 숙청: 보안·경호 체계 무력화

버마 아웅산 묘소는 서울에 있는 동작동 국립묘지나 미국 워싱턴에 있는 앨링턴 국립묘지, 일본으로 치면 야스쿠니 신사와도 같은 곳으로 그 나라에서는 최고의 성지聖地다. 이곳이 다른 나라에 비해 시설이나 규모 면에서 좀 모자란다 해도, 이곳에서 외국 정상을 겨냥한 테러가 벌어질 수 있을까?

그런 일이 가능하려면 첫째, 버마의 보안 시스템을 책임지고 있는 정부 또는 정보 당국이 완전히 무력화되고, 둘째, 무력화된 보안 시스템을 대체하기 위한 어떤 시도도 하지 않고, 셋째, 그곳 안전에 대한 책임을 제3국 또는 제3자에게 전적으로 맡겨 놓고, 넷째, 그 제3자 또는 제3국이 버마의 선의를 철저히 배반해야 한다. 버마 아웅 산 묘소 테러는 이런 필요하고도 충분한 요건들이 완전히 갖춰진 상태에서 일어난 일이었다.

버마 치안을 책임지고 있던 군정보국 수장인 틴 우 중장이 갑자기 숙청되고 그가 이끌던 군정보국 조직이 와해되지 않았다면, 테러리스트들이 무단으로 버마에 입국할 수도 없었을 것이고, 성지인 묘소 천장에 침입해 폭탄을 설치하지도 못했을 것이며, 매우 절묘한 시점에 폭탄이 터지는 일도 없었을 것이다.

당시 버마 주재 한국 대사관 참사관이었던 송영식 씨도 같은 생각이다. 그는 자신의 회고록 『나의 이야기』에서 "네 윈 [버마사회주의계획당] 의장이 폭파 당일 우리 대통령에게 언급했듯이 그의 후계자이며 심복으로 알려졌던 '틴 우' 군정보국장이 갑자기 거세됨에 따라 가공할 만한 권력을 행사하던 국가정보국[군정보국]의 기능이 마비되어 우리 대통령에 대한 경호 조치에 만전을 기할 수 없었다는 사실은 매우 불행한 일이 아닐 수 없다"라며 "행사 준비 과정에서 우리 측 경호 책임자들은 미얀마 측 고위 경호 책임자를 변변히 만나지도 못하고 시종 외무성 의전국장을 통해 간접 대화로밖에 접촉할 수 없었다"라고 밝혔다(228쪽). 그리고 이렇게 덧붙였다. "10월 6일 도착한 청와대 경호처장을 단장으로 하는 경호 선발대는 주재국 경호 최고 책임자를 만나 총괄 점검을 하고 싶어 했다. 그러나 네 윈 당 의장과[의] 권력투쟁으로 5월에 사임한 정보국장 후임이 임명되지 않은 상태라 실질적인 조율이 어려운 상황이었다."(174~175쪽)

실제로 틴 우의 숙청은 아웅 산 묘소 테러 사건의 결정적 작인作因이었다. 송영식 씨는 "틴 우와 휘하 정보국 간부들이 줄줄이 제거됨으로써 미얀마의 정보망이 완전히 붕괴되지 않았나 짐작한다"라고 회고했고(211쪽), 당시 다른 나라 언론이나 버마 주재 외교관들 모두 틴 우의 숙청이 없었다면 아웅 산 묘소 테러 사건은 일어날 수 없었다고 입을 모았다.

『동아일보』는 10월 17일 자 「랭군 참사 버마 정보기관 동요의 산물 ― 뉴욕 타임스/본사 특약」 제목의 기사에서 "아웅 산 묘소 폭파 테러 사건을 방지하지 못한 버마 정보조직의 실수는 지난 5월에 있었던 일련의 정치적 숙청 때문으로 여겨지고 있다"라며 다음과 같이 전했다.『뉴욕 타임스』가 전한 버마 정보부 관계자의 말이다.

버마 정보 업무에 밀접한 관계를 가진 한 인사는 이 숙청의 결과 "정부의 보안부대는 평소의 기능을 전혀 할 수 없었다"고 말했다. 이러한 해석은 어떻게 그러한 끔찍한 폭파 테러 사건이 일어났는가 하는 수수께끼를 풀려는 버마 주재 외교관들의 의견과도 일치되는 것이다. 버마 주재 외교관들은 아웅 산 묘소 폭파 테러 사건에 사용된 폭탄이 버마에서는 구할 수 없는 것이며 또한 제조될 수도 없는 것임을 지적하고 있다. 이 폭탄들은 벽이 없는 아웅 산 국립묘지의 지붕에 설치됐었다. 이 외교관들은 만일 버마 보안요원들이 외국 원수의 공식 행사가 있을 장소를 통상적인 관례대로 철저히 조사했더라면 어떻게 폭발 장치가 발각되지 않을 수 있었겠느냐고 한결같이 의문을 제기하고 있다. 버마 정보 업무에 밀접한 관계를 가진 이 인사는 또 버마 보안요원들이 정상대로 움직였더라면 행사가 있기 전 며칠 동안 행사 지역의 모든 곳에 파견돼 며칠 밤을 새우면서까지 철저히 조사했을 것이라고 말했다. 또 이러한 활동은 의회의 회의가 시작되기 전 의회 건물에 대한 정보 요원들의 조사 활동이기도 하다고 그는 덧붙였다. 이 관계자는 보안 활동의 실패 이유로 버마 국가정보국[군정보국] 국장이었으며 버마의 정보 보안에 대한 일체의 책임을 맡고 있던 틴 우 장군이 지난 5월 해임됐음을 들고 있다.

『경향신문』은 AFP통신 보도를 인용해 "정보국과 군의 수많은 관리들이 자리를 물러났다"라며 "이 때문에 철저하다는 버마의 정보 보안 체제가 크게 흔들려 전 대통령의 방문에 다른 치안 확보도 허술해졌을 것으로 짐작된다"라고 전했고(「랭군의 붉은 테러 — 이동주 특파원이 정리한 전모全貌. "북괴 소행" 버마 공식 발표만 남았다」 1983년 10월 14일), 『동아일보』도 "틴 우 세력의 제거로 국가 정보 기능이 마비되어 이번 아웅 산 묘소 폭발 사건을 사전에 탐지하지 못한 채 속수무책으로 당했다는 얘기도 나오고 있다"라고 썼다(「버마 흔들리는 정정政情」 1983년 10월 20일).

미얀마 전문가로 통하는 버틸 린트너Bertil Lintner는 1990년에 쓴 책 『분노: 민주주의를 향한 버마의 투쟁OUTRAGE: Burma's Struggle for Democracy』에서 군정보국장 틴 우가 숙청된 날이 5월 17일이라고 밝히면서, 틴 우가 숙청되지 않았더라면 10월 9일 아웅 산 묘소 폭파 사건은 일어나지 않았을 것이라고 덧붙였다.

1983년 5월 17일 국무위원회state council는 갑자기, 그리고 전혀 예상치 못하게 군정보국의 틴 우가 …… 등과 함께 "사임을 허락받았다"라고 발표했다. 이들이 숙청된 이유는 이들의 부인네들이 부패했다는 것인데, 이 혐의는 버마 군인들 누구에게나 적용될 수 있었다. 로이터는 5월 23일 이런 지시가 "네 윈에 의해 직접 내려졌다"라고 보도했다. 그러나 이런 조치의 배경에 대해서는 추측만 난무했다. 틴 우와 보 니는 곧 감옥에 갇혔고, 정보국 인원 모두가 숙청됐다. …… 군정보국의 숙청은 즉각 국가안보 상황에 영향을 미쳤다. 10월 9일 폭탄이 터져 랭군을 뒤흔들었고, 버마를 방문한 한국 정부 각료 4명을 포함한 21명이 숨졌다. 당시 관측통들은 군정보국의 틴 우가 숙청되지 않았더라면 그런 일은 일어나지 않았을 것이라고 믿었다. 군정보국의 새로운 국장 킨 뉸이 1984년에 임명됐다. 그의 국방정보국DDSI은 얼마 안 가 과거 군정보국이 했던 일을 효율적으로 수행할 수 있게 되었다.(pp. 65~66)

네 윈은 틴 우만 숙청시킨 것이 아니라 그의 추종자들을 모두 숙청시킴으로써 군정보국 지휘 체계를 무너뜨렸다. 그의 동조 세력인 보 니 내무종교상과 군정보처장 킨 니운트[킨 뉸] 대령, 랭군 군사령관을 지내다 군병참감이 된 미오 아웅 준장, 수산축산상 틴 세인 소장, 주태국 대사 소에 민트 등도 제거됐다(「흔들리는 정정」, 『동아일보』 1983년 10월 20일).

틴 우 장군 휘하에 있다 함께 숙청됐다는 군정보처장인 "킨 니운트"는 1984년 새로 꾸려진 정보국 수장이 되는 킨 뉸 장군의 영어식 표기 "Kin Nyunt"(라종일 책 207쪽)를 잘못 읽은 것으로 보인다. 버마 최고권력자 네 윈은 아웅 산 묘소 테러가 일어나기 5개월 전 ─ 어디선가 이 사건을 일으키기 위한 은밀한 작전이 본격적으로 진행될 시점에 ─ 자국 정보국을 무력화시켰고, 사건이 종결된 뒤 틴 우 국장과 함께 숙청했던 정보국 2인자를 발탁해 새 정보조직을 만들었던 것이다. 누군가, 어느 조직에선가 아웅 산 묘소 사건을 일으킬 수 있도록 버마가 자국 경호 체계와 안보 시스템을 일시적으로 해체했다는 말이다. 1983년 5월의 버마 군정보국 해체는 아웅 산 묘소 테러 작전을 위한 사전 조치였다고 봐도 무방하다.

버마 군정보국 기능이 마비됨으로써 정상적인 절차에 따른 보안 협의를 할 수 없도록 만들고, 무방비 상태의 아웅산 묘소 천장에 누군가 폭탄을 설치할 수 있었던 것이다.

다만 버마의 최고 통치자 네 윈 버마사회주의계획당 의장이 '아웅 산 묘소 테러 사건을 위해' 틴 우를 숙청하고 군정보국을 무력화시켰다거나 네 윈이 아웅 산 묘소 사건이 일어날 것을 알고 있었다는 증거는 없다. 당초에는 전두환 대통령을 만나려 하지 않았던 그가 사건이 발생한 직후 급히 영빈관으로 달려와 위로와 사과의 말을 전하면서 한 말로 미뤄, 네 윈이 테러 시나리오를 사전에 인지한 상태에서 틴 우를 숙청하고 군정보국을 해체한 것은 아닌 것으로 보인다.

그러면 왜 네 윈이 갑자기 틴 우를 숙청해 아웅 산 묘소 사건이 일어날 수 있는 '안보 공백'을 만들었을까? 아마도 1970년대 버마의 서방 접근 정책, 특히 미국의 버마 포섭 전략에서 그 이유를 찾아야 할 것이다.

1970년대 후반은 비동맹운동非同盟運動(Non-Aligned Movement)이 국제사회에서 무시 못할 위세를 떨치던 때였다. 미국과 소련 등 강대국 블록에 속하지 않거나 나아가 그에 대항하려는 29개 국가가 1955년 인도네시아 반둥에서 첫 아시아-아프리카 회의(일명 'AA회의')를 열며 시작한 것이 비동맹운동이다. 버마는 비동맹운동에 열성적인 국가였다.

그런데 네 윈은 1970년대 말부터 서서히 미국과 가까워지고 미국의 이익에 편승해 비동맹운동 진영의 균열을 초래하는 등 이전과는 사뭇 다른 길로 나아갔고, 이런 과정에서 네 윈 다음으로 막강한 권력을 갖고 있는 군정보국장과 그의 조직이 네 윈의 친서방 노선과 갈등을 빚었을 수 있다. 제9부에서 설명하겠지만, 미국과 일본 등 서방 세력은 1970년대 말부터 네 윈의 버마를 향해 물심양면 구애를 보내고 있었다. 이들 외부 세력이 네 윈에게 충분한 자금을 제공하면서 틴 우와 군정보국의 제거를 요구했을 수도 있다. 틴 우와 군정보국이 존재하는 한 버마는 국제사회의 일원이 되거나 서방 국가들과 손잡고 선진국으로 발전하기 어렵다는 등등 그를 제거할 명분과 이유는 얼마든지 댈 수 있었을 것이다.

네 윈이 아웅산 묘소 사건을 일으키기 위해 틴 우를 숙청한 것은 아닐지라도 그가 모종의 '음모'를 미리 알고 있었던 것으로 의심해 볼 수 있는 정황이 있다. 그가 우 산 유 대통령에게 아웅산 묘소에 가지 말라고 이야기했다는 증언이 그것이다. 네 윈이 아웅 산 묘소에서 어떤 불미스러운 사건이 벌어질 것임을 알았다면, 아웅 산 묘소 테러는 네 윈의 미필적 고의다.

장세동 당시 경호실장이 집필한 『일해재단』에 그런 내용이 실려 있다.

사건 당일 오후 2시 10분부터 30분 동안 네 윈 당 의장은 전 대통령이 머물고 있는 영빈관으로 찾아와 이렇게 말했다고 한다. "각하께서도 아시리라 믿습니다만, 우리는 최근에 국가정보국[군정보국] 간부를 숙청했습니다. 경호에 차질이 생겼습니다. 책임 있는 자가 구석구석 검색을 다하지 못한 책임이 있습니다. 나는 이 자들에게 여러 번 주의를 주었습니다. 철저한 검색과 검사를 하라고 했습니다. 아웅 산 묘지에 가지 말라고 제가 우 산 유 대통령에게 이례적으로 충고해 주었습니다."(34쪽)

송영식 씨의 증언도 '미필적 고의'일 개연성에 무게를 두고 있다. 사건 당일 폭탄이 터지기 직전 그는 버마 측 호스트인 아웅 쬬 민트 문공부장관을 찾아 한국 측 귀빈들을 안내해 줄 것을 요청하려 했으나, 민트 장관은 "단상으로 올라가지 않고 자동차 행렬이 도착하는 지점으로 갔"다면서, "명색이 행사 호스트인 문공부장관이 우리 측 이범석 장관이 도착하고 내가 찾아 나선 후에야 나타나서 나의 요청에도 불구하고 귀빈들과 인사도 하지 않은 채로 차량 도착 지점에서 오락가락한 점은 그가 폭파 음모를 사전에 인지하고 단상을 회피하지 않았나 하는 의심을 불러 일으켰"다고 회고했다(『나의 이야기』, 190~191쪽).

당시 버마 지도자들의 언동은 또한 아웅 산 묘소 경비를 버마 측이 맡고 있지 않았다는 반증이 될 수 있다. 현장 검색을 더 철저히 했어야 했는데 그렇지 않은 상황이라 염려스러워 우 산 유 대통령에게 현장에 가지 말라고 말해 줬다는 네 윈의 말이 그것이다. 현장 검색의 책임이 자신들에게 있었다면 현장 검색을 했을 것이고, 굳이 대통령에게 현장에 가지 말라고 충고할 이유가 없는 것이다.

또한 한국에서는 이즈음 외무부 아주국에 인사가 단행됐다. 아웅 산 묘소 사건 당시 버마 주재 한국 대사관 직원들은 이계철 대사를 제외하면 대부분 버마에 온 지 몇 달 안 된 '신참'들이었다는 말이다.

이처럼 한국과 버마 양쪽에서 정보 및 외교 라인을 뒤흔들어 놓는 작업이 동시에 진행됐다면, 그것은 두 나라 권력 핵심부가 머리를 맞대야만 가능한 일이다. 그러나 1983년 버마와 한국 두 나라는 양측 권력 핵심이 이런 어마어마한 일을 꾸밀 수 있을 정도로 친밀한 관계가 아니었다. 아니, 그나마 현지 사정에 익숙해졌을 인사들을 모두 다른 곳으로 보내는 인사를 단행한 것은 두 나라 사이의 정상적인 정보 교류를 막기 위한 것으로 볼 수도 있다. 두 나라 권력 핵심과 친밀한 관계를 유지하며 나아가 두 나라 권력을 좌지우지할 수 있는 위치에 있는 자들이 두 나라 권력 핵심과 각각 그리고 동시에 접촉하면서 음모를 꾸몄다고 봐야 한다. 이것은 두 나라를 하나의 작전 권역으로 삼고 있는 자들에게나 가능한 일이다.

예정에 없던 버마 방문: "청와대 지시"

버마에서는 '2인자' 소리를 듣던 군정보국 틴 우 국장이 숙청되고 그가 통솔하던 조직이 무력화된 직후인 1983년 5월 말, 한국에서는 대통령의 서남아 순방 일정에 버마 국빈 방문 계획을 끼워 넣는 작업이 청와대를 중심으로 일사천리로 진행됐다. 대통령의 버마 국빈 방문을 위해서는 반드시 필요한 경호 및 안전 문제를 협의할 버마 군정보국이 무력화된 상황에서, 정상적인 경호 문제나 안전 점검 협의 없이 너무나도 신속하게 전두환 대통령의 버마 방문 일정이 짜인 것이다.

1982년부터 준비한 전두환 대통령의 서남아시아 순방 일정에 버마 방문 일정이 추가된 이유는 무엇일까? 대통령 순방 일정에 갑자기 당초에는 없던 버마를 끼워 넣은 내막을 파헤치면 아웅 산 묘소 테러 사건의 흑막을 벗겨낼 수 있을 것이다.

> 처음 계획에는 버마 방문이 없었다. …… 마지막 단계에서 버마가 추가되었는데, 이 운명적인 결정의 내막은 한동안 비밀에 붙여졌었다. 이것은 주무 부처인 외교부의 결정이 아니었다. 외교부도 어느 날 갑자기 청와대로부터 버마를 일정에 추가하라는 지시를 받았다고 했다. …… 이범석 장관이 청와대의 지시라고 버마를 추가하라고 해서 기안을 다시 올렸다는 것이었다. 외교부 내에서는 의아하게 생각했고, 국가안전기획부에서 지시한 것인가 의심을 했었는데 후에 이 결정은 청와대 내부에서 이루어진 것이었다는 사실을 알게 되었다. (라종일, 『아웅산 테러리스트 강민철』, 68쪽)

송영식 당시 버마 주재 한국 대사관 참사관도 버마 방문 이유에 대한 의구심을 풀지 못하고 있다.

> 본부에서는 인도, 스리랑카, 호주, 뉴질랜드 4개국 방문을 이미 결정한 상태에서 미얀마를 마지막에 추가했다. 왜 그렇게 늦은 시점에 미얀마를 추가했는지는 『코리아 타임스』의 청와대 출입 기자 박창석 씨가 발간한 『아웅산 리포트』(「제2장. 국화작전, 왜 미얀마에 갔을까」)에서 상세히 다루었는데, 결론은 그 이유가 분명치 않다는 것이었다. (『나의 이야기』, 163쪽)

이렇게 알 수 없는 이유로 버마 방문 일정이 추가되자 주변의 반대가 극심했다.

1982년 6월 2일 난데없이 안기부장으로 영전(?)하기 전, 대통령의 서남아 순방 계획을 입안했던 노신영 부장도 버마 방문에 반대했던 모양이다. 『동아일보』는 "당시 외교적인 결정에 큰 영향력을 갖고 있었던 노 부장의 만류에도 불구하고 전 대통령이 버마 방문을 강행한 이유는 무엇일까"라며 의문을 표시했다(「남산의 부장들」 178회, 1994년 3월 13일).

"청와대의 지시"라는 한마디에 대통령 해외 순방 일정에 버마가 추가된 데 대해 외무부 쪽에서도 '그게 무슨 뚱딴지같은 소리냐'라는 반응이었다.

> 외교적인 면에서도 현지의 의견은 정상 방문의 의미를 이해하기 힘들다는 것이었다. 비동맹국가를 대상으로 하는 외교를 위해 별 친밀한 관계가 없는 버마까지 대통령이 방문해야 한다는 것이 쉽게 납득이 가지 않았다. (라종일, 『아웅산 테러리스트 강민철』, 95쪽)

버마 일정이 추가되기 두 달 전, 버마 주재 한국 대사관에서 근무하기 시작했던 송영식 참사관도 갑자기 대통령이 버마를 방문하는 데 대해 의문을 품었다. "중간 단계의 각료 방문을 건너뛰는 정상외교에 대한 우려, 열악한 주재국의 인프라, 미얀마 정부에 친북 세력이 광범위하고 깊게 퍼져 있을 수 있다는 등의 부정적인 내용은 보고되지 않았다"(『나의 이야기』, 162~163쪽).

부정적인 내용을 차마 보고할 수 없었던 모양이다.

> 그러나 온갖 부정적인 견해에도 불구하고 현지 공관의 이계철 대사와 송영식 참사관은 이런 생각을 내색하지 않고 대통령의 방문 행사에 관해 '적극적인 대응을 하기로 하고' 서울에는 '긍정적인 내용의 회신을 보냈다.' (라종일, 『아웅산 테러리스트 강민철』,

가장 곤혹스러워했던 사람은 이범석 장관이었을 것이다. 자신이 보기에 말도 안 되는 지시인데다, 외무부 본청이나 버마 현지 대사관이나 심지어 안 기부장까지 머리를 내젓는 상황인데도 청와대에 들어가서는 차마 안 된다는 말을 할 수가 없었을 것이다.

> 이범석 장관은, 대통령에게 일정에 버마를 추가하자고 귀띔을 했다고 알려진 인사에 대해 사적으로 불평을 하는 데에 그치지 않고 공개적인 장소에서 적개심까지 드러냈다. 순방에 오르기 직전 뉴욕에서 기자들과 사적인 만찬을 나누는 자리에서 이 장관은 이름을 밝히지 않고 대통령 측근의 한 인사를 겨냥하며 욕설을 했다. "그 XXX 덕에 버마까지 가게 되었네." (앞의 책, 74쪽)

버마의 신속한 일처리도 평소답지 않았다.

> …… 긍정적인 회신을 보내면서 이계철 대사도 송영식 참사관도, 버마 정부가 대통령의 방문을 거절했으면 하고 바라기까지 했다. 그러나 버마 외무성은 이례적으로 신속하게 전두환 대통령의 방문을 환영하며, 이번 방문을 국빈 방문으로 하는 것에 대해서도 긍정적인 반응을 보였다. …… 버마 정부가 대통령의 방문을 예상 외로 빨리 수락한 후에도 이계철 대사는 불안감을 감추지 못했다고 한다. …… 어느 부처도 대통령이 방문하려 하는 계획에 부정적인 보고를 보낼 수는 없었다. (앞의 책, 96~97쪽)

5월 26일에 친전 훈령이 다시 도착했다. 10월 8일(토)에 도착하

여 10월 11일(화) 오전 떠나는 일정으로 미얀마 국빈 영접 가능성
을 극비리에 타진하라는 내용이었다. …… 이틀 후인 5월 28일 토
요일, 이 대사는 틴 툰(Tin Tun) 정무총국장과 긴급 면담했고, 5월
31일 틴 툰 정무총국장이 이 대사를 초치하여 전두환 대통령의 방
문을 진심으로 환영한다고 공식 통보했다. 평소 미얀마 외무성의
업무 처리 속도를 감안하면 이례적일 정도로 신속한 반응이어서
우리는 매우 놀랐다. (송영식, 『나의 이야기』, 163~164쪽)

버마 정부가 이처럼 신속한 결정을 내린 데는 그만한 이유가 있었다.

이영섭 전 대법원장을 단장으로 하는 국정자문위원회 대표단이 국빈 방
문 가능성 타진 훈령 시기와 겹치는 5월 25일부터 5월 28일까지 미얀마를 방
문해 네 윈 버마사회주의계획당 의장을 비롯한 정부 요로 인사들과 접촉하
는 등 친선 외교 활동을 전개했다(송영식, 『나의 이야기』, 164쪽). 총리는 고
사하고 외무부장관조차도 간 적이 없는 나라에 갑자기 대통령이 방문하는
일정을 짜고 이를 관철시키기 위한 다양한 공작이 진행됐던 것이다.

1983년 5월 말 대통령 순방 일정에 버마가 갑자기 추가되기 전에도 수상
한 조짐이 있었다. 앞서 잠시 언급했던 외무부 아주국 인사와 안기부 파견관
의 버마행이다. 라종일 씨는 『아웅산 테러리스트 강민철』에서 그 시점을 정
확히 밝히지 않은 채 "그해 봄 인사이동이 있었다"라고 밝혔다.

마침 큰 행사 전에 주관 부서에 인사이동도 있었다. 그해 봄 최동
진 아주국장이 방글라데시 대사로 나가고 후임으로 김병연이 새로
부임해 왔다. 당시 이번 행사에 실무를 맡았던 최병효(후에 노르웨
이 대사 역임)는 비공식 수행원으로 행사에 참여했다가 사건 후에
는 버마 외교부와 사후 처리를 맡아야 했다. (80쪽)

김병연, 최병효 등 모두 버마라는 나라를 제대로 모르는 사람들이 대통령의 버마 방문 일정 실무자로 투입됐음을 알 수 있다. "버마 현지 대사관은 그 나름대로 뜻하지 않게 대통령의 방문 통지를 받고 난감해했다. 정무참사관 송영식도 안전기획부에서 파견된 강종일도 그해 봄에 버마에 왔기 때문에 현지 사정에 아직 익숙하지 못한 형편이었다."(81쪽)

통상의 인사이동이라면 문제 삼을 일이 아니다. 하지만 1983년 5월 말 갑자기 버마 방문 일정을 잡으라는 "청와대의 지시"가 내려왔고, 그 지시에 외무부의 장관부터 전 직원들까지 모두 반대했으며, 심지어 서남아 순방 일정을 입안하고 나서 갑작스럽게 안기부장으로 쫓겨 오다시피 한 노신영까지 반대 의견을 냈다면, 그해 봄 외무부 인사를 통상적인 인사이동으로 볼 수만은 없다.

> 안전기획부도 마찬가지 생각이었다. 본부는 본부대로 위구심이 컸고 현지는 현지대로 걱정이 앞서는 일이었다. 그 당시 안기부의 현지 파견관이었던 강종일 서기관은 비록 그해 5월에 부임해 현지 사정에 그다지 정통하다고 할 수 없었지만 나름대로 살펴본 상황을 정리해 대통령 일행의 버마 방문이 위험할 수 있다는 보고를 본부에 보냈다. 구체적으로는 아웅 산 묘소 방문은 재고할 필요가 있다는 보고였다. …… 안전기획부는 대통령 일행이 출발하기 전에 버마 방문을 재고하도록 건의했지만, 대통령은 이미 양국 간 합의된 사항이어서 방문 계획을 취소하기 어렵다고 했다. 이것은 당시 안전기획부 당국자들 사이에서 상식처럼 되어 있는 이야기다. (72쪽, 92~93쪽)

노신영 안기부장은 물론 안기부 현지 실무진까지도 대통령의 버마 방문에 반대 의견을 표시하는 상황에서, 버마 방문 일정을 강하게 밀어붙인 누군가가 있었다는 말이다. "청와대 지시"라는 말로 갑자기 버마 방문 일정을 추가한 것도 그 '누구'였을 것이다.

서남아 순방 계획은 '버마 거사'를 위한 위장

도대체 어떤 논의 과정을 거쳐 전두환 대통령 일행의 버마 방문 일정이 결정됐을까? 버마 방문을 기획한 것은 누구이고 최종 결정은 누가했을까? 이와 관련된 정확한 시기와 논의 과정을 알면 비밀이 다 풀린다.

그런데 그 내막은 비밀에 붙여져 있다. 정부가 공개한 「1983년 외교문서」에도 이 논의 과정은 나오지 않는다. 단순히 이러저러한 날짜에 무슨 결정이 내려졌다는 사실만 공개됐다. 한동안은 그 시기조차 비밀이었다.

아웅 산 묘소 테러 사건을 다뤘다는 책이 여러 권 나왔지만, 버마 일정 추가 부분에 대해서는 아무런 정보도 제공하지 못했다. 저자들 모두 사건의 내막에 관심을 갖기보다는 그저 '북한이 저지른 끔찍한 테러'를 성토하는 데 주안점을 뒀기 때문이다.

최근에 나온 라종일 씨의 책『아웅산 테러리스트 강민철』은 버마 일정과 관련해 잘못된 정보까지 담고 있다. 단순한 오류라고 보기에는 석연찮다. 라종일 씨는 책을 쓰기 위해 사건 당시 국가안전기획부장이었던 노신영 씨와 버마 주재 참사관이었던 송영식 씨를 별도로 면담까지 해 놓고 사실과 다른 이야기를 하고 있다.

> 1983년 남한 정부는 대통령의 서남아시아 순방을 계획했다. ……
> 당연히 주무 부처는 외무부였고, 특히 이범석 장관이 처음부터 이 계획을 기획하고 주관했다. 이 장관은 인도와의 관계를 중시했는데 인도는 중립국가 중에 지도적인 위치에 있었고, 자신이 인도 대

사로 근무할 때부터 총리인 간디 여사와 여러 중요 인사들과 교분을 맺어 왔었다. 이번 대통령 순방과 관련해 이 장관의 주안점은 비동맹국가들과의 관계 개선이었다. 이 비동맹국가들의 조직에 북한도 회원국으로 참여하고 있었다. 지금은 상상하기 어렵지만 그때만 해도 남북한이 국제사회에서 외교에 우위를 점하려고 경쟁하고 있었는데, 비동맹국 외교에 관한 한 북한이 상대적으로 우세였다. 이 순방을 통해 북한의 우위를 상쇄하고 남한도 비동맹국가들 사이에서 외교적 기반을 마련하려고 한 것이다. (66~67쪽)

위 인용문에서 전두환의 서남아 순방이 비동맹운동 국가들을 상대로 북한의 우위를 상쇄하기 위한 목적에서 추진됐다는 설명은 매우 중요한 팩트다. 비동맹 외교에서 북한의 우위를 상쇄한다는 목적은 아웅 산 묘소 테러로 달성된다.

라종일 씨 이야기 가운데 중요한 몇 가지 오류를 바로잡아 보자.

한국 정부가 대통령의 서남아시아 순방 계획을 수립한 것은 1983년이 아니다. 또 이범석 외무부장관이 "처음부터 이 계획을 기획하고 주관"한 것이 아니다. 서남아 순방 계획은 1982년 노신영 씨가 외무부장관으로 재직할 때 입안됐다. 물론 그에 앞서 어디선가, 또는 누군가가 아시아와 아프리카 비동맹국가들을 상대로 하는 대통령의 순방 외교 일정을 짜라는 지시를 노신영의 외무부에 하달 또는 전달했을 것이다.

노신영 씨는 자신의 회고록에서 1982년 초부터 아시아와 아프리카 지역 비동맹 국가 공관장 회의를 별도로 개최할 정도로 '비동맹 외교'에 전력투구했음을 밝히면서, 특히 인도가 비동맹 외교에서 주요 대상국이라는 점과 자신과 인디라 간디 수상과의 친분에 대해서도 상세히 적고 있다(305쪽). 인도를 중시하거나 간디 수상과 친분이 있음은 이범석 장관에게도 해당되지만, 라종일 씨가 책에서 쓴 서남아 순방 일정과 인도에 관한 이야기는 모두 노신영 씨로부터 출발해야 맞는다.

노신영 씨는 특히 "비동맹 지역 공관장 회의를 뉴델리와 라고스에서 개최한 것은 이 두 나라에 대한 대통령의 방문 구상이 있었기 때문"(305쪽)이라고 강조하고 있다. 나이지리아는 같은 해(1982년) 8월 17~20일 아프리카 순방 계획에, 인도는 1983년 10월 8일 16일간 계속될 예정이었던 서남아시아 순방 계획에 포함돼 있었다.

그러면 이미 1982년 초부터 아프리카와 아시아 순방 계획이 개략적으로나마 잡혀 있었다는 말이다. 노신영 씨를 안기부장으로 보낸 뒤 서남아시아 순방 계획에 변동이 생기고 난데없이 버마가 추가된 것은 그 초기 구상에 무엇인가를 끼워 넣기 위함이었을 것이다. 서남아 순방 일정이 수시로 바뀐 이유도 그것이었을 것이다.

라종일 씨는 분명 노신영 씨의 회고록을 읽었을 터인데 왜 서남아 일정을 처음 기획한 이가 이범석 장관이라고 쓸까?

아무튼 노신영 씨가 외무부장관이던 1982년 대통령의 서남아 순방 계획을 입안할 때는 5개국이 아니라 인도, 오스트레일리아, 뉴질랜드, 파푸아뉴기니 등 4개국이었다.

> 1982년 들어와서도 …… 나는 전 대통령에게 아프리카 대륙의 중요성을 …… 설명하였다. …… 전 대통령의 아프리카 순방 계획이 확정된 후에도 …… 나는 다음 해 상반기 중의 방일을 염두에 두고 여타 국가들에 대한 대통령의 1983년도 순방을 그해 하반기로 잡았다. 그리하여 인도 · 오스트레일리아 · 뉴질랜드 · 파푸아뉴기니의 4개국을 선정하여 미리 전 대통령의 승인을 얻었다. …… 그러나 내가 수립하였던 인도 · 오스트레일리아 · 뉴질랜드 · 파푸아뉴기니의 4개국 순방 계획은 내가 외무부를 떠난 후 버마 · 인도 · 스리랑카 · 오스트레일리아 · 뉴질랜드 · 브루나이의 6개국 순방으로 크게 수정되었다. (노신영, 『노신영 회고록』, 306~310쪽)

그런데 앞에 라종일 씨 책에 의하면, 서남아 순방 일정은 노신영 씨의 회고와는 달리 당초 4개국이었다가 6개국으로 바로 바뀐 것이 아니었다.

2014년 3월 26일 정부가 공개한 외교문서에는 2급 비밀문서 「대통령각하 인도, 호주 및 뉴질랜드 방문」이 포함되어 있는데, 거기에 대통령이 서명한 날짜는 1983년 2월 15일이다. 노신영 씨는 회고록 309쪽에서 1982년에 4개국 순방 일정에 대한 대통령 승인을 받았다고 밝혔다.

노신영 씨는 자신이 서남아 순방 계획을 입안한 이유를 다음과 같이 밝혔다. "인도는 비동맹의 리더인 대국이고, 오스트레일리아와 뉴질랜드는 6·25 전쟁 시 파병한 나라인 동시에 특히 오스트레일리아는 자원 부국이며, 새로 독립한 파푸아뉴기니도 장차 자원 외교의 대상이 될 수 있음을 감안한 것이다."

이처럼 명쾌했던(?) 대통령 순방 일정에서 파푸아뉴기니를 뺀 세 나라 순방 일정이 다시 입안되고 ― 대통령의 서명까지 받고 ― 다시 얼마 있다 이 세 나라에 스리랑카와 브루나이가 추가돼 '5개국 순방 일정'이 짜인 것이고, 여기에 다시 버마가 추가된 것이다.

한국 정부가 공개한 외교문서에는 이 부분이 어떻게 정리돼 있을까? 정부가 30년이 지나 공개한 외교문서라면 이런 문제가 깔끔하게 정리돼 있어야 하고 아무런 의혹이 남지 않아야 한다. 그런데 이 나라 외교문서에는 이 부분이 명확하지 않다. 4개국 일정이 왜 5개국 일정으로 바뀌고 다시 버마가 추가되는지에 대한 해명이 없다. 정부의 공식 외교문서가 의혹을 해소하는 것이 아니라 의혹을 덮으려 한다는 느낌을 지울 수 없다. 노신영 씨가 회고록에서 "6개국 순방 일정으로 크게 수정되었다"(310쪽)라며 버마가 추가되는 과정을 아예 누락시킨 것과 마찬가지다.

그런데 3개국 순방 4개월여를 앞두고 상황이 급변한다. 이범석 당시 외무부장관은 이계철 주버마 대사에게 5월 20일 버마의 치안

상태 등의 보고를 긴급 지시한 데 이어 5월 26일에는 10월 8~11
일 대통령 방문의 가능 여부를 타진하도록 주문했다. 이후 버마 측
의 방문 수락(5월 31일) → 외무부의 버마 등 5개국 순방 일정 건
의(전 대통령 6월 8일 서명) → 5개국 공식 방문 계획 확정(전 대
통령 7월 20일 서명)이 일사천리로 진행된다. (「전두환, 퇴임 후
막후 통치 한 수 배우러 버마행 정황 드러나」, 『세계일보』 2014년
3월 26일)

미뤄 짐작해 보자.

처음 노신영 장관 시절 올린 4개국 순방 일정에서 파푸아뉴기니를 제
외한 3개국 순방 일정 문건에 대통령이 서명했고(1983년 2월), 이후 '몇 나
라 더 추가하라'라는 지시에 따라 스리랑카와 브루나이를 추가했더니, 다시
'버마를 추가하라'라는 지시(1983년 5월 20일)가 청와대로부터 내려왔던 것
이 아닐까?

애초부터 '버마 작전'을 세워 놓았으나 한국 외교부가 짠 대통령 순방
일정에 버마가 들어 있지 않자, 계획을 다시 세울 것을 지시 또는 권고했고,
그래도 버마가 일정에 들어가지 않자 작전 개시 5개월 전인 1983년 5월에 급
하게 버마 일정을 추가하도록 한 것이다.

누가 그런 지시를 내릴 수 있었을까? "청와대의 지시"란 전두환 대통령
의 지시였을까? 당시 전두환 대통령이 아프리카, 아시아, 중동을 두루두루
돌아다니게 만든 소위 '비동맹 외교'는 누구의 머리에서 나왔을까? 전두환
과 함께 쿠데타를 일으킨 군부? 아니면 아웅 산 묘소에서 목숨을 잃은 이범
석 장관을 비롯한 민간 브레인들?

전두환 정권의 비동맹 외교는 박정희 정권 때 시작된 비동맹 외교 노선
을 그대로 답습한 것이었다. 아웅 산 묘소 사건 한 해 전 노신영 외무부장관
이 아시아, 아프리카, 남미 비동맹 국가들을 상대로 한 순방 외교 일정을 연

달아 짠 것은 전두환 정권 초기 외교 노선이 철두철미 북한을 국제사회에서 고립시키기 위한 외교에 집중돼 있었음을 의미한다.

박정희에서 전두환으로 이어지는 남한의 비동맹 외교는 겉으로는 남북 간 외교전 양상을 띠었지만, 실상은 주한 미군 철수를 둘러싼 북한의 공세를 꺾으려는 미국의 반격 속에서 전개됐다. 북한의 비동맹 외교가 노린 최대의 목표는 바로 주한 미군 철수와 정전협정의 평화협정으로의 전환이었고, 미국은 이런 북한의 비동맹 외교에 시달리고 있었다.

그러면 박정희 정권과 전두환 정권에 이어지는 반북 비동맹 외교의 진원지는 바로 미국이었다고 봐야 한다. 마침 친서방 노선으로 선회하면서, 북한이 중심에 서 있는 비동맹권의 단결을 깨뜨리는 데 결정적인 역할을 할 수 있는 버마에서 북한을 겨냥한 사건을 획책할 필요성은 미국에게 가장 절실했던 것이다. "북한의 제3세계 진출 기지를 분쇄"하기 위해서!

> …… 미얀마는 첫 순방국이었다. 미얀마는 남북한 동시 수교국이 었지만, 1977년 미얀마 대통령이 북한을 방문하는 등 북한과 더 가까운 관계였다. 그럼에도 정부가 미얀마를 첫 순방국으로 정한 것은 "북한의 제3세계 진출 기지를 분쇄하고, 우리의 확고한 거점을 구축하기 위한 것"이라고 대통령을 수행했던 이기백 전 합참의 장은 술회했다. (이신재 국방부 군사편찬연구소 연구원, 「북 계획적으로 대한민국 대통령 시해 시도 〈14〉 아웅 산 테러 사건」, 『국방일보』 2014년 10월 6일)

버마 일정이 추가된 '그럴듯한' 이유

버마 일정이 갑자기 추가되고, 심지어 안기부까지 나서 반대했음에도 불구하고 청와대가 버마 방문을 강행한 이유에 대해서는 '대통령 측근의 권고'를 이야기하는 이들이 많다. 전두환 대통령이 퇴임 후 네 윈 버마사회주의계획당 의장처럼 막후 권력자 역할을 할 수 있도록 측근이 버마행을 권했다는 것이다.

> 전두환 대통령 임기가 끝난 후 정권이 바뀌고 몇 년이 지난 후, 한 텔레비전 프로그램에서 이 문제를 집중적으로 다루었다. 이 프로그램에 의하면, 일정에 버마를 포함하라는 지시는 대통령이 자신의 은퇴 후를 고려한 조치였다는 것이다. …… 본인은 진정 단임으로 끝내려고 생각했을지라도 권력의 부근에는 개인적으로 충성스러운 측근들이 있는 것이다. 이들의 생각은 대통령과 다르거나 혹은 이들이 대통령의 속마음을 본인보다 더 잘 이야기할 수 있는 경우도 상상할 수 있다. 여하간 대통령의 최측근 중 한 명이 그에게 대통령 직에서 은퇴한 다음에도 그대로 권력을 유지하거나, 적어도 그가 전문성이 있는 분야에서 상당한 영향력을 행사할 수 있는 방법이 있다고 귀띔했다는 것이다. (라종일, 『아웅 산 테러리스트 강민철』, 68~70쪽)

그런데 버마 방문이 전 대통령의 퇴임 이후를 위한 일종의 벤치마킹을 위한 것이었다는 설은 오래 전부터 제기돼 왔다.

『동아일보』는 1994년 3월 13일 자(「남산의 부장들」 178회)에서 전 대통령이 버마행을 강행한 이유에 대해 "당시 여권의 한 핵심 인사"의 이야기라며 다음과 같이 전한 바 있다.

> 누군가 전 대통령의 퇴임 후 권력 구도와 관련해 강력히 버마 방문을 주장한 것으로 알고 있습니다. 즉 네 윈 식의 권력 관리 방식을

현지에서 직접 보고 네 윈과도 만나 볼 필요가 있지 않느냐는 주장
을 전 대통령이 받아들인 거예요.

정부는 2014년 3월 26일에 「1983년 외교문서」를 공개하면서 라종일 씨
가 제기한 '네 윈 벤치마킹'설에 무게를 더했다.

> 1983년 10월 9일 발생한 버마(현 미얀마) 아웅 산 묘소 폭탄 테러
> 사건을 놓고 그동안 풀리지 않는 미스터리가 있었다. **당시 전두환
> 대통령은 왜 주위의 반대를 무릅쓰고 버마에 갔느냐**는 것이다. 버마는
> 당시까지 대통령을[은] 물론 국무총리나 외무부장관(현 외교부 장
> 관)도 방문한 적이 없었던 한국 외교의 오지(奧地)였다. …… 외교
> 부가 26일 공개한 외교문서에 따르면 전 대통령이 당시 대통령 퇴
> 임 이후에도 버마 실력자로 국정을 좌지우지했던 네 윈 버마사회
> 주의계획당(BSPP) 당 의장을 만나려 한 정황이 여러 곳에서 확인
> 됐다. …… 우리 정부는 전 대통령과 네 윈의 회담을 적극 추진했
> 다. 1962년 쿠데타로 정권을 잡은 네 윈은 혁명평의회 의장을 거
> 쳐 1974년부터 임기 7년의 대통령을 지낸 후 사직한 뒤에도 실권
> 자로 군림하고 있었다. 5공화국 헌법도 대통령의 7년 단임제와 직
> 전 대통령이 국정자문회의 의장을 당연직으로 맡는 '상왕(上王)
> 제' 규정을 두고 있었다. (「전두환, 퇴임 후 막후 통치 한 수 배우러
> 버마행 정황 드러나」, 『세계일보』 2014년 3월 26일)

정부가 외교문서를 통해 거듭 '네 윈 벤치마킹'설을 확인하다 보니, 이범
석 외무부장관이 "그 XXX 덕에 버마까지 가게 되었네"(라종일, 『아웅산 테
러리스트 강민철』, 74쪽)라며 욕지기를 했다는 "그 XXX"에게 모든 책임이
돌아가는 모양새가 나온다.

라종일 씨의 『아웅산 테러리스트 강민철』는 이범석 외무부장관의 말을 인용하면서도 문제의 이름을 밝히지 않으려 애썼다. 라종일 씨는 이렇게 주석을 달았다. "그 당시 권력의 핵심 내부 사정을 잘 알고 있는 분들은 대통령의 측근 중의 어느 한 사람을 지목한다. 혹은 대통령의 가까운 동기 중의 한 분이 미리 네 원과 지면을 터서 두 분 사이의 면담을 주선했다는 이야기도 있다. 그러나 이런 소문의 근거를 확인하는 것은 불가능하다."(266쪽) 어느 특정 인사를 지목하지 않으려는, 또는 자신이 직접 특정인을 지목하려 않기 위해 애쓴 흔적을 남기려는 의도로 읽힌다.

라 씨는 그러나 곧 장세동 씨를 거명한다. 대통령 순방 일정에 버마를 끼워 넣은 이유에 대해 이런저런 의문을 제기하고 외교부와 안기부가 그 일정에 반대 의견을 제시했다는 사실을 언급하다 갑자기 "잘 납득이 가지 않는 이유가 또 있다"라며 사건에 대한 책임과 문책 문제를 덧붙이면서.

> 현지 안기부 파견관인 강종일은 북한의 위협에 대해 보고를 했는데도 사건 이후 책임을 지고 물러났다. 그러나 안기부 고위층이나 외교부 국방부 등에서는 책임을 지는 사람들이 없었고 일부는 더 높은 자리로 승진했다. 일반적으로 책임을 묻는다면 대통령 경호실장이 가장 먼저 머리에 떠오를 것이다. 그러나 **현지까지 수행해 함께 있었던 장세동(張世東) 경호실장에게는 아무런 책임도 묻지 않았다.** 안기부장 노신영도 책임을 묻기는커녕 후에 총리로 발탁되었다. …… 상식적으로 잘 납득이 가지 않는다. …… 책임을 지고 자리에서 물러난 사람들은 주로 국가안전기획부의 하급 요원들이었다. 아태 과장과 아태 부국장은 안기부를 떠났다. [대통령 일행이 버마를 방문하기 이틀 전 현지에 도착한 국가안전기획부의 해외공작국] 이상구 국장 역시 '도의적인 책임'을 지고 현직에서 물러나 한동안 안기부 산하의 내외통신사 사장으로 나가 있다가 차장으로

영전하여 복귀했다. 후에는 말레이시아 대사를 역임했다. 역사는
납득이 가지 않는 크고 작은 역설들로 가득 차 있는 것인가. (97~
98쪽)

라종일 씨는 분명 버마 일정이 무리하게 추가된 것이 청와대 대통령 경
호실장 장세동에 의한 것으로 확신하고 있다. 또한 라종일 씨의 이런 확신은
그의 책『아웅산 테러리스트 강민철』전체를 관류하는 '아웅 산 묘소 테러가
전두환의 광주 학살에서 연유하고 있다'라는 주장과 맥이 닿는다. 광주 학
살극의 최종 책임자는 전두환이지만 현지에서 작전을 진두지휘한 것은 바로
그의 분신과도 같은 장세동 당시 보안사령부 작전참모였기 때문이다.

라종일 씨는 또한 '광주 학살에서 연유하는 아웅 산 묘소 폭탄 테러'가
일어난 지 불과 1년이 못돼 전두환 정권이 북한의 수해 지원 물자를 받고 이
듬해부터 남북 화해와 협력을 논의하는 밀사를 교환한 데 대해 신랄한 어조
로 비판하고 있다. 1985년부터 진행된 남북 밀사 접촉은 모두 장세동 경호실
장이 그해 2월 안기부장으로 가면서부터 시작된 일이었다.

결국 광주에서의 학살, 아웅 산 묘소 테러, 이후의 남북 밀담으로 이어지
는 일련의 사건 한가운데 장세동 씨가 있었다는 말이다.

그러면 그가 경호실장 시절 전두환 대통령에게 버마 방문을 권유하며
버마 통치자 네 윈의 통치술을 본받아 퇴임 이후의 권력을 보전하라고 권했
다는 말은 일리가 있는 말일까? 그렇지 않다. 대통령의 서남아시아 순방 일
정에 버마 방문 일정을 갑자기 끼워 넣은 이유를 찾을 수 없다 보니 이런 저
런 구실을 붙이느라 '네 윈 벤치마킹'설이 나온 것이다.

버마의 통치자 네 윈이 1981년 대통령 자리를 물려주고 막후에서 최고
통치자로서의 지위와 권력을 유지하고 있다는 사실에 비춰 보면, '벤치마킹
론'은 매우 그럴듯해 보인다. 그러나 전두환 대통령이 친분을 쌓으며 후사를
본받으려 했다던 버마 지도자 네 윈은 당초 칭병을 이유로 정상회담 자체를

거부했었다. 대외적으로 버마를 대표하는 사람은 우 산유 대통령이었다.

결국 네 윈 버마사회주의계획당 의장의 퇴임 후 통치술을 본받기 위해 버마 방문을 강행했다는 설은 모두 뒤늦게 만들어낸 변명이고 구실이었다.

그래도 '네 윈 벤치마킹'설이 그럴듯하게 보이려면, 전두환 대통령에게 통치 후 권력 연장 구상을 귀띔한 사람이 있어야 했고, 그래서 등장한 이가 전 씨의 분신과도 같은 장세동 씨였을 것이다. 물론, 장세동 씨가 아웅 산 묘소 테러 사건이라는 거대한 프로젝트의 총연출자인지는 알 수 없다.

당시 버마 방문 일정이 추가된 것은 정상적인 절차가 아닌, 수십 년이 지나도록 그 이유를 알 수 없는 — 어쩌면 알려져서는 안 될 — '특수한 목적'을 위한, 그래서 더더욱 그 의사 결정 과정을 비밀에 붙여야 하는 사안이었다. 정부가 외교문서를 통해, 국가정보원 차장을 지낸 이는 또 자신의 책을 통해, '네 윈 벤치마킹'설을 기정사실화하는 이유도 그 연장선에 있을 것이다.

'네 윈 벤치마킹' 외에도 버마 방문 일정이 추가된 이유를 설명하는 또 다른 버전이 있다. 경제개발론 또는 자원개발론이 그것이다.

라종일 씨의 책이 나오기 약 6개월 전, 외교문서가 공개되기 1년 2개월 전, 송영식 당시 버마 대사관 참사관은 수산자원과 귀금속 등이 풍부한 버마와의 경제협력 가능성이 버마 방문의 가장 큰 이유였을 것이라는 취지로 이야기했다. "그해[1983년] 5월 청와대를 다녀온 이범석 외무부장관이 공로명 당시 차관보에게 '버마가 경제협력 잠재성이 크기 때문에 순방국에 추가됐다'고 말했다는 이야기를 공 전 장관으로부터 최근 들었다."(〈외교열전〉「'대참사' 아웅 산 폭탄 테러의 전말」, 『연합뉴스』 2013년 1월 28일)

'네 윈 벤치마킹'설의 화살이 결국 장세동 경호실장에게로 향했듯이, 경제개발론(자원개발론) 역시 그 발설자가 필요했고 결국 찾아낸 것이 전 정주영 현대그룹 회장이었다.

2005년 인기리에 방영됐던 정치 드라마 《제5공화국》이 바로 이 '경제개발론'(자원개발론) 각본을 따르고 있다. 드라마에는 현대건설 창업주 고 정주영 명예회장이 "버마를 가야 한다"라고 주장하는 장면이 나온다. 현대그룹 정주영 회장의 위세가 이미 1년여 전에 짜인 대통령의 서남아 순방 일정에 버마를 끼워 넣을 정도로 어마어마했을까? 일개 기업인이 어디를 가잔다고 대통령 순방 일정이 바뀔까?

사실 그대로는 절대로 밝힐 수 없는 '버마 일정 추가 이유'를 억지로 조작하려다 보니 이런 어처구니없는 일들이 벌어지는 것이다.

'경제개발론'(자원개발론)은 '네 원 벤치마킹'설만큼이나 터무니없다.

이처럼 그 내막을 알 수 없는 버마행에 대해 잘 알고 있는 이가 있다. 바로 반기문 전 유엔 사무총장이다. 라종일 씨는 전두환 정권의 청와대가 버마 방문 일정을 급조한 데 대해 "순방 시기가 10월로 예정되어 있어서 그 계절에 피는 꽃 이름을 따서 '국화 작전'이라는 암호명을 붙였다"라며, 그렇게 이름을 붙인 주인공은 당시 장관의 비서실장이었던 반기문이었다고 밝혔다(라종일, 『아웅산 테러리스트 강민철』, 67쪽). 은밀하게 진행됐던 '국화 작전'은 실재했다.

> 외무부는 [1983년 8월] 5일 전두환 대통령의 서남아 및 대양주 5개국 순방이 발표되자 그간의 암행 작업을 표면화시켜 노영찬 의전장을 책임자로 하는 상황실을 회의실에 설치하고 종합적인 준비 작업에 착수.「국화 작전」으로 불렸던 이번 전 대통령의 순방 계획은 지난해 말 인도와 호주가 이번 정상외교의 중심 국가로 결정되어 약 9개월간의 암행 작업 끝에 발표하게 된 것인데 본격적인 교섭은 3월부터 시작, 5월 말에 완전 마무리지어졌다고. 이번 전 대통령의 순방 여정은 3만3천km.(「3만3천km '국화 작전'」, 『경향신문』 1983년 8월 5일)

"9개월간의 암행 작업"이 무슨 뜻일까? 왜 암행 작업이 필요했을까? "본격적인 교섭"이 "3월부터 시작"됐다는 말은 또 무슨 의미일까? 라종일 씨는 『아웅산 테러리스트 강민철』에서 "강민철이 옥중에서 동료 수인들에게 한 이야기"라며 "북한 당국은 이미 그해[1983년] 3월부터 자기들을 선발해 버마에 보낼 공작을 시작했다고 한다"(90쪽)라고 썼다. 순방 구상이 1982년 초 시작됐다는 보도도 있었다.

> 전두환 대통령의 이번 서남아 및 대양주 5개국 순방 계획은 이미
> 지난해 초 그 구상이 시작됐던 것. 구체적 일정은 금년 초부터 잡
> 기 시작했으나 관련국들의 협조가 수월하게 이루어져 6월 초에 이
> 미 일정이 모두 확정됐다고 5일 외무부 당국자가 설명. …… 이 당
> 국자는 "인도 측과는 지난 1월 이범석 외무장관의 인도 방문 때 10
> 월 중순으로 확정되면서부터 구체적으로 추진되기 시작했다"면서
> ……(「5개국 순방 '국화 작전'으로 추진」, 『동아일보』 1983년 8월
> 5일)

"지난 해 초", 즉 '1982년 초'라면 바로 수상한 북파공작이 시작된 때다.
이처럼 시작부터가 수상했던 '국화 작전'에 대해 가장 많이 알고 있을 반기문 씨는 아웅 산 묘소 테러 사건에 대해 한마디도 하지 않고 있다. 언젠가는 그에게서 그 내막을 들을 수 있을까?

광주 학살과 버마 테러의 연결 고리: 장세동

라종일 씨가 『아웅산 테러리스트 강민철』에서 일관되게 주장하는 '아웅 산 묘소 테러 = 5·18 참극에 대한 북한의 응징' 논지는 중요한 의미를 담고

있다.

전두환의 광주에서의 학살에서 핵심적인 역할을 했으며, 전두환의 버마행을 부추긴 장본인으로 돼 있고 전두환 내외와 함께 예정 시간보다 늦게 영빈관을 출발하는 '천우신조'로 '구사일생'했으며, 가장 큰 책임을 져야 할 자리에 있었으면서도 아무런 책임을 지지 않았고, 남북대화 전면에 나서 아웅 산 묘소 사건의 배후를 인정할 것을 북한에 요구하는 등, 아웅 산 묘소 폭탄 테러와 그 전후 맥락까지, 라종일 씨 책 전체의 논지를 관류하는 인물이 있기 때문이다.

바로 장세동 당시 청와대 경호실장이다.

장 씨는 광주에서의 학살과 어떻게 연결돼 있을까? 그가 1980년 5월 광주에서의 학살 당시 전두환 보안사령관의 작전참모였다는 사실은 누구나 다 알고 있다. 그런데 그가 '광주 학살'에서 대단히 핵심적인 역할을 했다는 사실은 잘 알려져 있지 않다. 그것을 증언한 이가 있다.

당시 전두환의 보안사령부 소속으로 정호용 특전사 사령관의 동향을 관찰해 보고하는 '보안반장'이면서 사령관을 보좌하는 '정보보좌관'의 역할을 동시에 맡고 있었던 김충립 씨다.

그는 사건 20주년인 2010년 5월 18일 자 《오마이뉴스》와의 인터뷰 「장세동은 5·18 수일 전 왜 광주에 내려갔을까」에서 "12·12 직후 정호용 50사단장이 특전사령관으로 온 것보다 12·12 주역 중 한 명인 장세동 수경사 30경비단장이 특전사 작전참모로 왔다는 것이 더 중요하다"라고 밝혔다. 노무현 정부 때 《오마이뉴스》는 소위 '잘 나가는' 매체로, 정부 주요 인사들의 인터뷰가 자주 실렸다.

김 전 반장은 1968년 ROTC 6기로 육군 소위로 임관한 뒤 보안사에서 오랫동안 일했다. 특전사 보안반장을 끝으로 노태우 측근들과 갈등을 빚어 육군 소령으로 예편을 당했다. 그는 1998년 국회 문공위의 '언론 통폐합' 청문회 증인으로 출석해 "언론 통폐합은 처음부터 잘못된 법이었고, 중정 비서실장인 허문도 씨가 주도했다"라고 증언한 바 있다. 1991년 9월부터 『신동아』
에 「하나회의 파워게임」을 연재해 하나회의 실체를 드러내자, 전두환 전 대
통령이 그에게 기고 중단을 요청하기도 했다.

김 전 반장은 1980년 5월 17일 계엄이 전국적으로 확대되기 "1주일 전인
가 10일 전인가 장세동이 작전과장 등 5명을 데리고 광주로 출동했다"라며
이렇게 밝혔다. "특전사의 핵심 인물은 장세동이 된다는 얘기다. 누구든지
장세동의 눈치를 봐야 하는 상황이 돼 버렸다. 외부에서 데려온 사령관[정호
용]도 마찬가지였다. 특전사가 12 · 12의 핵심 인물에 의해 장악된 것이다."

5월 17일 계엄 확대 "일주일 전 또는 열흘 전"에 전두환 보안사령관의
작전참모가 광주로 내려갔다는 증언은 광주사태의 원인과 관련해 매우 중요
한 발언이다. 당시 보안사를 앞세운 군부 또는 한국군을 움직이고 있던 미군
이 전두환 군사독재에 항거하는 전국적인 시위가 일어나기 훨씬 전에 이미
광주에서 모종의 작전을 벌이고 있었다는 말이다.

전두환 정권에 반대하는 학생 시위는 그해 3월부터 전국 각지에서 산발
적으로 벌어지고 있었지만, 본격적이고 거국적인 반대 시위는 5월 15일 서
울역광장에서의 시위였다. 이 시위를 계기로 전두환과 노태우의 신군부는
5 · 17 계엄 확대 조치를 취한 것이다. 그런데 이 계엄 확대 조치가 취해지고
전국 휴교령이 내려지기 적어도 일주일 전에 광주에서 모종의 작전이 진행
됐다면, 5 · 18 사건 당일 전남대에 군인들이 진주하고 학생들이 투석전으로
맞서면서 시작됐다는 5 · 18의 역사는 다시 써야 한다.

광주 청문회 때 김 씨가 정호용 전 특전사령관에게 증인으로 나가겠다
는 뜻을 전했지만 정 씨는 이렇게 말했다고 한다. "내가 모든 것을 다 이야기
하면 나는 누명을 벗을 수 있지만 다른 사람이 죽는다. 딴 사람을 죽이는 것
보다 다 같이 벌을 나누어 받는 것이 더 낫다고 생각한다." 전두환, 노태우
등과 함께 기소돼 징역 7년 형을 선고받았고 훈장 · 연금까지 박탈당하면서
까지 정 씨가 밝힐 수 없었던 이야기가 무엇이었을까?

전두환과 노태우 전직 대통령 둘이 감옥에 가는 마당에 굳이 장세동 보안사령부 작전참모의 책임을 면해 줘야 했던 이유가 궁금하다.

라종일 씨가 일관되게 주장하는 것처럼 광주에서의 학살과 그 학살을 '모티프'로 하는 아웅 산 묘소 테러 작전, 아웅 산 묘소 사건에 대한 북한의 책임과 인정을 공식화하기 위한 대북 접촉으로 이어지는 그의 역할을 감추기 위함이었나?

라종일 씨는 아웅 산 묘소 폭탄 테러로 이어지고 이로부터 파생하는 역사적 사건의 주요한 맥락마다 장세동이라는 인물이 핵심적 역할을 담당했음을 은연중 드러낸다. 그러면서 끝내 그에게 책임을 묻지 못하고 "현실의 부조리"라는 애매모호한 수사로 얼버무린다.

> 한편 정치의 현실에서는 이상한 법칙이 있는 것 같다. …… 이런 상황에 자주 노출되어 왔기 때문에 혹은 그런 상황을 합리화하는 논리에 쉽게 설득당해 왔기 때문에, 현실의 부조리를 별다른 감각 없이 받아들인다. 비극적인 상황을 연출한 장본인은 아무런 피해도 책임도 없이 오히려 온갖 명예와 명성 그리고 세속적인 부와 권력을 누리고, 피해는 아무런 책임도 없고 이를 관리할 능력도 없는 사람들의 몫으로 남는다. (라종일, 『아웅산 테러리스트 강민철』, 11쪽)

> ……모든 정치적인 권력과 권력의 논리와, 그리고 권력이 돌보아야 할 일반 사람들의 간절한 사연 사이의 영원한 그리고 어쩔 수 없는 괴리……. 이 부조리한 괴리는 여러모로 우리를 괴롭힌다. …… 우리에게 가장 커다란 괴로움은 이런 괴리와 부조리를 알면서도 이를 어찌지 못한다는 점일 것이다. 그러나 비록 현실적으로 무력할지라도 우리가 처한 상황을 바로 인식하는 것이 사람으로서

지켜야 할 도덕적인 의무이기도 하다. (위의 책, 263쪽)

제 3 부

전두환 정권의 자작극 의혹

1983년 5월 말 난데없이 하달된 "청와대의 지시"에 의해 전두환 대통령의 버마 방문 일정이 급조되고, 방문 비행 항로가 바뀌고, 그럼으로써 방문 당일 오후로 예정됐던 아웅 산 묘소 참배가 다음 날 오전으로 미뤄지고, 전두환 대통령처럼 보이는 이계철 버마 주재 대사가 대통령 비서실장과 함께 행사장에 먼저 도착하는 등, 아웅 산 묘소 테러 사건은 처음부터 끝까지 '보이지 않는 손'에 의해 치밀하게 기획되고 실행됐다는 느낌을 지울 수 없다. 버마 정부는 사건 발생 초기 약 3주간 전두환 정권의 자작극을 의심했다. 버마 정부가 전두환 정권의 자작극을 의심한 이유는 행사 사흘 전 현장 보안 검색도 한국이 했고, 이후의 현장 보안은 모두 한국 측에게 맡겨졌기 때문일 것이다.

버마행 비행기의 항로를 변경하라

전두환 정권은 물론 이후 들어선 한국의 모든 정권은 지난 30년 동안, 아웅 산 묘소 폭발 사건과 관련한 의혹에 대해 단 한 가지도 제대로 해명한 적이 없다. 사건이 발생한 지 무려 30년이 지나 공개된 「1983년 외교문서」에도 사건의 의혹을 풀 수 있는 중요한 내용은 모두 빠져 있다. 아웅 산 묘소 참배 일정이 10월 8일 오후에서 10월 9일 오전으로 변경된 사실만 기록돼 있고, 왜 그렇게 됐는지에 대한 설명이 없다.

놀랍게도, 그것은 대통령 일행이 탄 버마행 비행기 항로가 변경되면서 도착 시간이 지연됐기 때문이었고, 비행기 항로가 변경된 것은 미국의 권고 — 또는 지시 — 때문이었다.

그러나 이 사실이 공개되고 그 의미가 제대로 인지되기까지는 십 수 년의 세월이 흘러야 했다. 장세동 당시 경호실장은 1995년 펴낸 자신의 책 『일해재단』 90쪽에서 서남아 순방의 첫 기착지인 버마의 랑군으로 가는 항로 세 개를 단계적으로 검토했다고 밝혔다.

항로 ①은 김포를 이륙해 자유중국, 타이베이, 말레이시아를 경유해 버

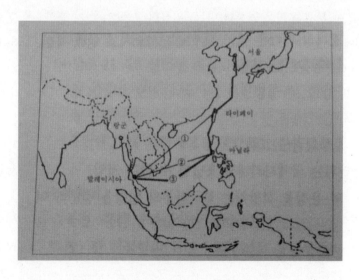

마 랭군으로 가도록 돼 있었으나, 당시 태풍 등의 기상 조건, 항로, 인근 국가 등을 고려해 항로 ②, ③으로 변경했다고만 밝혔다. 당일 오후로 예정됐던 아웅 산 묘소 참배 일정을 그 다음 날 오전으로 미루는 외교적 결례에 대한 설명으로는 어딘가 부족하고 궁색하다.

> 항로 ②, 항로 ③으로 변경하는 과정에서 처음 30분은 출발 시간을, 또 다른 30분은 도착 시간을 조정함으로써 오후 4시 30분(한국 시간 저녁 7시)에 버마에 도착하게 되어 일몰이 비교적 빠른 점과 도착 후 환영 행사, 이동 시간 등을 고려, 당초 계획한 도착 당일 아웅 산 묘소 참배 계획을 그대로 시행할 수가 없어서 다음 날(10월 9일) 오전 10시 30분으로 변경하게 되었다.

장 씨는 아마도 자신 이외에는 이 일에 대해 아무도 이야기하지 않을 것이라고 생각했을 것이다. 그러나 그의 책이 나온 지 3년 뒤, 대통령 일행이 탄 버마행 비행기의 항로를 누가 바꾸도록 지시했는지에 대한 새로운 사실이 밝혀진다.

이 문제를 처음 거론한 이는 『워싱턴 포스트』 기자 출신으로 한반도 문제에 정통하다는 돈 오버도퍼Don Oberdofer다. 그는 1997년 『The Two Koreas : A Contemporary History』를 내면서 항로 변경이 미국의 권고 때문이었다고 밝혔다. 그의 책은 이듬해인 1998년 중앙일보사가 『두 개의 코리아』로 번역하여 출간했다.

> 1983년 미얀마 방문 시 한국 당국은 전 대통령의 전용기를 미 공군의 조기공중경보기(AWACS)로 감시해 줄 것을 요청했다. 이에 대해 미국 측은 전 대통령의 항로를 베트남 및 중국 해안선에서 멀리 벗어나도록 제안했고 그에 따라 전 대통령의 일정이 변경됐다. 전

대통령은 오후 4시 미얀마에 도착해 차량 퍼레이드로 국립묘지 행사장으로 직행하는 대신 오후 6시가 지나 도착하게 된 것이다. 결국 국립묘지 방문은 다음 날 아침으로 미루어졌다. 행사장에서 고성능 폭탄이 폭발할 당시 전 대통령은 1.6km 떨어진 한국 대사 공관[영빈관]을 떠나 국립묘지로 향하던 중이었다. (141~142쪽)

다음으로 이 항로 변경 문제를 거론한 이는 사건 당시 안기부장이었던 노신영 씨로, 그는 2000년 『노신영 회고록』에서 좀 더 구체적으로 항로 변경 경위를 설명했다.

아웅 산 테러 사건과 관련하여서는 생각나는 일 한 가지가 있다. 1982년 전 대통령의 아프리카 순방 때에도 그랬듯이, 1983년 버마와 서남아 순방 때에도 나는 독자적인 판단으로 대통령 일행의 안전 문제를 미국 측과 협의하고 협조를 요청하였다. 당초 버마와 합의하여 확정된 순방 일정은 10월 8일 오후 4시 30분에 랭군(지금의 양곤)에 도착하면 공항에서 바로 아웅 산 묘소로 직행하여 어둡기 전에 묘소 참배를 마치도록 되어 있었다. **대통령의 방문 일정과 탑승기의 항로를 검토한 미국 측은 비행 항로가 중국 대륙과 베트남에 너무 접근해 있음을 지적하고 좀 더 떨어져서 비행함이 좋겠다고 권고하면서 바람직한 비행 항로를 지도 위에 그려 왔다.** 이 항로에 따르면 랭군 도착 시간이 한 시간 이상 늦어지고, 그렇게 되면 어둠 때문에 아웅 산 묘소 참배는 다음 날로 변경될 수밖에 없었다. 나는 미국 측이 그려 온 지도를 가지고 먼저 장세동 경호실장과 협의한 후 장 실장과 같이 대통령을 뵈었다. 나의 설명을 듣고 난 전 대통령은 "미국 측 권고에 따르는 것이 좋겠다"고 하면서 일정의 변경을 지시하였다. 이에 따라 정부는 버마 측과 일정을 재조정하여 아웅 산 묘소 참배는 다음 날인 10월 9일 오전 10시로 변경되었다. 이때에 만약 묘소 참배 일정이 수정되지 않고 예정대로 공항 도착 후 묘소로 직행하였더라면 피해는 더욱 컸을 것이고, 폭발 후의 어둠 때문에 테러범들의 검거도 어려웠으리라 생각한다. (331~332쪽)

안기부장이 대통령의 안전 문제를 걱정해 "미국 측"에 협의하고 협조를 요청했다는 주장이 눈에 띈다. 왜 "미국 측"이라 했을까?

노신영 씨는 1982년 전두환 대통령의 아프리카 순방 때를 회고하면서 "미국 워커 대사와 만나" 일정을 상의하고 협조를 당부했다고 밝혔다.

…… 비밀 유지를 당부하고 워커 대사에게 대통령의 아프리카 방문 계획을 알린 후, 비행 도중과 현지에 들어간 후의 안전을 위하여 미국이 도와줄 수 있는 방법이 없는지를 문의하였다. 워커 대사는 아프리카 오지에까지 들어가는 전 대통령의 열의와 용기를 높이 평가한 후 곧 본국 정부와 협의하겠다고 하였다. 며칠 후 워커 대사는 워싱턴에서 긍정적인 회답이 왔음을 알리면서 비행 중의 안전에 협조하겠다고 하였다. …… 대통령의 현지 방문을 건의해 놓고 불안한 심정에서 착상하였던 미국에 대한 협조 요청은 후일 전 대통령의 버마(지금의 미얀마) 방문 시에도 되풀이되었다. (308~309쪽)

1982년 전두환 대통령의 아프리카 순방 당시 주한 미국 대사 워커는 "안전에 협조하겠다"라고 약속한 것 외에 항로 변경 등의 권고나 요청은 하지 않았던 모양이다. 그런데 1년 뒤 서남아시아 순방 일정과 관련해서는 "미국 측"이 항로 변경을 권고했고 청와대가 이를 전폭 수용했다고 노신영 씨는 밝히고 있다. 이때도 주한 미국 대사는 워커였다.

특이한 것은 지금은 누구도 미국의 권고에 의해 버마행 비행기의 항로가 변경됐다는 사실에 대해 이야기하지 않는다는 점이다. 1997년 말 외신 기자 출신 전문가가 이 사실을 처음 거론했고, 뒤이어 노신영 씨가 2000년 출간된『노신영 회고록』에서 이 사실을 거듭 확인했음에도 불구하고, 이후 10여년이 지난 시점에 아웅 산 묘소 테러 사건 30주기 즈음에 잇달아 출간된 책들 어디에도 이에 대한 언급이 없다.

라종일 씨는 자신의 책을 내기 위해 롯데그룹 고문인 노신영 씨를 롯데 호텔로 찾아갔다고까지 밝히면서도, 항로 변경에 대해서는 일언반구 언급하지 않았다. 노신영 씨가 "독자적인 판단"임을 강조하면서 자신이 접촉한 "미국 측"의 정체를 밝히지 않는 것은 바로 미국이 원하지 않기 때문일 것이다. 미국이 한국 대통령의 해외 순방 일정에서부터 항로를 변경하는 문제까지 관여하고 있다는 사실 자체가 의심을 살 만한 일이다. 아마도 라종일 씨가 노신영 씨를 따로 만나고도 항로 변경에 대해 함구한 것은 그런 이유에서였을 것이다.

노신영 씨 역시 2000년 회고록을 낸 이후 최근까지 여러 차례 버마 사건과 관련해 언론사와 특별 대담 또는 인터뷰를 가졌지만, 항로 변경 문제를 다시 언급한 적이 없다. 이처럼 아는 이들 모두 쉬쉬하는 이유는 바로 '미국에 의한 항로 변경'과 그에 따른 '묘소 참배 일정 변경'이 아웅 산 묘소 테러 사건의 비밀을 푸는 열쇠가 될 수 있기 때문일 것이다.

그러면 또 한 가지 의문이 생긴다. 이 나라 안기부장이 "대통령 일행의 안전 문제를" "협의하고 협조를 요청"할 정도인 미국이 버마 현지에서의 대통령 안전 문제에는 아무런 협조와 협의가 없었을까? 당연히 현지에서의 안전 문제는 이미 그곳에서 암약하는 미 중앙정보국CIA의 전폭적인 협조(?)를 받았을 것이다. 또한 대통령이 참배하는 아웅 산 묘소 현장에서의 안전 점검 역시 그들과의 협조(?) 속에서 모종의 작업이 진행됐을 것이다.

그런데 이 부분에 대해서는 누구도 입을 열지 않는다. 노신영 당시 안기부장은 대통령 일행의 안전 문제를 미국과 협의한 것을 두고 자신의 "독자적인 판단"이라고 씀으로써 아예 미국의 개입에 대한 의혹을 차단하고 있다.

또 한국 측이 먼저 대통령 일행이 탄 비행기의 안전을 위해 미국에 조기 공중경보기 호위를 요청했다는 오버도퍼의 말도 곱씹어 볼 일이다. 전 대통령의 버마 방문 기간에 미 조기경보기가 떠 있었다면 그것은 아웅 산 묘소 사건과 무관하지 않을 것이다.

아웅 산 묘소 테러 현장에도 CIA 등 미국 정보 당국과 정부 및 미군의 손길이 닿아 있었다.

폭발이 일어난 뒤 부상자들이 필리핀 내 미군 기지로 옮겨지는 과정을 보자.

> 현지에 파견 나와 있었던 **미국 CIA 요원에게 가장 가까운 미군 병원을 문의했고**, 필리핀 클라크 기지에 병원이 있다는 것을 알아냈다. [국가안전기획부 해외공작국장] 이상구는 모든 책임을 지고 부상자들을 신속하게 클라크 기지 병원으로 보냈다. (라종일, 『아웅산 테러리스트 강민철』, 132쪽)

> 이제까지 알려진 것으로는 부상자들을 클라크 기지로 이송할 결정과 조치를 취한 것은 …… **한미 정보기관의 협조**로 이루어진 것이며 물론 이상구가 중요한 역할을 한 것이다. (위 문장에 달린 미주. 269쪽)

그러면서도 라종일 씨는 이 부분에 대해 다른 설명도 미주로 곁들였다.

> 사태의 수습에 공관의 무관, 박원용 대령과 청와대 경호실 강신욱 소령의 활약이 돋보였다고 한다. 이 둘은 즉시 현장에 뛰어들어 건

물의 잔해와 파편을 치우면서 그 밑에 깔려 있는 피해자들을 수습하고 병원으로 옮겼다. 또 **미군 측과 연락해** 중상을 입은 이기백 장군을 필리핀에 있는 미군 병원으로 이송해 …… (268쪽)

사건 당시 버마 주재 한국 대사관 참사관이었던 송영식 씨도 미국 측 접촉 라인이 있었다.

이기백 장군과 이기욱 차관은 중태였기 때문에 …… 필리핀 마닐라 클라크 공군 기지 내 미군 병원으로 떠났다. 이 일을 처리하면서 지금은 고인이 된 박원용 무관이 애를 많이 썼다. 박 무관과 함께 중후하게 생긴 **미국 대사관 무관 헬비(Helvy) 대령**을 만나 부탁했는데, 어려울 때 도와주던 그분이 얼마나 고마웠는지 모른다. (송영식, 『나의 이야기』, 184쪽)

사건 당일 한국인들이 "거의 전세를 내다시피" "들끓고 있던" 인야레이크호텔에서 사고 소식을 들었다는 당시 삼성그룹 김학영 지점장은 박 무관과 한 조가 되어 사고 수습에 참여했다며 다음과 같이 밝혔다.

박 무관이 하는 일은 먼저 주버마 미국 대사관을 방문하여 이 사실을 통보하고 의료 지원 문제를 집중적으로 부탁하시는 것 같았다. 미국 CIA의 파견관인 듯 우리들을 반가이 맞아 주면서 최대한 도와주겠다는 약속을 받을 수 있었다. (「2003/10/9 아웅[웅]산 사건」. www.chan.pe.kr/xe/diary/292)

한미 양국은 이미 버마 방문 일정을 놓고 정부 채널과 정보 라인을 통해 협조했고, 테러가 일어난 직후에도 현지 미 대사관과 CIA 지부 등 여러 채널을 통해 긴밀하게 움직였던 것이다.

송영식 씨의 회고록에 나오는 CIA 이야기에서 사건 당시 CIA가 버마에서 차지하고 있던 위상을 짐작할 수 있다.

> 나는 미국 CIA 직원들을 포함한 참사관급 공관 직원으로 구성된 아시안 클럽(Asian Club)에 가입해 골프를 즐겼다. 나중에 클럽 회장을 맡았는데 ……. 미국 대사관이 운영하는 아메리칸 클럽(American Club)에서는 서양 음식을 맛보고 최신 영화를 감상할 수 있었으며, …… (송영식, 『나의 이야기』, 157쪽)

송영식 씨는 테러 사건 직후 "골프 친구였던 CIA 직원은 우리 집까지 방문해 나의 안위를 걱정했다"(224쪽)라고도 썼다. CIA 직원은 과연 골프 친구인 송 참사관의 안위만 물으러 그의 집까지 찾아갔을까?

이처럼 미국이 버마행 비행기 항로를 바꾸는 등 한국 대통령의 버마 방문을 위해 전폭적인 협조(?)를 마다하지 않았고, 아웅 산 묘소 테러 현장에서까지 CIA를 위시한 미국 정부 당국의 존재감이 여실히 느껴질 정도라면, 아웅 산 묘소 사건은 미국과 무관할 수 없다. 북한이 쥐도 새도 모르게 버마에 특수공작원을 침투시켜 미 CIA와 전두환 정권의 안기부를 보기 좋게 따돌리고 '거사'에 성공했다는 말을 믿을 수 없는 것이다.

* * *

에피소드 하나.

미국이 이라크를 침공한 지 1년 3개월이 지난 2004년 6월, 이라크에서 일하던 가나무역 직원 김선일 씨가 '알 카에다Al Qaeda'라는 정체불명의 조직에 납치돼 온 나라가 공포에 휩싸였다. 바로 그때 그의 고용주인 가나무역 사장 김천호 씨는 6월 21일 『연합뉴스』순회특파원과 전화로 단독 인터뷰를 가졌다.

김 사장은 피랍 당일 김선일 씨가 바그다드를 비우고 모술로 간 데 대해 "미군이 급히 만나자고 해서 갔다"라며 "미군 측으로부터 김선일 씨 피랍 소식을 통보받고 …… KBR[미군 부대에 물품을 공급하는 가나무역 원청업체] 직원들과 만나 대책을 협의했다"라고 밝혔다. 김 사장의 진술은 김선일 씨 사건뿐 아니라 모든 납치와 테러 사건과 관련해, 일종의 '알 카에다의 피랍 통보 채널' 역할을 하던 알자지라 방송 보도에 앞서 미군이 김 씨 피랍 사실을 알고 있었다는 사실을 세상에 알린 중요한 진술이었다. 이는 곧 미국이 김 씨 피랍 사건에 관여했다는 의혹을 불러일으킬 수도 있었다.

그런데 이틀 뒤인 6월 23일 김천호 사장은 다시 『연합뉴스』 순회특파원에게 전화를 걸어 자신이 이틀 전에 했던 이야기 일부가 사실이 아니라고 말했다. 특히 김천호 사장은 김선일 씨 실종 사실을 미군 측의 통보로 알게 됐다는 진술을 번복하고 "현지 직원을 통해 알게 됐다"라고 주장하는 등, 이 사건과 미군과의 관련성을 의심케 했던 자신의 발언을 모두 부정했다. 『연합뉴스』는 곧바로 기사를 '전문 취소' 했다.

당시 『연합뉴스』 보도는 아프가니스탄 전선을 누비는 모든 나라 신문사, 방송사, 통신사들도 미처 파악하지 못한 사실을 한국 언론이 처음으로 알린 일종의 '세계적 특종' 이었다. 6월 21일 첫 기사 송고 당일 서울 본사 외신부에서 근무하며 환호했던 기억이 새롭다.

당시 회사 측이 기사를 곧바로 삭제한 것은 아마도 거부할 수 없는 외압 때문이었을 것이다.

노신영 씨나 라종일 씨나, 아웅 산 묘소 테러 사건과 관련해 너무도 빤한 미국의 개입과 협조에 대해 제대로 언급하지 못하는 것도 같은 맥락에서 살펴볼 일이다.

대통령의 '지각 출발' : 수상한 동선

아웅 산 묘소 참배가 예정됐던 날 오전, 전두환 대통령 일행과 수행원들의 행적과 동선도 수상쩍기는 마찬가지다. 우연과 차질로 보이지만 실제로는 정교한 동선 조작으로 보인다.

이날 오전 상황에 대해서는 많은 이의 이야기가 대체로 일치하지만, 여러 사람이 쉬쉬하거나 모른 체하거나 또는 관심을 기울이지 않는 부분이 있다. 대체로 일치하는 이야기는 이날 오전 전두환 대통령을 행사장으로 수행하기로 돼 있었던 버마 외무부장관이 예정된 시간보다 늦게 와 대통령의 출발 시간이 늦어졌고, 먼저 도착한 이계철 버마 주재 한국 대사를 전두환 대통령으로 착각한 범인들이 폭파 장치를 눌렀다는 것이다.

버마 외무부장관이 늦게 도착한 이유에 대해서는 여러 가지 설이 나돈다. 교통 정체 때문이었다거나, 차가 고장 났기 때문이라거나, 한국 측과 버마 측이 시간을 정하는 과정에서 의사소통에 사소한 착오가 있었다거나, 대통령 부인의 행사 시간에 대한 양측의 오해 때문이라는 등등. 이러거나 저러거나 대통령 의전과는 어딘가 맞지 않아 의심스럽기는 마찬가지다.

더 우스운 것은, 그 이유 또는 구실이 무엇이든, 이런 착오 또는 우연들이 마치 천우신조하듯 겹치면서 전두환 대통령이 구사일생했다는 결론으로 이어진다는 점이다.

그런데 이 '천우신조에 의한 구사일생'에서 한 발짝 떨어져 생각하면, 대통령 일행이 행사장으로 늦게 출발한 것은 우연이나 착오 또는 어떤 실수 때문이 아니라, 누군가 대통령 일행과 수행단의 동선을 떨어뜨려 놓은 데 따른 결과였음을 알 수 있다.

사실은 그날 아침 대통령은 이계철 대사를 영빈관으로 불렀다. 대통령은 이번 행사에 수고한 버마 측 요원들에게 약간의 성의 표시를 할 생

각이었는데 이것을 대사를 통해서 하려는 것이었다. …… 그 때문에 대사 차량이 대사관저가 아닌 영빈관에서 주요 인사들과 함께 묘소로 향했던 것이다. **이 차량 행렬이 대통령의 출발에 앞서 묘소로 떠난 이유는 영빈관 앞뜰의 원형 로터리가 좁아서 여러 수행원들이 대통령과 함께 떠나기 어려우니 이 대사와 함께 먼저 출발한 것이었다.**

(라종일, 『아웅산 테러리스트 강민철』, 117쪽)

위 이야기는 라 씨가 당시 전두환 대통령과 함께 구사일생했던 장세동 경호실장이 쓴 『일해재단』을 참조해 쓴 것이다. 장 씨는 조금 더 자세히 밝혔다.

장 씨에 따르면, 영빈관에 투숙 중인 함병춘 비서실장, 심상우 민정당 총재 비서실장, 민병석 대통령 주치의는 대통령을 직접 수행할 예정이었으나, 그곳 영빈관 앞뜰의 원형 로터리가 대통령을 포함한 차량 행렬이 일렬로 돌아서 나가기에는 선도차와 후미가 맞물릴 정도로 좁아서, 이들이 대통령 출발 10분 전에 영빈관을 출발하도록 계획이 변경됐다 한다. 이들이 대통령보다 먼저 출발하기 위해 준비하고 있을 때, 경호실장인 자신과 선물 전달 관계로 협의를 마친 이계철 대사가 함병춘 비서실장 방에 "인사차 들르게 되었고", 함병춘 비서실장이 이 대사에서 "아웅 산 묘소 가는 길을 잘 모른다"라고 말하자, 이 대사는 "저와 함께 가십시다" 하며 안내를 하게 되었다고 장 씨는 밝혔다. 네 사람이 같이 출발함으로써, 선도 경찰 사이카, 의전 차량, 태극기를 단 이계철 대사 차량(벤츠 280SE), 함병춘 비서실장, 심상우 총재 비서실장과 민병석 주치의, 후미 경찰 사이카의 차량 행렬이 아웅 산 묘소로 이동했다는 것이다(92쪽).

라종일 씨가 장세동 씨의 책을 인용하면서도 함병춘 대통령 비서실장과 이계철 대사가 함께 대통령보다 먼저 출발했다는 사실을 구체적으로 밝히지 않았음을 알 수 있다.

수행단이 먼저 행사장에 도착해 대통령이 오기를 기다리고 있었고, 이들이 행사장 안에 도열해 있는 가운데 전두환 대통령과 외모가 비슷한 이계철 대사 및 대통령과 함께 움직여야 할 함병춘 대통령 비서실장, 민병석 주치의 등이 함께 먼저 도착하고, 몇 분 뒤 폭탄이 터지는 시추에이션은 우연일 수 없다. 대통령과 함께 오기로 돼 있던 이들 세 명이 대통령처럼 보이는(?) 이 대사와 함께 도착함으로써 그들이 마치 대통령을 모시고 오는 듯한 상황을 연출한 것이다.

이런 이상한 시추에이션을 놓고 '우연이 겹치는 천우신조'라고 말할 수 있을까?

또 장세동 씨가 밝히지 않은 것이 있다. 바로 자신도 대통령과 함께 뒤늦게 출발했다는 사실이다. 이 사실은 지금까지 누구도 언급한 적이 없다. 이를 처음 언급한 사람은 당시 청와대 공보비서관으로 수행단에 포함돼 있었던 최재욱 씨다. 그는 2015년 10월 8일 YTN과의 인터뷰에서 다음과 같이 밝혔다.

> 전두환 대통령께서도 출발을 하셨는데 마침 안내를 맡은 버마 외무부장관이 …… 자기 승용차가 고장이 나서 …… 다른 택시를 타고 오는 바람에 …… 한 4분 넘게 늦게 왔어요. 안내하러, 그래서 늦게 출발하셨어요. …… 장세동 경호실장과 이분들하고 전두환 대통령을 모시고…….

대통령 경호실장이 대통령과 함께 움직이는 것은 너무 당연한 일이어서 누군가 그 사실을 언급했어도 그리 주목할 일이 아니었는지도 모른다. 그러나 라종일 씨의 책『아웅산 테러리스트 강민철』전체를 관류하는 논지인 '광주 학살에서 연유하는 아웅 산 묘소 테러'에 딱 들어맞는 이가 바로 장세동 씨이고, 또한 지금까지도 밝혀지지 않고 있는 '갑작스런 버마 방문 추가'의 주인공도 장 씨였고, 국민적 공분을 자아낸 끔찍한 테러의 앙금이 채 가시기도 전에 남북이 특사 회담을 시작한 데 대한 의구심과 비난의 정점에 서 있는 이도 바로 그라면, 전두환 대통령과 함께 그가 살아남았다는 사실은 달리 해석될 여지가 있다.

이계철 대사는 왜 함병춘 비서실장을 대동하고 행사장에 먼저 갔을까?

송영식 씨는 회고록『나의 이야기』에서 "기록을 보니 이계철 대사는 호텔에서 혼자 행사장으로 갈 예정이었는데 주재국 영접 요원에 대한 선물 수령을 위해 영빈관에 불려갔다가 원래는 대통령과 동행 예정이던 함병춘 실장을 모시고 행사장으로 왔다"라고 적었다(208쪽). 이 대사만 영빈관에서 먼저 출발할 수도 있었지만, 이 대사가 함 실장 등 대통령 수행단을 이끌고 가도록 만든 또 하나의 '인위'가 작동했다는 말이다.

이계철 대사는 장세동 실장과 따로 만나 선물 관련 협의를 마친 뒤 함병춘 비서실장 방에 "인사차 들르게"(장세동,『일해재단』, 92쪽) 된 것이다. 대통령의 참배 일정을 맞추기도 빠듯한 상황에서 행사 당일 아침 갑자기 이계철 대사를 영빈관으로 부른 것부터가 예사롭지 않다. 행사를 위해 수고한 버마 측 요원들에게 성의를 표시하기 위해 그 바쁜 시간에 대사를 불러야 했을까? 또 그 바쁜 시간에 이 대사와 장세동 경호실장이 선물 문제를 논의해야 했을까? 그것은 대통령이 탄 차와 똑같이 태극기를 단 이계철 대사의 차가 대통령 비서실장과 주치의 등이 탄 차를 선도하며 영빈관을 출발해 행사장에 먼저 도착하는 시추에이션을 연출하기 위한 것으로 보인다. 함병춘 비서실장이 이 대사에게 "아웅 산 묘소 가는 길을 잘 모른다"라고 말했고 이 대사는 "저와 함께 가십시다"하며 안내를 하게 되었다는 장세동 씨의 말은 곧 그가 이 대사와 따로 만난 뒤 이 대사를 함 실장 방으로 안내했다는 말이다. 우연과 천우신조로 보이는 전두환 대통령의 구사일생은 이런 세심하고 치밀한 배려 또는 조치가 아니었다면 불가능했을 것이다.

또 "영빈관 앞뜰의 원형 로터리가 좁다"라는 이유로 함병춘 비서실장과 민병석 주치의, 심상우 민정당 총재 비서실장 등이 전두환 대통령 및 장세동 경호실장보다 10분 먼저 출발하도록 이미 일정이 짜여 있었다(장세동, 『일해재단』, 92쪽). 이렇게 미리 일정을 만들어 놓고, 이계철 대사를 불러 이들과 함께 움직이도록 만든 것이다.

전두환 대통령이 고의로 영빈관 출발 시간을 지연시켰다는 주장도 '인위'를 의심케 한다. 마치 폭탄이 터지기를 기다렸다는 듯이 차를 돌리는 장면도 마찬가지다.

> 아웅 산 묘소 참배에 안내를 맡은 미얀마 외상이 12분 지각했다. 행사 시각까지 10분도 채 안 남은 것이다. 안절부절못한 의전 요원이 미얀마 외상의 도착 사실을 알리자 전두환 대통령은 중얼거렸다. "국가 위신이 있지 저 친구도 기다리게 해." 영빈관에서 그는 일부러 더 시간을 끈 뒤 내려왔다. 그렇게 탄 리무진 차량이 아웅 산 묘소로 향해 출발한 지 3분쯤 됐을 때였다. 수행과장의 무전기로 다급한 외침이 들렸다. "폭발했다!" 오전 10시 28분이었다. (「[최보식 칼럼] 아웅 산 사태, 그 뒤의 비밀」, 《NK chosun》, 2010년 3월 31일. http://nk.chosun.com/news/articleView. html?idxno=124089)

"폭발했다!"가 암호인가?

대통령이 출발 시간을 지연시키는 장면은 장세동 당시 경호실장이 쓴 책 『일해재단』에도 나온다. 앞의 서술보다 조금 더 구체적이다.

> 한편, 버마 외상은 대통령 영부인 주관 행사 시간 변경을 대통령 행사 시간 조정으로 착각하고 있다가 다급한 연락을 받고 허둥지둥 영빈관으로 달려왔으나, 그때 시간은 이미 10시 19분이었고, 버마 외상 도착 보고를 받은 대통령은 곧바로 현관으로 내려오지 않

고 제2부속실까지 들러서 요원들을 격려한 후 10시 23분에 현관에 내려와 외상과 간단한 인사 교환 후 10시 24분에 영빈관을 출발하였다. 3~4분의 지체 시간은 준비 미흡에 따르는 대통령의 간접적 나무램이었다. 그러나 이 3~4분이 사건의 확대를 막은 결정적 분수령이 된 것이다. (91쪽)

한편, 이계철 대사가 안경을 쓴 것은 맞지만 전 대통령처럼 대머리도 아니며 오히려 머리숱이 많고 체구도 작은 편이어서 전두환 대통령의 외모와는 확연이 다르다. 폭발 직전 각료들과 도열해 있는 그의 모습은 인터넷에서 쉽게 찾아볼 수 있다.

이 대사가 전두환 대통령과 외모가 비슷하다는 말은 범인들이 그를 전 대통령으로 '오인했다'거나 '오인했을 것'이라는 각본에 따라 지어낸 말일 것이다. 그런데 범인들은 아웅 산 묘소에서 1km 밖에서 폭파 버튼을 누른 것으로 돼 있다. 그러면 굳이 전 대통령과 이 대사의 외모를 논할 이유도 없다. 그저 대통령 일행이 탄 차량 행렬처럼 태극기를 단 차와 선도차 등이 지나간 것으로 충분했다. 나팔 소리를 듣고 버튼을 눌렀다는 각본까지 있는 것으로 보아, 사건 발생 전 또는 직후에 폭발이 일어난 이유를 만들어 내는 과정에서 이 대사의 외모며 나팔 소리 이야기가 나왔을 공산이 크다. 사건 발생 다음 날 국내 신문들이 일제히 이계철 대사를 전두환 대통령으로 오인했다거나 나팔 소리를 듣고 폭탄을 터뜨렸다고 쓴 것도 같은 맥락에서 볼 일이다.

나팔 소리가 울리고 폭탄이 터지다

【랭군 = ○○○특파원】"꽝"하는 강력한 폭음이 나면서 현장은[현장에는] 일시에 일대 혼란이 일어났다. …… 폭발 직전 이계철 주

버마 대사가 10시 25분께 모터케이드의 선도를 받으며 태극기를
단 대사 전용차로 공식 수행원 가운데 마지막으로 현장에 도착, 이
미 도열해 있던 공식 수행원들과 악수를 나누며 합류했으며, 이어
수행원들이 2열 횡대로 정렬하고 약 1분 후 진혼의 나팔 소리가 울렸으며
뒤이어 폭발물이 폭발했다. 이때가 10시 28분께. …… 이날 울린 진
혼나팔은 당초 전 대통령이 도착하면 참배 직전 울리도록 되어 있
었는데 공교롭게도 연습 나팔을 불어 이 사건과 무슨 관련이 있지
않나 관측통들은 보고 있다.

사건 발생 다음 날인 1983년 10월 10일 『동아일보』는 「예정 없던 '연습
진혼나팔' 관련 있는 듯 ─ 이 대사 도착 뒤 대통령으로 오인한 듯」이라는
제목의 위 기사를 실었다. 『경향신문』이나 『매일경제신문』 등 다른 신문들
도 똑같은 내용의 기사를 게재했다. 특히 "연습 나팔"이 포함된 몇 문장은 토
씨 하나 다르지 않았다. 모 기관이 제공한 보도 자료를 여러 신문이 그대로
옮겨 썼다는 말이다.

위 랭군 발發 기사를 쓴 최 모 기자는 현장에서 부상을 당해 10일 밤 특별
기편으로 귀국해 국립의료원 별관 311호실에 입원했지만, 다음 날인 10월 11
일 자 신문에 「순간의 폭풍 단장의 절규」라는 그의 기명 기사가 실렸다.

이 대사는 이미 도착해 도열해 있던 수행원들과 인사를 나눈 뒤 그도 정렬
대열에 자리했다. 그때였다. 느닷없이 진혼나팔이 울렸다. 지금까지 여
러 관례로 보아 행사 직전에 진혼나팔을 부는 경우가 없었기에 기
자는 조금 이상하다 생각했다. …… 기자는 대통령의 도착 시간도
됐고 해서 도착 장면을 취재하기 위해 묘소 건물 밖으로 발을 옮겼
다. 한 5초 정도가 됐을까.

이처럼 우리 신문들은 사건 직후부터 나팔 소리에 의한 폭파를 기정사실화하는 분위기였지만, 버마와 북한의 단교로 사건이 일단락된 뒤에는 나팔 소리에 대한 이야기가 자취를 감춘다. 전두환 정권이 언론을 통해 흘린 초기 가설에 문제가 있었던 것이다.

1983년 11월 24일 자『동아일보』기사「북괴 아웅산 만행의 전모 — 새벽 두 시 경비원 잠든 새 폭파 장치」에는 나팔 소리에 대한 이야기가 없다. "북괴의 3인조 범인 중 1명인 강민철의 자백"에 기초했다는 그 기사는 "범인들은 사건 당일인 9일 아침 아웅 산 묘소 근처 영화관 앞에서 배회하며 한국 정부 요인들이 도착하는 모습을 지켜봤다. 10시 25분 원격조정 장치를 눌러 장치해 둔 폭발물을 폭파시켰다"라며 "이들은 전 대통령이 각료들과는 별도로 몇 분 후에 도착한다는 사실은 알지 못한 채 이계철 버마 대사의 도착을 전 대통령의 도착으로 오인했던 것"이라고 덧붙였다.

12월 6일 자『동아일보』기사「확증과 정상, 두 갈래 아웅산 테러 — 검찰·변호인 주장」에도 역시 나팔소리 이야기가 없다.

'강민철의 자백'(?)이 나오고 이를 기점으로 사실상 모든 수사가 종결되면서 버마 주재 북한 대사관 직원들과 그 가족들이 모두 강제 추방된(11월 6일) 이후 사실상 형식적으로 신문과 현장검증이 이뤄지는 과정에서 나온 기사에는 왜 '나팔 소리' 이야기가 빠졌을까?

전두환 정권 측에서는 사건이 일어난 다음 날부터 각 신문사에 보도 자료를 뿌리며 '나팔 신호에 의한 폭파' 가설을 퍼뜨리고 있었지만, 버마 수사 당국은 이 '나팔 신호' 가설을 인정하지 않았다는 말이다. 버마 정부는 송영식 버마 주재 한국 대사관 참사관을 청문회에 출석시켜 문제의 '나팔 소리'를 들었느냐고 묻는 등 사건 직후에는 나팔소리에 의한 폭파 가설에 따라 한국 정부의 자작극 가능성에 무게를 두고 강도 높은 조사를 벌였다. 곧 보게 되듯이, 천병득 청와대 경호처장이 나팔소리를 유발했다는 증언도 있다. 버마 수사 당국의 신문에 대한 송영식 씨의 대답이 무엇이었는지는 정확히 알려지지 않고 있으나, 아무튼 버마 당국은 이 문제의 진혼나팔 소리에 대해서는 더 이상 문제를 삼지 않았다. 처음에 그렇게 강한 의심을 갖고 시작된 조사가 왜 뒤에 가서는 마치 그런 일은 없었던 것처럼 유야무야되고 흐지부지됐는지 정말 궁금하다.

분명한 것은, 나팔 소리에 대한 진위 여부를 떠나, 사건 초기 전두환 정권은 '나팔 소리에 의한 폭파' 가설을 줄기차게 밀고 나가려 했다는 사실이다.

버마 수사 당국이 수사 결과를 발표하며 '나팔 소리'를 인정하지 않는 태도를 보인 지 2주가 지난 1983년 12월 8일, 합동참모본부의장 이기백 씨가 생뚱맞은 기자회견을 열었다. 기자회견 내용은 크게 두 가지였다. 첫째는 12월 3일 부산 다대포 해안에서 생포한 북한 간첩들(?)로부터 대구 미국문화원 폭파 사건(1983년 9월 22일)과 버마 아웅 산 묘소 테러(1983년 10월 9일)가 모두 북한 소행이라는 자백을 받아냈다는 것이고, 그 다음은 아웅 산 폭탄 테러범들이 나팔소리를 전두환 대통령의 도착 신호로 잘못 알아듣고 기폭장치를 눌렀다는 것이었다.

이른바 '다대포 간첩'은 "북한의 요원을 생포해서 그의 입으로" 아웅 산 묘소 테러 사건이 "북한이 저지른 행동이라는 자백을 받으라는" 전두환 대통령의 "지시"(라종일, 『아웅산 테러리스트 강민철』, 157쪽)에 따라 전개된 작전에서 생포된 자들이었다. 제5부에서 설명하겠지만, 이 다대포 간첩단 사건은 안기부 대북 공작조가 남한의 북파공작원들을 '체포조'로 동원해 벌인 북파공작이었다.

'나팔 소리를 신호로 삼은 폭파' 각본은 이후에 등장하는 문서들에도 계속 등장한다.

이 각본은 전두환 정권만의 각본이 아니었던 모양이다.

사건 발생 7개월여가 지난 1984년 5월 『리더스 다이제스트』(6월호)에 아웅 산 묘소 폭탄 테러에 관한 '특급 소설'이 게재됐다. 『경향신문』은 그해

5월 22일 자에, "21일부터 시판된 일본어판을 비롯하여 한국어, 중국어, 아시아 영어판 리더스 다이제스트에 실린" 기사를 옮겨 실으면서 이렇게 전했다. "10월 9일 상오 10시 25분 한국 관리들과 보도 관계자들이 아웅 산 묘소에 도착하자 묘소 정원에 도열하고 대기 중이던 **군악대의 나팔수 하나가 아마도 나팔을 시험하기 위해서였는지 잠깐 나팔을 불어 보았다.** 진모는 전 대통령이 화환을 바치는 의식을 시작했을 것이라고 단정하고 원격조정 장치의 스위치를 눌렀다."

그런데 이 보도가 나온 지 다섯 달이 지난 1984년 10월, 버마 정부가 유엔에 제출했다는 아웅 산 묘소 테러 사건 수사 결과 보고서가 한국 언론을 탔지만, 역시 '나팔 소리를 신호로 삼은 기폭'이 들어 있지 않았다. 버마 정부는 시종일관 '나팔 소리'에 의미를 부여하지 않았음이 분명하다. 『리더스 다이제스트』를 동원할 수 있는 세력과 전두환 정권의 집요한 여론 공작에도 불구하고, 버마 정부는 끝내 이 가설을 인정하지 않았던 것이다.

세계사에 큰 획을 그은 사건, 한반도 정세를 완전히 뒤엎은 사건, 남북 간 적대와 살기를 확대재생산하고, 그럼으로써 패륜적 문명이 지구 역사를 지배하도록 만드는 데 결정적인 계기를 만들어 준 사건은 이처럼 허술하게, 도무지 앞뒤가 맞지 않는 엉터리 수사에 의해 결론이 나 버렸다.

왜 버마 정부는 나팔 소리에 대한 강도 높은 조사를 벌이고도 수사 보고서에는 이 이야기를 넣지 않았으며, 왜 전두환 정권은 한사코 나팔 소리에 의한 폭파 가설을 기정사실화하려 그토록 애를 썼을까?

나팔 소리 유발자, 천병득 경호처장

나팔 소리를 신호로 폭파 장치의 버튼을 눌렀다는 '각본'을 기정사실화하기 위해 무진 애를 썼음에도 불구하고 버마 정부의 수사 기록에는 나팔 소리가 아예 언급조차 돼 있지 않다면, 그럼으로써 아웅 산 묘소 테러 사건에 쏠리는 의혹이 커진다면……. 그렇다면 어떻게 해야 할까?

'나팔 소리가 났고 이를 신호로 폭탄이 터졌다'라는 각본을 뒷받침할 수 있는 새로운 이야기를 만들려 하지 않았을까? 그래서 나온 새로운 각본이 있었다. 그 문제의 나팔 소리는 누구누구가 유발했다는 각본!

어쩌면 사건을 기획하는 단계에서 이미 그 각본이 있었는지도 모른다. 그러나 사건 직후 버마 수사 당국이 나팔 소리를 고의로 유발했다는 의심을 산 이를 청문회 증언대까지 세웠지만, 그의 이름은 일절 공개된 적이 없었다. 그런데 언제부터인가 그의 이름이 공개됐고, 지금은 그가 나팔 소리를 유발해 폭발이 일어났다는 것이 거의 정설이 돼 버렸다.

라종일 씨는 『아웅산 테러리스트 강민철』에서 "혹자의 증언"을 전제로, "경호원인 천병득 경호처장이 늦어지는 대통령을 기다리기에 무료했던지 나팔수에게 연습 삼아 한 번 불어 보라는 뜻의 손짓을 했다는 것이다"라고 썼다(117~118쪽). 사건 당시 버마 주재 한국 대사관 참사관이었던 송영식 씨도 2012년 출간한 『나의 이야기』에서, 나팔 소리가 폭파 신호였으며 그 나팔 소리를 유발한 것은 천병득 경호처장이었다고 확인했다. "나중에 천병득 소장한테 직접 들은 이야기인데, 대통령 도착 직전 나팔수에게 손짓으로 한 번 연습을 해 보라고 했더니 진혼곡 나팔을 불었으며, 이 소리를 듣고 범인이 원격 폭발 장치 스위치를 눌렀다는 것이다."(192쪽)

그러면 나팔 소리를 유발한 사람이 천병득 경호처장이라는 이야기는 언제부터 나온 것일까? 사건 당시는 물론 1991년 버마 정부가 유엔에 제출했다는 보고서가 언론에 실릴 때도 천 씨의 이름은 거명되지 않았었다. 그런데 2년 뒤인 1993년부터 『매일경제신문』에 연재된 소설을 통해 문제의 나팔 소리 유발자가 천병득 처장이라는 이야기가 퍼지기 시작했다. 혹시 1991년 버마 정부가 유엔에 제출한 아웅 산 묘소 테러 사건에 대한 최종 보고서에서 '나팔 소리' 가설을 부정함에 따라, 국가안전기획부가 신문 연재소설을 통해 이 가설을 다시 살리려 했던 것은 아닐까?

『매일경제신문』 연재소설 제목은 "블랙 커넥션." 정건섭이 쓰고 김희준이 삽화를 그렸다. 정 씨는 김현희 사건 이듬해인 1988년 『마유미, 최후의 증언』을 써 한국과 일본에서 동시 출간하는 등 국가안전기획부 시절 벌어진 의혹 사건들에 관한 정보를 토대로 소설을 써 왔다. 참고로, 미국 정부는 아웅산 묘소 사건을 계기로 북한을 '테러 지원국'으로 지정하려 했으며, 김현희 사건 이듬해인 1988년 마침내 북한을 테러지원국 명부에 올리는 데 성공한다.

신문 소설에 천병득 처장의 이름이 등장하는 것은 1995년부터다. 1995년 9월 4일 자 신문에 실린 742회에서 대통령의 버마 순방 일정을 함께할 수행원들 중 한 명으로 천병득 경호처장이 거명되고, 사건을 묘사하는 16일 자 752회에서 폭탄이 터지는 삽화와 함께 천 처장이 신호를 보냈다는 이야기가 등장한다.

> 대통령보다 각료들이 아웅 산 묘소에 먼저 도착했다. 의전상 다소 늦어진 것이다. 경내를 둘러보던 각료들이 한 줄로 늘어서기 시작했다. 이계철 대사가 벤츠를 타고 달려와 각하 도착을 알렸기 때문이다. 이때 천병득 경호처장이 나무 그늘에서 쉬고 있는 군인들에게 말을 건넸다. 그들이 진혼곡을 부르는 나팔수들이었다. "나팔 불 준비는 되어 있습니까?" 영어로 말했다. 그리고 손으로 나팔을 부는 흉내를 냈다. 이 군인들은 그것이 나팔을 불어 보라는 뜻으로 오해를 했다. "뿌~ 뿌뿌~" 그들이 갑자기 진혼곡을 불어 댔다. 인근 숲속에 숨어 있던 세 명의 테러분자들 귀에도 이 진혼곡이 들려왔다. "전두환이 도착한 것 같다. 터뜨려라." 폭발물을 터뜨리기 위한 버튼을 눌렀다. (「블랙 커넥션」 752회 '최대의 비극 ⑬')

이 소설을 시작으로 '천병득 처장이 유발한 나팔소리에 의한 폭파'가 거의 정설처럼 됐고, 심지어 인터넷에는 천 처장 덕분에, 미리 폭탄이 터진 덕분에, 대통령이 목숨을 건졌다는 글도 떠돌고 있다.

그런데 라종일 씨는 '나팔 신호에 의한 폭파' 각본을 정설처럼 이야기하면서 또한 그와 동시에 이 가설을 부정한다. 라 씨는 나팔 소리를 신호로 폭탄이 터졌으며 그 나팔 소리를 유발한 이는 바로 천병득 경호처장이었다고 이야기한 뒤 "현장에 있었던 사람들의 증언이므로 이 설명이 어쩌면 가장 설득력이 있을 것"(117~118쪽)이라고 부연했다. 이렇듯 거의 확정적으로 서술해 놓고 곧바로 "강민철에 의하면 그러나 이것은 사실이 아니다"(120쪽)라며, 앞에 한 말을 부정한 것이다. 강민철이 그런 말을 했다는 기록이 있는지, 아니면 그런 소문이 어디서 돌았는지, 라종일 씨 자신은 그 말을 어떻게 책에 인용하게 됐는지에 대해 일절 언급하지 않았다. 이미 2008년 사망한 — 것으로 돼 있는 — 강민철이 그렇게 말했다더라 하는 식이다.

이처럼 이미 정설이 된 '나팔 신호'설을 라종일 씨가 부정하는 이유는 무엇일까? 어쩌면 그것은 문제의 나팔소리를 인정하지 않았던 버마 정부 당국의 입장 및 수사 보고서와 공동보조를 취하기 위해서일 것이다.

새로운 가설: 불량 폭탄이 저절로 터졌다!

라종일 씨가 나팔 소리에 의한 폭파를 기정사실처럼 서술한 뒤 그것은 사실이 아니라고 부정하면서 새로 만든 가설이 있다. 바로 '불량 폭탄' 가설이다.

전두환 정권은 사건 당시 '나팔 소리에 의한 기폭'과 '현충문 사건과 똑같은 방식의 폭탄 테러'라는 두 가설을 동시에 퍼뜨렸다. 처음에는 두 가설이 양립할 수 있었다. 하나는 폭탄이 터지는 계기를 설명하는 것이었고, 다른 하나는 일종의 유사 사건을 들어 아웅 산 묘소 테러가 북한 소행임을 입증(?)하기 위함이었다. 북한이 1970년 6월 22일 서울의 국립묘지 현충문 지붕에 폭탄을 설치해 남한의 대통령을 살해하려다 실패했던 것과 마찬가지로, 이번에도 버마의 성지인 아웅 산 묘소 천장에 폭탄을 설치해 남한 대통령을 살해하려 할 것이라는 점을 미리부터 버마 당국에 인지시키기 위해 현충문식 테러 가설을 준비했던 것이다.

사건 직후부터 10여 년이 지나는 동안, 심지어 지금까지도 '나팔 소리에 의한 기폭설'이 여전히 유효하지만, '불량 폭탄이 저절로 터졌다'라는 새로운 이야기가 등장하면서 나팔 소리 등의 가설은 저절로 그 용도가 폐기되는 수순을 밟고 있다.

현충문 사건에 대한 라종일 씨의 해설을 보자.

서울에 있는 동작동 국립묘지에서 폭발 사고가 있었는데 현장에는 북한 공작원으로 보이는 한 구의 시체가 남아 있었다. …… 남한 당국은 함께 작업하던 2명의 북한 특수공작원이 더 있었지만 폭탄 설치 과정에서 사고가 나자, 동료의 피투성이 시신을 현장에 둔 채로 도주했다고 밝혔다. …… 도주한 2명의 공작원도 …… 며칠 후 계양산에서 포착되어 사살되었다. 당시 실패의 원인은 밝혀지지 않았다. 사건 후 북한 특수부대의 화약 담당 부서도 실패의 원인을 정확하게 분석하지 못했다. 그러나 그 사이 이미 기술적으로 충분히 보완되었고 여러 차례의 실험에서 성능이 확실히 증명되었기 때문에 이 방식은 믿어도 좋을 만했다. 그래서 버마에서도 같은 방식의 폭탄을 사용할 계획이었다. 그러나 이것은 잘못된 선택이었는지 모른다. 후일 운명의 날, 결정적인 순간에 이들이 선택한 공격 무기는 다시 한 번 공작이 실패하는 데 결정적 요인이었다는 증언이 있기 때문이다. 그러나 아이러니한 것은 아웅 산 묘소의 구조가 바로 이 공격에 적합하다는 점이었다. 수년 전 테러 사건 이후에 알려진 바로는 이때 사용된 폭탄은 베트남전쟁에서 미군이 많이 사용한 클레이모어(claymore) 같은 타입……. (76~78쪽)

그리고 "결정적인 순간에 13년 전의 실패가 다시 한 번 되풀이된 것" (121쪽)이라고도 했다. 하지만 1970년 서울 동작동 국립묘지 현충문 사건 역시 북한 공작원이 몰래 들어가 폭발물을 설치했다는 가설 자체가 의심스러운 사건이다.

라종일 씨는 1970년 현충문 사건과 관련한 북한 특수부대 내부의 움직임과 기술적 보완 등등에 대해 마치 우리 군 내부의 동향을 보듯 소상히 이야기한다. 그가 북한의 내부, 그것도 군 기밀 사항을 무슨 수로 알 수 있을까? 1970년 작업의 실패를 초래한 폭발물의 성능을 향상시킨 뒤 13년이 지나 다시 버마 아웅 산 묘소에서 똑같은 작업을 벌이기로 북한 특수부대가 결정했다? 그랬는데 이번에도 실패했다? 1970년과 마찬가지로 불량 폭탄이어서!

라종일 씨 책이 어떤 근거에 의해 쓰였다면, 그 근거는 분명 우리 내부 자료일 것이다. 물론 라종일 씨는 그 근거를 밝히지 않는다.

라종일 씨는 아웅 산 묘소 사건에 사용된 폭탄이 "베트남전쟁에서 미군이 많이 사용한 클레이모어 같은 타입"이라고 썼다. 그런데 미제 클레이모어를 다루는 것은 북한 공작원이 아니라 북파공작원들이다. 실제로 북파공작원들은 아웅 산 묘소 사건에 대해 이야기할 때면 늘 자신들이 다뤘던 클레이모어를 떠올린다. 이들에게는 이런 식의 폭파 공작이 매우 익숙한 때문이리라.

북파공작원 조철행 씨의 이야기. 그는 1982년 2월, '설악개발단' 소속 북파공작원으로 "입사入社"한 뒤, 아웅 산 묘소 폭파 사건의 대미를 장식하기 위해 남한 정보 당국이 기획한 '다대포 작전'(1983년 12월 3일)에 투입됐다. (조철행 씨의 글을 볼 수 있었던 아래의 주소는 언제부턴가 접속이 되지 않는다. 그런데 무슨 이유인지 그 글은 '일베' 게시판 http://www.ilbe.

com/2772818431에 올라와 있다.)

1983년 10월 9일 전두환 대통령이 미얀마 랭군에서 북한 공작
원들에 의해서 폭탄 테러(크레모아)에 의한[를 당해] 우리 정
부 측 인사들이 수없이 죽었으며[죽었으니], 이번 기회에 반듯
이[반드시] 생포를 하여서 북한의 만행을 세계에 알리고자 하
는 목적도 있었던 것 같다. (http://daum.blog.net/printView.
html?articlePrint_12968926.)

라종일 씨 책은 클레이모어 등의 폭발물을 설치하는 것, 그것도 1970년
에 그랬던 것처럼 1983년에도 여전히 불량 폭발물을 사용하는 것이 마치 '어
설픈 북한식 테러'의 전형인 양 묘사하고 있다. 그러나 클레이모어를 사용한
공작은 북파공작원들의 전매특허 같은 것이었다. 클레이모어로 북한 내무반
을 통째로 날렸다는 어느 북파공작원의 증언을 보자.

북방 한계선을 넘어서 12km 정도 가면 P비행장이 나와. 그 앞에
새로 벙커를 지은 게 있는데 그걸 폭파하고 나오라는 거야. ……
목적지에 도착해 보니 개네들이 내무반에서 다 자더라고. 폭파는
식은 죽 먹기야. 먼저 벙커에 들어가서 폭파시키기 위해, 디트리
트 6기를 갖다 깔았지. 어디다 장착을 하면 완파가 된다는 걸 다 배
웠거든. 만약을 대비해서 **내무반에도 크래메[크레모아]로 해서 깔아 놓
고 전화기는 팀장이 쥐고 있는 거야.** 벙커하고 내무반에 동시에 터지
게 준비를 하고 있었지. …… 준비가 다 끝난 다음 팀장이 쥐고 있
던 전화기를 누르면 꽝하고 터지는 거야. 벙커가 무너짐과 동시
에 내무반에서 크래머 6발이 터졌어요. 완전 전멸시키고 나온 거
지. (「죽음을 넘나들던 북파공작원의 '30년 묻어 둔 비사'」, 『신동아』

2000년 11월호)

북파공작원들이 군사분계선을 넘어가 조선인민군 내무반을 폭파시키는 위 이야기를 읽으면서, 아웅 산 묘소 천장이 무너져 내린 참사 현장이 떠오르는 것은 무엇 때문일까?

아웅 산 묘소 테러 사건 발생 사흘 만인 1983년 10월 12일 『동아일보』는 두 사건의 공통점을 분석하고 묘사하는 수고를 마다하지 않았다. 두 사건은, 비록 13년의 시차가 있지만, 분명 한 개 조직에서 저지른 것임이 분명해 보인다.

> 이번 '아웅 산' 묘지 폭발 참사 사건은 지난 70년 6월 22일 북괴 무장공비들이 요인 암살을 위해 기도했던 동작동 국립묘지의 '현충문 폭파 사건'의 재판으로 지적되고 있다. 전문가들은 …… 국립 묘지를 참배하는 요인을 암살하기 위한 것으로 목적이 같은 점 외에도 ▲범행 장소의 선정 ▲폭발물 설치 장소가 천장과 지붕으로 동일하다는 점 ▲폭발물이 시한장치 또는 원격조종 방식이라는 점 등의 모든 정황과 조건이 너무 흡사해 두 사건이 모두 북괴의 동일 수법에 의한 음모라고 단정하고 있다. (「"랭군 만행 = 70년 현충문 폭파"의 함수」, 『동아일보』 1983년 10월 12일)

버마의 단독 수사 vs 한국과의 공조 수사

라종일 씨는 『아웅산 테러리스트 강민철』에서 버마 정부가 독자적으로 수사를 펼쳐 아웅 산 묘소 테러 사건이 북한 소행이라는 결론을 내렸다고 주장한다. 송영식 씨도 회고록 『나의 이야기』에서 똑같이 주장하고 있다.

반은 맞고 반은 틀린 말이다. 버마 수사 당국이 강민철의 자백(?)이 나오기 전까지 중립적 태도를 견지한 것은 맞지만, 안기부 대공수사국장과 강민철을 따로 만나게 하고 그 후에 나온 '난 북한 공작원이요'라는 말에 넘어가 모든 의혹을 덮고 전두환 정권의 요구대로 사건을 종결했기 때문이다.

버마 정부가 아웅 산 묘소 테러 사건에 대해 '북한 소행'이라는 결론을 내리기까지 한국 정부는 집요하게 사건을 그쪽으로 몰아갔고, 그런 결론이 내려지도록 공격적으로 움직였다.

우선, 아웅산 묘소 테러를 북한 소행으로 몰고 가는 작업에서 선봉에 선 사람은 바로 대통령이었다. 사건 현장에 가 보지도 않고 그렇게 주장했다.

> [전두환] 대통령이 영빈관에 도착한 후 바로 우 산 유 버마 대통령이 외상을 대동하고 영빈관을 찾아왔다. …… 전 대통령은 우선 부상자 등의 사후 처리 문제를 부탁한 다음에 이번의 범행이 그 수법으로 보아 **북한 공작원의 소행으로 판단된다**고 말했다. 우 산 유 대통령은 거듭 사과했지만 북한 소행이라는 말에 대해서는 언급하지 않았다. …… **전 대통령은 다시 한 번 이번 불상사가 북한 소행이라는 점을 강조했다.** 네 윈 의장 역시 범인에 대해서는 별 말 없이 범인들을 색출해서 사건의 전모를 확실하게 밝히겠다는 약속만 했다. (송영식, 『나의 이야기』, 124~125쪽)

전두환 대통령은 한국으로 돌아오는 비행기에서도 거듭 북한의 범행을 주장했다 한다.

> 그날 오후 대통령 전용기는 미얀마를 벗어났다. …… 기내에서 귀국 성명을 작성하는 과정에서 '북한 소행'이라는 말을 집어넣도록 대통령은 주문했다. 아무런 물증이 확보되지 않은 상태에서 심증

만으로, 게다가 이국땅에서 겪은 폭발 테러에 '북한'을 지목한 것은 성급한 면이 없지 않았다. (「[최보식 칼럼] 아웅 산 사태, 그 뒤의 비밀」,《NK chosun》2010년 3월 31일. http://nk.chosun.com/news/articleView.html?idxno=124089. 최 기자는 곧이어 "하지만 그의 '경험'에 의한 '직감'은 맞았다"라고 덧붙였다.)

그 다음, 전두환 정권의 친위대였던 국가안전기획부의 '진상조사단'의 역할이 컸다.

10월 10일 밤을 영안실에서 보낸 다음 날 새벽, 사건진상조사단을 영접하러 공항에 나갔다. …… 박세직 안기부 차장을 단장으로 한 13명의 진상조사단(안기부 6명, 치안본부 5명, 육군 2명) …… **조사단이 본격적으로 활동을 시작하면서 상황 전개 속도가 좀 느려졌다.** (송영식,『나의 이야기』, 185쪽)

송영식 씨는 진상조사단 인원 수를 13명이라고 썼지만, 이는 박세직 단장의 핵심적 역할을 감추려는 의도로 읽힌다. 진상조사단은 박 단장을 포함한 14명이었다.

진상조사단은 도착 당일 북한 공작원 3명 중 사살된 1명의 시체와 유류품을 확인하고, 10월 12일에는 생포된 범인이 소지하고 있던 권총을 감정하는 정도에서 만족해야 했다. 인터폴 보관 기록에 따라 이 권총은 북한이 구입한 것으로 확인돼 결정적 증거가 되었다. 10월 13일 조사단은 미얀마 조사위원장인 민 가웅(Min Gaung) 내무종교장관을 만났지만 폭파 현장 검증과 증거품 보관 문제 등 기술적 협력 문제를 논의하는 수준에서 크게 벗어나지 못했다. 조사단은 1978년부터 1983년 사이에 한국에서 일어난 주요 간첩 사건에서 노획한 장비 131점과 침투 사건별 획득 장비의 사진과 설명, 사살 및 자폭한 간첩의 사진들을 제공했고, 이 자료들은 조사에 큰 도움이 되었다. (위의 책, 187쪽)

조사단이 본격적으로 활동을 시작하면서 상황 전개 속도가 좀 느려졌다! 전두환 정권의 '진상조사단'이 버마 정부 당국의 수사에 개입했다는 말 아닌가?

버마 정부 역시 단독 수사임을 강조했다.

버마는 사건을 서둘러 종결한 뒤 유엔에 제출한 조사 보고서를 통해, 박세직 안기부 차장을 단장으로 하는 "특별조사반"(진상조사단)은 버마에서 아무런 일도 하지 않았다고 밝혔다.

안전기획부 차장 박세직을 단장으로 한 14명의 한국 특별조사반 [진상조사단]이 10월 11일 랭군에 도착했으며, 10월 18일 2명의 수사관이 추가로 랭군에 도착, 조사반은 16명으로 늘어났다. 10월 11일 아침 9시 50분 한국의 특별조사반[진상조사단]과 버마 조사 위원들이 회동, 한국 측은 한국과 버마의 합동조사반 편성을 제의했다. 버마 측은 조사위원회의 구성에 이어 집중적인 수사가 이미 진행됐으며 합동조사는 필요하지 않을 것 같다고 설명, 한국의 특별조사반을 납득시켰다. 이원경 외무부장관이 특사를 파견, 양국 정부 간의 의사 교환을 촉진하자고 제의했을 때도 이 같은 버마 정부의 입장이 강조됐다. 한국 측 특사가 버마 외상과 회담할 때 버마 외상은 버마 정부가 취하고 있는 조치를 설명하고 범인을 색출, 엄벌하는 데 어떠한 노력도 게을리 하지 않겠다고 보장했다. 버마 외상은 또 그 당시 상황에서 용의자를 지목하기는 시기상조라고 말하고 버마 정부는 결정적인 증거가 발견되고 용의자의 확실한 신분이 드러나야만 적절한 조치를 취할 것이라고 자신의 견해를 밝혔다. 한국의 특별조사반은 10월 11일부터 11월 18일까지 버마에 머문 전 기간 동안 모든 필요한 편의와 도움을 제공받았다. 버마 당국은 독자적인 수사를 행했고, 한국의 특별조사단에 대해 수사의 진전 상황을 계속 통보해 주었다. (「버마 정부의 '아웅 산 사건' 유엔 보고서 내용」, 『동아일보』 1984년 10월 3일)

버마 정부는 사건 초기 그 나름 객관성을 유지하려 무진 애를 썼던 것으로 보인다. 적어도 '강민철의 자백'(11월 3일)이 있기 전까지는 그랬다.

이같이 버마 정부의 태도가 불분명한 것이 전해지고 국민 여론이 "외무부가 뭐하는 거냐"고 강경해지자 외무부 간부들은 곤혹스러운 표정들. …… 버마 당국은 "사건은 버마에서 일어났다. 수사도 버마 정부가 한다. 현재 체포된 자들은 말할 수 있는 상태가 아니다"라는 식으로 계속 한국의 자제를 요청했고 한국 측 외교관과의 접촉도 사전에 서류로 신청을 해야 만날 시간을 통고해 줄 정도로 외부의 영향을 받지 않겠다는 단호한 의사를 과시. (「세계에 낙인 찍힌 테러 집단 북괴 — 아웅 산 암살 만행 진상 26일 만에 벗겨지기까지 — 범인 대질 때 버마 정부 의지 감지」, 『경향신문』 1983년 11월 5일)

그러나 이 모든 주장에도 불구하고 사건 발생 일주일 만인 1983년 10월 16일 자 『조선일보』 보도는 버마 당국의 단독 수사 주장을 무색케 한다. 전두환 정권의 진상조사단이 매우 공격적으로 움직였음을 알 수 있다.

【랭군 = 연합】아웅 산 묘소 암살 폭발 사건을 조사 중인 **버마 수사**

당국은 15일 한국 측 특별조사단[진상조사단]과 함께 사건 현장을 중심으로 범인들의 범행 행적에 관한 1차 합동수사에서 한국 측 조사단이 제시한 수사 기록, 각종 자료를 대조 확인, 이번 사건은 북괴 특수공작원의 범행이라는 심증을 굳혀 가고 있는 것으로 알려졌다. …… 버마 수사 당국은 또 이날 범인들이 최초로 출현한 랭군시 동쪽 21km 지점의 파준다웅 샛강이 아웅 산 묘소 폭발 사건 직후 범인들이 도주해 갈 수 있는 지점이라는 우리 측 조사단의 판단에 동의 …… 버마 수사 당국은 특히 이보다 앞서 일당 3명 중 마지막으로 생포한 공작 요원에게서 권총 실탄만 압수하고 권총은 찾아내지 못했는데, 현장 수색 작업에 나설 때 우리 측의 한 수사관이 "아마도 벨기에제 권총이 나올 것"이라고 말한 대로 현장에서 벨기에제 권총을 발견했으며, …… 버마 수사 당국은 북괴 특수공작원을 체포 또는 사살한 현장에서 권총을 찾지 못했을 때 우리 측 수사관이 북괴 공작 요원들이 통상적으로 휴대하는 권총이 벨기에제 0.25구경이며 소음기를 부착했을 것이라고 말해 준 바 있다. 그런데 그 후 실제로 한국 조사진의 말대로 바로 그와 같은 권총이 소음기와 함께 발견되자 버마 측 수사 당국은 이번 사건이 북괴 특수공작원들의 소행이라는 한국 측 견해를 더욱 신뢰하게 되었다고 한 소식통은 전했다. (「북괴 공작원 권총 발견 — 한·버마, 생포 현장 등 범행 행적 조사」, 『조선일보』 1983년 10월 16일)

범인들의 도주로까지 한국 측이 알려 주고, 권총이 발견될 것이라고 말하면 권총이 나오고, 소음기가 있을 것이라고 말하면 소음기가 나오고? 이러고도 버마 정부의 단독 수사라 할 수 있을까?

이원경 당시 특사도 버마와 한국의 긴밀한 협조를 강조한다. 그는 "우리는 처음부터 폭파 행위가 북한의 소행이 틀림없다는 심증을 갖고 버마 측과 얘기를 했으며 버마 당국도 국가의 위신이 추락한 데 대해 충격을 감추지 못하면서 국가의 명예를 걸고 진상을 규명하겠다고 다짐했"다면서 "이 사건은 버마와의 긴밀한 협조로 국제무대에 북한의 만행을 폭로하는 등 끝맺음을 잘했다고 본다"라고 회고했다(「진실은 증언한다 (4) 정상외교 역사적 여정」, 『경향신문』 1987년 2월 28일).

장세동 당시 경호실장도 한국과 버마의 합동 수사를 증언하고 있다. 그는 자신의 책 『일해재단』에서 "사건 조사는 한국과 미얀마 합동으로 진행되었다"라며 진상조사단의 활동에 대해 "[10월] 11일 06시 50분 랑군에 도착하여 조사 활동을 시작했"고 11월 8일 "조사 활동을 완료하고 귀국"했다고 밝혔다(68쪽). 장 씨는 또 "두 차례에 걸쳐 한국, 미얀마 합동회의(10월 10일, 10월 13일)를 통해 우리 측은 사건 현장에서 수집한 각종 증거물의 분석 결과, 폭발물 설치 및 폭파 경위, 북한의 대남 테러 사례 등에 나타난 폭파 장비 및 수법을 설명하고 생포된 범인이 북한 공작원임을 확인할 수 있는 근거를 제시하였다"라고 썼다(68쪽).

전두환 정권의 안기부가 중심이 된 진상조사단이 이런 저런 물증을 들이대며 버마 정부로 하여금 "북한의 소행"임을 인지하도록 압박했음을 알 수 있다.

【랭군 = AFP. 본사 특약】아웅 산 묘소 암살 폭발 사건을 수사하고 있는 한국 측 조사단은 북괴가 이번 사건을 음모, 조종했으며, 북괴 결사특공대가 이를 수행했음을 밝히는 결정적 증거를 확보했다고 한국 소식통들이 15일 말했다. 이 보고서는 체포된 북괴 공작 요원들이 휴대한 1백 점의 각종 장비 중 39점이 북괴의 대남 침투 간첩들이 통상적으로 휴대하는 장비와 일치할 뿐 아니라 ……. (「북괴 공작원 권총 발견 ─ 한·버마, 생포 현장 등 범행 행적 조사」, 『조선일보』 1983년 10월 16일)

"북괴가 이번 사건을 음모, 조종했으며, 북괴 결사특공대가 이를 수행했음을 밝히는 결정적 증거를 확보했다"? 한국 측 조사단이 확보했다는 그 '결정적 증거'는 한국에서 갖고 간 물건들이었다.

박세직 차장은 노신영 부장을 대신해 진상조사단을 이끌고 버마로 날아가 증거(?)를 제시함으로써 버마 수사 당국이 '북한 소행'이라는 결론을 내리는 데 결정적인 역할을 한 것으로 돼 있다. 노신영 당시 안기부장은 『노신영 회고록』에서 "현장에 급행한 박세직 차장은 버마 정부와 협력하면서 사건의 전모를 밝혀내는 데 많은 수고를 하였다"라고 밝혔다(331쪽).

또 박 씨 자신의 증언도 버마 수사 당국의 단독 수사 주장과 어긋난다. 박 씨는 사건이 일어난 지 11년이 지난 1994년 『동아일보』와의 인터뷰에서 다음과 같이 이야기했다. 『동아일보』는 당시 "남산의 부장들"이라는 타이틀로 국가안전기획부(전신은 중앙정보부)의 지난 행적을 특집으로 기획했다.

사건 당일 오후에 열린 비상국무회의에서 현지 진상조사단장으로 내가 지명됐어요. 안기부 대공요원, 보안사 폭파 전문가, 경찰 요원 등 13명의 단원을 밤새 수배해 10일 오전 서울을 떠났습니다. 11일 오전 사건 현장에 도착해 보니 한눈에 북한 소행임을 알 수 있더군요. 그러나 버마 정부는 우리를 믿지 못하는 것은 물론 감시하는 분위기였어요. 결정적인 단서는 현장에서 발견된 일제 산요 배터리였지요. **국내에서 잡힌 북한 공작원들도 같은 배터리를 사용했다는 사진 자료를 버마 측 관계자들에게 제시했더니 이해가 빠르더군요.** 우리는 또 범인들이 갖고 있던 권총 번호가 국내에서 잡힌 북한 공작원이 소지하고 있던 같은 형의 권총과 마지막 한 글자만 틀린[다른] 것임을 확인했습니다. 북한의 범행은 확인됐지만 문제는 북한과 우호 관계에 있는 버마가 사건을 조작할 우려가 있다는 점이었습니다. 또 네 원이 북한과 국교를 단절하지 않은 채 범인들을 추

방하면 우리로서는 큰 낭패가 아닐 수 없었는데 다행히도 네 윈이
단호하게 북한과의 국교를 단절해 사건이 잘 마무리됐어요. (「양
김 공세 정국 '아웅 산 참사'로 급변 ― 전 씨 '네 윈 식 통치' 구상
버마 방문 강행」, 『동아일보』 1994년 3월 13일)

박세직 씨가 "현장에 도착해 보니 한눈에 북한 소행임을 알 수 있었다"
라고 말한 것은 무슨 뜻일까? 조사 이전에 이미 결론이 나 있었다는 말 아닌
가?

실제로 아웅 산 묘소로 가다 폭탄이 터졌다는 말을 듣고 차를 돌려 영빈
관으로 돌아간 전두환 대통령은 위로와 사과를 위해 영빈관을 찾은 버마 대
통령 우 산 유와 최고 통치자인 네 윈 버마사회주의계획당 의장에게 거듭 북
한 소행임을 주장했었다. 버마 정부는 조사 착수 이전이었기에 당연히 한국
대통령이나 한국 정부 관계자의 주장을 믿지 못했을 것이다. 그런데 일제 산
요 배터리를 제시했더니 믿더라는 말이고, 한국 정부가 갖고 있던 브라우닝
권총과 일련번호가 같은 권총을 강민철 등이 갖고 있었다는 사실을 확인하
고 북한 소행임을 확신했다는 말이다. 정말 그랬을까?

아웅 산 묘소 테러가 북한 소행임을 입증할 수 있는 "결정적 증거"를 확
보했다는 신문 보도가 나온 다음 날, 버마 수사 당국은 중간 수사 결과를 발
표했지만 그 '결정적 증거'를 인정하지 않았다. 정작 버마 정부의 조사 보고
서에서는 산요 배터리나 브라우닝 권총은 단지 근거 자료로 제시됐을 뿐, 한
국 측이 주장하는 대로 이들 물품이 곧 북한 소행이라고 단정할 근거라고 밝
히지는 않았던 것이다.

버마 특별위원회 조사 결과에 관한 중간 보고서를 다룬 기사다.

조사위원회는 83년 10월 17일 중간 수사 결과를 발표했다. 조사
위원회는 자격 있는 전문가의 협조 아래 폭발 현장을 철저히 수

색, …… 불발탄 1개와 내부에 TNT 폭약과 가연성 액체가 들어 있는 …… 원통형 폭탄 1개를 발견했다. 조사위원회는 두 코리언으로부터 압수한 식량, 의약품, 만년필, 금속 탄환, 수류탄 안전핀 레버 등이 10월 10일 파준다웅 지류에서 체포된 코리언으로부터 압류한 것들과 동일함을 판명했다. …… 이상과 같은 증거는 생포된 2명의 코리언과 사살된 1명이 동일한 집단에 속하는 것임을 말해 주고 있으며 이들이 아웅 산 묘소 폭발 사건에 책임이 있다는 것이 명백히 드러났다. (「버마 정부의 아웅 산 사건 유엔 보고서 내용」, 『동아일보』 1984년 10월 3일)

버마 정부가 조사 보고서에서 밝히고 있는 것은 불발탄과 원통형 폭탄 등 현장에서 발견된 폭발물이 도망치다 붙잡힌 이들에게서 압류한 물품과 동일한 제품이라는 사실뿐이다. 또 생포된 2명의 "코리언"과 사살된 1명이 동일한 집단에 속하고 아웅 산 묘소 폭발 사건에 책임이 있다는 사실을 확인했을 뿐이다. 버마 정부가 '북한 소행'임을 인정한 것은 강민철의 자백(?)을 통해서였다.

버마 경찰은 현지에 파견된 한국 수사관한테 "범인들을 잡고 보면 벨기에제 권총을 갖고 있을 것"이라고 귀띔 받은 뒤 붙잡은 북괴 특공대원들로부터 실제로 벨기에제 권총이 나오자 매우 놀라워 했다는 것이다. …… 한국 측 수사 요원들은 범인들의 휴대품과 용모 등을 보고 한눈에 북괴 특공대원들임을 알 수 있었으나 버마 측은 구분이 잘 되지 않아 신중을 기하다 사건 발생 26일 만에 북괴 소행임을 발표했다. (「동건호 버마 잠입 10월 초 폭발물 설치」, 『동아일보』, 1983년 11월 7일)

버마 정부는 사건 발생 3주가 지나도록 아무런 결론을 내리지 못하다, 강민철이 자백했다는 11월 3일 또는 하루 뒤 '북한 소행'이라는 결론을 내린 것이다. "사건 발행 26일 만에 북괴 소행임을 발표했다"라는 말이 그것이다.

버마 정부 당국의 수사 발표가 국가안전기획부 진상조사단이 제시한 자료와 국가안전기획부 관계자의 면담 뒤에 나온 강민철의 자백(?)을 토대로 삼았다는 말은 그 수사라는 것이 결국 전두환 정권의 요구와 주장을 추인하는 수준이었다는 말이다.

이는 한국 외교문서가 입증한 사실이다.

> 정부는 아웅 산 테러 사건에 대해 미얀마가 아웅 산 테러 사건이 북한 소행임을 조속히 대외적으로 발표하는 것이 중요하다고 보고 외교력을 집중했다. 또 정부는 미얀마의 사건 조사 결과 발표 내용에 따른 대응 시나리오도 수립했다. (「〈외교문서〉 작전명 '늑대 사냥' … 아웅 산 테러 후 북(北) 고립 작전」, 『연합뉴스』 2014년 3월 26일)

버마 측의 단독 수사로 사건의 진상이 명쾌하게 밝혀졌다는 주장에도 불구하고, 당시 수사는 사건의 진상을 밝힐 수 있는 지점들을 모두 피해 갔다. 사건의 진상을 밝히는 데 결정적인 내용들은 하나도 밝혀진 것이 없다는 말이다.

가장 중요하다 할 수 있는 폭발물에 관한 조사가 전혀 이뤄지지 않았다. 우선 폭발물 검색 문제에 대해 어느 누구도 명쾌한 설명을 내놓지 못하고 있다. 라종일 씨도 그렇게 이야기한다.

> 한편 현장에서는 남한의 경호요원들과 버마의 안전요원들 사이에 약간의 마찰이 있었다. 남한 경호요원들은 버마 요원들에게 금속 탐지기로 묘소 안 검색을 요청했지만 버마의 안전요원들이 이를

거절했다. 버마는 묘소의 외부 경비는 남한이 맡고 내부는 자기들의 책임이므로 남한의 내부 검색은 필요하지 않다는 입장을 고집했다. 후일 당시 보안문제에 관여했던 버마의 인사들에게 어째서 현장검색을 못하게 했는지 물었는데, 확실한 답을 듣지 못했다. 묘소가 성역이라는 이유로 반대했다는 이야기도 있고 지붕에 못 같은 금속성 건축 자재가 많이 들어 있어서 검색을 했더라도 의미가 없었을 것이라는 설명도 있다. (라종일, 『아웅산 테러리스트 강민철』, 112~113쪽)

라 씨는 위 인용문 말미에 송영식 책 『나의 이야기』 212쪽을 인용했다는 미주를 붙였다. 바로 아래 인용문이다.

우리 경호담당이 금속탐지기로 아웅 산 묘소 지붕을 왜 철저히 검색하지 않았느냐는 비난도 있었다. 검색을 하려 했으나 묘지가 성역임을 이유로 미얀마 측이 강력히 반대했다는 이야기도 있었고, 묘소 지붕에 못 같은 금속성 건축 자재가 많이 사용되어 현실적으로 검색이 무의미했다는 이야기도 있었다. 이 문제에 대해서는 현재까지 명쾌하게 밝혀진 바가 없어 실제 상황이 궁금하다.

위 두 인용문을 비교해 보면, 1년 앞서 출간된 송 씨의 책을 라 씨가 인용하면서 한국 측 요원들이 현장 검색을 요구했다는 말을 앞에 붙였음을 알 수 있다. 송 씨 자서전에는 두루뭉술 누가 검색을 요구했는지조차 불명확했던 것을 라 씨가 이 부분을 인용하면서 '한국 측의 검색 요구를 버마 측이 거절했다'는 식으로 각색한 것이다.

한국 측이 계속 폭발물 검색을 요청했음에도 불구하고 버마 측이 이런저런 이유를 들어 거절했다는 주장은 사실과 다르다. 버마 우 산 유 대통령은 한국에 조문 사절로 와 일본의 당시 아베 외상을 만난 자리에서 "한국 대통령 경호팀이 폭발 3일 전에 묘소 내부를 다 체크했다"라고 밝혔다(박창석, 『아웅산 다시 보기』, 215쪽).

버마 정부는 전두환 정권의 자작극을 의심했다

한국 정부와 언론의 집요한 공세에도 불구하고 버마 정부가 사건 초기에는 객관성을 유지하려 애를 쓴 것은 사실이다. 그리고 수사 초기에는 한국의 자작극이 아닌지 의심하며 꽤나 광범위한 수사를 벌였다. 버마 현지에도 한국 측의 자작극이라는 소문이 퍼져 있었다.

> 랑군 사건 직후 시내에는 폭발 사건이 남한 사람들의 자작극이라는 소문이 파다하게 나돌았다. 미얀마 경찰이 나팔소리가 나자마자 폭발된 점에 착안해서 나팔수를 조사한 결과 "한국의 경호원이 불라고 해서 불었다"고 진술했고 그래서 한국 경호원이 개입된 자작극이라는 것이었다. (박창석, 『아웅산 다시 보기』, 211쪽)

> 그러나 버마 측의 수사는 지지부진할 뿐만 아니라 수사의 방향도 처음에는 한국 내부의 불만 요소 혹은 자국 내부의 반정부 세력이 저지른 짓으로 보는 시각도 있었다. 한국 내에서는 모든 것이 전두환 대통령의 자작극이라는 루머도 돌았다. (라종일, 『아웅산 테러리스트 강민철』, 157쪽)

한국의 자작극을 의심하는 분위기가 팽배한 가운데 버마 정부 당국은 이상구 안기부 해외담당국장과 송영식 참사관을 청문회 증인으로 출석케 한 뒤 강도 높은 질문을 던졌다.

> 사건이 나던 날 현지를 떠나 다음 행선지로 가려고 했던 [국가안전
> 기획부 해외공작국] 이상구 국장도 그 후 웬만큼 긴급한 사태가 처
> 리되자 버마를 떠나려고 했는데, 버마 정부가 출국을 정지시켰다
> 는 것을 알고 놀랐다. 한국 측이 전혀 예상하지 못했지만 버마 당
> 국은 심각하게 한국 측에 혐의를 품고 있었던 것이다. 그 후 한국
> 으로부터 사태 대처와 수사 협조를 위해 사절들이 오가고 버마 측
> 과 연락이 긴밀하게 된 후에도 이상구는 버마에 머물러 있어야 했
> 다. (라종일, 『아웅산 테러리스트 강민철』, 151쪽)

송영식 참사관은 10월 15일 "무관과 함께" 버마 외무성 재외공관 담당국
장의 심문을 받았다. 그는 회고록에서 "질문의 요점은 이 사건이 한국의 자
작극이 아닌가를 파악하는 것이었다"라고 술회했다. 버마 측은 송 참사관에
게 "한국을 노골적으로 의심하는 질문들"을 던졌던 모양이다. 질문의 요지
는 세 가지였다 한다. 일행이 왜 세 그룹으로 나뉘어 행사장에 도착했는지,
송 참사관과 무관이 왜 현장에 있었는지, 한국 경호원들이 행사장에 도착할
때 지뢰탐지기를 갖고 있었으며 단상 위에도 경호원들이 있었는지가 핵심이
었다. 버마 측은 또 송 참사관이 나팔 소리를 들었는지도 물었다 한다(『나의
이야기』, 190~192쪽).

그런데 버마 정부가 정작 한국의 자작극을 의심한 이유는 안기부 이상
구 해외공작국장이 사건이 일어나기 전부터 미리 이런 일이 일어날 것임을
경고했기 때문이었다. 송 씨가 "무관"이라고 표현하며 애써 이름을 숨긴 이
는 아마도 이상구 안기부 해외공작국장일 것이다.

버마 정부가 이상구 안기부 해외공작국장을 의심했다는 사실은 외국 문
헌에도 등장한다.

한국에서 온 국가안전기획부ANSP 관계자도 일시 체포됐다. 그는 버마 당국자들에게 묘소 천장에서 폭탄이 터질 수도 있다고 경고했던 사람이었다. 흠잡을 곳 없이 정확한 첩보였음에도 불구하고 그가 음모를 미리 알고 있었던 것처럼 보였기 때문에, 사기가 꺾인 군 정보국 조사관들은 우선 이 사람에게 혐의를 둘 수밖에 없었다. (Andrew Selth, "Burma's North Korean Gambit: A Challenge to regional security?", p. 10)

이상구 안기부 해외공작국장은 무슨 근거로 아웅 산 묘소 천장에서 폭탄이 터질 것이라고 경고했을까? 그는 이미 어떤 보고서를 갖고 있었다. 앞서 인용했던 라종일 씨 책의 한 대목을 다시 보기로 하자.

이상구가 경호팀에 전달한 정보 중에는 대통령과 그 일행이 아웅 산 묘소 참배 시 북한 측의 테러 위험이 있다는 지적도 있었다고 한다. 즉 수년 전 북한 요원들이 국립묘지에서 대통령을 살해하려 다가 실패한 것과 똑같은 방식으로 테러를 시도할 수 있다는 지적 이었다. 그런데 후일 그 보고서는, 버마의 보안기관이 아웅 산 [묘 소] 테러가 한국 측의 자작극이 아닌가 하는 의심을 갖게 하는 단 서 중 하나가 되었다고 한다. 즉 **어떻게 후일에 일어날 일을 그렇게 자 세히 알 수 있었는지**에 대한 의심이었다고 한다. (87~88쪽)

대통령과 그 일행이 아웅 산 묘소를 참배할 때 북한의 테러 위험이 있다는 정보의 근거가 "수년 전 북한 요원들이 국립묘지에서 대통령을 살해하려 다가 실패한 것과 똑같은 방식으로 테러를 시도할 수 있다"라는 내용의 보고 서였다는 말이다.

라종일 씨나 송영식 씨는 언급하지 않았지만, 버마 수사 당국이 전두환 정권의 자작극을 의심한 탓에 고초를 겪은 사람은 또 있었다. 바로 천병득 경호처장이었다. 그의 인터뷰 내용이다.

수사 초기에 미얀마 당국은 지나치리만큼 남한 사람들에게 혐의를 두고 있었습니다. 나 자신은 물론 송영식 참사관, 대사관에 파견 나온 무관까지 출국 금지령을 받았고 미얀마 수사 당국에 의해 조사를 받았습니다. 그들은 특히 나팔수의 진혼곡을 신호로 폭발이 이루어졌고, 따라서 나팔수의 진혼곡과 폭발 사건이 틀림없이 관계가 있다고 믿고 있었던 것 같습니다. 특히나 참을 수 없었던 것은 한국 측 경호원에 대한 의심이었습니다. 그들은 송영식 참사관과 무관에게 '경호처장 천병득으로부터 부여받은 임무가 무어냐?'는 등 노골적으로 한국 측 경호원들을 의심했습니다. 사건 직후 나팔수를 포함해서 현장에 있던 몇 명의 미얀마인들이 수사 당국의 조사를 받았는데, 한국 경호원들이 관련됐다는 얘기가 그 조사 과정에서 나왔다는 겁니다. 미얀마 수사관들의 주장에 의하면 한국 경호원이 사건 3일 전에 '경호상 사전 검사를 해야 한다'면서 아웅산 묘소 지붕에 올라갔다고 한 나팔수가 증언했다는 것입니다. 그 이후 미얀마 수사 당국의 한국인에 대한 의심은 더욱 심해졌습니다. 그래서 우리는 북한 소행이라는 확신을 주기 위해 그들에게 한국의 영어 신문에 개재된 '현충문 폭파 사건'에 관한 기사도 보여 주고 북한 테러범들에 의해 저질러진 '미국문화원 사건'도 설명해 주었습니다. 또 그 북한 테러범들이 사용했던 장비들도 보여 주었습니다. 그러나 그들은 믿지 않았습니다. 그 때문에 나는 범인 체포 후에도 일주일간이나 출국이 정지되었습니다. 그러다가 한국으로부터 박세직 씨가 이끄는 조사 팀이 왔습니다. 한국 팀에 의한 조사는 초기에 많은 어려움이 있었습니다. 미얀마 당국이 한국 팀의 존재 자체를 인정하지 않았으니까요. 오히려 그들의 의심만 증폭시킨 셈이었습니다. 따라서 수사와 관련해서 한국 조사단의 미얀마인 접촉은 철저히 금지되었습니다. (박창석, 『아웅산 다시 보기』, 213~214쪽)

천 씨가 "범인 체포 후 일주일간이나 출국이 정지되었"다고 밝힌 뒤 "그러다가 한국으로부터 박세직 씨가 이끄는 조사 팀이 왔"다고 밝힌 것은 '인위적 오류'로 보인다. 박세직 안기부 차장을 단장으로 하는 '진상조사단' 14명은 아웅 산 묘소 사건 다음 날인 10월 10일 한국을 떠나 11일 새벽 버마에 도착해 이미 활동 중이었다.

그런데 이들의 적극적인 활동에도 불구하고 버마 정부가 사건의 배후로 북한을 특정하지 않은 채 중간 수사 결과를 발표하자(10월 17일), 그 다음 날 곧바로 안기부 대공수사국의 성용욱 국장과 한철흠 과장이 버마로 날아와 진상조사단에 합류했으며, 이들 둘을 포함한 한국 측 인사들이 강민철과 면담한 뒤 강이 '나는 북한 공작원이요'라고 자백(?)하게 된다.

천병득 씨는 아웅 산 묘소 테러 사건에 대한 버마 정부의 수사 방향을 180도 바꾸는 데 결정적 역할을 하게 될 두 사람이 급히 버마로 날아와 진상조사단에 합류한 사실에 대해 애써 함구한 것이다. 아웅 산 묘소 테러 사건과 관련된 모든 인터뷰나 증언이 다 이런 식이다.

천 씨는 또 안기부가 주도하는 진상조사단의 활동이 거의 없었다고 말하고 있지만, 이는 사건 초기에만 해당되는 말이다. 이 사건이 북한의 소행이라며 제시된 '물증'(?)은 모두 안기부 팀이 버마 정부에 건넨 것들이다.

송영식 대사 대리와 천병득 경호처장 외에 당시 버마에 있던 우리 근로자들도 조사를 받았다.

버마 정부는 현지에서 댐 건설 사업을 하고 있던 현대건설 직원들의 출국을 정지시켰고, 얼음 공장을 건설하던 국제상사 근로자들에게는 건설 현장과 랑군 간 이동을 금지했다. 또 이들 상사의 현지 고용인들도 조사 대상이 되었다. 이들을 테러범들과 대면시킨 후 그들이 이 회사의 직원인지 여부를 확인하게 하는 등…… (라종일, 『아웅산 테러리스트 강민철』, 152~153쪽)

테러범들이 한국 기업의 직원인지를 물었다면 이 역시 한국의 자작극에 무게를 둔 수사였을 것이다.

사건 직후 "북한의 소행"을 거듭 강조하는 전두환 대통령을 대하는 우 산 유 버마 대통령과 네 윈 의장의 태도에서도 그들이 애초 북한에 혐의를 두지 않았음을 알 수 있다. 누구나 ― 한국을 포함해 ― 수사 선상에 올릴 수 있다는 의지가 엿보였다. 이들은 전두환 대통령에게 "전모를 밝히겠다"라는 입장만 밝혔다.

버마 정부가 한국의 자작극을 의심한 이유는 앞에서도 언급된 나팔소리 촉발 문제 외에도 한국 측이 이미 아웅 산 묘소를 3일 전 모두 체크했음을 버마 정부가 알고 있었기 때문이다.

우 산 유 미얀마 대통령이 조문 사절로 한국에 와서 신라호텔에 머물렀는데, 그때 일본의 아베 외상이 조문단 대표로 와서 바로 옆방에 묵고 있었습니다. 역사적으로 말하면, 미얀마의 아웅 산 장군이나 네 윈 같은 사람들은 일본에 대해 호의적인 인물입니다. 그들은 영국에 저항하여 독립운동을 할 때 일본은 네 윈을 한국의 김옥균처럼 키운 셈이었지요. 일본의 아베 외상은 우 산 유 대통령에게 '한국 대통령의 경호 팀이 폭발 사건 3일 전에 묘소 내부를 다 체크했다'고 말하면서 한국 경호 팀에 대한 의심을 버리지 못하고 있었다는 겁니다. (박창석, 『아웅산 다시 보기』, 215쪽)

그래서 버마 정부는 사건 발생 여드레 만인 10월 17일 중간 수사 결과를 발표할 때도 '북한 소행'임을 인정하지 않았다. 송영식 씨는 이때의 심정을 다음과 같이 밝히고 있다.

> 드디어 10월 17일, 미얀마 정부에서 단독으로 체포한 2명이 '코리언'(Korean)이며 이들이 범인임을 확인하는 중간발표를 했다. 자세한 설명 없이 그냥 코리언이라고만 밝히는 바람에 북한인인지 한국인인지를 구분할 수 없어 우리는 긴장을 풀지 못했다. 한국의 자작극이 아니라는 좀 더 확실하고 움직일 수 없는 증거를 찾고 있었던 모양이다. (송영식, 『나의 이야기』, 188쪽)

"더 확실하고 움직일 수 없는 증거"를 만들어 내야 했다. 전두환 정권으로서는 특단의 대책이 필요한 상황이었다.

제 4 부

강민철의 말 한마디로
북한의 소행임이 밝혀졌다?

사건 발생 후 3주가 지나도록 사건 배후를 북한이라고 특정하지 않던 버마 수사 당국이 서둘러 사건을 종결한 것은 강민철이 '나는 북한 공작원이요' 하고 자백(?)한 때문이었다. 그런데 그의 자백이 나오기 앞서 한국에서 급하게 날아온 안기부 대공수사국장이 그를 만나 "어떻게든 우선 살아야 하지 않겠는가?"라고 말했다. 10월 17일 버마 정부가 중간 수사 결과를 발표하면서 '두 명의 코리언' 운운하며 한국에 대한 의심을 풀지 않자, 바로 다음 날 전두환 정권은 안기부 대공수사국장을 버마에 급파한 것이다.

강민철의 자백과 안기부 대공수사국장의 밀어

박세직 국가안전기획부 차장을 단장으로 하는 안기부 중심의 진상조사단 14명이 사건 발생 다음 날인 10월 10일 버마에 급파돼 각종 물증(?)을 제시하며 버마 정부를 압박했지만, 버마 수사 당국은 한국의 자작극에 대한 의심을 풀지 않았다. 강민철 등 아웅 산 묘소 테러리스트들이 갖고 있던 권총이 북한이 대량으로 구입했던 벨기에제 브라우닝 소총과 일련번호가 같다는 사실을 입증(!)했음에도 불구하고, 버마 정부는 강민철 일당의 출신지가 남한일 개연성을 배제하지 않고 있었던 것이다.

이들 일련번호가 같은 권총은 북한이 벨기에에서 대량으로 수입한 것이 맞을 것이다. 이들 총기류는 아마도 남파공작원(자칭 '통일공작원')들이 체포되는 과정에서 남한 정보기관이 획득했을 것으로 추정된다. 그렇게 체포된 남파공작원들이 수 백 명에 이른다. 획득한 벨기에제 권총도 최소 수십 정은 되지 않았을까? 강민철 등이 갖고 간 것도 그렇게 획득한 것들 중 하나일 것으로 본다. 버마 정부도 이런 개연성을 배제하지 않은 것이다.

전두환 정권이 일련번호가 같은 총기류를 제시했음에도 불구하고 버마 정부가 "코리언" 운운하며 강민철 등이 남한에서 왔을 개연성을 배제하지 않은 이유가 무엇이었을까? 강민철이 계속 자신의 출신지를 '서울'이라고 말했기 때문일 것이다. 강민철은 송영식 등 한국 정부 관계자들을 만났을 때 말했던 것처럼 버마 수사관들에게도 "성북국민학교를 다녔고 서울대학에 재학 중"이라고 말했을 것이다. 전두환 정권은 즉각 '서울대에 강민철 없음'을 확인했다지만, 버마 정부는 이것도 믿지 않은 것이다

안기부의 진상조사단이 버마에 온 지 엿새 만인 10월 17일 버마 수사 당국은 중간발표를 통해 "2명의 코리언"이 범인이라고 발표하자, 전두환 정권은 일대 위기감에 봉착했다. 전두환 정권으로서는 '결정적 한 방'이 필요했을 것이다. 북한 공작원들이 갖고 다니는 총기류를 제시했음에도 불구하고

버마 정부의 의심을 풀지 못한다면, 더 이상의 증거(?) 따위는 필요치 않았다. 전두환 정권은 이런 절체절명의 상황에서 북한 간첩들(?)이 그렇게 말해 주는 모양새를 연출하면서 그와 동시에 강민철이 스스로 '나 평양에서 왔소'라고 말을 바꾸도록 만드는 전술을 구사했다. 그래서 제5부에서 보게 되듯이 그렇게 자백해 줄 간첩들을(?) 부산 다대포 앞바다에서 생포하는 기상천외한 북파공작을 벌인 것이고, 강민철의 마음을 돌리기 위해 그와의 면담에 목을 맸던 것이다.

또 전두환 정권은 처음부터 '아웅 산 묘소 테러리스트' 강민철에 대한 수사에 집착했고, 혹시나 그가 죽지 않을까 노심초사했다.

····· 버마 수사 당국자는 이들 2명의 북괴 공작원이 의식을 회복하는 대로 한-버마 양측의 수사 전문가들이 공동 신문을 하게 될 것이라고 전했다. 한편 한국 측 조사단의 한 관계자는 입원 중인 이들 북괴 특수공작원 2명이 ▲피가 모자라거나 후유증으로 사망할 가능성에 대비, 버마 당국에 보다 철저한 생명 안전 조치를 강구해 줄 것을 당부하고 ▲북괴가 내부 첩자 또는 외부 첩자들을 고용, 이들을 살해하거나 ▲또 다른 특공대를 투입, 증거인멸을 위해 입원 중인 병원을 폭파시킬지도 모르니, 이러한 북괴의 모든 흉계에 철저히 대비해 줄 것을 버마 당국에 요청한 것으로 알려졌다. (「북괴 공작원 권총 발견 — 한·버마, 생포 현장 등 범행 행적 조사」, 『조선일보』 1983년 10월 16일)

위 기사를 보면, 전두환 정권은 애초부터 강민철에 대한 심문과 자백을 염두에 두고 있었음을 알 수 있다. 제7부에서 살펴보겠지만, 한국 정부는 강민철이 버마 감옥에 갇힌 뒤에도 그에게 사식과 잡지, 책 등을 넣어 주며 지속적으로 그를 돌봤다. 강민철은 아웅 산 묘소 사건에 연루될 때부터 2008년 죽기 직전까지 지속적으로, 아니면 적어도 간헐적으로라도 한국 정보기관과 접촉했다는 말이다.

버마 정부는 강민철의 말 한마디에 모든 의혹을 덮어 버렸고, 바로 다음 날(11월 4일) 북한 외교관들과 가족들과 주재원들에게 48시간 안에 버마를 떠나라고 명령했다.

버마 정부가 객관적이고 중립적인 입장에서 사건을 수사했다면, 강민철의 자백(?)이 나온 뒤 곧바로 북한 대사관 관계자들을 불러 자백의 진위를 확인했어야 했고, 또 강민철 등이 머물렀다는 북한 대사관 직원의 숙소에 대한 현장검증이 이뤄졌어야 했다. 그런데 강민철의 자백 아닌 자백이 나온 다음 날 곧바로 북한 대사관 직원들에 대해 '48시간 내 출국'을 명령했다. 사건 초기 버마 정부가 보였던 중립적인 태도에 비춰, 대단히 이상한 결정이었다.

이런 결말을 도출하는 데 결정적 역할을 한 10월 25일의 면담에 대해 다시 살펴볼 필요가 있다.

10월 25일에야 남한 측과 테러리스트와[의] 면담이 허락되었다. 그것도 엄격하게 제한된 환경에서 10분 정도의 짧은 시간에 이루어졌다. 물론 한국에만 특별한 배려를 한다는 생각이 들지 않도록 다른 나라의 외교관들도 초청되었다. 한국 대사관의 송영식 참사관과 본국에서 파견되어 온 심기철 특별대표, **안전기획부 성용욱 국장과 한철흠 과장**이 병원을 방문해 테러리스트들과 이야기를 나눌 수 있었다. 역시 한국 인사들 외에도 랑군 주재 외교단 대표들도 함께 방문했다. 외교단장 직을 맡은 필리핀 대사와 인근 국가 대표 자격으로 온 인도네시아 대사, 그리고 대통령의 다음 순방 대상국 이었던 스리랑카 대사였다. 이때 테러리스트들을 만난 남한의 수사관들도 이상구 [안기부 해외공작국] 국장과 마찬가지로 이들을 보자마자 북한인이라는 것을 알 수 있었다. 한국 수사관들은 이들에게 몇 가지 질문을 했다. …… 진모는 모든 질문에 묵묵부답으로 일관했지만, 강민철은 자신이 28세로 남한 출신이며 성북초등학교[성북국민학교]를 졸업했고 서울대학교를 다니고 있다고 주장했다. …… 이때만 해도 강민철은 심한 부상에도 불구하고 또렷하고 큰 목소리로 도전적으로 답변했고, 한국 조사관이 "어떻게든 살아야 하지 않겠는가?"라고 묻자 자신은 죽음을 두려워하지 않는다는 말도 덧붙였다. (라종일, 『아웅산 테러리스트 강민철』, 154~155쪽)

"한국에만 특별한 배려를 한다는 생각이 들지 않도록 다른 나라 외교관들도 초청되었다"? 그것도 10분 정도 짧은 시간만 주어졌다? 그런데 당시 버마 주재 한국 대사 대리였던 송영식 씨는 10분간 한국 외교관 및 안기부 관계자들이 별도로 강민철 등을 만났다고 밝혔다. 처음에는 인도네시아 등 다른 나라 외교관들도 함께 강민철과 면담을 시작했지만 한국 정부 관계자 누군가가 강민철에게 "어떻게든 살아야 하지 않겠는가?"라는 해괴한 화두를 던진 것은 다른 나라 외교관들이 모두 돌아간 뒤였다는 말이다.

나와 심기철 특별대표, …… [진상]조사단원인 안기부 성용욱 국장과 한철흠 과장을 포함한 우리 4명은 외무성에 모여 범인이 입원 중인 육군병원으로 갔다. 병원에는 양곤[랭군] 주재 외교관 대표로 3명의 대사가 이미 와 있었다.…… 한국 측에는 범인에 대한 질문을 허용함으로써 범인이 북한인이라는 사실을 증명하기가 얼마나 어려운지를 보여 주려는 것 같았다. 침대에 누운 범인 2명과 약 3미터 거리를 두고 45분 동안 대화가 허용되었다. 3명의 대사들은 35분 정도 범인들을 관찰한 후 떠났다. 나머지 10분 동안 우리 쪽 수사관이 이름, 연령, 출신 학교, 거주지, 미얀마[버마]에 온 시기 등 10여 가지의 기초적인 내용을 질문했다. 진모라고 알려진 한 명은 침묵으로 일관했으나, 다른 한 명은 대답을 했다. 이름은 강민철, 28세, 성북초 등학교[성북국민학교], 서울대학 졸업, 영등포에 거주, 모친이 서울에 있고, 이북에 간 적은 없으며, 죽음도 두려워하지 않는다는 내용이었다. 목소리는 부상자답지 않게 도전적이고 상당히 컸다. …… 우리는 더 이상 질의응답이 무의미하다고 판단해 병원을 떠났다. 미얀마 측이 이 례적으로 범인과 대화한 내용을 발표하는 데 동의해 주었다. (송영식, 『나의 이야기』, 195~197쪽)

송영식 씨의 기록에 따르면, 10월 25일 이뤄진 강민철과 한국 정보 당국자들과의 면담은 누구의 방해도 받지 않고 누구도 제지하지 않는 상황에서 이뤄진 면담이었다. 그런데 전두환 정권 이후 한국 정부는 내내 이 면담을 다른 나라 대사들이 동석한 면담이라고 강변해 왔다.

전두환 대통령과 함께 구사일생한 장세동 당시 청와대 경호실장은 10월 25일 면담에 대해 한국과 미얀마 측의 합동 면담이라고 주장한다. 그는 자신의 책 『일해재단』에서 "우리 정부 조사단은 미얀마 현지에서의 여러 가지 조사 활동을 통해 미얀마 측 사건조사위원회에 사건 진상 규명의 결정적 증거를 제시하였다"라면서 "우리 측 조사단은 10월 25일 미얀마 측 합동조사위원회 합동으로 범인을 면담하였다"라고 썼다.

이 면담에서 진모는 묵비권을 행사, 아무런 응답이 없었으며 또 다른 범인 강철민[강민철]은 "이름이 뭐냐?" "어디에서 왔느냐?" "어느 학교를 다녔느냐?" "어디에 사느냐?" "언제 미얀마[버마]에 침투했느냐?" "살아야 될 것 아니냐?"는 질문에 "이름은 강철민이고, 28세다." "서울에서 왔다." "성북국민학교를 다녔고, 중학교 고등학교는 안 나왔다." "영등포에서 살았으며 어머니가 서울에 있다." "나는 죽는 것을 두려워하지 않는다." "10월 7일 미얀마에 왔다." "서울대학을 나왔다."는 등 횡설수설 거짓 진술을 늘어놓았다. (강철민[강민철]은 그 후 심경의 변화를 일으켜 11월 3일 범행 일체를 자백하였음.) (70쪽)

당시 면담 소식도 곧바로 세상에 알려진 것이 아니었다. 무려 열흘이나 지난 뒤, 북한 대사관 직원들이 모두 떠난 다음 날인 11월 5일 한국의 『경향신문』은 다음과 같이 보도했다. 여기에도 강민철과의 면담에 다른 나라 대사들이 함께 참석한 것으로 돼 있었다.

> 버마 당국은 지난달 25일에 있은 범인들과 한국 측 관계자들과의 첫 대면에도 필리핀. 인도네시아. 스리랑카 대사 등을 참고인으로 불러 동석케 하는 등 독자성과 공정성을 확보하려고 애를 쓰기도 했으며, 범인 신문에도 한국인이 아닌 제3국인과 버마인을 통역으로 내세웠고 신문 내용을 비밀 녹음했다고. 한국 측은 25일 있은 범인들과의 첫 대면에서 범인들이 북괴의 공작대원임을 직감 …… 정부 당국이 버마 정부의 수사 진전에 확실한 감을 잡은 것도 바로 25일 범인과의 면담 때였다. (「세계에 낙인찍힌 테러 집단 북괴 — 아웅 산 암살 만행 진상 26일 만에 벗겨지기까지 — 범인 대질 때 버마 정부 의지 감지」, 『경향신문』 1983년 11월 5일)

10월 25일 강민철과의 면담과 관련해 라종일, 송영식, 장세동 세 사람의 기록은 비슷비슷하지만 결정적인 부분에서 조금씩 차이가 난다.

라종일 씨는 여러 나라 외교관들과 함께 한 '공동 면담', 장세동 씨는 버마와 한국 측의 '합동 면담'이라고 각각 주장했지만, 송영식 씨는 한국 외교관 및 안기부 관계자들의 '단독 면담'임을 밝히고 있다. 그러나 송 씨의 기록에는 "살아야 될 것 아니냐?"(장세동 책), "어떻게든 살아야 하지 않겠는가?(라종일 책)라는 중요한 질문이 누락돼 있다.

또 라종일 씨와 송영식 씨는 강민철과의 면담에 나선 이들 4명 중 2명이 안기부 성용욱 국장과 한철흠 과장임을 밝히고 있지만, 장세동 씨는 이들의 신원에 대해 언급하지 않았다. 특히 이들 두 명이 버마 정부가 중간 수사 결과를 발표한 다음 날 급히 버마로 날아와 진상조사단에 합류했다는 사실은 셋 모두 밝히지 않았다. 두 사람이 10월 18일 급히 버마에 날아왔다는 사실은 박창석 씨의 책 『아웅산 다시 보기』에 등장한다.

중요한 것은 아웅 산 테러리스트 강민철에게 "어떻게든 살아야 하지 않겠는가?"라는 미스터리한 화두를 던진 사람이 누구이고 왜 그런 말을 했느냐는 것이다.

당시 누가 강민철에게 그런 말을 했는지는 계속 베일에 가려져 있다 먼 훗날 전혀 예기치 않은 상황에서 밝혀지게 된다. 그가 누구인지를 설명하려면 앞서 잠시 언급했고 제5부에서 자세히 설명할 다대포 간첩(?) 생포 작전이 등장해야 한다. 버마 측이 아웅 산 묘지 테러 사건을 북한 소행으로 보지 않고 오히려 남한의 자작극으로 의심하자 전두환 대통령이 "북한의 요원을 생포해서 그의 입으로 북한이 저지른 행동이라는 자백을 받으라"고 지시를 내리고, 정보기관이 "이를 위해 간첩 2명을 생포했다"(라종일, 『아웅산 테러리스트 강민철』, 157쪽)라는 바로 그 사건이다.

북파공작원들을 동원한 이 기상천외한 '간첩 생포 작전'에서 중요한 역할을 하게 되는 이가 바로 강민철에게 '어떻게든 살아야 하지 않겠는가'라고 말하고 강민철로 하여금 '나는 북한 공작원이요'라고 자백(?)하게 만들었다는 놀라운 사실!

버마 사건에 대한 '북한의 자백'을 받아내는 모양새를 연출하기 위해 북파공작원들을 동원해 벌인 다대포 간첩 생포 작전에도 관여하고, 버마에서 붙잡힌 뒤 '나는 서울에서 왔다'라며 버티고 있던 강민철을 만나 은밀한 대화를 통해 아웅 산 묘소 테러 사건을 북한이 저지른 테러로 기정사실화하는 데 혁혁한 공(?)을 세운 이의 정체는 1996년 소위 '5공 비리 재판'을 통해서 밝혀지게 된다. 바로 성용욱 안기부 대공수사국(5국)장이었다. 아웅 산 묘소 사건이 일어난 지 13년 뒤에 벌어진 이 재판이 아니었다면, 어쩌면 버마 아웅 산 묘소 테러 사건의 배후를 북한으로 '결정지은' 이가 누구인지 영원히 공개되지 않았을 것이고 그랬다면 이 책은 나오지 않았을지도 모른다.

흔히 대공수사국으로 알려진 안기부 5국은 북파공작과 떼려야 뗄 수 없는 관계에 있다. 안기부의 전신인 중앙정보국 시절 이 '5국'은 특수(북파)공작 부대의 하나인 UDU(Underwater Demolition Unit) 창설을 주도했다. 이 5국은 또 수많은 사람을 잡아다 고문하며 간첩을 만들어 내는 용공 조작의 산실이기도 했다.

송영식 씨 책과 라종일 씨 책에도 성용욱 안기부 대공수사국장의 이름이 나와 있지만, 그가 어떤 이력의 소유자인지에 대해서는 지금껏 누구도 이야기한 적이 없었다.

육사 15기 출신으로 16년간 안기부 대공수사 파트에서 잔뼈가 굵었고, 아웅 산 묘소 사건 당시 안기부 대공수사국장(5국장)이었으며, 나중에는 국세청장과 감사원 사무총장을 지낸 이 사람은 '전 국세청장' 자격으로 재판을 받고 있었다. 성용욱 씨가 국세청장이 되기 전 거친 이력을 찾으면 '전직 군인', '전직 정무직 공무원'이라고만 나온다. 그는 전두환 정권 말기인 1987년 5월 6대 국세청장에 임명됐으나 정치자금 모금 논란으로 10개월 만인 1988년 3월 물러났다. 성 씨는 그러나 1992년 2월 안기부 1차장으로 발탁되고, 다시 그해 10월 마사회장에 임명된다.

1987년 5월 그가 국세청장에 임명될 때『경향신문』(1987년 5월 27일)은 "소위 임관 때부터 국가안전기획부의 전신인 중앙정보부에서 근무를 시작해 20년 가까이 국가안전 업무에 종사해 온 대공 수사의 베테랑"이라는 프로필 기사를 게재했다. 같은 날짜『매일경제신문』은 "20여 년간 안기부에 근무하다가 80년 대령으로 예편한 뒤 84년 10월 감사원 사무총장으로 발탁되어 감사행정을 맡아 왔다"라고 보도했다.

그러면 1980년 대령으로 예편한 뒤 1984년 10월 감사원 사무총장으로 발탁될 때까지 무슨 일을 했을까? 『동아일보』(1984년 10월 12일)는 그가 감사원 사무총장에 임명될 때 "80년 6월 대령으로 예편한 후에도 지금까지 안기부에서 대공 업무를 줄곧 다루어" 왔다고 밝혔다. 안기부에서 그가 다루어 온 '대공 업무'가 무엇이었는지를 압축적으로 보여 준 사건이 바로 1983년 10월 25일 버마에서 강민철과 밀담을 나누고, 그로 하여금 '나는 북한 공작원'이라고 자백(?)하게 만든 것이 아닐까?

그래서 손진곤 변호사는 변론에서 그를 가리켜 "우리나라에서 간첩을 가장 많이 잡은 사람"이라고 치켜세운 뒤 "아웅 산 사태 때 합동수사반장으로 현지에 파견돼 버마(현 미얀마)와 북한을 단교시켰고, 부산 다대포 간첩단을 생포해 전향시켰다"라고 말한 것이다.

"북한의 요원을 생포해서 그의 입으로" 아웅 산 묘소 테러가 "북한이 저지른 행동이라는 자백을 받으라"는 전두환 대통령의 지시에 따라 다대포 간첩(?) 작전을 벌였고 '간첩을 생포해 전향시킨' 사람! 놀라운 일이다.

아웅 산 묘소 테러 사건이 북한 소행임을 입증하라는 '대통령의 지시'에 따라 '다대포 간첩 생포 작전'이 벌어지고, 그 '생포 간첩'을 전향(?)시킨 안기부 대공수사국장이 "영등포에 거주, 모친이 서울에 있고, 이북에 간 적은 없"다는 '아웅 산 테러리스트 강민철'을 향해 "어떻게든 살아야 하지 않겠는가"라고 말했고, 그로부터 며칠 뒤 강민철이 '나 북한 공작원이요'라고 말했다면, …… 이래도 강민철을 북한 공작원이라고 믿어야 할까? 강민철이 북한 공작원이 아니라 북파공작원이라야 벌어질 상황 아닌가!

수십 년간 안기부 대공수사파트에서 북파공작을 벌였던 이가 '북한 공작원'을 향해 "어떻게든 살아야 하지 않겠는가!"라고 말할 이유는? 아무리 찾아봐도, 그럴 이유는 없다.

또 한 가지 특기할 만한 일은 성용욱 안기부 대공수사국장이 강민철과의 면담을 위해 긴급 파견됐다는 사실과 그가 버마로 급파된 다음날 작성된 CIA 비밀문건에 강민철의 자백이 곧 나올 것임을 시사하는 문구가 들어 있다는 사실이다. 성용욱 안기부 대공수사국장은 버마의 중간 수사 결과 발표 다음 날인 10월 18일 한철음 과장과 함께 급히 버마로 날아갔다. 버마 정부가 유엔에 제출한 보고서에서 "10월 18일 2명의 수사관이 추가로 랭군에 도착, 조사반은 16명으로 늘어났다"라고 밝힌 것이 그것이다. 이미 버마에는 안기부 해외공작국장이 파견돼 있었고 사건 발생 다음 날 박세직 안기부 차장이 진상조사단을 이끌고 날아갔지만, 이들 만으로는 안 되는 일이 있었던 것이다.

성 국장에게 부여된 임무는 바로 '서울에서 왔다'는 강민철을 만나 그의 마음을 돌리고 그가 다른 진술을 하도록 만드는 일이었을 것이다. 이때부터 전두환 정권 측은 버마 정부에 강민철과의 면담을 더 적극적으로 추진했을 것이고, 마침내 10월 25일 강민철과의 면담이 성사되고 이 자리에서 성용욱 대공수사국장이 강민철에게 "어떻게든 살아야 하지 않겠는가?"라는 화두를 던진 것이다.

이전부터 북파공작에 관여했던 안기부 대공수사국장이 이런 은밀한 임무를 띠고 버마로 간 다음 날인 1983년 10월 19일 미 중앙정보국 정보본부 Directorate of Intelligence는 「랭군 폭파 사건 — 북한인들이 저지른 것으로 보이는 사건Rangoon Bombing Incident - The Case Against The North Koreans」이라는 보고서를 작성했다. 아마도 CIA 한국 지부나 버마 지부에서 작성해 미국 버지니아 주 랭글리에 있는 본부로 전송했을 것으로 추정된다.

그런데 이 비밀문건의 첫 장 서두부에 있는 「요약Summary」은 "자백은 아직 나오지 않고 있지만Confessions …… are still lacking, but"으로 시작된다. 총 5쪽에 달하는 문건을 한 문장으로 요약한 것 치고는 매우 의미심장하다. 아직 나오지 않고 있다는 말은 곧 자백이 나올 것임을 시사하기 때문이다. 어떤 자백인지를 설명하는 문구는 먹칠이 돼 있다. 수십 년이 지난 뒤인 2000년에 비

Summary

Confessions ███████████████████████████████████ *are still*
lacking, but there is very strong circumstantial evidence linking
North Korea to the attempted assassination of President Chun in
Rangoon. The methods of operation and the equipment carried by
the ethnic Koreans apprehended by Burmese authorities following
the bombing are similar to those of numerous North Korean agent
teams that have infiltrated South Korea in the past. The radio-
detonated explosives used in Rangoon are similar to those used in
a North Korean attempt to assassinate President Park Chung Hee in
Seoul in 1970. The movements of a North Korean ship and North
Korean diplomats' familiarity with the Rangoon ceremony and the
physical layout of the site provide further circumstantial
evidence of North Korean responsibility. ████████

1983년 10월 19일 CIA가 작성한 문건은 2000년이 되어서야 공개됐지만, 중요한 부분은 여전히 가려져 있다.

밀이 해제됐지만, 여전히 저들은 무엇인가를 숨겨야 하는 것이다.

"자백"을 수식하는 말이 무엇이었는지는 알 수 없지만, 이 문건이 작성된 지 엿새 만이고 성용욱 안기부 대공수사국장이 버마로 간 지 일주일 만인 10월 25일 성 국장이 강민철과의 면담에서 "그래도 어떻게든 살아야 하지 않겠는가"라고 말하고, 그로부터 아흐레가 지난 11월 3일 마침내 강민철은 "서울에서 왔다"라던 종전 진술을 번복하고 '나 북한 공작원이요'라고 말을 바꾼 것이다.

이 진술을 끝으로 버마 수사 당국은 사건에 대한 모든 의혹을 서둘러 덮어 버렸다. 천병득 청와대 경호처장이 "성용욱 안기부 5국장이 추가로 합류해 [수사가] 활기를 띠기 시작했다"(박창석, 『아웅산 다시 보기』, 214쪽)라고 말한 것은 이를 두고 하는 말일 것이다.

10월 25일 성용욱 안기부 대공수사국장 등과 강민철의 면담으로부터 강민철의 진술 번복까지의 아흐레 동안 어떤 일이 있었는지는 알려진 바 없지만, 강민철이 한 차례 면담으로 진술을 바꿨으리라고는 믿기 어렵다. 아마도 몇 차례 더 면담이 이뤄졌을 것이고, 강민철을 설득하는 말이 전달됐을 것이다. 이후 재판 과정에서 강민철이 시종일관 여유로운 태도를 보일 수 있었던 것도 그런 면담과 설득의 효과였을 것이다.

이에 대해 송영식 씨는 "10월 28일 우리는 범인 심문을 재차 요청했지만 거부당했다"라며 "범인 심문을 위해 최환, 윤동민 검사를 억지로 비자를 받아 미얀마에 오게까지 했지만 이들은 범인 구경도 못하고 귀국했다"라고 회고했다(『나의 이야기』, 199쪽).

그러면서 송 씨는 강민철이 변심(?)한 이유가 성용욱 안기부 대공수사 국장과의 면담 때문이 아니라고 주장한다. 그가 내세우는 이유는 '미인계' 다. '서울에서 왔다'던 강민철이 어느 날 갑자기 '나는 북한 공작원이요' 하고 자백(?)한 이유는 어여쁜 간호사의 극진한 간호 때문이었다는 말이다.

> 이 이야기는 사건 수사가 종결된 후 담당 국장에게서 들었다. 그는 또 강민철에게 미모가 뛰어나고 마음씨 고운 간호사를 배치시켜 살고 싶은 의욕을 갖도록 유도한 이야기도 들려주었다. 미얀마 측이 사건 수사를 위해 얼마나 노력했는지 엿볼 수 있는 대목이다. 나중의 일이지만 결국 이런 노력들이 강민철로 하여금 사건 전모를 자백하게 하지 않았나 생각한다. (199쪽)

라종일 씨는 한 술 더 뜬다.

> 후에 버마 측으로부터 들은 이야기로는, 강민철이 밍가라돈 군병원에 입원해서 치료받고 있을 때 그에게 특별히 관심을 쏟은 간호사는 실은 버마 당국이 조사를 위해 취한 조치 중의 하나였다는 것이다. 버마 수사 당국은 일부러 미모의 여성 간호사를 뽑아 그를 돌보면서 수사에 협조를 유도하고 그를 회유하도록 했다는 것이다. 강민철에게 살려는 의지를 되살려서 조사를 원활하게 하려는 계획이었다. 이는 잘 알려진 수사 기법의 하나였다. (라종일, 『아웅

산 테러리스트 강민철』, 220~221쪽)

강민철이 왜 자백하게 됐는지에 대한 의문을 이런 식으로 해소함으로써, 강민철이 말을 바꾼 진짜 내막을 감추려는 것이다.

버마 측이 강민철의 마음을 돌리기 위해 애를 써야 할 이유가 있었을까? 버마 정부가 '서울에서 왔고 어머니가 영등포에 살고 있다'라고 주장하는 강민철에게 '북한에서 왔다'라고 자백하게 만들 이유는 없다. 그렇게 만들어야 했던 것은 바로 전두환 정권이었다. 미인계를 썼다는 말도 우습지만, 정말 미인계를 썼다면 그것은 버마 수사 당국이 아니라 전두환 정권인 것이다. "사건 수사를 위한 미얀마 측의 노력"(송영식), "버마 수사 당국은······ 수사에 협조를 하도록 그를 회유"(라종일)는 모두 번지수를 잘못 짚은 것이다.

강민철은 시종일관 여유로웠다

버마 정부는 강민철과 진모 두 사람을 격리 수용하면서 별도 신문을 벌였다. 처음부터 진모는 세간의 관심으로부터 차단돼 있었고, 강민철에게만 스포트라이트가 비춰지도록 각본이 짜여져 있었다.

사건 초기 신문 보도에 따르면, 버마 수사 당국은 강민철과 진모를 철저히 분리시키고 이들에 대해 세심한 보안 조치를 취했다. 두 사람은 법정으로 호송될 때도 두 대의 마이크로버스에 분승, 출정했고, 재판정에 들어갈 때와 나갈 때도 상당한 시간과 거리를 두고 움직였다. (「아웅 산 사건 6회 공판 이모저모 ─ 두 범인 공판 신문 한국어로 통역」, 『동아일보』 1983년 12월 1일)

버마 수사 당국의 이런 철저한 분리 때문이었는지, 조사에 응하는 두 사람의 태도도 사뭇 대조적이었다. 강민철은 수사에 협조적이었고 진모는 비협조적이었다. 또한 강민철은 법정에서도 여유 있는 자세였다. 어마어마한 테러를 저지른 범인, 엄한 처벌이 예정된 사람에게서는 볼 수 없는 여유였다.

> 범인 강민철은 수사에 협조하고 있는 데 반해 진모는 계속 묵비권을 행사하며 별다른 심경의 변화를 보이지 않고 있는 것으로 알려졌다. 공판정에서 강민철은 이따금 오른손에 든 핑크색 수건으로 오른쪽 뺨을 가린 채 고개를 떨어뜨리고 있는 진모를 쳐다보며 진의 동정을 훔쳐보기도 했다. 버마 수사 당국은 이들의 신변 보호를 위해 환자들이 들락거리는 군병원 대신 국방대학 구내 특별실에 보호 중인 것으로 알려졌다. …… **강민철은 생에 대한 강한 애착을 나타낸 데 반해** …… 진모는 거의 자포자기 상태에 빠진 듯 고개를 아래로 떨군 채 아무런 표정조차 짓지 않았다. 강민철은 30일 법정에서 온전한 자신의 한 손과 얼굴이 소중한 듯 **교도관이 준 수건을 얼굴에 대고 계속 문지르며** 의자 뒤 쿠션을 바로잡아 몸자세를 고치고 슬리퍼만 신은 맨발로 발등을 문지르면서 법정 안팎을 유심히 쳐다보았다. 12시 30분 임시 휴정으로 일어설 때는 교도관과 엷은 미소를 교환하고 수건을 어깨에 걸친 후 자연스럽게 걸어갔다. 강은 또 증인들의 대질신문으로 카메라 라이트가 비칠 때는 **포즈를 취해 주기도 했다.** 강민철은 공판 도중 수건으로 계속 **코를 후비며 여유 있는 태도를 보이다가도** 오른쪽에 떨어져 앉아 있는 진모를 힐끔힐끔 쳐다보았으며 방청석으로 고개를 돌려……. (「아웅 산 사건 6회 공판 이모저모 — 두 범인 공판 신문 한국어로 통역」, 『동아일보』 1983년 12월 1일)

강민철은 사형 언도를 받은 뒤에도 시종 여유로웠다. 『동아일보』는 12월

10일 선고공판 장면을 전하며 "11시 30분 폐정한 후 범인 강민철은 여유 있는 자세로 걸어 나가 대기 중인 호송차에 먼저 오르고, 진모는 약 1분 후 경호원의 부축을 받으며 다음 호송차에 올랐다"라고 보도했다(「"사형" 말 안 통해 범인들 무표정 ― 판결문 없이 죄상만 나열한 뒤에 선고」).

사형선고를 받은 뒤 1년이 다 지나도록 이들의 사형 집행은 이뤄지지 않았고, 1984년 말에는 강민철에 대한 감형 이야기가 흘러나오기 시작했다. 재판을 받으면서도 시종 여유를 부린 이유가 있었던 것일까?

강민철의 감형을 전망하는 이유는 '북한과의 관련 사실을 자백' 했기 때문이었다.

> 다른 소식통들은 북한 당국의 관련 사실 조사 과정에서 자백한 강민철에 대해서는 버마 정부의 감형 조치가 내려질지도 모른다고 조심스럽게 전망하고 있다. (「폭파 참사 1주 맞아 버마, 랭군 범인 구명 탄원 곧 처리 ― 강민철만 감형 가능성」, 『동아일보』 1984년 10월 8일)

이로부터 약 6개월이 지난 시점, 사건이 일어난 지 1년 6개월이 지난 때인 1985년 4월 진모에 대한 사형 소식이 전해졌다. 그러면서 은근슬쩍 강민철의 감형 소식이 곁들여졌다. 진모의 사형은 버마 정부 당국의 발표가 아니라 '소식통'의 전언일 뿐 사실 여부는 확인된 바 없었고, 강민철의 감형에 대한 납득할 만한 설명도 없었다.

> 【랭군 AP 연합】 랭군 암살 폭파 주범인 북한군 육군 소좌 진모가 지난 6일 새벽 랭군 부근 인세인교도소에서 처형됐다고 교도소 소식통들이 20일 전했다. 진의 사형 집행은 공식적으로 발표된 바 없으나 버마의 최고위 기관인 국가평의회는 지난달 그의 사면 요청

을 기각한 바 있다. 버마 국가평의회는 재판에서 침묵을 지킨 진과
는 달리 자백을 통해 중요한 기소 증거를 제공한 대위 강민철에 대
한 사형 집행은 무기한 연기한 것으로 알려졌다. (「랭군 테러 주범
처형 확인 — 강민철 집행은 무기 연기」, 『동아일보』 1985년 4월
22일)

이 AP통신의 '소식통' 보도가 지금까지 우리가 알고 있는 모든 것의 진
원지였다. 진모는 버마 당국의 수사에 협조하지 않고 침묵만 지키다 죽었고,
강민철은 모든 것을 자백해 무기로 감형돼 목숨을 이을 수 있었다는 이야기.

이후 AP통신은 2008년 3월 강민철의 입원 소식을 전하고, 다시 5월 20일
그의 사망 소식을 전한다.

AP는 역시 "교도소 소식통"을 인용해 그가 5월 18일 사망했다고 전하면
서도, 그가 언제 왜 입원했는지 등에 대해서는 밝히지 않았다.

그러면 진모는 정말 사형을 당했을까? 그리고 왜 진모는 처음부터 진술
을 거부했을까? 왜 1983년 10월 25일 한국 안전기획부 요원과 특사 등 한국
정부 관계자들은 강민철에게만 "어떻게든 살아야 하지 않겠는가?"라고 말
했을까?

이후 두 달간 진행된 공판에서의 여유, 사형에서 무기로의 감형! 얼마 있
다 곧 빼내 줄 것이라는 각본이었나?

한 가지 의문. 라종일 씨 책 『아웅산 테러리스트 강민철』이나 송영식 씨
책 『나의 이야기』 모두 강민철과 한국 정부 관계자들과의 첫 대면(1983년 10
월 25일)을 상세히 기록하면서도, 그의 말씨에 관한 기술이 없다. 당시 신문
보도에서도 그의 말씨 또는 말투에 관한 기술이 없었다. 함경도 사투리든,
평안도 사투리든 '북한 말씨'에 대한 언급이 왜 없었을까? 사건이 일어나자
마자 '북한 소행'임을 외치고, 테러리스트들이 보란 듯이 갖고 다닌 브라우
닝 권총과 북한에서만 생산된다는 수류탄을 증거로 내세우면서도, 또 강민

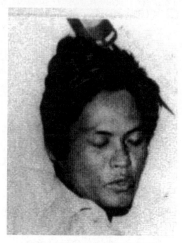
언론에 공개된 검거 직후의 강민철

철을 보자마자 그 생김새부터가 "북한인이라는 것을 알 수 있었다"(라종일, 『아웅산 테러리스트 강민철』, 154쪽)라고 주장하면서도, 누구도 강민철의 말투를 언급하지 않았다.

또 한 가지, 지금까지 우리가 강민철로 알고 있는 이는 결코 '북한인'처럼 생기지도 않았고 '남한인'처럼 생기지도 않았다. 그는 꼭 버마인처럼 생겼다. 바로 옆의 사진이다.

아웅 산 묘소 테러 사건에 관한 모든 책에 '강민철'이라는 이름으로 실려 있는 이 사진을 버마 현지인들에게 보여 주며 이 사람이 코리언 — 사우스든 노스든 — 처럼 보이느냐고 물으면 열이면 열, 백이면 백 모두 아니라고 대답한다. 자기네들처럼 생겼다는 것이다. 검거된 직후 찍었다는 이 사진은 또 재판정에 앉아 있던 강민철의 모습과도 달라 보인다.

필자는 2015년 말, 인세인감옥 교도관으로 재직하며 강민철과 만났다는 우 세인 테이 씨에게 위 사진을 보이고는 사진 속 인물이 인세인감옥에 있던 강민철이 맞느냐고 물었다. 우 세인 테이 씨는 1985년 6월 인세인 교도소로 부임해 와 1989년 6월 퇴임할 때까지 4년간 강민철을 봐 왔다고 밝혔다. 아니라는 대답을 기대했지만 그는 그렇다고 대답했다. 얼마나 자주 만났느냐는 질문에 그는 "토요일과 일요일을 제외하고 매일 만났다"라고 대답했다. 그래도 의문이 가시지 않는다. 인세인감옥에 갇혀 있던 이가 위 사진 속 인물이라 해도 그가 실제 아웅 산 묘소 테러리스트 강민철인지는 알 수 없기 때문이다.

위 사진 속 인물이 진짜 범인인지, 진짜 강민철인지에 대해 의혹을 품는 이유가 또 있다. 앞서 언급한 1983년 10월 19일 자 CIA 비밀문건에 등장하는 '한국계ethnic Koreans'라는 표현 때문이다. 이 비밀문건의 첫 장 '요약Summary'에 다음과 같은 문장이 들어 있다.

폭발이 일어난 뒤 버마 당국에 체포된 한국계 인물들the ethnic Koreans 의 작업 방식이나 이들이 갖고 있던 장비들은 과거 남한에 침투한 여러 북한 첩자가 갖고 있던 것과 유사하다.

'the ethnic Koreans'는 다른 나라에 살고 있는 한국인 또는 한국인과 현지인 사이의 2, 3세를 뜻한다. CIA는 왜 아웅 산 묘소 테러리스트들을 가리켜 '북한 공작원North Korean agent' 또는 '북한에서 보낸dispatched by North Korea' 등의 표현을 사용하지 않고 다른 나라에 살고 있는 한국계 사람들을 지칭하는 표현을 썼을까?

실제로 버마의 인세인교도소에 수감돼 있던 이가 위 사진 속 인물인지, 한국 정보기관이 지속적으로 접촉하며 보살펴 오다 본국으로 송환하려던 강민철과 동일 인물인지는 알 수 없지만, 위 사진 속 인물은 분명 CIA가 지칭하는 '한국계 인물the ethnic Korean'의 면모를 지니고 있다. 사진 속 인물은 '코리안' ― 남이건 북이건 ― 의 핏줄을 이어받은 제3국 공작원이 아닐까?

실제로 버마 또는 버마 인접 지역에 CIA나 미국 정부 조직과 연결돼 있는 '한국계 버마인'이나 '한국계 라오스인' 또는 '한국계 베트남인' 즉 '한국계 인물'이 있었음을 확인해 주는 책이 있다. 2차 세계대전 이후 미국 정부와 CIA가 아시아와 유럽, 아프리카, 중남미 등 세계 각국에서 벌인 추악한 전쟁의 역사를 상세히 기록한 윌리엄 블럼William Blum의 『희망 죽이기 ― 2차 세계대전 이후 미군과 CIA의 비밀공작 KILLING HOPE - US Military & CIA Interventions since World War Ⅱ』. 저자는 제21장 「라오스 1957년~1973년」 141쪽에서 미 국무부와 CIA가 아시아에서 공산주의 확산을 저지하기 위해 쿠데타, 전복, 파괴 공작 등 갖가지 방법을 동원했으며, 라오스에서도 매우 복잡한 정권 교체 작업이 이어졌다는 사실을 지적한 뒤 다음과 같이 서술했다.

> 이 목적을 달성하기 위해 CIA는 지금도 그 명성이 자자한 비밀군대Armee' Clandestine를 조직했으며, 그 작업은 1950년대 중반 미군이 [중국과 라오스 접경지대에 사는] 먀오족(베트남에서 조직된 것과 동일한 인종 집단ethnic group) 군대를 만들면서부터 시작됐다. 시간이 지나면서 다른 라오스인들이 가세했고, 1960년대 중반 이들의 수는 최소 3만 명에 달했다. …… 남베트남인, 필리핀인, 대만인, 한국인South Koreans 등 수백 명도 합류했다. 이들은 각각 자기네 나라에서 미군 교관들로부터 전문적인 교육을 받은 뒤 각기 다른 전쟁에 동원됐던 사람들로, 이제는 재사용됐던 것recycled이다. 『뉴욕 타임스』는 이들은 "미국이 무기와 장비를 주고 먹여 주고 돈을 주고 전략적으로나 전술적으로 지도했으며 수시로 작전에 투입했다가 철수 시킨" 군대라고 했다. 다방면에 전문성을 갖춘 미군 각군 및 CIA가 이들을 훈련하고 그 수를 늘렸으며, CIA 소속 에어 아메리카 조종사 등 약 2천 명에 달하는 미국인들이 라오스 안에서 또는 국경을 넘나들면서 …….

에어 아메리카Air America에 대해서는 제9부에서 설명할 것이다. 블럼의 설명과 달리 에어 아메리카 조종사들 대부분이 국민당군 소속 중국인이었다는 기록도 있다.

버마 내 '에스닉 코리안'의 존재를 시사하는 기록물은 또 있다. 전쟁 사학자이면서 특히 미국의 부도덕한 전쟁 놀음에 대해 비판적인 입장을 취해 온 피터 데일 스콧Peter Dale Scott 미국 버클리대 교수가 1970년 8월 작성한

「아시아의 사설 전쟁 기업: 에어 아메리카, 브룩클럽, 국민당 Private War Enterprise in Asia: Air America, The Brook Club and the Kuomintang」이라는 제목의 논문이 그것이다(https://www.cia.gov/library/readingroom/docs/197017.pdf).

미 군부와 전쟁 모리배들이 1949년 10월 대만으로 쫓겨 간 장제스將介石를 앞세워 1954년 아시아반공연맹Asian Peoples' Anti-Communist League(APACL)을 급조한 뒤, 중국에 대한 미국 정부의 개입을 가속화하기 위해 버마에 주둔한 국민당 잔여 세력을 키울 때의 이야기다. 아시아반공연맹은 아이젠하워 정권이 내세운 "아시아에서의 전쟁은 아시아인들끼리Asians against Asians"라는 새로운 독트린에 따른 것이었다. '브룩 클럽'에 대해 스콧 교수는 "뉴욕의 부자들로 구성된 배타적 조직"이라고 설명했다.

> 아시아반공연맹은 미국안보위원회American Secury Council(여기에는 미태평양사령관CINCPAC을 지냈고 지금은 에어 아메리카 이사회 의장이면서 베트남 디엠 정권 로비스트인 펠릭스 스텀프Felix Stump 같은 이들이 속해 있었다)를 포함한 미국 내 극우 조직과 손잡고 미국의 조직적 지원을 끌어내기 위해 중국과 한국Korea 및 베트남 출신 피난민들로 '자유를 향한 지원군Volunteer Freedom Corps'을 창설했다. …… 에어 아메리카 및 이 회사와 연관돼 있는 자들이 라오스 내전을 국제전으로 만들기 위해 정력적으로 움직인 것은 전혀 놀랄 일이 아니다.

위 스콧 교수의 문건은 아마도 미 CIA의 요청으로 작성된 때문인지, 수십 년 동안 일반에 공개되지 않다 2009년 9월 30일에야 비밀에서 해제됐다. 문건이 작성된 직후 CIA는 기획담당부국장Deputy Director for Plans 등 CIA 고위급 인사들에게만 '공식 회람 문건Official Routing Slip'으로 이 논문을 배포했다. 표

HR70-

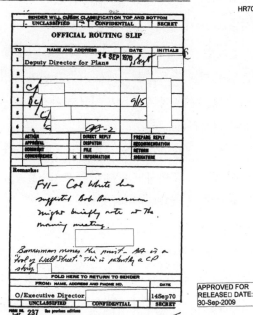

2009년 9월에야 일반에 게 공개된 피터 데일 스콧 교수의 글 앞에 붙인 표지.

지를 포함해 총 38쪽 분량의 이 문건 3쪽의 '받는 사람' 란에 '국장 보좌역 굿윈Assistant to the Director, Mr. Goodwin'이라는 이름이 있고 날짜가 1970년 8월 18일로 적혀 있는 것으로 보아, 굿윈의 요청으로 스콧 교수가 작성했을 것으로 보인다. 스콧 교수 글 속에 리처드 굿윈Richard Goowin이라는 풀 네임이 등장한다. 캐나다 외교관 출신이면서 아시아 전문가로 통하는 스콧 교수는 세월호 사건에 대해 "가장 시급하게 조사돼야 할 것은 왜 구조 활동이 지연됐느냐 하는 부분"이라고 말한 것으로도 알려져 있다.

위 인용문에 나온 펠릭스 스텀프는 당시 클레어 셰노Claire Chennault(1890~1958)와 함께 대표적인 전쟁 몰이꾼이었다. 셰노는 장제스의 군사고문으로 일하면서 중국에서 미 육군항공대를 지휘했고(1942~1945), 역시 한국과 중국 등 각국에서 피난민들을 끌어 모아 '나는 호랑이들Flying Tigers'이라는 이름으로 '미국인 지원병 그룹American Volunteer Group(AVG)'를 만들었으며, 에어 아메리카의 전신인 시빌 에어 트랜스포트Civil Air Transport(CAT)라는 항공사를 창립한 자다. CAT에 대해서도 제9부에서 더 자세히 논할 것이다.

스콧 교수의 논문은 "코리언" — 북이건 남이건 — 이 아웅 산 묘소 테러 사건이 일어나기 수십 년 전 버마나 라오스 등지에서 미국이 벌인 이념 전쟁의 도구로 활용됐으며, 이들 또는 이들의 후손들이 지금도 여전히 전쟁 모의나 작전에 활용될 수 있음을 시사한다.

이처럼 "에스닉 코리안"의 존재를 확인하는 문건은 더 있을 것이다. "아웅 산 테러리스트 강민철"의 존재를 확인하기 위해 이런 문건들을 뒤져야 하는 상황이 원망스럽지만, 현재로서는 다른 방법이 없다.

강민철의 존재를 확인할 수 있는 이들이 있기는 있다. 아웅 산 묘소 사건이 일어나고 그의 자백(?)으로 모든 사건이 정리된 뒤 시작된 재판에서 그 재판을 매번 참관했던 두 명의 한국 외교관이 있었다. 그중 한 명은 이명박 정부 시절 외교부 산하 단체를 이끌기도 했다. 이들은 훗날에라도 강민철의 존재와 재판 또는 사건의 내막을 이야기할까?

주인 떠난 빈집에서 벌인 현장검증: 쇼!

버마 정부는 사건 발생 후 3주도 더 지난 11월 3일 '강민철의 자백(?)'이 나온 즉시 한국 대사관의 송영식 대사 대리를 초치해 이를 통보했고, 4일 북한 대사관에 철수 명령을 내렸으며, 북한 대사관 직원들과 가족 및 주재원들은 모두 11월 6일 버마를 떠났다.

이때부터 '북한 소행'이라는 결론을 공식화하기 위한 작업이 서둘러 진행됐다.

아웅 경찰국장은 이어 강민철은 11월 3일 군의관 마이 테인 한 중령에게 **자백할 뜻을 표명**했으며 이에 따라 경찰국 우 쉐민트 과장에게 지시, 랭군 지구법원이 강민철의 자백을 청취하도록 조치했다고 증언했다. 강민철은 자백 시 랭군시 지도에 자신들의 은신 장소를 지적했는데 이 장소는 알론구로 밝혀졌으며, **강민철은 또 은신했던 가옥외[의] 구조를 대강** 그렸는데 그에 따르면 가옥은 차고를 통해서도 출입이 가능하며 강민철 일행은 화장실이 붙은 2층 방에서 잤다고 말했다. 강민철 일행의 침실 옆에는 큰 방이 있었으며, 이 방에는 천장에 선풍기가 있었다고 강은 자백했다. (「아웅 산 재판 범인 자백. 북괴 정찰국서 버마행 지령」, 『동아일보』 1983년 11월 24일)

강민철은 …… 신문 과정에서 전창휘의 집을 약도로 그리고 자세히 묘사까지 했다. …… 버마 당국은 북괴 대사관원들이 추방된 지 4일 후인 11월 10일 강을 전의 집으로 데리고 가 확인을 받았다. (「범행 이틀 전 아웅 산 잠입 폭탄 장치」, 『경향신문』 1983년 11월 24일)

위 기사들을 보면 뭔가 확실해진 것처럼 보이기도 한다. 그런데 현장검증이 이뤄진 시점이 11월 10일이었다. 그리고 이 보도가 나온 것은 11월 24일. 강민철이 자백했다던 11월 3일로부터 일주일이 지난 뒤, 북한 대사관원들이 출국한(11월 6일) 지 나흘 뒤에 현장검증이 이뤄졌다는 말이고, 그런 현장검증 결과를 정리하는 데 무려 2주일이 지났다는 말이다.

범인들(?)이 북한 대사관에 근무하던 전창휘의 집 약도를 그렸다면, 북한 대사관 직원들을 출국시키기 전에 현장검증을 했어야 마땅하다. 범인들의 증언이 실제 상황과 일치하면, 그것을 증거로 삼아 북한 측의 시인을 받아냈어야 하고, 대사관 직원들에게 '48시간 내 출국' 명령을 내릴 것이 아니라 그들을 체포했어야 마땅하다. 그랬다면 강민철 등을 숨겨 줬다던 전창휘 등은 곧바로 국제사법재판소로 넘겨졌을 것이고, 아웅 산 묘소 테러 사건은 깨끗하게 정리됐을 것이다.

그런데 애초부터 다람쥐 쳇바퀴 돌 듯 헛발질만 해 대던 버마 정부 당국의 수사, 이 수사에 대한 전두환 정권의 적극적인 개입, 성용욱 안기부 대공사사국장과 강민철의 면담, 강민철의 자백(?), 북한 대사관 직원들 출국, 이후의 현장검증과 물증(?) 확보 등등, 일의 순서가 뒤죽박죽되면서 사건의 실체와 배후에 대한 세간의 의구심을 키운 것이다.

결정적으로 '공식 결론'을 의심케 하는 일이 있었다.

> 버마 당국은 북괴 대사관원들을 추방한 지 4일 후인 11월 10일 강민철을 전창휘의 집으로 데리고 가 그로부터 전창휘의 집이 공작본부였음을 확인했다. 범인 일행의 침실 옆에는 큰 방이 있었으며, …… 강민철의 안내로 그 주택을 검증한 결과, …… **방에는 강민철이 마셨던 빈 맥주병 등이 나왔다.** (「북괴 아웅 산 만행의 전모 ─ 새벽 2시 경비원 잠든 새 폭파 장치」, 『동아일보』 1983년 11월 24일)

강민철이 머물렀다는 집에 가서 그가 마신 맥주병을 찾았다? 북한 대사관 직원들이 강민철과 관련된 모든 증거를 없애려고 했을 텐데? 북한 대사관 직원들은 너무 바쁘게 떠나느라 미처 강민철네가 마시고 버린 맥주병을 치울 생각조차 못했다? 그렇게 허술한 사람들인가? 아니면 고의로 증거를 남겨 뒀나?

도무지 앞뒤가 맞지 않는다. 그러면 강민철이 세세한 집안 내부를 약도로 그렸다는 시점을 의심할 수밖에 없다. 그가 약도를 그린 시점은 11월 3일 '자백'(?)했을 때가 아니라, 북한 대사관 직원들이 모두 버마를 떠난 뒤였을 것이다. 그래서 자백(?) 후 일주일이나 지나서야 현장검증이 이루어지고, 그로부터 2주일이 또 지난 뒤에야 현장검증 관련 기사가 나온 것이다.

송영식 씨에 따르면, 당시 한국 측 '진상조사단' 등은 버마 정부 당국의 허가도 받지 않고 이곳저곳을 누비고 다니다 버마 정부의 항의를 받기도 했다(『나의 이야기』 194쪽). 강민철의 자백(?)이 나오고도 일주일이나 지난 11월 10일에야 현장검증이 이뤄진 것은 아마도 강민철이 현장검증에 필요한 현장의 모습을 숙지하는 기간이 아니었을까?

동건애국호 버마 입출항에 얽힌 비밀

우리가 알고 있는 버마 아웅 산 묘소 테러 사건의 결말 또는 결론이란 버마 정부의 중간 수사 결과 발표(10월 17일)에 놀란 전두환 정권이 바로 다음 날 안기부 대공수사국장 등을 급히 버마에 보내고, 이들이 강민철과 만나기 시작해(10월 25일) 강민철의 자백 아닌 자백이 나오고(11월 3일), 바로 다음 날 버마 정부가 북한 외교관들에게 추방 명령을 내리고(11월 4일), 이들이 모두 떠나고(11월 6일), 그로부터 나흘 뒤(11월 10일)에야 현장검증이 시작되면서 조잡한 짜 맞추기 수사를 통해 사건이 어설프게 재구성된 결과였다. 여기서 다룰 동건애국호 입출항 증거(?)야말로 아웅 산 묘소 테러 사건에 대한 짜 맞추기 수사의 전형이다.

버마 정부는 1980년대와 1990년대 일본을 수시로 드나들었고 아시아와 아프리카를 오갔던 동건애국호가 바로 강민철 등이 북한에서 타고 온 공작선이라고 발표했다. 정말 그럴까? 강민철이 "서울에서 왔다" "영등포에 살았다"라고 이야기할 때 버마 정부가 '니네들 이 배 타고 평양에서 왔잖아!'라고 들이대며 이 배의 입출항 날짜를 정확히 공개했다면, 우리는 버마 정부의 발표를 있는 그대로 받아들였을 것이다.

유감스럽게도 버마 정부는 강민철의 수상쩍은 자백(?)이 나오기 전까지는 동건애국호에 대해 한마디도 하지 않았다. 강민철의 변심 전까지는 북한에 대해 혐의를 두지 않았다는 말이다. 친북 단체인 조총련 인사가 북한에 헌납한 배라는 둥, 이 배에 "북한 공작선" 이미지를 씌우기 위한 전두환 정권의 언론 플레이에도 불구하고 버마 정부는 아무런 동요가 없었다.

그런데 어느 날 강민철의 자백이 나오자마자, 버마 정부는 그가 진술을 번복한 이유는 따지지도 않고, 또 사건의 가해자로 몰린 쪽(북한)에 대해 아무런 법적 조치도 취하지 않은 채 바로 다음 날 서둘러 그들에게 추방 명령을 내리고, 이들이 모두 버마를 떠나고도 한참이 지난 뒤에야 "동건애국호" 운운하기 시작했다.

그뿐만 아니라 사건 직후 한 달 동안 거론조차 되지 않았던 동건애국호의 입출항 일정이 전두환 정권과 미 정보 당국의 언론 플레이대로 아웅 산 묘소 테러에 대한 강민철의 자백(?)과 서서히 맞춰지는 정황이 드러났다.

물론 전두환 정권은 사건 초기부터 아웅 산 묘소 테러와 북한 선박 또는 화물선을 한데 엮으려 시도했다.

초기에는 "동건애국호"를 거명하지 못한 채 그저 "북괴 화물선"이라고 했고, 버마가 아닌 스리랑카에 그 화물선이 갔다는 식이었다.

『경향신문』은 사건 발행 닷새 만인 10월 14일 「'북괴 소행' 버마 공식 발표만 남았다」라는 제목의 기사를 실었다. 사건을 서둘러 종결지으려는 성급함이 느껴진다. 이 신문은 "전 대통령의 순방이 시작되기 며칠 전 순방국 중의 하나인 스리랑카의 콜롬보항에 북괴 화물선이 선박 수리를 이유로 입항했었다는 외신이 한때 주목을 끈 바 있다"라며 "콜롬보 주재 한국 대사관이 스리랑카 당국에 이 배를 출항시키도록 요청했지만 이 배는 계속 콜롬보항에 정박해 있다가 버마의 폭발 사건이 일어난 다음에야 출항했다"라고 보도했다.

이 한 문장에 동건애국호에 대한 진실이 담겨 있다고 본다. 일단 "북괴 화물선"(동건애국호)은 한국 대통령의 버마 방문 때는 스리랑카의 콜롬보항에 정박해 있었고 콜롬보 주재 한국 대사관 측이 이를 확인했다는 사실 때문이다. 독자들은 이 부분을 잘 기억해 두기 바란다. 9월 버마에 정박해 있다 스리랑카로 출항해 그곳에서 계속 머물러 있었던 동건애국호는 얼마 뒤 '버마에 들렀을 때 테러리스트들을 내려 놓은 것'으로 바뀌고, 다시 30년 뒤에는 '스리랑카 콜롬보항에 머물러 있는 줄 알았는데 사실은 버마 랭군항에 갑자기 입항했다(더라)'로 둔갑한다. 이런 예정된 결론을 도출하기 위해 전두환 정권 또는 아웅 산 묘소 테러 사건의 진짜 배후 세력은 어떻게든 이 배와 아웅 산 묘소 테러 사건을 한데 엮기 위해 모든 수단을 동원했다.

위 신문은 이어 "나중에 알려진 사실이지만 이 배는 고도의 무선 장비를 갖추고 있어 중계를 거치지 않고도 직접 평양과 교신할 수 있는 특수 선박"이라며 "일본을 왕래하며 활동을 벌이고 있는 만경봉호와 비슷한 기능을 가진 것으로 생각되는 이 화물선은 지난달 말 랭군항에도 정박했던 것으로 알려져 이 배가 이번 사건과 깊은 관련이 있는 것으로 분석되고 있다"라고 썼다.

기사에서 이어지는 내용은 말 그대로 소설에 가깝다.

이 선박이 북괴 테러리스트들을 싣고 버마에 도착, 랭군에 침투시키고 북괴의 지령을 직접 중계했으며 버마에서 공작이 실패할 경우 스리랑카에서 또다시 범행을 저지르려 했던 것으로 보인다. 또 전 대통령이 버마를 방문하기 하루 전에 북괴 여객기 1대가 랭군 공항에 불시 착륙했었다는 버마 내의 이야기들도 관심을 끈다. 버마 당국은 이를 전혀 근거 없는 소문이라고 부인했지만 단순한 소문이라고 하기에는 북괴의 관련성에 대한 의혹을 더해 주는 자료의 하나라고 할 수 있다. 이 소문은 또 버마 내에서도 북괴가 이번 사건을 직접 획책했다는 것이 움직일 수 없는 사실로 돼 가고 있음을 뒷받침하는 반증이기도 하다.

"근거 없는 소문"을 증거로 몰아가려는 『경향신문』 기사에 이어 이틀 뒤인 10월 16일에는 『조선일보』가 '동건애국호'를 거명하면서 조금 더 구체적으로 보도한다.

> 버마 수사 당국은 또 이번 암살 폭발 사건을 전후하여 랭군 앞바다에 정박해 있던 선박들에 대해서도 탐문 수사를 펴고 있는 것으로 알려졌다. 한 소식통에 의하면, 북괴는 지난 8월 17일 북괴 최고인민회의 상임위원장 양형섭 외 수 명을 친선사절단 명목으로 버마에 파견, 이들 일행이 24일까지 랭군 시내 인야레이크호텔에 머물렀다고 한다. 북괴는 이번 사건 발생 사흘 전인 6일 화물선 동건애국호의 버마 입항 허가를 요청했으나, 버마 측에서는 10월 15일 이후로 입항을 연기하도록 응답한 것으로 알려졌다. 이 화물선의 10월 6일 입항이 연기됨으로써 이번 폭발 사건의 범인들인 북괴 공작원들의 도주가 차질을 빚은 것으로 밝혀졌다고 한 버마 소식통은 말했다. (「북괴 공작원 권총 발견 — 한·버마, 생포 현장 등 범행 행적 조사」, 『조선일보』 1983년 10월 16일)

동건애국호가 10월 6일 입항하려 했으나 버마 정부가 15일 이후로 입항 날짜를 미룰 것을 요청했다는 사실은 한국 대통령의 방문과 관련해 불상사가 생기지 않도록 하기 위한 세심한 배려로 볼 수 있다.

아무튼 이때까지만 해도 동건애국호와 아웅 산 묘소 폭탄 테러를 관련지을 정황이 드러나지 않았다. 당연히 10월 17일 버마 정부는 아웅 산 묘소 테러 사건에 대한 중간 수사 결과를 발표하면서 동건애국호를 거론하지 않았다. 두 신문의 보도에 대해 아무런 의미를 두지 않았다는 말이다. 실제로 의미를 둘 근거가 대단히 미약했다. 랭군항에 정박했다는 말도 아니고 '입항을 요청했다 거절당했다'라는 하나마나한 이야기였기 때문이다.

버마 정부의 단호함에 놀라서였을까, 곧바로 동건애국호를 '버마 아웅산 묘소 테러 공작선'으로 만들기 위한 언론 플레이가 본격화된다. 중간 수사 결과 발표에 당황한 전두환 정권이 다음 날인 10월 18일 안기부 대공수사국(제5국) 성용욱 국장과 한철흠 과장을 버마로 급파하면서, 그와 동시에 동건애국호를 아웅산 묘소 테러 공작선인 양 포장하기 위한 여론 몰이에 나선 것이다. 10월 18일 『조선일보』가 '동건애국호 9월 17~24일 버마 체류' 사실을 보도한다.

> 지난 9월 17~24일까지 랭군항을 방문, 이번 사건과 연관돼 있을 것으로 보이는 북괴 공작선 동진건국회[동건애국호]가 이번 사건 발생 3일 전인 지난 6일 랭군항 재입항 허가를 요청했다가 버마 측이 이를 거절, 10월 15일 이후로 입항을 연기시킨 새로운 사실도 밝혀졌다.(「아웅 산 암살 폭발 사건 조사 1주일 — "북괴 범행" 공식 발표만 남았다」)

조금 이상하지 않은가? 『조선일보』는 이틀 전에도 동건애국호의 입항 허가 요청 등 거의 같은 내용의 기사를 게재했었다. 한 가지 추가된 사실이 바로 동건애국호의 버마 랭군항 입항 날짜였다. 10월 16일 자에 있던 "지난 8월 17일 북괴 최고인민회의 상임위원장 양형섭 외 수 명을 친선사절단 명목으로 버마에 파견, 이들 일행이 24일까지 랭군 시내 인야레이크호텔에 머물렀다고 한다"가 빠지고 그 대신 "지난 9월 17~24일까지 랭군항을 방문, 이번 사건과 연관돼 있을 것으로 보이는 북괴 공작선 동진건국호[동건애국호]"를 18일 자에 끼워 넣은 것이다.

이틀 간격으로 나온 기사의 내용이 날짜(17~24일)는 똑같고, 8월이 9월로 바뀌면서 '양형섭 북한 최고인민회의 상임위원장의 버마 방문'이 '동진건국호[동건애국호]의 버마 입항'으로 대체된 것이다.

그러면 이틀 전 기사가 오보였을까? 그러면 양형섭 위원장 관련 사실은 어떤 경위로 기사화됐다가 이틀 뒤 빠졌을까? 놀라운 것은 9월 17~24일 랭군항에 동건애국호가 정박했다는 설은 11월 3일 강민철의 수상한 자백(?)이 나온 뒤 사건이 사실상 종결된 뒤에야 하나의 정설로 굳어진다는 점이다. 10월 18일 자『조선일보』가 동진건국호[동건애국호]의 9월 17~24일 랭군항 입항(설)을 보도 이후 한 달여 동안 여러 신문을 통해 전해지는 동건애국호의 버마 입출항일은 중구난방 제각각이었다.

이런 상황에서『조선일보』만이 유일하게, 이틀 간격으로 내보낸 두 개 기사를 하나로 합치는 식으로, 한참이나 지나서야 공식화되는 '결론'을 정확하게 보도한 것을 어떻게 봐야 할까? 놀라운 취재 능력 또는 정보력? '양형섭'을 '동진건국호[동건애국호]'로 바꾸고 8월을 9월로 바꿔치기하는 기민함?

또 이상한 점이 있다. 10월 16일 자와 10월 18일 자『조선일보』기사가 하나로 합쳐진 것처럼, 앞서 본 10월 14일 자『경향신문』기사 역시 10월 16일 자와 10월 18일 자『조선일보』기사들과 함께 하나의 그림으로 맞춰진다는 사실이다.

대통령의 버마 방문 기간 중에 "북괴 화물선"이 "콜롬보항에 정박해 있다 버마의 폭발 사건이 일어난 다음에야 출항"했고 "지난달[1983년 9월] 말 랭군항에도 정박했던 것으로 알려"졌다는 10월 14일 자『경향신문』기사는 "[10월] 6일 화물선 동건애국호의 버마 입항 허가를 요청했으나" 버마 정부가 거절했다는 10월 16일 자『조선일보』기사와 선후 관계에 있다. 즉 이렇게 정리됐어야 한다. '동건애국호는 9월 17일부터 23일까지 랭군항에 정박해 있다 24일 스리랑카의 콜롬보항으로 떠나 그곳에서 10월 6일까지 머물렀고, 다시 10월 6일 버마 랭군항 입항을 요청했으나 버마 정부가 거절했다.'

이상의 이야기를 표로 정리해 보자.

	보도 내용
『경향신문』 (10월 14일)	• 스리랑카 콜롬보 항에 북괴 화물선이 입항했다는 외신이 주목을 끌었다. • 콜롬보 주재 한국 대사관이 스리랑카 당국에 이 배의 출항을 요청했다. • 이 배는 계속 콜롬보항에 정박해 있다 버마 폭발 사건이 일어난 다음 출항했다. • 버마에서 실패할 경우 스리랑카에서 또다시 범행을 저지르려 했던 것으로 보인다.
『조선일보』 (10월 16일)	• 양형섭 북괴 최고인민회의 상임위원장 일행이 8월 17~24일 버마에 머물렀다. • 버마 사건 발행 사흘 전인 10월 6일 동건애국호가 버마 입항 허가를 요청했다. • 버마 측은 10월 15일 이후로 입항을 연기하라고 답했다. • 이 화물선의 10월 6일 입항이 연기됨으로써 북괴 공작원들의 도주가 차질을 빚었다.
『조선일보』 (10월 18일)	• 9월 17~24일 북괴 공작선 동진건국호[동건애국호]가 랭군항에 머물렀다. • 사건 발생 사흘 전인 10월 6일 랭군항 입항 허가를 요청했다. • 버마 측이 이를 거절하고 10월 15일 이후로 입항을 연기시킨 새로운 사실이 밝혀졌다.

> 동건애국호는 9월 17일부터 23일까지 버마 랭군항에 정박해 있다 24일 스리랑카 콜롬보 항으로 떠나 그 곳에서 10월 6일까지 머물렀다. 이날 버마 랭군항에 다시 입항하려 했으나, 버마 측이 10월 15일 이후로 입항을 연기하도록 했다.

　　훗날 이렇게 정리될 문장이 왜 『경향신문』과 『조선일보』에 나뉘어, 그것도 『조선일보』에는 두 번에 걸쳐 토막토막 잘라져 실렸을까? 『경향신문』에는 동건애국호가 스리랑카 콜롬보항에 머문 이야기가 실렸고, 『조선일보』에는 버마 랭군항 체류 이야기만 실렸다. 하나의 시퀀스를 두 언론사가 세 번에 걸쳐 토막토막 나눠 취재할 수 있을까? 그 답을 주는 문건이 있다. 미 중앙정보국CIA이 작성한 비밀문건이 그것이다.

　　2000년 비밀 분류에서 해제된 앞서도 언급한 1983년 10월 19일 자 CIA 문건 「랭군 폭파」는 동건애국호에 대해 다음과 같이 기록하고 있다.

　　　북한 선박 동건애국호는 9월 17일부터 23일까지 랭군항에 정박해 있으면서 북한의 원조 사업을 위한 짐을 하역했다. 이 배는 9월 23일 이후 스리랑카의 콜롬보로 떠나 그곳에서 10월 6일까지 머

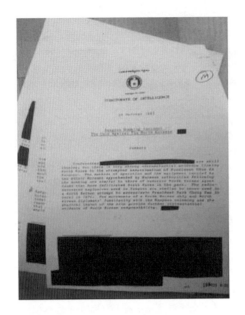

문 것으로 알려졌다reportedly remained. 이후 이 배의 행적은 알려지지 않고 있지만, 이 배가 버마에 들어온 시점은 북한 공작원들을 파견한 시점과 일치하는 것으로 여겨진다would be consistent with.

얼마 뒤 동건애국호가 9월 17일 랭군항에 입항했다 23일까지 머물고 24일 출항한 것으로 정리된다는 점에서 미뤄 보면, 미 CIA는 이미 모든 것을 다 알고(?) 있었거나, 앞으로 정리될 내용을 미리 정리해 놓고 있었음을 의미한다. 동건애국호의 버마 랭군항 입출항 날짜를 "9월 17~24일"로 적시한 10월 18일 자『조선일보』보도도 마찬가지다.『조선일보』를 제외한 모든 신문이 이후 한 달이 넘게 동건애국호의 버마 랭군항 입출항일을 놓고 중구난방 오락가락한 것과 대조적이다.

『조선일보』가 10월 18일 자 기사에서 '동건애국호 9월 17~24일 버마 랭군 입출항'을 마치 결론처럼 보도한 다음 날 미 중앙정보국이 '동건애국호의 9월 17~23일 랭군항 정박 및 이후[24일] 출항'이라고 명시한 비밀문건을 본국에 전송한 것이다. 놀라운 일 아닌가?

시간 순서로 보면 미 CIA는『경향신문』과『조선일보』가 세 차례에 걸쳐 토막토막 나눠 게재했던 내용을 총정리해 본국에 보고한 것처럼 보인다. 그러면 CIA는 한국 신문 기자들이 취재한 정보를 짜깁기해 본국에 보고했다는 말이 된다. 정말 그럴까? 절대로 그럴 리 없다.

CIA 및 CIA와 정보를 공유한 한국의 어떤 조직 또는 어떤 세력은 이미 하나의 그림을 그려 놓고 있었고, 그 그림을 세 조각 또는 두 조각으로 나눠 『경향신문』과 『조선일보』에 이틀씩 시차를 두고 나눠 배분한 것이다. 마치 한국 신문들이 각각 취재해 극비 정보를 조금씩 찾아내고 있다는 인상을 주려 했을 것이다. 그러나 버마 아웅 산 묘소 테러 사건과 관련해 한국 신문들이 미 CIA보다 앞서 어떤 정보를 취득했을 개연성은 0%다.

그것은 동건애국호와 버마 아웅 산 묘소 테러 사건을 연관시키기 위한 고도의 심리전이었고 비열한 언론 플레이였다. 『조선일보』가 10월 16일 자에서는 "동건애국호"라고 했다가 10월 18일 자에서는 "동진건국호"로 살짝 바꾼 것 역시 의도적인 연막전술로 보인다.

한참 뒤에 정리되는 '공식 결론'에 의하면, 동건애국호는 전 대통령이 버마를 방문하기 보름 전(1983년 9월 24일)까지 버마에 머물다 스리랑카로 이동한 뒤 10월 15일까지 콜롬보항에 정박한 것으로 돼 있다. 아웅 산 묘소 테러 사건(1983년 10월 9일)과는 연관성을 찾을 수 없었다는 말이다.

그런데도 "전 대통령의 순방이 시작되기 며칠 전 순방국 중의 하나인 스리랑카의 콜롬보항에 북괴 화물선이 입항했었다는 외신이 한때 주목을 끈 바 있다"(『경향신문』, 10월 14일)로 시작해, 아웅 산 묘소 "사건 발생 사흘 전인 [10월] 6일 화물선 동건애국호의 버마 입항 허가를 요청했"고 8월 17일부터 24일까지 "북괴 최고인민회의 상임위원장 양형섭"이 버마에 머물렀다는 것(『조선일보』, 10월 16일)에 이어, "9월 17~24일까지 랭군항을 방문, 이번 사건과 연관돼 있을 것으로 보이는 북괴 공작선"(『조선일보』, 10월 18일) 하는 식으로, 점차적으로 동건애국호와 아웅 산 묘소 사건이 연관돼 있는 것 같은 분위기를 조성한 것이다.

이렇게 CIA 등이 일찌감치 정리한 '결론'은 한 달도 더 지난 11월 24일 자 『경향신문』(「범행 이틀 전 아웅 산 잠입 폭탄 장치」)에 거의 그대로 게재된다. "3인조 범인들이 랭군항에 도착한 날짜도 9월 22일이나 9월 23일 경이라고 자백하고 있어 동건애국호의 움직임과 일치된다." 이는 CIA가 동건애국호에 대해 정리해 놓은 개략적인 내용을 구체적으로 풀어 쓴 것이다. CIA 문건이 일종의 기준 역할을 했다는 말이다. 그렇게 CIA가 정리한 동건애국호 관련 내용은 이어 버마 법원의 판결문에도 그대로 실린다.

CIA 문건이 작성된 지 한 달 반이나 지난 12월 9일 열린 버마 법원의 특별재판 1심 판결문에 실린 "83년 9월 22일 북한인 3명이 동력선을 타고 배를 떠나 그 선박이 출항한 날짜인 83년 9월 24일까지 돌아오지 않았다 …… 이 사실은 피고인2 강민철이 자백한 바와 같이 피고인1 진모와 사망한 신기철이 83년 9월 22일 또는 9월 23일 북한 선박으로 랑군[랭군]에 도착했다는 사실과 일치된다."(장세동, 『일해재단』, 330쪽)라는 문장은 CIA 문건에 나오는, "이 배가 버마에 들어온 시점은 북한 공작원들을 파견한 시점과 일치하는 것으로 여겨진다"를 풀어 쓴 것이다. 또 그렇게 정리된 내용과 일치하는 항해 일지도 뒤늦게 등장한다.

한편, 위 CIA 문건은 동건애국호 관련 내용 외에도 '증거물The Evidence', '과거 시해 기도 기록The Record of Past Assassination Attempt' 등 주요 내용 모두가 사건 발생 바로 다음 날 버마로 급파된 진상조사단(단장 박세직 안기부 차장)이 버마 정부에 전달한 내용과 똑같다. '증거물'이란 북한 공작원들이 갖고 있던 권총과 아웅 산 묘소 테러리스트들이 갖고 있던 권총의 일련번호가 연속적이라거나, 테러에 쓰인 것이 '북한 간첩들이 사용하는 일본제 배터리'라는 점 등이고, '과거 시해 기도 기록'이란 아웅 산 묘소 사건에 앞서 이상구 안기부 해외공작국장이 버마 정부에게 미리 알렸다는 서울 국립묘지 현충문 사건을 말한다.

아웅 산 묘소 테러 사건은 결국 전두환 정권과 레이건 정권, 한국의 안기부와 미국 중앙정보국이 일찌감치 내린 결론대로 정리됐다는 말이다.

이렇게 결론이 내려지기 전의 상황을 좀 더 살펴보자.

CIA 비밀문건이 작성된 날이자 『조선일보』 두 번째 보도 하루 뒤인 10월 19일, 일본에서 발행되는 민단民團계 신문인 『통일일보』가 동건애국호에 대해 조총련朝總聯계 인사가 김일성에게 상납한 배라는 식으로 보도한다.『통일일보』가 어떤 신문인지는 차치하고라도, 이 신문에 실린 기사에는 동건애국호가 언제 버마를 방문했는지에 대한 아무런 정보도 담겨 있지 않다. 단지 '이적 단체'로 낙인찍힌 조총련과 동건애국호를 연결시킴으로써 동건애국호가 한국에 적대적 행위를 꾸미기 위해 버마를 방문했을 것이라는 뉘앙스만 풍겼다.

국내 신문들은 '양념'을 듬뿍 쳐 좀 더 그럴듯한 분위기를 연출했다.『매일경제신문』은 10월 19일 자 기사에서 이 배에 대해 "랭군 폭발 테러 사건의 거점으로 사용된 북괴 화물선 동건호(東建號, 5천2백t)"라는 노골적인 표현을 곁들이면서, 이 배가 "76년 조총련이 평양에 헌납한 배로 확인됨에 따라 재일동포 사회에서 물의를 빚고 있다"라고 썼다(「재일 동포 사회 충격 테러에 동건호 관련」).

『동아일보』도 10월 19일 자에서 동건애국호를 "북괴가 '랭군' 테러에 사용된 폭탄과 테러 실행 부대를 실어 나른 것으로 지적되고 있는 화물선"이라고 못 박았다(「랭군 테러 공작원 실어 나른 '동건호' 조총련계 문동건이 헌납한 배」).

동건애국호의 버마 입항과 관련해 아무런 증거나 자료도 제시하지 않으면서, '조총련이 헌납한 배'라는 사실 하나만 갖고 '버마 테러 = 북한의 소행'이라고 결론을 내리고 있었던 것이다. 북한의 소행으로 정리된다는 미리 정해진 결론이 없었다면 있을 수 없는 일이다. 10월 14일 자『경향신문』과 10월 18일 자『조선일보』가 각각 「'북괴 소행' 버마 공식 발표만 남았다」와 「"북괴 범행" 공식 발표만 남았다」라는 제목의 기사를 게재한 것도 어떤 '정해진 결론'을 의심케 한다.

버마 정부가 송영식 버마 주재 한국 대사관 참사관을 불러 "우리 조사단 중 필수 인원을 제외한 나머지는 철수해 줄 것을 요망했"고 "한국이 사건 관련 언론 보도에 신중을 기해 줄 것을 요청"(송영식,『나의 이야기』, 194쪽)한 것은 아마도 이즈음일 것이다.

그러나 동건애국호를 '아웅 산 묘소 사건 공작선'으로 만들려는 시도는 계속됐다. 10월 20일 자 『동아일보』에 다시 "북괴 선박", "북괴 화물선"이 등장한다. '동건애국호'가 버마 랭군항에 입항한 사실이 없었기 때문이었는지, 다시 그저 '화물선'으로 돌아간 것이다. '파나마 국적 선박'도 등장한다. 그런데 그 논조가 '~라더라' 또는 '~라 한다'는 식이었다.

> 또 아웅 산 묘소 폭파 사건을 앞두고 도자기 공장 건설 장비 운반을 이유로 북괴 선박이 랭군을 수시로 출입하여 사전 지역 정찰을 했고 북괴 공작 장비를 **반입할 기회가 있었다고 한다.** 이 물자 운반선 외에 지난 9월 랭군에 기항한 선원 36명이 탄 2천3백t 북괴 화물선은 고도 전자 장비를 갖추어 평양과 직접 교신이 가능한 것이다. 특히 지난 11일 밤 랭군항을 불법으로 은밀하게 빠져나가려던 화물선이 버마 해군 당국에 의해 나포됐다. 파나마 **국적의 이 선박은** 선원이 전원 북괴인으로, 버마 당국의 허가 없이 출항했다는 이유로 선원 전원이 구금된 상태로 버마 랭군 지류 파준다웅 강에서 **체포된 코리언 테러리스트가 이 선박으로 도망치고 있었다고 한다.**(「버마 흔들리는 정정」, 『동아일보』, 1983년 10월 20일)

이렇게 짜맞춰진 '북한 화물선의 버마 입항'과 아웅 산 묘소 사건과의 연관성은 버마가 북한과의 외교 관계를 끊고 북한 외교관들을 모두 추방한 뒤 '9월 입항 동건애국호 = 테러공작선'으로 정리된다. 『조선일보』(10월 18일 자)와 『경향신문』(10월 14일 자) 기사 제목이 일찌감치 예고했듯이, 또 『조선일보』(10월 18일 자)와 CIA 비밀 전문(10월 19일 자)이 이미 예시했던 대로 결론이 내려진 것이다. 북한 외교관들이 버마를 떠난 다음 날인 11월 7일 『동아일보』가 첫 보도를 날렸다. 기사 제목은 「동건호로 버마 잠입 10월 초 폭발물 설치」였다.

아웅 산 [묘소] 폭발 사건을 일으킨 북괴 특공대원들은 북괴 화물
선 동건애국호 편으로 지난 9월 19일 버마에 도착, 21일 새벽 상륙
했다. 이들은 범행 후 북괴가 보낸 다른 화물선 편으로 돌아갈 계
획이었으나 버마 정부가 이 화물선의 입항을 연기시킴으로써 도
주에 실패, 자폭하려다 생포 또는 사망한 것으로 밝혀졌다. ……
이들은 9월 19일 랭군항에 입항했다가 닷새 후에 떠난 동건애국
호(6,000t 급) 편으로 버마에 왔으며 화물을 내린 다음인 9월 21
일 새벽에 잠입한 것으로 알려졌다. …… 북괴 특공대원들은 자신
들을 싣고 갈 북괴 화물선이 9월 30일 랭군항에 입항, 랭군 강에서
그들을 기다릴 계획이었으나 버마 정부가 전두환 대통령이 다녀간
다음인 10월 15일 이후에나 오도록 했는데 이 사실을 모르고 있었
던 것으로 알려졌다.

다만, 최종 '결론'이 나오기까지 여러 신문이 전하는 동건애국호의 버마
랭군항 입출항 날짜는 하루 이틀 어긋난다. 이는 CIA와 『조선일보』처럼 어떤
'정해진 결론'을 미리 알 수 없었던 신문들이 11월 3일의 강민철의 자백(?)
과 동건애국호의 버마 랭군항 출입 일정을 꿰맞추는 작업을 한동안 계속 해
야 했기 때문일 것이다. 11월 24일 자 『경향신문』은 동건애국호가 아웅 산 묘
소 사건과 연관성이 있어 보인다고 썼다. '연관돼 있다'가 아니라 '연관성이
있어 보인다'! 이 신문은 「범행 이틀 전 아웅 산 잠입 폭탄 장치」 제목의 기
사에서 동건애국호에 대해 이렇게 보도됐다. "3인조 특공대가 북괴를 출발
한 것은 지난[달] 9일로 전 대통령의 버마 방문 1개월 전이었다. 이들은 휴전
선 인근의 서해안 옹진에서 북괴 선박에 승선, 버마로 향했다. 이들이 타고
간 선박이 무엇인지는 밝혀지지 않았지만 **그동안 버마에서 흘러나온 보도를 종**

합하면 북괴 특수간첩선 동건애국호였음이 틀림없다."

강민철이 옹진에서 무슨 배를 타고 왔다고 자백(?)했으니, 미뤄 짐작컨대 그 배가 동건애국호일 것이라는 말이다. 동건애국호가 언제 버마에 입항했는지를 확인할 수 있는 증거가 이때까지도 없었다는 말이고, 그저 강민철의 자백(?)만 놓고 조총련이 헌납한 배를 그와 엮으려 했음을 알 수 있다.

이 신문은 이어 "동건애국호는 화물선으로 위장, 북괴가 버마에 건설 중인 도자기 공장에 49명의 근로자들과 설비를 수송한다는 명목으로 지난 9월 19일 랭군강을 거슬러 랭군으로 **잠입했다고 보도된 바 있다**"라며 "3인조 범인들이 랭군항에 도착한 날짜도 9월 22일이나 23일경이라고 자백하고 있어 동건애국호의 움직임과 일치된다"라고 덧붙였다. 역시 출처 불명의 언론 보도와 강민철의 자백을 끼워 맞추는 모양새지만, CIA 등이 이미 정해 놓고 있었던 '공식 결론'에 거의 근접하고 있다. 동건애국호는 17일 버마 해역에 도착해 19일 랭군항에 정박하며 23일 테러범들을 내려놓고 다음 날인 24일 출항하는 것으로 일찌감치 정리돼 있었지만, 이 신문은 동건애국호가 랭군항에 정박해 있던 기간(19일부터 23일까지)만 기술한 것이다.

아웅 산 묘소 테러와 관련한 동건애국호의 혐의 사실(?)은 11월 24일 버마 현지에서의 3차 공판에서 증인으로 출석한 버마 국영 항만공사 우 틴 몽툰 부장의 진술을 통해 최종 정리된다. 11월 25일 『동아일보』가 「아웅 산 폭파의 증언들」 제하 기사에서 보도한 내용이 그것이다.

그의 진술을 요약하면 다음과 같다. '9월 15일 항만공사로부터 곧 랭군항에 입항 예정인 동건호[동건애국호]에 대한 입항 절차 처리 임무를 부여받았다. 9월 16일 건설 자재 수송을 목적으로 입항 허가 요청을 제출한 동건호의 입항 허가서, 수로안내인 선임 등 필요 조치를 취했다. 9월 17일 오후 4시 동 선박은 랭군항 술 제티 6번에 접안했다. 18일부터 하역 작업이 시작돼 21일 새벽 0시 20분 종료됐다. 21일 선장은 출항 허가서를 제출했다. 9월 22일 오전 9시 반 항만공사가 이 서류를 선박출입항위원회에 제출했는데, 선장이 갑자기 이집트 알렉산드리아 항으로 항해하기 때문에 엔진 수리를 해야 한다며 정박 연장 허가 요청을 해 왔으나 선박출입항위원회는 이를 거부했다. 그러나 선장이 계속 3일간 소요되는 엔진 수리를 해야겠다고 호소함에 따라 항만 당국 관계자가 엔진을 검사한 후 3일간 정박 연장 허가를 내렸으며, 배는 24일 낮 12시 반까지 3일간 더 정박한 뒤 예정대로 출항했다.'

　11월 24일의 법정 진술이 사실에 입각한 것인지는 알 수 없다. 강민철의 자백(?)이 나오고도 3주나 지난 시점이고 이미 북한 대사관 직원들이 모두 추방된(11월 6일) 때로부터 18일이나 지난 때여서, 그 진술에 대한 신뢰성이 의심되기 때문이다. 아무튼 이 법정 진술은 한 달여 전인 10월 18일 자『조선일보』와 10월 19일 자 CIA 비밀 전문에 담겨 있던 내용과 일치한다. 그렇게 정리된 동건애국호 관련 사항은 12월 10일 강민철 등에 사형이 선고될 때도 유효했고, 1991년 2월 국내에 전해진 미얀마 최고재판소의 판결문에도 똑같이 실려 있다.

> 미얀마 최고재판소는 판결문에서 범인들이 범행 한 달 전인 83년
> 9월 9일 동건애국호를 타고 원산을 떠나 같은 달 22일 랑군에 상
> 륙한 후 …… (「"북한 인민무력부 요원이 직접 범행" — 랑군 테
> 러의 미얀마 재판소 판결문, 범인들 원산 출항 한 달 만에 랑군 상
> 륙」,『연합뉴스』, 1991년 2월 18일)

　그런데 이상한 점이 금세 눈에 들어온다. 놀랍게도 미얀마 최고재판소의 판결문을 전한 국내 모든 매체들이 하나같이 강민철네의 출발지를 "원산"으로 표시했다는 점이다. 1991년 2월 19일의『한겨레신문』,「아웅산 테러 북한 소행 미얀마 재판소 판결문」, 1991년 2월 18일의『동아일보』,「아웅산 사건 북한 테러 — 미얀마재판소 최종 판결」, 1991년 2월 18일『경향신문』,「북한 아웅산 테러 국제 검증 — 미얀마 최고재판소 판결문 요지」, 모두 그렇다.

저들의 출발지는 원래 황해도 옹진으로 돼 있었다. 사건 발생 후 8년 만에야 한국 신문에 공개된 미얀마 최고재판소의 최종 판결문에는 왜 저들의 출발지가 원산으로 표기돼 있을까? 미얀마 최고재판소 최종판결문이 엉터리인가 아니면 사건 발생 당시 보도가 모두 허위인가?

그런데 또 바뀐다. 미얀마 최고재판소의 판결문이 국내에 전해진 지 4년 뒤 장세동 당시 경호실장이 쓴 『일해재단』에서 동건애국호의 버마 입항에 대해 "1983년 9월 9일 북한 황해도 옹진항을 출항하여 8일 만인 9월 17일 미얀마의 랑군에 잠입시킨 뒤 9월 24일 랑군항을 떠났다"(64쪽)라고 쓴 것이다.

미얀마 최고재판소 판결문이 1991년 2월 한국 언론에 실린 경위도 의심스럽다. 이 판결문 소식을 전하는 국내 언론에는 이 판결문이 어떤 경위로 국내 입수됐는지, 어떤 소스source로부터 이 판결문에 대한 정보를 얻었는지에 대한 언급이 없었다.

정상적인 경우였다면, 언론사들은 당연히 이 판결문을 외무부로부터 입수했을 것이고 '외무부에 따르면'으로 소스를 표기했을 것이다. 그리고 외무부 관계자의 코멘트도 한 줄 들어갔을 것이다. 그런데 그 소스가 외무부가 아니었기에 밝히지 못한 것이고 관계자의 멘트 한 줄도 써 넣지 못한 것이다. 그러면 이 문건의 출처는 어디였을까? 미얀마 정부였을까? 당연히 안기부였을 것이다. 안기부는 이 판결문을 왜 그 시점에 언론에 유포시켰을까? 왜 옹진이 원산으로 바뀌었을까? 아웅 산 묘소 테러 사건의 '공식 결론'은 이처럼 뒤죽박죽, 엉망진창이다.

CIA 비밀문건: '아웅 산 묘소 테러 = 북한 소행' 각본

앞에서 10월 16일 자와 18일 자 『조선일보』 보도에서 날짜는 똑같고 8월이 9월로 바뀌면서 '양형섭 북한 최고인민회의 상임위원장의 버마 방문'

이 '동건애국호의 버마 입항'으로 대체된 이유에 대해 의문을 표시했다. 사실상 기사를 대체한 셈인데, 그러면 이틀 전 기사가 잘못된 정보에 근거했다는 말이 된다.

실제로 북한 고위 인사가 버마에 가기는 갔을까? 가지도 않은 것을 갔다고 했던 것은 아닐까? 과거 신문 보도와 여러 사람의 책 등을 통해 북한 고위 인사의 버마 방문 사실을 추적했다. 결론적으로 누가 갔는지, 간 것은 언제인지에 대한 증언이나 보도가 제각각이어서 사실 여부를 판단할 수 없었다.

장세동 씨는 "1957년 최초로 북한의 무역대표단이 버마를 방문한 이래 1983년 2월까지 40여회에 걸쳐 북한의 정치 경제 문화 체육사절단이 버마를 방문하였다"라며 "전두환 대통령의 방문을 앞두고 1983년 3월에는 이종옥 북한 총리가 다녀가기도 했다"라고만 밝혔다(『일해재단』 18쪽). 양 위원장이 8월에 버마에 다녀갔다면 장 씨 책에는 기록이 돼 있어야 하지 않을까?

그래서였을까, 송영식 씨는 "1983년 3월에도 우리 대통령의 방문에 앞서 이종옥 북한 총리와 양형섭 의장이 미얀마를 방문했다"라며 두 사람을 동시에 거명했다(『나의 이야기』 226쪽).

장 씨와 송 씨의 기록이 사실에 근거한 것인지도 알 수 없지만, 두 사람의 기록이 이렇다면, 양형섭 위원장이든 이종옥 총리든, 1983년 8월이나 9월에는 북한 고위 인사가 버마를 다녀가지 않았다는 말이다. 실제로 1983년 10월 10일 한국 신문에 일제히 보도된 북한 고위 인사의 버마 방문 일정은 1983년 3월 또는 1982년 3월이 주류였다.

1983년 10월 10일 자 『동아일보』 어느 기사에는 "83년 3월 이종옥 북괴 총리 등의 버마 방문"이라고 전했고(「버마 오늘의 얼굴 — 불교사회주의 혼합형 쇄국」), 같은 날 다른 기사에서는 "57년 북괴의 무역사절단이 버마를 방문한 이후 북괴의 경제 문화 체육사절단의 방문이 빈번했고 작년[1982년] 3월에는 북괴 총리 이종옥이 방문했다"(「남북한과 버마 정치적으로 북괴 편향 경제는 한국 관계 중시」)라고 보도했다. 같은 날짜 『경향신문』도 "[북한]

총리 이종옥이 81, 82년에 연이어 버마를 찾"았다고(「버마와 북괴 관계 — 80년 들어 한-버마 접근에 북괴 초조감 절정」) 밝혔다. 그러면서 이 신문은 같은 날짜 다른 기사에서는 "지난 8월 25일에는 북괴 최고인민회의의장 양형섭이 대표단을 이끌고 이곳에 화환을 증정하고 참배한 바 있다"(「버마 독립의 영웅 아웅 산 등 9명 유해 봉안 아웅 산 묘소」)라고 썼다. 같은 날 나온 같은 신문의 기사가 제각각인 것은 아마도, 두 기사를 쓴 기자에게 각기 다른 소스가 제각각 확인되지 않은 정보를 전했기 때문일 것이다.

아무튼 사건 다음 날인 10월 10일 국내 신문들은 양형섭이 아닌 이종옥에 더 중점을 두고 있었음을 알 수 있다. 장세동 씨의 책『일해재단』이 사건 초기 버전과 일치한다.

당시 버마를 방문한 인물이 이종옥도 아니고 양형섭도 아니고, 먼 훗날 우리에게 익숙하게 될 인물 황장엽이었다는 보도도 있었다.『동아일보』는 "전두환 대통령의 버마 방문을 목전에 둔 지난 8월 북괴 황장업[엽]을 단장으로 한 친선사절단이 랭군을 방문했다"라고 보도한 것이다(「아웅 산 폭발에 비쳐 본 오늘 버마 흔들리는 정정」, 1983년 10월 20일).

다시 간추려 보자. 양형섭 북한 최고인민회의 상임위원장의 8월 버마 방문을 보도한 신문은 1983년 10월 16일 자『조선일보』와 10월 10일 자『경향신문』이고, 8월에 북한 인사가 버마를 방문했다고 전한 신문은 이들 두 신문과 10월 20일 자『동아일보』(황장엽) 등 셋이다.

도대체 왜 이렇게 중구난방 제각각이었을까? 버마에 북한의 고위 인사가 오고가는 정보는 시시각각 보고됐을 것이다. 특히 버마는 전두환 정권 때만이 아니라 박정희 정권 말기부터 미국의 동아시아 전략에 따라 포섭 외교의 최우선 대상국이었다. 그런데도 신문들마다 이렇게 제각각 중구난방이었다면, 그것은 어떤 공식적인 정보 계통을 통하지 않은 비공식적이고 확인하기가 매우 어려운 정보에 근거한 것이어서 추정과 추측에 의해 기사를 썼기 때문일 것이다.

왜 그렇게 됐는지에 대한 해답 역시 앞에서 살펴본 CIA의 비밀문건에서 찾을 수 있었다.

앞에서도 인용했던 이 비밀문건의 「요약Summery」을 다시 보자. "북한 선박의 움직임과 아웅 산 묘소 헌화식이나 현장 구조에 대해 북한 외교관들이 잘 알고 있다는 사실은 이번 사건에 대한 북한의 책임을 입증하는 더 확실한 정황증거다." 다음 페이지에서 이어지는 「증거」 항목은 이렇게 돼 있다.

북한 사람들은 아웅 산 묘소 현장을 살펴볼 절호의 기회가 있었다. 북한 최고인민회의 대표단이 버마를 방문해 아웅 산 묘소에서 헌화한 것은 전 대통령이 버마를 방문하기 앞서 두 달도 채 안됐을 때였다.

앞의 「요약문」과 「증거」 항목을 보면 CIA는 아웅 산 묘소 사건을 북한의 소행이라고 몰고 가기 위해, '북한 정부 고위 관계자의 버마 방문 및 아웅 산 묘소 헌화'와 '동건애국호의 움직임'을 집중 부각시키려 했음을 알 수 있다.

비록 동건애국호가 버마에 들어온 것은 9월이어서 10월 8일 버마에 도착하는 한국 대통령 일행의 일정과는 상당한 시차가 있었음에도 불구하고, 동건애국호 말고는 북한에서 버마로 들어온 선박 또는 항공기가 없었던 모양이다. 테러리스트를 실어 날랐다고 주장할 수 있는 운송수단이 동건애국호뿐이었다는 말이다.

CIA는 또 버마의 성지인 아웅 산 묘소가 북한에게는 매우 익숙한 장소라는 점을 부각시키기 위해 "전 대통령이 버마를 방문하기 앞서 두 달도 채 안됐을" 시점에 북한 최고인민회의 대표단이 버마에 다녀갔다고 주장했던 것이다. CIA의 이 문건 내용이 전두환 정권의 국가안전기획부를 통해 한국 신문사들에게 전달됐을 것이고, 이를 토대로 몇몇 신문은 '양형섭 위원장의 8월 버마 방문'을 추정해 기사화했을 것이다.

다른 신문들이 양형섭 대신 이종옥 또는 황장엽 등을 제각각 거명한 이유는 CIA 비밀문건이 "북한 최고인민회의 대표단"이라고만 표기하고 북한 최고인민회의의 최고 책임자인 상임위원장이 누구인지를 명시하지 않은 데서 찾아야 할 것이다. 이름이 빠진 채 정보가 언론사에 흘러간 것이다. 북한 최고인민회의 상임위원장은 양형섭이 맞지만 1983년 8월 그가 버마를 다녀갔다는 사실이 확인되지 않았을 것이고, 그러면 그 시기 또는 그해나 그 전해에 버마를 다녀간 인물이 누구였는지를 찾았을 것이다. 그러다 보니 이종옥도 나오고 황장엽도 나온 것이다.

전두환 정권과 그 정권을 떠받치던 매체들은 미 CIA 문건에 따라 동건애국호를 버마 아웅 산 묘소 테러의 공작선으로 만들었고 이 배에서 테러리스트들이 내렸다는 각본을 만들어 낸 것이다. 그런데 이 각본에는 중대한 하자가 있었다.

아웅 산 묘소 테러가 일어난 날이 10월 9일이다 보니, 강민철 등 '아웅 산 테러리스트' 세 명은 동건애국호가 버마에 도착(9월 17일)하고도 이 배에서 일주일이나 숨어 있다 하선해야 했고 다시 2주일이나 북한 대사관 직원의 집(북한 대사관 옆집)에서 빈둥거려야 했으며 거사(?) 사흘 전인 10월 6일 이 집에서 나왔다는 이상한 각본이 나온 것이다.

어느 나라 특수공작원이 어떤 임무를 위해 배를 타고 들어가 목적지에 도착한 뒤 그 배에서 일주일씩이나 머물며, 또 그 나라에 침투한 뒤에도 모처에서 2주간이나 더 빈둥거릴까? 버마는 해안도 넓고 태국과 라오스 등 주변국들과의 접경이 온통 산악이어서, 특수공작원 정도라면 얼마든지 해안이나 육지로 침투가 가능하다. 굳이 배로 들어가 한 달 가까운 시간을 빈둥거릴 이유가 없는 곳이다.

더구나 아웅 산 묘소 폭파 테러와 같은 어마어마한 공작이라면 속전속결이 원칙이다. 3주간 빈둥거리다 어설프게 일을 저지른 뒤 이리 뛰고 저리 뛰다 모두 체포되는 특수공작원 이야기가 도무지 믿기지 않는 이유다. 북한 특수공작원들(?)의 버마 체류 일정이 특수공작과는 전혀 어울리지 않는 것은 동건애국호의 입출항 일정과 꿰어 맞추는 과정에서 억지로 만들어졌기 때문일 것이다.

배에서 5명이 내린 뒤 2명만 귀선했으며 나머지 3명이 바로 강민철 일행이라고 주장하는 보고서도 그런 식으로 만들어졌을 것이다.

『동아일보』는 1983년 11월 25일 자 「아웅산 재판 경찰 증언, 테러범 동건호 하선 목격」에서 "강민철 등 버마 암살 폭발 사건의 범인 3명은 랭군 외항에 정박했던 북괴 공작선 동건애국호의 선원으로 가장, 소형 보트로 버마 항만경찰의 감시망을 피해 상륙했던 것으로 밝혀졌다"라며 11월 24일 열린 3차 공판의 증인 진술 내용을 전했다. 진술자는 동건애국호의 화물 감시 담당 경찰관 우 틴 민트. 주 버마 한국 대사관은 그의 진술에 관한 보고서를 25일 외무부에 보고했다 한다.

그러면 우 틴 민트의 진술은 어느 정도 신빙성이 있을까? 그가 강민철 등 3명이 하선하는 것을 목격했을까?

위 『동아일보』 보도에 따르면, 민트는 변호인의 반대신문에서 다음과 같이 진술했다. ▲외출했다 돌아오지 않은 3명의 얼굴은 선원이 많았기 때문에 구별할 수 없다. ▲선원의 출입이 빈번한 것은 수상했으나 자신의 임무는 오로지 화물 감시였으므로 보고하지 않았다. ▲동건애국호에는 자신 이외에 경찰관 1명, 세관원 2명이 함께 타고 있었다.

결국 강민철이 동건애국호에서 내렸다는 주장을 뒷받침할 수 있는 증거는 하나도 없다는 말이고, "강민철 등 버마 암살 폭발 사건의 범인 3명은 랭군 외항에 정박했던 북괴 공작선 동건애국호의 선원으로 가장, 소형 보트로 버마 항만경찰의 감시망을 피해 상륙했던 것으로 밝혀졌다"라는 위 『동아일보』 보도는 추측일 뿐 사실에 근거한 것이 아니었다는 말이다.

또 9월 22일 하선했다는 선원들 가운데 3명이 9월 24일 출항 때까지 돌아오지 않았다는 사실을 버마 항만 당국이 알았다면, 이 배는 출항할 수 없었을 것이다. 아무리 버마 정보 당국의 보안 관리가 허술했다 해도, 안 그래도 '북한의 테러'를 입에 달고 다니는 한국의 대통령 국빈 방문을 앞두고 북한 선원 3명이 사라진 사실을 감지하고도 그냥 배를 출항시킬 수는 없는 일이다. 그래서 '수상했지만 보고하지 않았다'라는 말이 만들어졌을 것이고, 그렇게 뒤늦게 꾸며진 증거들은 당연히 재판 기록에는 남길 수 없었을 것이다.

> 동건애국호에는 모두 3명의 현지 경찰관과 2명의 세관 직원이 있었는데도 어째서 이런 사실들이 당국에 보고되거나 조사되지 않았는지에 대해서는 조사나 재판 과정에서 전혀 문제가 되지 않았다. 적어도 정부의 공식 기록에는 이 점에 대해 아무런 설명도 없다. 당시 배에 승선해 화물과 인원의 이동을 감시했던 경찰관과 세관원은 사건이 터진 후에 감독 소홀의 책임을 지고 처벌을 받았다고 한다. 그러나 이것에 관한 공식 기록이나 발표는 찾을 수 없었고, 이 이야기도 후일 사건에 관여했던 버마 관리들에게 비공식적으로 들을 수 있었다. (라종일, 『아웅산 테러리스트 강민철』, 84~85쪽)

도대체 팩트는 무엇일까?

30년 만에 드러나는 동건애국호에 관한 진실

이렇게 뒤죽박죽 엉망이어서였을까? '사후 정리'된 동건애국호와 아웅산 묘소 테러 사건과의 연관성은 30년이 지난 뒤 다시 한 번 '재정리'된다. 사건 당시 버마 주재 한국 대사관 참사관이었던 송영식 씨의 책과 인터뷰 및 한국 정부의 외교문서를 통해서였다.

송 씨는 2013년 1월 인터뷰에서 "대통령 방문을 코앞에 둔 시점에 북한

국적 화물선인 동건애국호가 갑자기 양곤항에 나타났다는 정보가 입수됐다"라고 밝힌다(「〈외교열전〉 '대참사' 아웅산 폭탄 테러의 전말」, 『연합뉴스』, 2013년 1월 28일).

그런데 "동건애국호가 갑자기 양곤항에 나타났다"라는 말은 버마 정부가 동건애국호의 입항일을 한국 대통령 방문 일정이 모두 끝난 뒤인 10월 16일 이후로 늦추도록 조치했다는 사건 초기 보도와도 맞지 않는다.

송 씨는 한 해 전인 2012년 펴낸 자신의 회고록 『나의 이야기』에서도 동건애국호에 대해 "우리는 북한 공작선 동건애국호의 랑군 도착을 사전에 알았다"(231쪽)라고 썼을 뿐, "대통령 방문을 코앞에 둔 시점에 갑자기 나타났다"라는 말은 하지 않았다. "사전에 알았다"라는 말은 아무런 의미가 없는 말이다. 동건애국호가 대통령의 버마 방문 3주 전인 1983년 9월 버마에 머물렀다는 '공식 결론'이 내려져 있었기 때문이다. 그랬던 것을 회고록을 펴낸 지 1년 만에 "대통령 방문을 코앞에 둔 시점"으로 바꿔 말한 것이다.

앞서 살펴봤듯이 동건애국호에 대해 내려진 '공식 결론'은 "전 대통령의 순방이 시작되기 며칠 전 순방국 중의 하나인 스리랑카의 콜롬보항에 북괴 화물선이 선박 수리를 이유로 입항했었다는 외신이 한때 주목을 끈 바 있다"(『경향신문』, 1983년 10월 14일 자)로 시작해, 아웅 산 묘소 "사건 발생 사흘 전인 [10월] 6일 화물선 동건애국호의 버마 입항 허가를 요청했"다(『조선일보』, 10월 16일 자)에 이어, "9월 17~24일까지 랭군항을 방문, 이번 사건과 연관돼 있을 것으로 보이는 북괴 공작선"(『조선일보』, 10월 18일 자) 하는 식으로 정리된 것이었다.

송영식 씨는 이런 지난한 정리 작업 끝에 내려진 결론을 왜 수정하려 했을까? 그것은 버마 참사 발생 30주기를 즈음해 한국 정부가 사건 기록과 관련해 모종의 작업을 벌였음을 뜻한다.

정말로 송 씨 말대로 버마 주재 한국 대사관이나 현지 주재 국가안전기획부가 북한 화물선 동건애국호의 버마 입항 사실을 미리 알았더라면, 사건 직후 전두환 정권이나 그 정권의 기관지나 다름없었던 신문들이 그렇게 기를 쓰고 동건애국호와 아웅 산 묘소 사건을 연결시키려 할 이유가 없었을 것이다. 정말 그랬다면 신문들도 사건이 터진 뒤에야 "동건애국호 9월 입항" 운운하는 뒷북 때리기가 아니라, 한국 대통령의 방문을 코앞에 둔 시점에 북한 화물선이 버마에 먼저 들어온 사실에 대해 연일 대서특필했을 것이다. 한국 정부는 버마 정부에 엄중히 항의했을 것이고, 아마도 전두환 대통령 일행의 버마 방문 일정이 모두 취소됐을지도 모른다. 또 그럼에도 불구하고 전두환 정권이 버마 순방 일정을 강행하다 사고를 당한 것이라면, 북한 선박의 버마 랭군항 입항을 제지하지 못한 데 대해 정보 및 외교 관계자 문책도 엄중히 다뤄졌을 것이다. 그런데 이런 일은 아예 없었다.

또 정말 그런 일이 있었다면, 뒤늦게라도, 송 씨 회고록『나의 이야기』(2012년)나 노신영 당시 안기부장의 회고록『노신영 회고록』(2000년), 또는 라종일 씨의 책『아웅 산 테러리스트 강민철』(2013년) 및 장세동 씨의 책『일해재단』(1995년)에는 동건애국호 입항으로 인해 버마 현지 한국 공관이나 본국 외무부 또는 안기부가 긴장하는 모습이 상세히 기록됐을 것이다. 그러면 송영식 씨를 비롯한 현지 대사관이나 안기부 몇몇 관계자는 그런 사실을 알고도 쉬쉬했다는 말인가?

송영식 씨의 2013년 인터뷰는 앞서 지적한 대로 아웅 산 묘소 사건 발생 30주년에 즈음한 또 한 번의 '사후 정리' 작업으로 봐야 한다. 실제로 송 씨의 이런 수상한 인터뷰가 언론을 탄 지 두 달 만인 2013년 3월에 한국 정부는 '30년 만의 외교문서 공개'라는 형식을 빌어 송 씨의 수상한 인터뷰를 뒷받침한다. 이 배가 사건 발생 사흘 전, 대통령의 버마 도착 이틀 전인 1983년 10월 6일 랭군에 입항했다고 밝힌 것이다.

우리 정부가 전 대통령의 버마 방문을 이틀 앞둔 10월 6일 북한 선박(애국동건호[동건애국호])이 버마 랑군항에 입항한 뒤 출항한

사실을 확인하고 주버마 대사관에 상황 파악을 지시했고, 대사관
은 다음 날 특이 동향은 없다고 보고한 사실도 밝혀졌다. 그 선박
에는 북한 테러범이 탑승했던 것으로 뒤늦게 확인됐다.(「전두환,
퇴임 후 막후 통치 한 수 배우러 버마행 정황 드러나」, 『세계일보』
2014년 3월 26일)

10월 6일은 동건애국호가 스리랑카 콜롬보항에 머물다 버마 정부에 입
항을 요청했다는 날이다. 앞서 보았듯이, 『조선일보』는 아웅 산 묘소 사건 발
생 일주일 뒤인 1983년 10월 16일 자에서 "북괴는 이번 사건 발생 사흘 전인
6일 화물선 동건애국호의 버마 입항 허가를 요청했으나, 버마 측에서는 10월
15일 이후로 입항을 연기하도록 응답한 것으로 알려졌다"라고 보도한 바 있
다. 10월 14일 자 『경향신문』은 스리랑카 주재 한국 대사관이 그렇게 확인했
다고 밝혔다. 이후 지금까지 동건애국호가 10월 6일 버마 랭군항에 들어왔다
는 말이 나온 적이 없고, 어느 누구도, 어느 신문 또는 방송도 동건애국호가
1983년 10월 6일 버마 랭군항에 입항했다고 밝힌 적이 없다.

그랬던 것을 송영식 씨가 2012년 낸 회고록에서 "동건애국호의 랭군 도
착을 사전에 알았다"라고 밝히고, 이듬해 인터뷰에서 대통령의 버마 방문을
"코앞에 둔 시점에" "갑자기" 동건애국호가 랭군항에 나타났다고 주장한 데
이어, 정부가 외교문서 공개를 통해 '10월 6일 동건애국호 버마 랭군항 입
항'을 기정사실화한 것이다.

한국 정부는 무슨 근거로 30년 만에 외교문서를 공개하면서 10월 6일 동
건애국호의 버마 랭군항 입항을 기정사실화하려 할까?

10월 6일은 또 강민철 등 테러리스트들이 북한 대사관 모 씨의 집에서
나온 날로 돼 있다. 9월 22일 또는 23일 랭군항을 통해 들어와 모 씨 집에 숨
어 들어간 뒤 2주간 빈둥거렸다는 각본을 수정하려는 것일까? 이들이 이날
동건애국호에서 내려 랭군에 잠입했다는 말인가? 또 10월 6일은 이상구 안

기부 해외공작국장이 버마에 온 날이기도 하다.

한국 정부가 공개한 외교문서를 의심하는 이유는 이 문서에 담긴 수상한 내용 때문이기도 하다. 1982년 북한의 정세와 관련해 근거가 대단히 미약한 누군가의 전언이 그대로 담겨 있다. 이런 혼란스러운 정세 속에서 북한이 1983년 아웅 산 묘소 테러를 저질렀다는 뉘앙스를 풍기기 위한 것으로 읽힌다.

공개된 외교문서에는 김정일 후계 체제 공식화 직후인 1982년 북한에서 김일성·정일 부자 세습에 반대하는 대규모 군사정변이 일어났으며, 정변 실패 이후 100여 명이 중국으로 망명했다는 구 소련 외교관의 증언을 담은 내용도 공개됐다. 82년 당시 군사정변과 정변 가담자들의 망명 사태가 외교문서로 확인되기는 이번이 처음이다. 우리 외교관과 접촉한 주 유엔 소련대표부 일등서기관은 북한 내부 정세와 관련해 "김정일 승계 기도에 반대한 군대 반란이 1982년 가을에 있었고 그 결과 군인들이 중국으로 도망갔다는 이야기를 미국 언론에서 보았는데, 내 생각으로는 그 반란이 꽤 컸던 것 같다"고 말했다.(「전두환, 퇴임 후 막후 통치 한 수 배우러 버마행 정황 드러나」, 『세계일보』 2014년 3월 26일)

이름도 제대로 밝히지 않은 채 그냥 "주 유엔 소련대표부 일등서기관"이라는 자가 "미국 언론에서 보았"다는 이야기를 "우리 외교관"이 전해들었다?

무슨 증거라 할 만한 것은 하나도 제시하지 못하면서, 30년이 지난 마당에 뒤늦게 동건애국호의 버마 입항을 1983년 10월 6일이라고 소급하는 이유가 궁금하다. 왜 긁어 부스럼을 만들까?

제 5 부

버마 사건의 마무리를 위한 '다대포 공작',
이어지는 '늑대 사냥'

사건 발생 바로 다음 날 박세직 안기부 차장을 단장으로 하는 진상조사단이 북한 공작원들로부터 포획한 권총 등을 갖고 버마로 가 강민철이 갖고 있던 권총과 일련번호가 같다는 사실을 증명했으며 일주일 뒤 안기부 대공수사국장까지 버마로 급파됐지만, 버마 정부는 한국의 자작극 의심을 풀지 않았다. 그러자 전두환 정권은 급기야 아웅 산 묘소 사건이 북한 소행이라는 자백을 받기 위해 부산 다대포 앞바다에서 간첩(?) 생포 공작을 벌였다. 그런데 이 공작은 아웅 산 묘소 테러의 진상조사단으로 버마에 갔던 안기부의 박세직 차장에 의해 추진된 것이라는 사실이 밝혀졌다. 또한 박세직 차장이 1982년 초 안기부와 각 군이 북파공작원들을 대거 양성하는 일에 관여했으며 1982년 초부터 시작된 비밀공작은 다대포 작전을 끝으로 종결된다는 사실이 밝혀졌다. 결국 1983년 10월의 아웅 산 묘소 테러는 1982년 벽두에 비밀리에 시작된 수상한 북파공작의 연장선에서 벌어졌다는 말이다.

다대포 '간첩조'와 '생포조' : 그 환상의 콤비

강민철의 자백 아닌 자백으로 버마에서의 아웅 산 묘소 테러 사건이 '북한 소행'으로 결론이 나고 그 사후 처리가 한창일 때인 12월 초, 부산 다대포 앞바다에 간첩선(?)이 출현하는 사건이 벌어진다.

사건은 1983년 12월 3일 벌어졌고, 이틀 뒤 모든 신문이 이 사건을 보도했다.

『동아일보』는 12월 5일 「부산 해안 침투 간첩 2명 생포」라는 큼직한 제목의 1면 톱기사에서 대간첩대책본부(본부장 이기백 합참의장) 발표를 인용, "3일 밤 10시 40분경 부산 다대포 해안으로 침투하던 무장간첩 2명을 해안 경계 근무 중이던 육군 초병이 발견하고 가까운 거리까지 유인, 교전 끝에 생포했다"라고 전했다.

신문은 또 "부근 해상에서 경비 중이던 해군 함정과 긴급 출동한 공군기가 합동작전으로, 도주하던 무장간첩선 1척을 이날 밤 11시 영도 남방 9km 해상에서 격침시켰다"라며, 전 모(27. 조장)와 이상규(23. 조원) 등 생포 간첩 2명이 갖고 있던 난수표의 윗부분에 "친애하는 김정일 지도자 동지"라는 내용이 인쇄돼 있었다고 덧붙였다.

여기까지는 이 사건 역시 1970 · 80년대 흔하게 벌어졌던 여느 간첩(선) 사건과 별 차이가 없다. 그런데 사흘 뒤인 12월 8일 이기백 합참의장이 직접 기자회견에서 밝힌 내용이 어딘가 수상했다.

부산 다대포 해안에서 생포된 2명의 간첩들이 대구 미문화원 폭파 사건과 아웅 산 묘소 테러 사건이 북괴 소행이라고 시인했다는 내용이었다. 생포 간첩(?) 전충남과 이상규가 "지난 10월 하순 원산 해상 안내연락소 훈련장에서 무전장 박창식(27)이 '9월 22일 밤 전파감청소에서 대구 미문화원 폭파 성공이라는 무전 보고를 받았고, 직접 폭파 성공이란 전파도 잡았다'고 장황하게 떠들어 대는 것을 들었다"라고 진술했다는 것이다. 또 지난 11월 중순

원산 앞바다에 있는 황토섬 간첩해상연락소에서 훈련을 받다 지도원 서애화
(45)로부터 "버마 랭군 아웅 산 묘소 폭파 때 우리 공작원 2명이 잡혔다. 아
웅 산 묘소는 뒷산에 나무가 많고 전망이 좋아 저격 장소로서는 가장 알맞은
곳인데도 폭파에 실패한 것은 얼굴도 확인하지 않고 나팔 소리만 듣고 폭파
하는 등 침착하지 못한 행동 때문이었다"라고 비판하는 것을 들었다고도 했
다. 지도원 서애화는 또 "폭파범들이 검거된 뒤 처음에는 교육받은 대로 '서
울에서 왔다'고 말했다가 서울에서 조회한 결과 '없다'고 하자 '이북에서
왔다'고 혁명성 없이 번복, 배신하는가 하면, 폭파 뒤 복귀하는 계획과 위장
진술 방법도 서투르고 자폭을 하지 못하고 체포됐다"라고 비난했다고 대간
첩대책본부는 밝혔다. (「대구 미문화원 폭파도 북괴 소행 — 생포 간첩들 폭
로」, 『경향신문』 1983년 12월 9일)

　　북한의 공작원들이 "해상연락소"에서 훈련을 받다가 10월 하순에는 대
구 미문화원 폭파 사건(1983년 9월 22일) 이야기를 전해 들었고, 11월 중순
에는 버마 아웅 산 묘소 테러 사건(1983년 10월 9일)에 대한 이야기를 엿들
었다는 말이다. 그리고 이런 이야기를 전해 듣고 엿들은 간첩 둘을 남한이
부산 다대포 앞바다로 유인하여 체포함으로써 대구 미문화원 폭파 사건과
아웅 산 묘소 폭탄 테러 사건이 북한 소행임이 밝혀졌다는 것이다. 한마디로
'소설'이다.

　　1983년은 어쩌면 이런 삼류 소설 같은 당국의 발표가 그대로 먹히는 때
였는지도 모른다.

　　그런데 이 다대포 간첩(?) 생포 공작은 전두환 정권의 국가안전기획부
와 정보사령부가 북파공작원들을 동원해 벌인 북파공작이었다는 사실이 뒤
늦게 밝혀진다. 사건을 기획한 이들은 그 내막이 영원히 비밀로 남겨질 것으
로 믿었을 것이다. 그러나 영원한 비밀은 없다. 이 사실이 처음 알려진 것은
2002년, 북파공작원 출신 이춘국 씨의 증언을 통해서였다.

당시 국가안전기획부 차장이 박세직 씨였는데, 당시 정보사령관이 었던 이상규 씨와 두 사람이 육사 동기예요. 이상규 사령관이 안기부로부터 전향한 간첩을 이용한 역공작 제안을 받고 저한테 자문을 해 왔어요. 저는 하라고 그랬어요. 최초에 구상할 때 저도 참여한 셈이죠. 공작원만 침투시키는 게 마음이 안 놓이니까 장교 하사관들도 투입했어요. 이 사령관은 머리가 약간 없는데 가발까지 쓰고 현지 정찰을 했습니다. 그건 확실하게 역공작이에요. (「핵심 장교들의 최초 증언 ─ HID 대북 작전 비사」, 『월간 조선』 2007년 6월호)

『월간 조선』은 이춘국 씨를 가리켜 "대북 첩보와 관련한 살아 있는 역사"라고 지칭했다. 이런 이의 증언이라면 믿어도 좋을 것이다. 실제로 그는 다른 사람이 알 수 없는 중요한 정보를 제공했다. 박세직 안기부 차장이 육사 동기(12기)인 이상규 정보사령관에게 이야기해 '다대포 간첩 공작'이 벌어졌다는 증언이 그것이다. 이 씨는 지금까지 알려져 있지 않았고 오직 자신만이 알고 있을 정보를 내보이면서 '다대포 공작'이 권력 핵심부에 의해 추진됐음을 강조하려 했을 것이다. 그런데 다른 이들의 증언이 나오고 그런 증언들이 모아져 그 수상한 공작의 정체가 드러나게 된다.

다대포 공작을 끝으로 '벌초 계획'이란 또 다른 비밀공작이 마무리됐으며 육사 12기들이 중심이 되어 추진한 '벌초 계획'은 이미 1982년 초부터 극비리에 추진됐었다는 사실이 드러나고, 바로 그 육사 12기인 박세직 안기부 차장이 아웅 산 묘소 테러 사건의 진상조사단장으로 버마에서 약 한 달 간 머물렀다는 사실도 뒤늦게 밝혀졌기 때문이다.

이는 곧 박 전 안기부 차장 등 육사 12기 핵심 멤버들이 1982년 초부터 극비리에 대통령의 수결手決을 받아 추진했던 북파공작을 시작으로 아웅 산 묘소 테러 사건을 마무리하기 위한 '다대포 간첩(?) 생포 작전'까지, 아웅 산 묘소 테러 사건의 전말에 깊숙이 개입했다는 말이 된다.

또 안기부 등에 의해 그 정체를 알 수 없는 은밀한 북파공작이 한창 진행되던 1982년 6월 2일, 정보 업무는 물론 북파공작과는 전혀 무관한, 따라서 당시 은밀히 추진되던 그런 공작에서 철저히 배제될 수밖에 없는 노신영 외무부장관을 안기부장으로 보내는 인사가 단행됐다는 사실을 상기하자.

앞서도 지적했지만, 이 나라 정보조직의 최고 수장이어야 할 안기부장이 안기부가 은밀하게 꾸미는 수상한 일에 대해서는 아무런 권한도 행사하지 못하는 가운데 아웅 산 묘소 테러 사건이 일어난 것이고, 이미 1982년 초부터 극비리에 모종의 북파공작을 추진하다 안기부 2차장이 된 박세직 씨가 '진상조사단장'으로서 아웅 산 묘소 사건을 도맡아 처리했으며 그 후속 작업인 다대포 공작까지 박 씨가 마무리한 것이다.

결국, 이 나라 이 민족의 존립에 극심한 위해를 가한 전대미문의 아웅 산 묘소 테러는 한국 정부의 정상적인 의사 결정 라인에서 벗어나 있으면서도 이 정상적인 의사 결정 시스템의 꼭대기에 앉아 있었던 전두환 정권 핵심 세력들이 연루된 사건이라는 결론을 피해갈 수 없다.

다대포 공작에 대해 좀 더 자세히 들여다보자. 다대포 작전에 차출됐던 조철행 씨의 이야기다.

나는 1982년 2월 개발단에 입사하여 제3공작대 15팀에[의] 척후였으며 …… 사회로부터 철저히 밀봉된 채 참혹하고 혹독한 훈련 중 부산 다대포 무장간첩 침투 생포 작전에 선발되었습니다. 1983년 11월 13일 오전 9시 30분 …… 팀별로 동시에 전달이라는 구호 소리가 들려 왔다. 참고로 개발단에는 당시 제1공작대, 제2공작대, 제3공작대, 제4대(견습대)가 존재했었다. 각대 대원들 중 선발을 하였고 …… 대원들과 격리 수용을[이] 되어 합숙 훈련을 시작 …… 적을 가장한 대원을 (대항군) 특정 지역을 통과하면 순식간에 제압하는 생포 훈련이었으며 …… 1983년 12월 2일 금요일 임무 수행을 위해 작전에 참가한 대원 전원이 근처 안가에 대기해 놓은 버스로 이동해 …… 8시간가량을 이동했을까 …… 부산의 번화가 남포동을 지나면서 00 근처의 00공사에 도착을 했다. …… 대원들은 00공사 내무반에서 휴식을 취하고 있을 무렵 정부 기관 관계자들로부터 임무 수행 내용을 정확히 전달받았다. 5~6명이 탑승한 간첩선이 다대포 해안으로 접근해서 그중 2~3명이 다대포 해안으로 침투, "기간산업 파괴 및 고정간첩을 대동하고 귀환"하라는 정보가 입수됐다는 것이었다. …… 우리[에게]는 12월 3일 토요일 점심시간이 지날 무렵 다시 전달 사항이 왔는데, 간첩선이 울릉도 근해를 지나고 있다고 통지를 받았다. 오후 5시경 저녁 식사를 마치고 모든 준비를 완료한 후 다대포로 이동 7시경 각자의 위치에 은폐, 엄폐를 하고 적이 나타나기만을 기다렸다. …… 그렇게 시간이 흘렀고 적(북한 무장간첩선)이 나타난 것을 확인하고 신호 줄을 이용하여 대원들 간 연락을 취하고 숨을 죽이고 있는 순간 전충남(조장) 이상규(조원)가 순식간에 접촉 장소로 이동하기 위하여 움직이기 시작했다. …… 생포조들은 무장한 체[채] 침투해 오는 전충남과 이상규가 당시 화장실 안으로 벨기에제 무성 권총을 들고 인[기]척을 확인하려는 순간 대기조가 몽둥이로 전충남의 총을 든 손을 내리쳐 제압 …… (http://www.ilbe.com/2772818431)

간첩선의 이동 시간과 경로까지 남쪽 정부 관계자가 모두 알고 있었다는 말이다. 또 '북한 간첩'이라는 자들이 북파공작원들이 몸을 숨기고 있는 '접촉 장소'로 들어왔다고 밝히고 있다. 간첩을 잡는 쪽(남)과 간첩을 보내는 쪽(북) 사이에 손발이 이렇게 척척 잘 맞을 수 있을까?

이 대목에서 상기할 것이 있다. 강민철 일당이 버마에 숨어 들어와 모처에 은거하면서 전두환 대통령 일행의 방문 일정과 행사 일정을 시시각각 통보받았다고 이야기하는 대목이다.

라종일 씨는 『아웅산 테러리스트 강민철』에서 "강민철이 옥중에서 동료 수인들에게 한 이야기에 의하면, 북한 당국은 이미 그해 3월부터 자기들을 선발해 버마에 보낼 공작을 시작했다고 한다"(90쪽)라고 밝히고, 이들이 "숨어 지내면서 본국과 연락을 취해 현지 사정과 거사에 필요한 정보를 수집하고, 특히 전두환 대통령 일행의 순회 방문 일정과 버마에서의 행사 일정 등에 대해 본국으로부터 시시각각 자세한 정보를 받았"으며, "대통령의 순방 일정이나 버마 내에서의 행사 계획이나 동선이 공개적으로 발표되기 전에 벌써 테러 계획을 세웠다"(88~89쪽)라고 썼다.

다대포 공작에 투입된 북파공작원들이 부산의 모 정보기관 건물에 은신한 상태에서 북한에서 온다는 정체불명의 공작선이 움직이는 상황을 어찌 그리 상세히 전해들을 수 있으며, 버마를 방문하는 대통령 일정 등 '극비 사항'이 어떻게 그리 상세히 아웅 산 묘소 테러리스트들에게 전해질 수 있었을까?

또 한 가지.

라종일 씨에 따르면 "남한에 전향해 국가안전기획부의 관리를 받고 있는 간첩 한 사람"(157쪽)이 북한에 타전을 해서 "곧 있을 주민등록 교체에 대처하기 위해 실행하는 귀환 작전"인데, 웬 "기간산업 파괴"인가? 기간산업 시설을 파괴하는 난리를 피운 뒤, 고정간첩을 대동하고 귀환하는 작전이 가능하기나 한가?

또 수상한 점이 눈에 띈다.

1983년 12월의 다대포 간첩 생포 공작은 20년 전 귀순자를 이용한 역공작이란다.

다대포 사건은 그동안 1960년대 귀순한 간첩을 이용한 역공작에 의한 '작품'이라는 소문이 있었다. 김 씨의 증언은 그 소문이 사실일 가능성을 높여 주고 있다. "사건이 일어나기 한 달 전부터 체포 작전 훈련 후 현장에 투입됐다"고 김 씨는 말하고 있는 것이다. (「핵심 장교들의 최초 증언 — HID 대북 작전 비사」, 『월간 조선』 2007년 6월호)

위 김 씨는 HID 대한민국북파요원동지회 김종복 회장이다.

1983년 12월에 있었던 부산 다대포 간첩 사건도 1960년대에 귀순했던 간첩을 이용한 역공작 사건이었지만 규모면에서 제주도 서귀포 무장간첩선 사건과 비교가 되지 않는다. (「통혁당 간부 구출 시도한 북 간첩선 검거는 한국 중정의 역공작이었다」, 『월간 조선』 2010년 10월호)

20년 전 남쪽에 와서 전향한 북한 공작원이 거짓말로 무전을 치면 북측은 이를 아무런 의심 없이 믿고 속는다는 황당한 이야기다. 라종일 씨의 해설은 이런 의구심을 더 키워 놓는다. 또 다대포 간첩단 사건이 '기획 사건'이라는 사실은 라종일 씨 책이 나오기 10년도 더 전에 이미 드러난 사실임에도 불구하고 라 씨는 이 사건이 북파공작과 관련이 있다는 사실을 숨기고 있다.

라 씨는 또 20년 전 귀순한 사람을 이용했다는 말도 쏙 뺐다. 그저 "남한에 전향해 국가안전기획부의 관리를 받고 있는 간첩 한 사람"이라고 쓰고 있다. 이 사람이 북한에 모종의 메시지를 보내고 북한이 "미끼를 바로 물었다"라고 이야기하려니 차마 '20년 전 귀순한 간첩'을 이야기할 수 없었을 것이다. 라 씨의 서술에는 이처럼 무리와 오류가 많다.

그런데 라 씨의 서술에서 보이는 무리와 오류 속에서 '뜻밖의 진실'을 만나기도 한다.

다대포 공작은 버마 사건에 대한 보복이었다?

라종일 씨는 『아웅산 테러리스트 강민철』에서 두 명의 생포 간첩의 기자 회견 등을 서술하면서 "전충남과 이상규는 남한에 정착해 살고 있는 것으로 알려져 있다"(159쪽)라고 쓴 뒤 이어서 11월 3일 강민철이 자백하기 시작했다고 썼다.

먼저 짚고 넘어가자.

'다대포 간첩'이라는 전충남과 이상규는 그 후 각각 연세대와 고려대를 졸업하고 한전연수원과 모 은행에서 각각 일했으며, 둘 모두 직장을 다니다 결혼해 자녀를 뒀다. 한국 정부의 정착금을 받고 사회 적응 훈련도 받는 2000 년대 탈북자들보다도 훨씬 성공적인 삶을 살고 있다. 이들이 정말 북한의 간첩 혹은 공작원들일까? '1·21 사건의 주인공' 김신조나 'KAL기 폭파 사건의 주인공' 김현희도 마찬가지다. 모두 당국의 적극적인 보호 아래 결혼도 하고 자녀도 낳으면서 잘 살고 있다. 그저 살아 보겠다고 남한에 온 모든 탈북자('새터민')가 한사코 '북한 출신'임을 감추려 애쓰면서 매우 힘겹게 살아가는 것과 달리, '천인공노할 만행을 저질렀다'라는 김신조, 전충남, 이상규, 김현희 등은 줄기차게 '나는 북한의 간첩이요'라고 외치면서도 유복한 삶을 살고 있다. 이런 역설이 또 있을까? 이들의 정체를 의심하는 이유다.

라종일 씨가 책에서 밝힌 대로 강민철의 자백일은 11월 3일이 맞다. 그런데 다대포 간첩 공작이 벌어지고 전충남과 이상규가 체포된 것은 그로부터 한 달 뒤인 12월 3일이다. 이기백 합참의장이 간첩의 자백(?)을 널리 알리기 위해 떠들썩하게 기자회견을 한 날은 12월 8일, 전충남과 이상규가 공개 기자회견에 출연한 한 날은 12월 14일이다.

그런데 라 씨는 다대포 사건 발생일이나 이기백 합참의장의 기자회견 날짜를 명기하지 않았고, '대통령의 명령에 의한 간첩 생포'와 '북한 소행 확인'을 강조하려다 보니 뒤에 등장해야 할 간첩 생포 작전이 '강민철의 자백'

보다 앞서 버린 것이다.

라 씨는 왜 이런 식으로 서술했을까? 그가 사건의 흐름조차 제대로 파악하지 못해 저지른 실수일까? 그가 이런 기초적인 사실도 확인하지 않고 책을 쓰지는 않을 것이다. 또 강민철이 자백했다는 날짜를 11월 3일이라고 명시했으면, 그 전후 맥락을 구성하는 다대포 사건과 관련된 시점도 명시하는 것이 원칙이다. 하나는 밝히고 다른 하나는 날짜를 표기하지 않은 것은 단순한 오류가 아니다.

추정이지만,『아웅산 테러리스트 강민철』의 저자는 지금까지 알려지지 않은 어떤 보고서 또는 자료에 기초해 책을 썼을 것이다. 그러면 다대포 사건 발생일은 다대포에서 해괴한 일이 벌어진 12월 3일이 아닌, 그보다 훨씬 전, 대통령의 간첩 생포 지시가 내려진 날일 수 있다. 라 씨 책에서 다대포 간첩들(?)에 대한 장황한 이야기가 강민철의 자백(11월 3일)보다 앞선 것은 바로 그 때문일 것이다.

실제로 그런 정황이 포착됐다. 버마 아웅 산 묘소 테러 사건의 진상을 규명(?)하기 위한 작업과 아웅 산 묘소 테러 사건이 북한 소행임을 입증(?)하기 위한 다대포 간첩(?) 생포 공작이 동시에 추진됐다는 사실이 드러난 것이다. 앞서도 인용한 이춘국 씨의 증언이 그것이다. 국가안전기획부 차장 박세직 씨가 육사 동기인 이상규 정보사령관에게 전향한 간첩을 이용한 역공작 제안을 했다고 그는 밝혔다.

장세동 당시 경호실장의 증언도 아웅 산 묘소 사건 뒤처리 작업이 버마와 한국에서 동시에 진행됐음을 시사한다. 장세동 당시 경호실장은 자신의 책『일해재단』에서 박세직 안기부 차장을 단장으로 하는 진상조사단의 활동에 대해 사건 발행 이틀 뒤인 10월 "11일 06시 50분 랑군에 도착하여 조사활동을 시작했"고 11월 8일 "조사활동을 완료하고 귀국"했다고 밝혔다(68쪽).

그런데 2003년 9월 국회 정무위 소속 엄호성 의원(당시 한나라당)은 당시 안기부가 "공비 침투 한 달 전인 11월 3일 3개의 공작대에서 11명씩 차출해 한 달 간 특수훈련을 시켜 작전에 투입했다"라고 밝혔고(「"다대포 간첩 북파공작원들이 생포"」, 『연합뉴스』 2003년 9월 25일), 다대포 작전에 차출 됐던 북파공작원 조철행 씨는 11월 13일 훈련에 투입됐다고 이야기하고 있 다.

그러면 안기부의 박세직 차장은 버마 아웅 산 사건 진상조사단장으로서 의 활동을 마치고 귀국하기도 전에, 즉 그 사건이 북한 소행임을 입증하려는 진상조사단의 활동이 별 효력을 발휘하지 못하는 상태에서, 이상규 정보사 령관에게 '간첩 생포를 위한 북파공작'(역공작)을 제의했다는 말이 된다. 박 세직 안기부 차장이 진상조사단장으로 버마로 떠날 즈음 또는 그보다 전에 이미 간첩 생포 작전이 기획됐을 수도 있다. 북파공작원 이춘국 씨는 박세직 안기부 차장이 언제 이상규 정보사령관에게 다대포 공작을 제안했는지에 대 해서는 밝히지 않았다.

이런 사정을 감안하면, 라종일 씨가 12월 3일 부산 다대포 앞바다에서 벌어진 '간첩 생포 공작'의 날짜를 명시하지 않은 채, 다대포 간첩들(?)이 기자회견(12월 16일)에서 '아웅 산 묘소 테러는 북한 소행'이라고 말한 뒤에 강민철의 자백(11월 3일)이 나온 것처럼 선후 관계를 뒤바꿔 서술하는 것도 충분히 있을 수 있다.

1983년 12월 8일 이기백 대간첩대책본부장(합동참모본부의장)의 기자 회견 내용도 다대포 공작이 강민철의 자백보다 앞설 수도 있음을 시사한다. 앞서 본 바와 같이, 당시 회견에 따르면 '생포 간첩'(?) 전충남과 이상규는 그해 10월 하순부터 훈련을 받은 것으로 돼 있다.

10월 하순은 전두환 대통령의 작전 지시 또는 '다대포 간첩 생포 작전' 이 기획, 입안됐을 것으로 추정되는 시기다. 이때 '다대포 간첩 생포 작전'을 기획해야 할 이유가 있었다는 말이다.

이때는 또 성용욱 안기부 대공수사국장이 강민철을 만나기 위해 버마로 급파된 시점(10월 18일), CIA가 비밀문건을 작성해 사건의 결말을 예고한 시점(10월 19일)과 일치한다.

박세직 국가안전기획부 차장을 단장으로 하는 전두환 정권의 진상조사단을 위시해 장관급 인사들이 계속 버마를 방문해 아웅 산 묘소 테러를 북한 소행으로 몰고 가기 위해 사전에 공작을 벌였음에도 불구하고 버마 수사 당국은 10월 17일 중간 수사 결과를 발표할 때 범인의 국적을 특정하지 않고 '코리언' 운운했기 때문이다. 전두환 정권으로서는 애가 탈 수밖에 없었을 것이다.

> 버마 측의 수사는 지지부진할 뿐만 아니라, 수사의 방향도 처음에
> 는 한국 내부의 불만 요소 혹은 자국 내부의 반정부 세력이 저지른
> 짓으로 보는 시각도 있었다. 한국 내에서는 모든 것이 전두환 대통
> 령의 자작극이라는 루머도 돌았다. (라종일, 『아웅산 테러리스트
> 강민철』, 156쪽)

그래서 "전 대통령은 북한의 요원을 생포해서 그의 입으로 북한이 저지른 행동이라는 자백을 받으라는 지시를 내렸고, 정보기관은 이를 위해 간첩 2명을 생포"한 것이다(위의 책, 159쪽). 그런데 놀라운 것은 전두환 대통령의 지시로 '다대포 간첩 생포 공작'이 본격 추진됐을 것으로 보이는 시점과 북한에서(?) 다대포에 내려오기 위해 간첩들이(?) 훈련을 받기 시작한 시점이 일치한다는 사실이다.

앞서 『경향신문』에 실린 것처럼, 전충남과 이상규는 10월 하순과 11월 중순 훈련을 받았다고 말한 것으로 돼 있다.

그런데 이 작전에 소위 '체포조'로 투입됐던 북파공작원들은 자신들의 부대에 작전 지시가 내려온 날을 11월 13일이라고 밝혔고, 2003년 엄호성 의원은 "11월 3일 3개 공작대에서 11명씩 차출해 한 달간 특수 훈련을 시켜 작전에 투입했다"라고 밝혔다.

'간첩조'와 '체포조'가 똑같은 시기에 훈련을 받았다는 말이다. 체포조와 간첩조는 물론 따로따로 훈련을 받았을 것이다. 그런데 그 장소가 한쪽은 북한이고 한쪽은 남한으로 여겨지지 않는다.

북파공작원들이 말하는 해괴한 '역공작'을 의심하지 않을 수 없다. 북한에 거짓으로 암호를 보내 간첩들을 유인한 뒤 일망타진한다는 이 '역공작'으로는, 위 부산 다대포 작전(1983년 12월 3일)과 제주 서귀포 작전(1968년 8월 20일)이 대표적 사례로 알려져 있다. 하나같이 이 남쪽의 부도덕한 정권이 정치적으로 궁지에 몰릴 때, 즉 정치적 난국을 타개하기 위해 다급하게 무슨 사건이 필요할 때 '북한 간첩선' 사건이 벌어졌고, 이들 사건이 먼 훗날 '역공작'으로 밝혀진 것이다.

다대포 공작은 전두환 정권이 버마 아웅 산 묘소 테러 사건을 북한 소행으로 몰고 가야 할 시점에, 서귀포 공작은 박정희 정권이 동백림 사건을 조작해 국내외에서 지탄을 받는 가운데 또다시 통혁당 사건을 발표하면서 이 사건을 북한의 남한 무장혁명론으로 덧칠할 필요가 있을 때 벌어졌다.

간첩을 불러들이는 북파공작인 '역공작'으로 체포되는 이들이 누구일까? 이들의 정체를 가늠해 볼 만한 증언이 있다. 바로 '망치부대원'의 증언이다. 제2부에서 아웅 산 묘소 폭파 사건의 전조로서 1982년 초 전두환 정권이 수상한 북파공작을 벌였다는 사실을 이야기하며 언급했던 바로 그 '망치 작전'에 차출됐던 이가 입을 열기 시작한 것이다. 그 수상한 북파공작의 실체가 밝혀질 것인가?

1982년과 1983년 '해병 812부대'(일명 망치부대)에서 상상을 초월하는 극기 훈련을 받았다는 북파공작원 노영길 씨 이야기를 들어 보자. 『동아일보』 2013년 5월 4일 [토요뒷談(담)] 「"난 '빨갱이' 잡으려 훈련받은 '인간 병기'였다"」(http://news.donga.com/ rel/3/all/20130504/54893131/1).

1981년 11월 해병 440기로 입대했지만, 그 다음 해 3월 첫 휴가를 마치고 귀대하자마자 새로운 훈련에 투입되면서 해병 812부대로 배속됐고, 훈련

강도는 상상을 초월했다. 일주일 가까이 굶긴 대원들을 "화장터에 투입"했고 교관들은 혈흔이 남아 있는 뼛조각을 건넸다. 헛구역질을 하고 치를 떨었지만 다들 뼛조각을 씹어 먹었다. 극한 상황에 대처하기 위해 하수구나 오물통 속에 여러 시간 빠져 있기도 했다. 야간에 중무장을 하고 6, 7명이 한 조가 돼 100kg에 가까운 고무보트를 들고 산과 계곡을 뛰어야 했다. 일반 육군 행군 속도가 시간당 4km인데, 이들은 시간당 10km 이상을 달리는 훈련도 했다. 바다에서 한 번에 12km를 수영하게 한 뒤 중간에 낙오되는 인원은 자대로 복귀해야 했다. 그는 당시 이처럼 강도 높은 훈련을 왜 받아야 하는지 몰랐다. 5개월 뒤 망치부대가 주둔한 백령도에 배치됐고, 1982년과 1983년 각각 4개월씩 모두 8개월간 망치부대원으로 복무했다.

노영길 씨가 속했던 해병 812부대는 도대체 무슨 목적으로 창설됐을까? 또 이 부대원들은 다 어디에서 무슨 작전을 벌였을까? 다대포 간첩 공작은 지금도 유인작전, 즉 '간첩을 불러들이는 작전'으로 통한다. 북파공작에는 분명 유인작전이 포함돼 있다는 말이다.

> 아웅 산 사태 55일 뒤 도하 신문마다 '부산 앞바다서 무장간첩선 격침'이라는 기사가 났다. 해안으로 침투한 무장간첩 두 명을 생포하고 간첩선을 격침시킨 '다대포 간첩' 사건이다. …… 지금껏 비밀에 부쳐진 이 간첩 사건이 아웅 산 사태에 대한 '보복'으로 치밀하게 계획됐다는 점이다. '침투'가 아니라 '유인'이었다. 국내 고정간첩을 포섭해 무장간첩을 불러들인 것이다. (「[최보식 칼럼] 아웅 산 사태, 그 뒤의 비밀」, 《NK chosun》, 2010년 3월 31일. http://nk.chosun. com/news/articleView.html?id xno=124089.)

"아웅 산 사태 55일 뒤"라고 써 마치 두 사건이 별개 사건으로 보이지만, 다대포 공작은 아웅 산 묘소 테러 사건을 마무리하는 작업이었다.

위 인용문에 중요한 사실이 들어 있다. "아웅 산 사태에 대한 '보복'". 북파공작원들을 동원한 '유인작전'이 '보복'을 위한 공작이었다는 말이다. 우리가 이렇게 당했다고 떠든 뒤, 우리도 이렇게 보복했다고 떠벌리는 작전!

북파공작원들을 동원해 '간첩(선) 침투 사건'을 조작해 일망타진하는 쇼를 보여 주면서 북한에 보복했다고 여긴다는 말이 아닌가? 인민군복을 입고 인민군 무기를 사용하며 김일성-김정일 사진 아래서 보란 듯이 사진을 찍던 우리 남쪽의 북파공작원들은 그렇게 소모품으로 처리된 것은 아닐까?

북파공작원들을 '만능의 살인 병기'로 키우는 과정에서 배를 모는 연습도 시킨다 한다. 얼마든지 '간첩선 공작'이 가능하다는 이야기다.

> 각종 탈것, 기관차, 경비행기, 소형 선박의 운전법을 배운다. 북한 [북파]공작원들의 경우 200t 이하의 배는 누구나 조종할 수 있다고 한다. 지하철이 파업했을 당시 특전사가 투입되어 지하철을 운전한 것도 같은 맥락이다. (조철행 씨의 증언. http://daum.blog.net/printView.html?articlePrint_12968926)

제3부에서도 다른 부분을 인용했던 위의 글이 게시됐던 다음 카페는 이내 없어졌고, 지금 이 글은 '대한첩보원전우회' 홈페이지에 〈북파공작원〉이라는 제목으로 올라와 있다(http://usci.co.kr/gnuboard4/bbs/login.php?wr_id=141&page=2). 북파공작원들의 증언이 실린 글들이 계속 삭제되는 것은 아마도 이들의 증언이 알려지는 것을 두려워하는 이들이 있기 때문일 것이다.

라종일 씨 책에도 비슷한 이야기가 등장한다. 그런데 "북파공작원"이 아니라 "북한의 특수부대"의 놀라운 기량을 소개하는 내용이다.

> 그들은 육지와 물 위 혹은 공중에서 작전을 수행할 능력을 갖춘 군

인들이다. 특수부대의 요원들은 혼자서 100톤급의 배를 운전할 수 있고, 20여 킬로미터를 수영할 수 있으며, 강줄기를 따라 70리 정도는 전술 행동을 하면서 수영할 수 있다.(218쪽)

대구 미문화원 폭탄 테러: 버마 사건의 오프닝 세레머니?

간첩을 생포해 이들로부터 아웅 산 묘소 테러 사건이 "북한이 저지른 행동"이라는 자백을 받는(?) 기상천외한 공작을 벌인 이유는 또 있었다. 아웅 산 묘소 테러가 일어나기 18일 전인 1983년 9월 22일 대구 미국문화원에서 일어난 의문의 폭탄 테러 사건을 "북한의 소행"이라고 '간첩들이 확인해 줄 필요'가 있었던 것이다.

대구 미문화원 폭파 사건은 라종일 씨가 『아웅산 테러리스트 강민철』에서 일관되게 주장하는 '광주 학살 응징론'의 중요 근거이기도 하다.

인터넷 등을 통해 퍼지고 있는 이 사건에 대한 날조된 해설부터 보자.

대구 미문화원 폭발 사건 혹은 대구 미국문화원 폭탄 투척 사건은 1983년 9월 22일 대구에서 발생한 미국문화원에 **폭탄을 투척**한 반미주의운동이었다. …… **던져진 폭탄**은 경비가 밀어내 정문으로 떨어졌고 정문에서 폭파되었다. 광주 민주화운동 유혈 진압을 묵인함으로써 사실상 전두환 군사정권을 지지한 미국에 대한 반감이 동기가 되어 일어난 사건들 중의 하나이다. …… 정문 앞에서 대학생이 던진 강력한 폭발물이 터져 미국문화원에 주둔 중이던 대구 중부경찰서 김철호 순경 등 4명이 중경상을 입었다. 언론은 …… 북한이 한·미 간의 외교 분쟁을 노리고 행한 테러 사건이라고 보도했다. 1983년 12월 8일 대간첩대책본부는 다대포 해

안에서 생포된 진[전]충남과 이상규 등 2명을 생포, 미문화원 폭
파 사건은 북한에서 배후 조종한 소행이라고 발표했다. (https://
ko.wikipedia.org)

"폭탄을 투척한"이나 "던져진 폭탄" 따위의 말들은 대구 미문화원 사건
이 마치 과격 학생운동조직이 폭탄을 던진 사건처럼 보이게 만드는 언어 조
작이다.

사건은 1983년 9월 22일 밤 오후 9시 경 영남고등학교 학생 허병철이 감
색 천 가방을 발견하고 이를 300m 떨어진 대구시경 정문으로 가져와 정문에
서 근무하고 있던 김도현 일경(당시 23세)에게 신고하면서 시작됐다.

허병철은 수상한 물체가 하나 더 있다고 말했고, 시경은 관할인 중부경
찰서 삼덕파출소에 연락해 김철호 순경(당시 25세)이 그와 함께 현장에 갔
다. 그런데 허병철이 가방을 드는 순간("또 다른 가방을 찾기 위해 미문화원
현관 앞 계단에 도착하는 순간"이라는 보도도 있다) 폭탄이 터졌다한다. 수
상한 물건이 있다고 신고한 고등학생이 경찰과 함께 현장에 갔다 학생만 숨
졌다는 이야기다.

신고할 때 들고 왔다는 가방 안에는 정사각형 철판 안에 폭약을 넣은 폭
발물이 들어 있었다. 군경 감식 결과, 두께 5cm, 가로와 세로 각각 26cm, 무
게 2kg인 이 폭발물 안에는 건전지가 장치돼 있어 건전지와 뇌관을 이어 놓
으면 일정한 시간이 지난 뒤 터지게 돼 있었다 한다. 당시 유길종 대구시경
국장은 폭발물이 매우 정교하다는 등의 이유를 들어 '대공 용의점'을 언급
하며 일찌감치 '북괴 소행'으로 몰고 가려는 태도를 보였다.

그래서였는지, 전두환 정권은 대구 미문화원 폭파 사건의 배후를 조작하
기 위해 무수히 많은 이를 조사하고 수사 대상에 올렸다. 이 과정에서 용의
자로 지목된 경북대 운동권 학생들이었던 박종덕, 함종호, 손호만, 안상학 씨
등 7명이 구속되어 수사를 받았고, 이 중 박 씨 등 5명이 '대한민국 대표 고

문기술자' 이근안 등의 고문에 못 이겨 거짓 자백을 해 버렸다. 당시 학생이었던 김부겸 의원도 이 사건 때문에 하도 시달리다 고향인 대구를 떠났다고 밝힌 바 있다. 전두환 정권은 사건 발생 후 거의 1년이 지난 1984년 1월 19일 박 씨 등 5명을 범인으로 만들어 각각 1~3년 형을 선고했다.

그런데 이 판결이 나오기 얼마 전인 1983년 11월 3일, 대구시 경찰청 수사본부는 「미문화원 폭파 사건 수사 상황 보고」를 통해 "관련 혐의자나 목격자를 발견할 수 없다"라며 "북괴 공작원 2~3명이 직접 침투하여 폭파 후 복귀한 것으로 판단되어 더 이상 수사를 계속하더라도 성과가 없을 것으로 전망되므로 본 사건 수사를 종결한다"라고 밝혔다. 이즈음부터 사건을 '북괴소행'으로 몰고 가는 작업이 시작됐다는 이야기다.

공교롭게도 11월 3일은 '아웅 산 테러리스트 강민철'이 '나는 북한 공작원이요'라고 실토했다는(?) 바로 그날이다.

또한 이즈음 아웅 산 묘소 테러와 대구 미문화원 폭탄 테러 사건이 북한 소행임을 밝히기 위한 '다대포 간첩 생포 공작'이 시작됐다. 그렇게 생포한 간첩들(?)의 입을 통해 대구 미문화원 폭탄 테러 사건은 아웅 산 묘소 폭탄테러 사건과 함께 '북괴 소행'으로 정리된 것이다.

이기백 합동참모본부 의장(대장)이 1983년 12월 8일 기자회견을 열어 '생포 간첩의 자백'을 널리 알렸고, 이틀 뒤인 1983년 12월 10일에는 대구 미문화원 폭파 테러에 사용된 폭발물이 아웅 산 묘소 테러 사건에 사용된 것과 동일 제품이라는 기사가 등장한다.

> 이 폭약은 TNT보다 1.4~1.6배나 강력한 위력의 고성능으로 버마
> 아웅 산 폭파 사건 때 폭발된 폭탄의 폭약과도 동일한 것으로 확
> 인됐다는 것. (「대구 미문화원 폭파 바테리 아웅 산 것과 같은 것」,
> 『동아일보』 1983년 12월 10일)

나흘 뒤인 12월 14일, 역시 대간첩대책본부 주관으로 '다대포 간첩들'(?)을 앞세운 기자회견이 열렸다. 이 기자회견은 당시 박종식 국방부 대변인 사회로 마치 토론을 하듯 자유로운 분위기에서 진행됐다 한다.

회견에서 전충남과 이상규는 "대구 미문화원을 폭파한 북괴 공작원들은 북괴로 돌아가 국기훈장 1급을 타고 원산 특별초대소에서 휴식 중"이라고 밝혔고 당국이 서둘러 간첩 소행이라고 단정했지만, 자작 테러 흔적이 농후했다. 우선 이 사건은 국내 미국문화원을 상대로 실행된 반미·반제 민주화운동 진영의 공격 사건들과는 성격이 전혀 달랐다. 유일하게 폭탄을 사용해 사람을 살상했다는 점이 이전과 이후 여러 차례 일어난 사건과 달랐으며, 또한 이전과 이후 일어난 사건들 모두 공격자들이 자신들의 신분을 떳떳이 밝히고 응분의 법적 조치를 감수했으나 이때의 대구 미문화원 폭파 사건만은 그렇지 않았다. 그 시점 또한 전대미문의 국가원수 살해 기도 사건이면서 역시 북한 소행으로 서둘러 낙인찍힐 버마 아웅 산 묘소 테러(1983년 10월 9일)를 18일 앞둔 때였다.

다대포 작전으로 종결된 1982년 '벌초 계획'

아웅 산 묘소 테러 사건을 북한 소행으로 정리하기 위한 다대포 간첩(?) 생포 공작이 박세직 안기부 차장이 육사 12기 동기인 이상규 보안사령관에게 요청해서 벌어진 일이라는 사실을 앞서 지적한 바 있다.

이들 육사 12기들이 아웅 산 묘소 테러 사건이 일어나기 1년여 전인 1982년 초부터 '벌초 계획'(육군) '망치 작전'(해병대)이라는 이름 아래 북파공작원들을 대거 양성했다는 사실도 이미 밝혔다. 그때의 일을 좀 더 자세히 살펴보자.

'벌초 계획'이란 별칭으로 불리기도 했던 이 극비 작전의 개요는 '특수부대원 30명을 투입해 공중으로 침투, 평양 주석궁을 폭파한 뒤 육로 또는 해로를 이용해 귀환한다'는 것이었다. (「군, 아웅산 테러 보복 작선 세웠다」, 『주간 조선』 2010년 4월 7일)

『주간 조선』에 따르면, '벌초 계획'은 "1979년 '12·12 사태'를 일으켰던 육사 12기 출신 군 지휘관들이 주도한 것"이며, "대통령에게 보고할 때도 손으로 직접 쓴 문서를 들고 가 보고한 뒤 문건을 소각"했다 한다. 또 이 작전에는 아무런 이름이나 번호가 붙지 않았으며, 이런 작전 계획이 존재했다는 사실을 아는 극소수의 사람들끼리만 '벌초 계획'이라고 불렀다는 것이다. 안기부 대북 공작 조직이 모종의 북파공작을 꾸미면서, 허수아비 안기부장을 거치지 않고 누군가에게 직보直報했고, 그나마 어떤 증거도 남기지 않기 위해 모든 문건을 손으로 작성했으며 읽은 즉시 폐기했다는 말이다.

누군가를 특정하지 않고 "육사 12기"라고 표현한 점이 눈에 띈다. 육사 12기의 대표 주자가 바로 박세직 씨로, 버마 아웅 산 테러 사건이 일어난 다음 날 진상조사단을 이끌고 버마로 날아가 '버마 아웅 산 테러 = 북한 소행'이라는 결론을 이끌어낸 사람이다. 그는 또 이후 남북체육회담 대표로 나서 북한의 서울올림픽 참가를 좌절시킨 장본인이기도 하다.

육사 11기인 전두환과 노태우 등이 연이어 정권을 잡았던 시절 군 내부 조직인 '하나회'가 승승장구했다는 사실은 익히 알려져 있지만, 특히 육사 12기가 안기부, 보안사, 수경사 등 정권 수호의 핵심 포스트를 장악하고 있었다는 사실은 잘 알려져 있지 않다.

1982년 6월 1일 노신영을 억지로 안기부장에 앉히는 전격적인 인사가 단행된 것은 어쩌면 육사 12기의 대표 주자인 박세직 안기부 차장에게 모종의 작전에 대한 전권을 위임하는 조치였는지도 모른다.

평양의 주석궁을 폭파한다며 시작된 '벌초 계획'이 '다대포 작전'으로 마무리되는 과정을 위 기사의 다른 곳에서 보자.

> 당시 특수부대 관계자는 …… "완벽하게 준비를 갖추고 간첩 침투
> 에 대비하고 있었기에 무장간첩 두 명을 생포하고 북한 반잠수정
> 을 침몰시켜, 정전협정을 위반한 북한의 행위를 국제사회에 알릴
> 수 있었다"고 했다. 이 관계자는 "당시 '평양을 치자'며 격앙돼 있
> 던 군 지휘관들을 전두환 전 대통령이 오히려 말리는 입장이었고,
> 미국 정보기관도 작전에 부정적 입장을 취했던 데다, 버마가 북한
> 과 외교 관계를 끊는 등 우리 정부가 얻은 외교적 수확이 적지 않
> 았고, 다대포로 침투한 무장간첩을 생포해 군부의 사기를 올릴 수
> 있었기에 작전을 백지화시켰다"고 말했다.

"무장간첩을 생포해 군부의 사기를 올릴 수 있었기에 작전을 백지화시
켰다"라는 말은 무슨 뜻일까? '다대포 간첩' (?)을 생포해 아웅 산 묘소 테러
가 북한 소행임을 확인하고 또 그에 대해 보복해 군부의 사기를 충분히 올린
뒤 '벌초 계획'이 없던 일로 됐다면, 그 '벌초 계획'이란 1982년 초 육사 12
기들이 애초부터 아웅 산 묘소 테러 사건을 전제로 기획한 것이라는 말 아닌
가?

앞서 아웅 산 묘소 폭탄 테러가 일어나기 1년 3개월 전(1982년 6월 2일)
에 노신영 외무부장관을 마치 군사작전을 하듯 안기부장 자리에 앉힌 사실
과 "1983년 3월부터 자기들을[강민철 등] 선발해 버마에 보낼 공작을 시작
했다"라는 라종일씨의 전언(『아웅산 테러리스트 강민철』, 90쪽)을 확인했
다. 그렇다면 아웅 산 묘소 테러 사건(1983년 10월 9일)과 이 사건이 북한 소
행임을 밝히기 위해 벌인 다대포 간첩 생포 작전(1983년 12월 3일)은 이미
1982년부터 비밀리에 추진된 '망치 작전' '벌초 계획' 'OO 작전' 등 대북
비밀공작으로부터 시작됐을 개연성이 높다.

앞서 소개한 다대포 간첩 생포 공작에 참여했던 북파공작원 조철행 씨의 증언이 이를 뒷받침한다. 그는 "1982년 2월 [설악]개발단에 입사하여 제3 공작대 15팀에[의] 척후였으며 …… 사회로부터 철저히 밀봉된 채 참혹하고 혹독한 훈련 중 부산 다대포 무장간첩 침투 생포 작전에 선발되었"다고 밝혔다(http://www.ilbe.com/277281 8431).

또 미국 정보기관도 작전에 부정적 입장을 취했다는 주장도 눈여겨볼 일이다. 다른 버전에는 미국 정보기관 대신 워커 주한 미국 대사가 반대했다고 돼 있다.

『두 개의 코리아 : 北(북)한국과 南(남)조선』의 저자인 오버도퍼는 2005년 8월 『서울신문』과의 인터뷰에서 "워커 당시 주한 미국 대사가 전두환 당시 대통령을 만나 '북한에 대한 보복 공격은 동북아 전쟁을 불러올 수 있다'고 만류했으며, 이 말을 들은 전 대통령이 '보복 공격을 하지 않기로 이미 결정했다'고 답했다"고 말한 바 있다(「아웅 산 보복 北(북) 폭격 … 워커가 저지했다」, 2005년 8월 26일).

아웅 산 묘소 테러 사건 당시 주한 미국 대사였던 워커는 1982년 전두환 대통령의 아프리카 순방 당시 노신영 외무부장관의 요청에 따라 대통령의 안전 문제에 협조했다는 인물이다. 노신영 씨는 또 자신이 안기부장으로 자리를 옮긴 뒤 추진된 전 대통령의 서남아시아 순방, 특히 첫 방문국인 버마 방문과 관련해 '미국 측'의 권고에 따라 대통령이 탄 비행기의 항로가 바뀌었다고 증언한 바 있다.

그 '미국 측'이 워커 대사든 CIA 한국지부장이든, 전두환 정권 초기 집중된 비동맹 순방 외교에는 미국이 개입돼 있다는 느낌을 지울 수 없다. 또 워커 대사가 아웅 산 묘소 테러 사건에 대한 대북 보복을 저지했다는 증언 역시, '미국 측'이 전두환 정권이 극비리에, 문서 한 장 남기지 않고 추진했던 '벌초 계획'에 대해 소상히 알고 있었다는 말로 들린다.

아웅 산 묘소 작전의 후속 공작: '늑대 사냥'

강민철의 '자백'(?)으로 버마 당국이 더 이상 한국의 자작극 의심을 접고 북한과의 외교 관계를 단절했다면 게임은 끝난 것이다. 그런데 한 달이나 지난 뒤 "북한의 요원을 생포해서 그의 입으로" 아웅 산 묘소 사건이 "북한이 저지른 행동이라는 자백을 받으라"는 전두환의 지시(라종일, 『아웅산 테러리스트 강민철』, 157쪽)에 따른 다대포 공작을 벌인 이유가 무엇일까?

어떤 후속 작업 또는는 '더 큰 한 방'이 필요한 것이 아니었을까?

'다대포 간첩 작전' 지침이 일선 북파공작대에게 하달된 11월 13일부터, 다대포에 괴선박이 출현해 공격조와 체포조로 나눠 진행한 훈련대로 간첩들(?)을 체포한 12월 3일, 이기백 합참의장이 기자회견을 연 12월 8일, 다시 '다대포 간첩' 기자회견이 열린 12월 14일까지, 이 시기에 어떤 일들이 있었는지 살펴보면 조금 더 큰 그림이 그려진다.

비동맹권의 맹주 격인 북한과 버마의 단교에 만족하지 않고, 미-일-한 3국의 대북 대소 동맹을 굳건히 하려는 어떤 작전! 그와 동시에 남한 국민들에게는 대북 적대감을 고조시킴으로써 남북 분단 체제를 공고히 다지는 작업!

전두환의 '다대포 간첩 작전' 명령이 일선 북파공작 부대에 하달된 것은 미 대통령 레이건이 한국에 온 다음 날이었다. 레이건은 1983년 11월 12일 내한 당일 청와대에서 전두환 대통령과 한미 제1차 정상회담을 가진 뒤, 국회로 가 "북괴의 대한 위협을 깊이 인식하고 있다"라고 밝혔다.

그리고 그 다음 날, 즉 '다대포 간첩 작전'이 일선 북파공작 부대에 하달되는 11월 13일, 레이건은 전두환과 두 번째로 만난 뒤 비무장지대 시찰에 나섰고, 레이건을 따라온 조지 슐츠 미 국무장관은 기자회견을 통해 "한미 양국이 랭군 사태에 대한 대응으로 북괴를 고립시키는 모든 방법을 강구하기로 합의했다"라고 밝힌다.

레이건은 다음 날인 11월 14일 한국을 떠난다. 11월 18일에는 호크 호주 수상이 이듬해인 1984년 초 한국을 방문하겠다고 발표하고, 19일에는 레이건이 후대厚待에 감사하다는 메시지를 전두환 대통령에게 전달한다. 20일에는 캘링턴 영국 외상이 한국에 오고, 다음 날인 21일에는 발터 셀 전前 서독 대통령이 한국에 와 대통령을 만난다. 또 다음 날인 22일에는 버마 랭군의 3군통합장교회관에서 아웅 산 묘소 사건 첫 공판이 열리고, 다음 날인 23일 강민철은 "평양 특수부대 사령관 강창수가 지령했다"라고 말하고, 25일에는 강민철이 랭군 주재 북한 참사관 집에서 숨어 공격의 날을 기다렸다는 등등을 자백(?)했다는 소식이 국내에 전해졌다.

이때는 또 '다대포 간첩 작전'에 따라 남한의 북파공작원들이 체포조와 공격조로 팀을 나눠 열심히 훈련하는 때다. 강원도에서 훈련받은 북파공작원들이 부산으로 내려와 작전을 종료한 때는 12월 3일. 닷새 뒤인 12월 8일 이기백 합동참모본부 의장이 다대포 간첩 체포 기자회견을 연다. 그리고 이틀 뒤인 12월 10일 미 대통령 레이건과 일본 총리 나카소네의 공동성명에 "북괴 랭군 테러는 용납 못할 행위"라는 내용이 담기고, 다음 날인 12월 11일에는 레이건이 일본 의회에서 다시 한 번 랭군 폭파 사건을 언급하고, 사흘 뒤인 12월 14일 '다대포 간첩' 두 명의 기자회견이 열린다.

이렇듯 '다대포 공작'은 미국, 일본, 한국 세 나라를 연결하는 대북 적대 동맹의 움직임과 밀접하게 연결돼 있고, 특히 미 대통령 레이건의 아시아 순방 일정과 맞물려 있었다.

한미 양국은 실제로 북한을 고립시키는 총력을 기울였다. 소위 '늑대 사냥' 작전!

'늑대 사냥'은 여러 나라를 대상으로 매우 구체적으로 실행됐다. 북한과의 외교 관계 단절 내지 북한 공관 폐쇄(A), 공관 규모 축소 등 외교 관계 격하(B), 공식 규탄과 인적, 물적 교류 제한(C), 유감 표명(D) 등 A~D 등급으로 구분했고, A급 목표 대상국에는 네팔, 방글라데시 등 13개국, B급은 싱가

포르, 태국 등 8개국, C와 D급은 각각 70개국, 17개국이었다. 남·북한과의 수교 여부 및 북한과의 관계 정도에 따라 북한에 대한 외교 관계 재고를 요구하기 위한 분류였다. 전두환 정권은 이를 위해 외무부장관 친서 발송, 정부 특사 파견, 대사의 겸임국 방문 등 여러 채널의 외교적 접촉과 함께 경제 협력 자금 제공, 유력 인사 방한 초청 등 모든 수단을 동원했다. 또 미국-일본-한국과 대북 적대 동맹을 구축하고 있는 나라들이 이를 적극적으로 지원했다.

물론 10월 9일부터 버마가 북한과 외교 관계를 단절한 11월 4일까지는 아웅 산 묘소 사건이 북한 소행이라고 장담할 수 없는 상황이어서 본격적인 외교 활동을 펼칠 수 없었다. "따라서 대북한 응징 조치 외교교섭은 11월 4일 이후부터 본격화된다"(송영식, 『나의 이야기』, 215쪽).

전두환 정권의 이런 전 방위적 공작과 미국과 일본 등의 전폭적인 지원으로 1983년 12월 15일에 이르면 코스타리카가 북한과 외교 관계를 단절했고, 23개국이 공식 규탄 성명을 발표했으며, 20개국이 북한과의 인적, 물적 교류 제한 조치를 취했다.

북한의 대한민국 국가원수에 대한 테러 행위의 후폭풍은 매우 컸다. 사건 한 달 뒤인 11월 4일 미얀마[버마]는 사건 조사 결과를 발표하면서 북한과 단교하였다. 미얀마에 주재하던 북한 외교관과 그 가족들은 11월 6일 미얀마에서 강제 추방당했다. 국제 여론도 북한에 대해 강도 높게 비난하였다. 69개국이 북한의 테러 행위를 비난하고, 인적·물적 교류를 제한하는 조치를 취했다. 북한은 미얀마에 장기간 구축했던 외교 기반을 상실하게 되면서, 동남아시아 및 제3세계 진출에 큰 타격을 받게 되었고, 테러 집단으로 낙인찍히면서 국제적으로 고립되었다. (이신재 국방부 군사편찬연구소 연구원, 「북 계획적으로 대한민국 대통령 시해 시도 〈14〉 아웅 산

테러 사건」, 『국방일보』 2014년 10월 6일)

'아웅 산 묘소 테러 사건'은 한-미-일 3국의 대북 대소對北對蘇 적대 동맹을 굳건히 다졌다는 점에서 대성공이었다. 1982년 초부터 '대북 보복'을 외치며 북파공작원을 대거 양성하는 것을 시작으로, 1983년 10월 9일 아웅 산 묘소 테러와 12월 3일 다대포 간첩 생포 공작을 거쳐, 북한의 외교적 고립을 위한 외교 공작인 '늑대 사냥'까지, 일사불란하게 진행된 일련의 작전이 아니었다면 그런 대성공을 거두지 못했을 것이다. 그런데도 아웅 산 묘소 테러 사건을 북한 소행이라고 강변해야 할까? 북한을 완패시켜 놓고 북한이 실패했다고 말하는 것은 이 사건을 북한 소행으로 몰기 위한 언어 조작 아닌가?

> 북한 정부가 기획했던 정치적 효과 면에서 본다면 테러는 완전히 실패였다. 남한 정부의 주요 인사를 다수 살상했지만 가장 중요한 대통령을 암살하는 데 실패했기 때문에 북한 정부가 노린 남한 정국의 불안정이나 혼란 그리고 저항운동의 확산 등은 전혀 없었고 오히려 북한 정권이 궁지에 몰려 변명과 발뺌에 급급해야 하는 처지가 되었다. (라종일, 『아웅산 테러리스트 강민철』, 123쪽)

'늑대 사냥'은 테러 사건의 대응이 아니라 테러를 포함한 작전이 아니었을까? 메인이벤트의 분위기를 이어가는 후속 작업!
전두환 대통령이 테러 사건의 현장 조사 결과는커녕 사건 현장을 보지도 않고 '북한 소행'을 외친 이유가 바로 그것이 아니었을까?

> 버마 대통령과 그 당시 버마 실권자 네 원 …… 자기들 나라의 정보부장을 교체했는데 이 친구들이 장난을 쳐서 이런 것 같다, 자기들 내부 사정으로 돌려요. …… 불과 일주일 전에 [대구] 미문화원

[폭탄 테러] 사건이 …… 그러니까 전두환 대통령께서는 금방 아시는 것이죠. 버마까지 와서 나를 해치려는 사람이 누구인지 말이야, 이건 버마 사정이 아니다 하면서 딱 얘기를 해요. 이건 우리 대한민국 국민 수십 명이 겪은 것이니까 버마 내부 사정이 아니다. 이건 북측으로 단정을 해라. 그러니까 수색도 어떻게 하냐면 …… 그러니까 이 사람들이 내뺄 때는, …… 바닷가로 해서 배로 갈지 모르니 거기로 수색로를 좁혀라, 이랬거든요. 그래서 금방 잡혔어요. (2015년 10월 8일 YTN에 방영된 최재욱 인터뷰에서)

제 6 부

전두환 정권의 남북회담 속셈과
'간첩선 공작'

아웅 산 묘소 테러 사건이 일어난 지 1년여가 지난 1985년, 전두환 정권은 남북 화해 국면을 조성하면서 밀사를 파견하는 등 분주하게 움직였다. 그러나 남북 밀사들이 오고가며 회담 분위기가 무르익자, 장세동 안기부장은 박철언 특보에게 '북한이 아웅 산 묘소 테러를 저질렀다고 시인하게 하라'라고 지시를 내렸고, 북측 특사가 서울을 방문한 자리에서 매우 진지한 태도로 이를 요구했다. 북측이 이에 응할 수 없다는 태도를 보이자 전두환 정권은 정상회담 불가론을 내세웠고, 이때에 맞춰 부산 청사포 앞바다에 다시 간첩선(?)이 나타난다.

"아웅 산 사건을 인정케 하라": 남북 밀담의 노림수

아웅 산 묘소 테러 사건은 '다대포 공작'이나 '늑대 사냥'으로 끝나지 않았다. 북한으로 하여금 아웅 산 묘소 사건이 자신의 소행임을 인정하게 만들려는 속셈으로 전두환 정권이 남북회담에 나선 것이다.

남북회담의 작전명은 "88 계획". 1982년 초 육사 12기들이 중심이 되어 추진한 '벌초 계획'으로부터 1983년 아웅 산 묘소 사건을 거쳐 그해 말 '다대포 작전'과 '늑대 사냥'으로 이어진 일련의 공작의 최종 마무리 작업이 "88 계획"이었다.

라종일 씨는 『아웅산 테러리스트 강민철』에서 "아웅 산 묘소의 테러 사건이 종결된 지 채 1년도 지나지 않아 남과 북은 다시 '인도주의적 지원'이니 '형제간의 우애'라는 이야기"를 주고 받았다며 "김일성과 전두환은 상대방을 죽이려 한 지 2년 만에 서로 칭찬하면서 민족의 화해와 통일을 논의하고 있었다"라고 개탄했다(246쪽, 247쪽). 그는 이어 "테러 행위의 직접적인 책임은 김일성이지만, 간접적인 원인과 배경은 이른바 광주항쟁 전후에 남한에서 빚어진 정치적인 혼란이었다"라며 아웅 산 묘소 테러에 대한 책임을 남북한이 동시에 져야 한다고 주장했다(247~248쪽).

아웅 산 묘소 테러 사건이 일어난 지 1년도 채 지나지 않아 남북이 다시 '화해'와 '통일'을 이야기하는 데 대해 당혹해하는 것은 당연한 일이다. 정상적인 사고를 가진 이라면, 북한이 남한 대통령을 죽이기 위해 테러를 저질렀다고 떠들면서 채 1년도 안 돼 남북 간 화해와 협력을 논의하고 정상회담을 위한 특사를 교환하는 것은 아무리 봐도 이상한 일이다.

그런데 둘 중 어느 쪽이 더 이상할까? 테러를 당했다고 주장하는 남쪽이 더 이상한 것 아닌가? 북측은 어차피 처음부터 이 사건과 자신들은 무관한 일이었다고 주장했으니까.

아무튼 라종일 씨는 아웅 산 묘소 테러의 희생자들과 '테러리스트 강민철'에 대한 연민과 동정심을 한껏 표현하면서, 남북이 갑자기 친해지는 이상한 행보를 보이는 데 대해 은근히 전두환 대통령과 장세동 경호실장에게 비난의 화살을 돌렸다.

> 그 다음 해에 전두환의 오른팔 격인 장세동 안기부장이 비밀리에 평양을 방문해 김일성과 면담하고 정상회담을 제의하는 대통령의 친서를 전달했다. 장세동은 그 자리에서 김일성의 항일투쟁과 지난 40년간 북한을 통치해 위대한 성과를 이룩한 지도자로 높이 찬양하고 전두환 대통령이 김일성의 애국심과 민족애를 높이 평가한다는 말도 했다. 이어서 두 사람은 남북한이 한반도의 평화와 통일을 위해 함께 노력하자는 이야기도 나누었다. 전두환은 친서에서 김일성이 그의 제안에 긍정적으로 응해 준 것에 감사하고 그가 먼저 평양을 방문하고 그 다음에 김일성이 서울을 방문하는 식으로 정상회담을 진행하자고 제의했다. (246∼247쪽)

위 글에 따르면, 전두환 정권이 그 나름 진실성을 갖고 대북 접촉에 나선 것처럼 느껴지지만, 라종일 씨 책에 언급되지 않은 사실이 있다. 장세동 경호실장과 허담 북측 특사와의 대화, 전두환 대통령과 허담 특사와의 대화에서 오간 이야기의 핵심은 바로 **북한이 아웅 산 묘소 테러 사건에 대한 책임을 인정하는 문제**였다는 사실이다. 당시 전두환 정권의 대북 접촉은 아웅 산 묘소 테러 사건의 앙금을 씻고 진심으로 남북 화해를 위해 노력하려는 것이 아니었던 것이다.

전두환 정권은 북한이 아웅 산 묘소 테러의 책임을 인정할 것을 요구했고, 북측은 자신들은 그 사건과 무관하다며 남측의 요구를 받아들이지 않았다. 정상회담까지 갈 것 같던 남북 간 대화는 결국 아무런 소득 없이 마감해야 했다.

전두환 정권은 어마어마한 이득을 노리고 대화에 나섰다가 그런 이득을 기대할 수 없게 되자 이내 '장사'를 접은 것이다. 남북정상회담 논의와 동시에 진행된 남북 간 체육회담의 목적도 '북한의 고립'이었다. 85년 10월 8~9일 사이에 처음 열린 남북체육회담을 포함하여 모두 네 차례에 걸친 남북 간의 체육회담이 실패로 돌아간 후 박세직 위원장은 이렇게 말했다 한다. "북한은 완전히 궁지에 몰렸다. (……) 우리나라와 IOC는 3년에 걸친 인내심과 상호 협조, 신중한 계획으로 북한을 고립시키는 데 성공했다. 우리가 북한을 설득하기 위해 최선을 다했다는 사실을 국제사회에 보여 주었으므로 소련과 동유럽 국가들은 서울올림픽 참가 여부를 자유롭게 결정할 명분을 얻었다." (강준만, 『한국현대사산책』 2권, 308~309쪽)

남북체육회담 남측 대표로 나섰던 박세직이 누구인가? 아웅 산 묘소 테러 사건 당시 국가안전기획부 차장으로 진상조사단 단장 자격으로 버마로 날아가 강민철이 북한 공작원임을 입증(?)했고, 육사 동기인 이상규 정보사령관과 함께 북파공작원들을 활용한 해괴한 간첩 생포 작전(다대포 사건)을 벌인 이다.

아웅 산 묘소 테러 사건은 사건 발생 1년여 전 정보 계통에서는 완전 문외한인 노신영 외무부장관을 안기부장 자리에 앉혀 놓고 전두환과 그의 경호실장 장세동의 청와대를 정점으로 하는 비선秘線 조직이 가동되는 가운데 일어난 사건이었다. 이 사건에서 안기부 조직을 장악하고 사건을 북한의 공작으로 만드는 데 지대한 공을 세운 이가 남북회담 대표로 나서, '북한의 고립', '우리의 성공' 운운했다면, 그 회담에 임하는 남측의 의도가 무엇이었는지가 분명해진다.

역사학자 김기협 씨는 전두환 정권의 남북정상회담 추진에 대해 "정부의 정식 위임 없이 안기부 차원에서 추진한 하나의 '공작' 수준이었던 것 같다"라고 평가했다(「전두환은 왜 '만년필 모양의 무기를 준비' 특명을 내렸나」, 『프레시안』 2014년 1월 23일).

실제로, 남북적십자회담은 1985년 2월 18일 장세동 청와대 경호실장이 안기부장에 임명되고 이어 3월 6일 전두환과 노태우 등 군부 실세들의 총애를 받던 검사 출신 청와대 비서관 박철언이 직제에도 없던 '안기부장 특보'로 발탁되면서 본격화됐다. 이 인사에서 버마 사건 당시 안기부장이었지만 아무런 문책도 받지 않았던 노신영은 총리로 영전한다.

2년 9개월 전인 1982년 6월 노신영 외무부장관을 안기부장으로 보낸 것이 버마 아웅 산 묘소 폭파 사건을 앞둔 사전 정지 작업이었다면, 장세동 경호실장이 안기부장이 되고 박철언을 안기부장 특보로 임명한 것은 버마 사건을 북한 소행으로 '정리'하기 위한 작업이 아니었을까? 장세동의 안기부가 전면에 나선 것도 그 때문이었을 것이다.

> [1985년] 5월 20일, 대북 문제를 담당하는 [안기부] 2차장실의 업무 보고가 있었다. 이 자리에서는 연초에 전두환 대통령이 국정연설을 통해 제안한 '남북한 최고 책임자 회담'을 1985년 후반기에는 반드시 달성해야 한다는 원칙을 거듭 확인했다. 남북문제 추진은 워낙 중요한 문제이니만큼, 안기부가 주된 계획의 작성과 추진을 주도하기로 했다. 안기부가 중심이 되어 경제 회담, 적십자 회담, 체육 회담, 국회 회담, 부총리 회담, 최고 책임자 회담 등 단계별 대화 전략을 이끌어 나가기로 했다. …… 국무총리, 당 대표, 부총리 …… 안기부의 담당 차장 및 국장이 참석하는 …… 종합회의는 안기부장이 주재하고 통일원장관이 대통령에게 보고하도록 했다. 이날 장세동 부장은 "청와대 비서실은 참모일 뿐, 거기서 안기부 국장을 오라 가라 하는 이야기는 월권이다. 안기부가 모든 일을 준비하고 시나리오를 짜 주고 실무적으로 통일원을 앞장세워야 한다"며 대북 문제에 있어서 안기부 중심을 거듭 강조했다. 5월 22일, 장 부장 취임 이후 첫 번째 핵심 간부회의가 열렸다. (박철언,

『바른 역사를 위한 증언 (1)』, 141~142쪽)

아웅 산 묘소 테러 사건이 일어날 때 안기부장은 허수아비 신세였다. '청와대 지시'로 순방 일정에도 없던 버마를 대통령의 서남아 순방 일정에 끼워 넣은 작업부터, 사건 당일 전두환 대통령의 동선을 조정하고 사건 발생 다음날 박세직(육사 12기) 안기부 차장 등 안기부 인사들을 중심으로 '진상 조사단'을 꾸려 버마에 보낸 것 등 아웅 산 묘소 테러 사건의 중심에는 청와 대가 있었고, 장세동(육사 16기)씨는 청와대 경호실장이었다. 버마 일정 추 가 문제와 관련해 당시 이범석 외무부장관이 "그 XXX 덕에 버마까지 가게 됐다"(라종일, 『아웅산 테러리스트 강민철』, 74쪽)라며 거칠게 비난했던 것 도 그 때문이다. 그리고 사건을 무사히 치러 내고 안기부장으로 자리를 옮긴 뒤 장세동 청와대 경호실장은 "안기부가 모든 일을 준비하고 시나리오를 짜 주고" 모든 회담 일정을 주도해야 한다고 역설하고 있는 것이다.

아웅 산 묘소 테러 사건이 일어날 때 허수아비 안기부장으로 자리만 지 키면서, 장세동 경호실장이 주도하는 대통령의 버마 방문 계획에서 철저히 배제돼 있었던 노신영은 총리가 되어서도 여전히 '허세'였음을 알 수 있다.

이렇게 전두환 정권의 남북회담은 장세동의 안기부가 주도하게 됐고, 박 철언 씨는 이때를 서술하며 장세동 안기부장이 "명실상부한 정권의 2인자" 로 떠올랐다고 회고했다.

역사적인 남북정상회담 개최를 위한 비밀 접촉을 준비해 가는 가 운데 …… 장세동 안기부장이 사실상 비서실장의 역할까지 겸하고 있는 명실상부한 정권의 2인자였다. 장 부장은 대통령에게 직접 보고했고, 필요에 따라 노신영 국무총리나 노태우 민정당 대표와 협의할 정도였다. (149~150쪽)

당시 청와대 비서실장은 안현태. 육사 17기로 장세동 안기부장의 육사 1년 후배다. 전두환 정권의 실세로 불렸던 '쓰리(3) 허' 중 두 명인 허화평, 허삼수 씨, 노태우 정권 초대 안기부장을 지낸 이현우 씨 등이 육사 17기다.

1982년 6월 허수아비 안기부장을 앉히고 아웅 산 묘소 테러가 일어나자 육사 12기 출신 박세직 2차장이 전권을 행사하며 사건을 마무리하도록 구도를 짜 놓은 것과 마찬가지로, 1985년 남북대화 국면에서는 아웅 산 묘소 사건 당시 청와대 경호실장이었던 장세동을 안기부장, 그의 1년 후배를 경호실장에 앉힘으로써, 모든 일 처리를 안기부장이 주도하는 구도를 만든 것이다.

그리고 아웅 산 묘소 테러 사건이 일어났고, 그 사건에 대한 책임을 북한에 전가시키기 위해 매우 주도면밀하게 서울과 평양, 판문점을 오가며 남북 밀담을 이어 갔다. 놀라운 연출이다.

박 씨는 "당시 남북정상회담 개최는 대통령과 안기부의 제일의 관심사였다"라며 "'88 계획'으로 명명된 '남북정상회담 준비를 위한 차관급 실무 대표 간의 비밀 접촉'을 안기부가 주도했다"라고 밝혔다(151~152쪽).

이때까지만 해도 전두환 정권이 남북회담에 임하는 자세는, 최소한 겉으로 보기에는, 매우 진지했고 진솔해 보였다. 전두환 대통령 역시 남북정상회담에 대해 언제든 어디서든 좋다는 입장이었고, 박철언 특보에게 전권을 위임하는 듯한 태도를 보였다.

7월 11일, 남측의 박철언과 북측의 한시해를 각각 수석대표로 하는 비밀 접촉이 판문점 북측 지역에 있는 판문각에서 처음 열렸고, 남북회담의 장래는 장밋빛으로 보였다. 7월 26일, 비무장지대 북측 통일각에서 두 번째 남북 수석대표 회담이 열리고, 3차 회담을 8월 9일 갖기로 합의했다. 8월 7일, 박특보의 보고를 받는 자리에서 전두환 대통령은 "박철언이 거기 가서 큰일을 맡아 고생한다. 민족사에 남을 제일 중요한 일이다"(161쪽)라며 격려를 아끼지 않았다.

이후 북한의 허담 특사가 9월 4일부터 9월 6일까지 2박 3일간 서울을 방문하기로 양측이 합의했고, 9월 20일부터 23일까지 남북 이산가족 고향방문단과 예술공연단, 기자단 및 수행단 각각 50명 씩 총 150명의 방문단이 서울과 평양을 동시에 교환 방문하는 등, 1972년 7·4 남북공동성명 분위기가 재연되는 듯했다.

그러나 불손한 의도로 시작된 남북회담은 이내 파행하기 시작한다. 허담 특사의 서울 방문을 앞두고 장세동 안기부장은 박철언 특보에게 버마 아웅산 묘소 테러 사건에 대한 북한의 사과를 받아내라는 지시를 내렸기 때문이다.

> 허담 특사의 서울 방문을 준비하는 가운데 엉뚱한 돌발 상황이 발생했다. 8월 21일, 장세동 부장이 급히 나를 찾았다. 장 부장은 대통령의 지시 사항이라며 아웅 산 [묘소] 테러 사건에 대한 북한 측의 사과를 받아내야 한다는 것이었다. 장 부장은 대통령이 "버마 참사에 대한 유감 표시가 없으면 정상회담을 할 필요가 없다. 박 특보가 한시해 대표를 만나서 허담 특사가 유감의 뜻을 표시해야 접촉이 가능하다고 사전에 설명하도록 하라. 북의 특사가 유감의 뜻을 표하지 않을 때에는 김일성 주석을 만날 때라도 짚고 넘어가야 한다. 이것이 없으면 특사를 만날 필요도 없고, 내가 평양에 갈 필요도 없다"고 했다는 것이었다. (앞의 책, 162쪽)

정말 전두환 대통령이 그렇게 지시했을까?

> 장 부장에게 경위를 들어 보니 안현태 경호실장이 대통령의 지시라며 장 부장에게 그 같은 말을 전달했다는 것이다. 장 부장도 "내가 당시 경호실장이었다. 인간적인 측면에서도 북측에서 각하에게 사과 언급을 해야 한다"는 의견이었다. (162쪽)

전두환 대통령이 장세동 안기부장에게 직접 한 말도 아니고 안현태 경호실장을 통해 장 부장에게 전달했다는 것이다. 당시 전두환 대통령이 장세동 안기부장에게 어떤 지시를 내릴 때 안현태 경호실장을 통했을까? 전두환 대통령과 장세동 부장의 사이를 알고 있는 이들이 들으면 실소를 금치 못할 일이다. 또 앞에서도 살펴봤듯이, 이때의 남북대화 국면은 철저히 장세동 안기부장 중심으로 돌아가고 있었다. 비서실은 뒤로 물러나 있으라고 이야기한 사람이 바로 장세동 부장이었다. 그런데 왜 대통령이 비서실장을 통해 장세동 부장에게 말을 전할까? 버마 사건에 대해 북한의 사과를 받으라는 말은 전 대통령이 안 실장을 통해 장 부장에게 전한 말이 아니라, 장 부장 또는 당시 남북회담의 총연출자가 한 말이었을 것이다.

아무튼 이 말을 들은 박 특보는 현재 진행되고 있는 남북대화에서는 '북한의 사과'가 부적절한 요구라는 입장을 개진했고, 장 부장은 화를 냈다 한다. 믿고 맡겼던 박 특보가 자신의 의도대로 움직이지 않았기 때문이다.

8월 24일 박철언 특보가 북한 특사의 서울 방문 때 전두환 대통령이 할 이야기를 정리해 보고하는 자리에서 전 대통령이 보인 태도 역시 위 장 부장이 전한 말이 전 대통령에게서 나온 말이 아니었음을 짐작케 한다.

> 나는 전 대통령에게 아웅 산 사건에 대한 사과 문제와 관련하여 내 복안을 설명했다. "북한 특사의 대통령 각하 면담 전에 장세동 부장이 허담에게 아웅 산 사건에 대한 사과를 종용하고, 대통령 접견 시에도 사과 언급이 없으면 그때 아웅 산 사건을 언급하되, 우리가 북측으로부터 사과 받을 수 있는 최대치는 '과거를 잊고 새 출발을 하자'는 정도일 것입니다. ······"라는 의견을 얘기했다. ······ 전 대통령은 어느 정도 수긍하는 눈치였다. (163~164쪽)

그랬음에도 불구하고 장세동 부장은 기어이 서울에 온 허담 특사에게 아웅 산 묘소 사건에 대한 사과를 요구했고, 허담 특사는 다음과 같이 말하는 수준에서 유감의 뜻을 표했다. "우리가 그 문제를 시인할 수도 없고 사과할 수도 없는 게고 또 남측에서 그걸 우리보고 시인하고 사과하라든가 이렇게 되면 결국 우리가 큰일을 망칠 수 있습니다. (중략) 우리의 입장은 그 일에 대해서는 역사가 밝힐 것이니 과거를 불문하고 앞으로 그러한 불행한 일이 다시는 일어나지 않도록 서로 노력합시다."(168쪽)

또 1985년 10월 17일, 정상회담 개최를 위한 2차 특사 접촉을 위해 장세동 부장과 박철언 특보가 평양을 방문했을 때 이들을 맞이한 북한의 김일성 주석은 "우리(남북한 정상)가 상면하면 긴장 상태 완화, 불가침 선언을 하고 두 나라가 공존하는 정도가 되어서는 안 되고, 두 개의 나라가 아니라 중립국, 블록 불가입[비동맹], 두 제도를 그대로 쓰고 하나의 통일 국가를 형성한다는 원칙을 채택해야 합니다"라고 정상회담의 의의를 밝혔다 한다(195쪽).

그러나 전두환 정권은 아웅 산 묘소 테러 사건의 책임을 북한에 뒤집어 씌우는 데 목적이 있었기에 남북회담은 파탄에 이를 수밖에 없었다.

회담 중단을 위한 비책: '청사포 간첩선'

우리가 서울로 돌아온 1985년 10월 18일, 북한은 약속대로 제2계 영호의 송환을 발표했다. 그런데 10월 20일 일요일 새벽에 부산 청사포 앞바다에서 침투하던 북한 무장간첩선 한 척이 우리 군에 의해 격침되는 사건이 발생했다. 그로부터 며칠간을 방송과 신문에서는 이를 대대적으로 보도하기 시작했다. 한 달 전인 9월의 고향방문단, 예술단의 교환 방문 후 북한 실정에 대해 비판적 보도를 많이 했던 보수 성향의 언론들은 이번에는 내놓고 맹비난하기 시작했다. 이미 권력 핵심 쪽에서 언론에 그런 방향의 뉘앙스를 전달

한 듯했다. 기분이 좋지 않았다. 정상회담 추진의 흐름에 무엇인가
큰 변화가 있는 느낌이 들어 걱정스러웠다. (202쪽)

북측은 장세동 부장 일행이 서울로 귀환하는 때에 맞춰 나포했던 남한 어선을 돌려보낸다고 발표하는 등 회담 분위기를 진작시키기 위해 애를 썼음에도 불구하고, 남측에서는 '간첩선(?) 격침 공작'을 시작으로 언론을 동원한 여론 공작까지 회담을 깨기 위한 플랜이 가동됐음을 짐작할 수 있다.

전두환 정권이 '한탕'을 노리고 정상회담을 추진하는 시늉을 하다 그 '한탕'을 기대할 수 없음을 깨닫고 판을 뒤엎은 것이고, 결정적으로 판을 깬 것은 소위 '부산 청사포 간첩선(?) 사건'이었다.

장 부장 일행이 평양에서 돌아오는 때에 맞춰 '간첩선(?) 격침 사건'이 벌어진 것으로 보아, 이들이 평양으로 떠나기 전에 이미 일련의 작업이 시작됐다고 봐야 한다.

전두환 정권이 남북회담을 깨뜨리고자 하는 시점에 발생하는 그 놀라운 '타이밍'이 의심스러운 것은 필자만이 아닐 것이다.

남북이 적대하던 시절, 참으로 다양한 간첩 사건이 있었다. 무장간 첩, 고정간첩, 이중간첩, 여간첩 …… 종류도 다양했다. 간첩 사건 은 국내적으로 냉전의 광기를 유지하고 확산하는 계기였다. 남북 관계 역시 얼어붙게 했다. 1985년 부산 앞바다 청사포 간첩선 침 투 사건은 전두환 정권의 정상회담 추진에 찬물을 끼얹었다. 이 사 건을 계기로 장세동과 허담 밀사 교환 방문은 없던 일로 됐고, 강 경파가 부상했다. ([김연철의 냉전의 추억], 「영화보다 더 극적인 '한국판 마타하리'?」, 『한겨레21』 2008년 10월 23일)

특사단 일행이 평양에서 돌아오는 때에 맞춰 괴선박이 출현한 것을 기

화로, 전두환 대통령은 평양 밀담에 관한 박철언 안기부장 특보의 보고 일정을 차일피일 미루다, 10월 30일에야 보고를 받았다.

청사포 사건에 대해 남측은 "'86 아시안게임'과 '88 올림픽'을 방해하기 위해 경남 청사포로 침투하는 무장간첩선을 격침했다"라고 주장했고, 북측은 "우리와는 무관한 사건"이라고 맞섰다. 이 사건의 진상을 규명하기 위한 군사정전위원회 회의까지 열렸지만, 어차피 남북회담의 판은 깨지게 되어 있었다.

'청사포 격침 사건' 이후 전두환의 발언도 그런 뉘앙스를 풍긴다. "우리는 이미 목표를 달성했다." 박철언 안기부장 특보로부터 평양 밀사회담 결과를 보고받는 자리였다.

전[두환] 대통령은 "이번 사건도 변명과 발뺌만 한다면 김일성이 나를 평양으로 초청한 후 정치적으로 활용할 의도만 가지고 있다고 볼 수밖에 없다"라고 했다. 순간 나는 어안이 벙벙해지며 속으로 '아하, 우리가 평양에 간 사이에 무슨 일이 있었구나' 생각했다. …… 또 우리가 평양을 방문하기에 앞서, 국무총리를 비롯한 핵심적인 장관들과의 회의 때마다 느꼈던 우리 집권 세력 내부의 친미 일변도, 극우적 흐름이 전 대통령에게 강하게 전달되었다는 생각이 들었다. 노신영 국무총리, 이원경 외무부장관, 이규호 대통령 비서실장, 허문도 정무1수석은 말할 것도 없이 그런 성향이었고, 심지어 안기부 내에서 대북 문제를 담당해 온 손장래 2차장의 경우도 개성 출신의 예비역 육군 소장으로, 5년간이나 주미 대사관 공사를 지낸 경력을 갖고 있었다. 전 대통령의 말은 계속되었다. "우리는 이미 목표를 달성하였다. 전쟁과 위험을 충분히 강조했다. 전쟁이 나면 핵전쟁으로 이어지고 모두 멸망할 것이라는 것을 알림으로써 남침 야욕을 저지했다. 회담을 하기 위해 질질 끌려 다니지 말아야 한다"고 했다. 나로서는 뒤통수를 얻어맞은 기분이었다. 불과 열흘 남짓 만에 대통령의 태도가 180도 바뀌어 있었다. (박철언, 『바른 역사를 위한 증언 (1)』, 203~204쪽)

안기부장 특보 박철언의 대북 행보는 민족의 화해와 협력을 위한 충정에서 나온 것이었지만 결국 그는 들러리였던 셈이다. 사견이지만, 장세동 안기부장 또는 전두환 정권 차원의 대북 전략 또는 속셈과 무관하게 박철언 특보는 시종일관 진지하게 남북의 화해와 평화적 통일을 위해 헌신적으로 맡은 바 임무를 수행했다고 믿는다.

제 7 부

버마 감옥에 갇힌 강민철,
한국이 관리했다

아웅 산 묘소 테러가 북한 소행이라고 자백함으로써 사형에서 무기징역으로 감형돼 버마의 옥에 갇힌 강민철은 15년간 버려진 존재였다. 그런데 1998년 김대중 정부 초기 라종일 국가정보원 차장은 미얀마를 찾아가 강민철을 관리하고 있던 킨 뉸 군정보국장을 만났고 2004년 킨 뉸이 숙청될 때까지 한국 정부 또는 정보 당국이 강민철과 지속적으로 접촉했다고 밝혔다. 사식도 넣어 주고, 용돈도 주고, 'KAL기 사건'의 주인공인 김현희가 쓴 책도 넣어 줬다.

강민철의 '한국'은 어디? 남한인가 북한인가?

1982년 초 국가안전기획부와 정보사령부 핵심 요직에 앉아 있던 육사 12기가 중심이 돼 북파공작원들을 대거 양성하는 '벌초 계획'을 꾸몄다는 사실을 앞서 밝혔다. 버마와 한국에서 동시에 벌어진 수상한 움직임 속에 아웅 산 묘소 테러 사건이 일어나고, 이 사건이 북한 소행임을 입증(?)하기 위해 벌인 다대포 작전에 1982년부터 '벌초 계획'을 위해 훈련하던 북파공작원들이 투입됐다는 사실도 확인했다. 또한 이 다대포 작전을 위한 북파공작 명령이 일선 부대에 하달됐을 시점에 북파공작과 관련돼 있는 안기부 대공수사국장이 강민철과의 면담에서 "어떻게든 살아야 하지 않겠는가?"라는 화두를 던졌고, 그로부터 약 열흘 뒤, 서울에서 왔고 성북국민학교를 나왔다던 강민철이 스스로 북한 공작원이라고 말하면서 상황이 종료되는 과정도 상세히 살펴봤다.

이런 일련의 사건과 정황은 아웅 산 묘소 테러리스트 강민철이 북한 공작원이 아니라 안기부와 보안사령부가 관리하는 북파공작원임을 시사한다. 그런데 강민철이 북한에서 온 특수공작원이 아니라 남한에서 보낸 북파공작원일 것이라는 심증을 굳히게 하는 또 하나의 정황이 있다. 한국 정부가 그의 옥바라지를 했다는 사실이다. 북한에서 온 테러리스트를 한국 정부가 지속적으로 돌보고 관리할 이유는 없다. 이 놀라운 사실이 처음 세상에 공개된 것은 라종일 씨의 책을 통해서였다.

우선 라종일 씨 책 『아웅산 테러리스트 강민철』은 강민철과 '한국'과의 관계를 기기묘묘한 술법으로 구사해, 강민철이 '북한 공작원'인지 '북파공작원'인지 헷갈리게 만든다.

그는 한국에 대해서는 상충되는 감정들에 시달렸다. 한편으로는
남북한을 통틀어 자기의 인생을 비참하게 망쳐 놓은 고국과 동족

에 대한 격심한 증오도 있었다.(235~236쪽)

강민철이 북한 공작원이 맞다면 "한국"에 대해 상충된 감정을 가질 이유가 없다. 북한 공작원이 남한 대통령을 죽이려 폭탄을 설치했다 실패했고 그 때문에 버마에서 감옥살이를 해야 하는 자신의 처지를 두고 "남북한을 통틀어 자기의 인생을 망쳐 놓은 고국과 동족"이라 말할 수 있을까?

그런 어법이 통하려면, 강민철은 북한 공작원이 아니고 북파공작원 또는 남한 정보 당국과 관련된 자이어야 한다. 강민철과 "남한 외교관"과의 첫 만남에서 그 분위기를 느낄 수 있다.

처음 남한 외교관을 만났을 때 그는 오랫동안 억눌러 왔던 억울한 감정을 터뜨리고 남북한을 막론하고 한민족 전체에 대해 원망과 불손한 언사도 내뱉었다고 한다. (236쪽)

강민철이 왜 자신의 정체성에 대해 이렇듯 좌충우돌하는 정신 상태를 보였는지는 알 수 없지만, 정말 그랬다면 그것은 "남한 외교관"이 최소 6년 — 1998년부터 2004년까지 — 또는 더 오랜 기간 강민철을 만나고 사식, 용돈, 한국 잡지며 책 따위를 넣어 주며 그를 관리한 결과일 것이다. 강민철의 헷갈리는 정체성을 다시 보자.

강민철은 북한으로 돌아가서 **조국과 위대한 지도자를 배반한 죄로 처벌**을 받더라도, 할 수만 있으면 단 하루만이라도 고향에 가고 싶었다. 그러나 그것이 불가능하다는 것을 잘 알고 있었다. 조금 더 **현실적인 희망**은 남한으로 가는 것이었다. 남한에서도 역시 테러리스트로 처벌받으리라는 것을 알고 있었다. 설령 그렇더라도 가능하다면 남한에라도 가고 싶어 했다. 그도 안 되면 외국이라도, 한국인이 살고 있고 한국말을 할 수 있는 곳에서 단 하루라도 사람다운 삶을 살다가 죽고 싶다고 했다. (237쪽)

강민철이 북으로 못 가는 이유는 처벌을 받을 수 있기 때문이고, 남으로라도 가겠다는 것은 그것이 현실적이기 때문이란다. "조국과 위대한 지도자를 배반"해 북으로 가는 것은 불가능하고, 가공할 테러를 저질러 씻을 수 없는 상처와 피해를 끼친 남한으로 가는 것은 현실적인가?

작전에 실패한 것이 "조국과 위대한 지도자를 배신한 죄"일까? 자폭도 못하고 살아 있어서? 그러면 '통일공작원'으로 남파됐다 체포돼 30년, 40년씩 감옥살이하던 수백 명의 비전향장기수들은 모두 "조국과 위대한 지도자를 배반"한 사람들인가? 그런데도 2000년 9월 평양으로 돌아가 그렇게 열렬한 환영을 받았나?

라종일의 어법에는 북한 지도부를 미치광이 집단쯤으로 매도하는 옛날 중앙정보부식 또는 안기부식 적대 이데올로기가 그대로 투영돼 있다. 그 체제와 그 사람들에 대해 어느 정도 식견이 있는 사람들에게는 터무니없는 소리일 뿐이다.

북한에서 남으로 내려온 '통일공작원'들 — 우리는 이들을 '간첩'이라고 부른다 — 가운데 스스로 자신의 정체성을 포기하고 '남한에서 살게 해주오'라고 한 사람이 있을까? 북한에서 남으로 내려온 공작원들은 모두 북한에 자신의 가족의 미래를 맡기고 내려온다.

『연합뉴스』 북한부 기자 시절 만난 북한 공작원 모 씨는 비록 자신은 실패한 인생을 살고 있을지라도 자식들 모두 고위 군관 등 사회의 어엿한 일꾼이 돼 잘 살고 있다며 '통일공작원'이 된 것을 후회하지 않는다고 했다. 그는 남한 당국의 살인적인 전향 공작을 이기지 못해 전향한 뒤 출소해 혼자 살고 있었다. 남한에 내려와 체포된 뒤, 살기 위해 아는 것을 다 불어야 했을 것이고, 그러고도 30여 년을 감옥에서 보내면서, 동료들이 수도 없이 죽어 나가는 전향 공작을 이기지 못해 할 수 없이 전향한 그였다. 그렇지만 전향한 공작원의 자식들도 그렇게 체제의 보호를 받고 미래를 보장받고 있다는 말이다.

2000년 9월 2일 북한으로 돌아간 비전향장기수들이 그토록 폭압적인 전향 공작에도 굴하지 않고 끝까지 전향을 거부한 이유 중의 하나도 바로 그것, 즉 체제가 가족을 보살핀다는 믿음이 아니었겠나!

『연합뉴스』북한부, 남북관계부 기자로 일하던 1990년대 말, 과천과 서울 봉천동, 연신내, 광주광역시 등지에서 두루 만난 비전향장기수들 누구에게서도 자신의 처지를 비관하거나 북한 체제를 비난하는 이야기를 듣지 못했다. 수십 년 세뇌 교육을 받은 대로, '요인 암살'과 '기간 시설 폭파'를 위해 남파된 '간첩들'이라는 선입견을 갖고 이들과 대화를 시작했지만, 여러 차례 만남을 통해, 이들은 북한 사회 각계에서 선발된 엘리트라는 사실을 알게 됐다. 이들은 최고 수준의 인격을 갖췄으며, '살인과 파괴를 일삼는 무장공비'라는 이미지와는 전혀 다른, 인격적 감화와 감동으로 남한 사람들을 친북 동조자로 만들기 위해 내려온 사람들이었다. 그래서 그들은 스스로 "통일공작원"이라고 말하는 것이다. "북한은 왜 공작원을 남파하느냐", "북한은 왜 민주주의를 안 하고 독재를 하느냐"는 유치한 질문부터, "왜 북한에서는 선거만 하면 100% 또는 99.9% 찬성표가 나오느냐"라는 그럴듯한 질문까지, 이들과 만나 이야기를 나누면서, 이 나라 남녘에서 회자되는 '간첩 이야기들'이 모두 허구임을 깨달았다. '아웅 산 테러리스트 = 강민철'이 처벌이 두려워 어머니와 동생들이 살고 있다던 북한으로 돌아가지 않고 남한으로 가고 싶다고 말했다는 전언이 말짱 거짓말로 들리는 이유다.

"아웅 산 테러리스트 강민철"이 남한으로 오는 것이 "현실적"이라는 라종일 씨의 말의 의미를 생각해 보자.

"현실적"이라는 말은 강민철을 북한으로 보내는 것보다 가능성이 높다는 뜻일 수도 있고, 그를 '재활용'하거나 또는 그에게 어떤 보상을 해 줘야 할 이유가 있다는 의미일 수도 있다. 어찌됐든 그 말은 강민철을 남한으로 데려오려는 이들 또는 어떤 세력이나 조직의 의중에서 나온 것이다.

강민철을 남한으로 데려오는 것이 현실적이라는 말이 뜻하는 바는 북한 공작원이라던 김현희를 감옥 문턱도 밟지 못하게 하고 덥석 품에 안아 버린 '희대의 사건'에서 찾을 수 있다. 김현희는 미국의 동북아 전략에 적극 편승해 반북 적대 이데올로기를 확산하는 선전 도구로 널리 활용됐고, 지금도 시시때때로 반북 적대 심리전이 필요할 때면 신문과 방송, 잡지에 등장한다. 이것이야말로 가장 "현실적"이라 말할 수 있지 않을까!

"현실적"이라는 말을 조금 더 적극적으로 해석하면 '당연히 그래야 한다'라는 의미로도 풀이된다. 미 파워엘리트 세력이 구축해 놓은 한반도 분단 체제를 더욱 공고하게 만드는 '강민철의 영웅적 행위'야말로, 저들에게는 '조국과 민족을 위한 활동'이 되는 것이다. 그러면 그에 상응하는 보상을 해줘야 마땅하지 않을까?

"아웅 산 테러리스트 강민철"은 국제 무대에서 비동맹권의 맹주 역할을 하며 아시아와 아프리카 각국에서 미국의 세계 전략에 맞서고 유엔을 무대로 주한 미군 철수를 압박하며 미국과 한국을 곤혹스럽게 만드는 북한을 국제사회의 미아로 만들었다. '반소 반북'을 기치로 하는 미국의 동북아 전략과 이에 편승한 전두환 정권의 분단 체제 유지 전술의 효능을 극대화하는 정치적, 외교적 성과를 안겨 준 것이다.

아웅 산 묘소 테러의 최대 수혜자는 바로 전두환 정권과 그 정권을 옹립하고 떠받치던 미국이었다. 끔찍한 고통을 당한 것은 죽고 다친 사람들과 그 가족들, 친지들, 그리고 이런 한심한 사건이 벌어짐으로써 '적대'와 '배제', '배척'과 '멸시', '응징'과 '보복' 등등 반인류적 언동이 난무하는 상황을 참고 견뎌야 하는 우리 국민들이다. 또 이 사건으로 인해 더욱 공고해진 대북 적대 이데올로기 속에서 평화적 번영의 기회를 박탈당한 채 전쟁의 공포에 시달리며 살아가는 주변국 국민들 역시 피해자다.

전두환 정권과 그 수하들, 그리고 전두환 정권을 옹립해 놓고 동북아 지배 전략의 불쏘시개로 활용하려던 미 군산복합체 파워엘리트 세력에게 버마 아웅 산 묘소 테러 사건이 안겨준 성과는 007 열 명이 함께해도 해내지 못할 어마어마한 것이었다. 이 사건은 결코 '북한이 전두환을 죽이려다 실수한 사건'일 수 없다!

강민철은 전두환 정권과 레이건 정권으로부터 가장 영예로운 훈장을 받아야 한다. 이런 맥락에서라면, 강민철을 한국에 데려올 수 있다는 논리가 성립된다.

혹시 라종일 씨가 구사하는 해괴한 논리와 기상천외한 술법은 강민철을 한국에 데려오려는 이들이 펼쳤던 고도의 술수가 아닐까? 실제로는 그가 북파공작원 또는 정보부 요원이지만, 북한 공작원으로 돼 있는 상황에서 그를 한국에 데려오기 위한 고도의 술수!

그래서 짜 낸 말이 바로 남북한을 통칭하면서도 사실은 남한을 지칭하는 '고국' '한국'이었을 것이다. 다음 인용문을 읽으면 이런 의구심은 더 깊어진다.

> 강민철은 죽기 전까지 끈질기게 고국으로 돌아가고 싶은 희망을 버리지 못했던 것이다. 고향에 관한 기억이 멀고 희미해질수록, 몸이 날로 쇠약해질수록 고국에 대한, 그리고 잃어버린 자기 자신에 대한 그리움은 더욱 깊어졌다. 아무도 기다리지 않는 한국에 그가 그렇게도 돌아가고 싶어 한 것은 단순한 고향에 대한 향수가 아니었다. 그것은 오히려 자기를 찾기 위한 눈물겨운 노력이었다. (239 ~240쪽)

"아무도 기다리지 않는 한국"은 남한이다. 북한에는 어머니와 여동생들이 있다 했으니까! "아무도 기다리지 않는 한국"에 그가 그렇게도 돌아가고 싶어 한 것은 "단순한 고향에 대한 향수"가 아니라 "자기를 찾기 위한 눈물겨운 노력"이다? '북한 공작원'에게는 절대로 해당될 수 없는 말이고, '북파공작원'에게는 딱 들어맞는 말이다.

"남한에 가고 싶다", 왜?

강민철은 버마 인세인감옥에서 마지막 생애를 보내면서 한국에 가고 싶다는 말을 자주 했다 한다.

라종일 씨는 『아웅산 테러리스트 강민철』 제7장 「테러리스트 강민철」 가운데 "남한행을 희망했던 강민철"이라는 제목의 절에서 "그가 가깝게 지냈던 정치범 중 하나가 현재 아웅 산 수찌 여사가 이끄는 버마의 국민민주동맹[민족민주동맹NLD] 부대표이며 대변인이기도 했던 윈 틴 씨"라며 그의 말을 상세히 전했다.

라종일 씨 책에 따르면, 윈 틴 씨는 처음 수감되었을 때는 독방에 갇혀서 다른 죄수들과의 접촉이 완전히 금지됐지만, 버마의 '2인자' 킨 늇이 2004년 10월 실각한 뒤에는 감방 외부 활동도 허용되고 다른 죄수들과의 접촉과 대화도 가능해졌다 한다.

강민철이 수감되어 있던 감방은 인세인감옥 내에서도 주로 정치범과 외국인 등 특별한 죄수들이 갇혀 있는 '특별감옥' 별채였고, 일반 죄수들보다는 여유도 있고 식품 공급 상황도 훨씬 나은 편이었다 한다.

강민철의 감옥 생활에 대해 조금 다른 이야기도 있다. "…… 그(강민철)는 랭군의 인세인교도소에 머물면서, (독립 구역에서 생활하고 때때로 성매매 여성이 찾아오는 등) 몇 가지 특권을 누리고, 불교를 공부하고 있다." (Andrew Selth, Burma's North Korean Gambit: A Challenge to regional security?, p. 10)

다시 라종일 씨의 책.

윈 틴은 석방되어 미국의 자유아시아방송(Radio Free Aaia)과의 회견에서 북한 공작원 강민철이 생전에 한국행을 희망했지만 거부됐다고 말했다. 윈 틴은 이 방송의 주간 프로그램에 나와 수감 생활 도중 강민철과 여러 가지 대화를 나누었다고 말하면서 **강민철이 한국행을 간절히 바랐지만 남북한이 모두 받아들이지 않자 외롭게 생을 마감했다**고 밝혔다. 윈 틴의 말에 의하면 그는 죽기 직전까지 한국에 돌아가고 싶어 하는 희망을 버리지 못하고 집착했다고 했다. (207쪽)

여기서는 "한국행"이 남한행인지 북한행인지 불분명하지만, 라 씨가 사용하는 '한국'이라는 단어는 분명 남한을 가리킨다. 아래 인용문도 마찬가지다.

2007년 말에서 2008년 초에 이르는 시기에 버마와 북한의 수교가 재개됐을 때, 강민철은 한국에 갈 수 있을 것으로 생각했고, "남한으로 가고 싶지만 북한으로는 다시 가고 싶지 않다"고 말했다고 한다. 자기의 존재가 버마나 북한에게 모두 껄끄러울 테니 아마도 자기를 석방하지 않겠는가 하는 말도 했다고 한다. 윈 틴은 "그러나 북한은 강민철이 자국민이 아니라고 했고, 남한은 그가 전두환 대통령을 살해하려 했다는 이유로 받아들이려 하지 않았다"고 말했다. (207~208쪽)

북쪽에 어머니와 동생들이 살아 있다면, '어떤 처벌을 받더라도, 어머니와 동생들이 있는 조국으로 돌아가고 싶다', '가서 죽어도 좋으니 나를 돌려보내 달라!', 이래야 하지 않나?

그는 북한 정부가 자신을 철저하게 외면했을 뿐만 아니라 아마도 배신자로 여길 것이라고 생각했다. 그러기에 또 다른 처벌을 받더라도 남한 정부가 자기를 데려가지 않을까 하는 희망을 버리지 않았다. (210~211쪽)

라종일 씨 책은 이렇게 '강민철이 남한으로 가고 싶어 했다'라는 프레임을 짜 놓고 계속 이야기를 풀어 간다. 라 씨가 계속해서 "한국" 또는 "한국인"이라고 말하는 것은 강민철을 남한으로 데려가기 위한 공작을 감추려는 의도에서 나온 것이 아닐까? 일종의 속임수? '북한 공작원'으로 돼 있는 '아웅산 테러리스트 강민철'이 남한행을 원한다는 것 자체가 우습기 짝이 없는 일이기 때문이다.

다음 인용문에 나오는 강민철이 했다는 말은 더 가관이다.

한국의 외교관에게 이런 말을 한 일도 있다. 결과적으로 큰 죄를 지었지만 차라리 다시 처벌을 받더라도 남한에 가고 싶다. 어디서 들었는지 이런 말도 했다. 유대인 한 명이 태평양에서 실종되었는데 이스라엘 전체가 이 사람의 구출에 마음을 썼다고 한다. 자기도 비록 나쁜 범죄를 저질렀지만 한 민족이지 않은가? 죽기 전에 한국에 돌아가서 하루라도 우리 땅을 밟고 죽을 수는 없겠는가? (210~211쪽)

이것이 과연 '북한 공작원'이 '남한 외교관'에게 할 수 있는 말인가?

이스라엘이나 유대인 이야기는 남한에서 해외 교포 또는 재외 동포들을 이야기할 때 반드시 거론하는 예다. '전 세계에 뿔뿔이 흩어져 사는 유대인들이 자신의 조국을 잊지 않는 것처럼, 우리 한민족도 조국을 잊지 않는다' 운운. 이런 말은 "아웅 산 테러리스트 강민철"이 할 수 있는 이야기가 아니라, 그를 남한으로 데려오려는 자들이 누군가를 설득할 때 하는 말이다.

남한 대통령을 죽이려했던 — 또는 죽이라는 명령을 받고 임무를 수행했던 — 조선민주주의인민공화국 군인이, 한 20년을 감옥에서 보낸 뒤라 하더라도, 과연 남한의 정부 관계자에게 "동족" 운운하며 '나 좀 데려가 달라' 할 수는 없다.

라종일 씨가 인용했다는 자유아시아방송RFA을 다시 볼 필요가 있다. RFA는 미국 국무부 자금으로 운영되는 정보조직의 대북 심리전 매체다.

2012년 3월 12일 자 [RFA 초대석] 「아웅 산 테러범 강민철과 같이 수감됐던 버마 반정부 지도자 윈 틴 씨」(http://www.rfa.org/korean/weekly_program/rfa_interview/rfainvitation-03122012114409.html). 진행자는 윈 틴이 아웅 산 묘소 테러 사건 6년 후인 1989년 강민철이 수감된 인세인감옥에 수감됐고 강민철이 2008년 5월 사망한 뒤에 출소해 20년 간 같은 감옥에 있었다고 소개했다.

그런데 두 사람이 함께 지냈다는 기간이 들쭉날쭉 이랬다저랬다 한다.

인터뷰 처음과 끝의 진행자 멘트는 거듭 "20년"을 강조했지만 중간 중간 윈 틴 씨 답변에서는 말이 달라진다. "나는 강민철 씨가 죽기 전까지 8~9년을 알고 지낸 사이였습니다. 50대 초반에 사망했으니 처음 그를 만났을 때 그는 40대 초반이었을 겁니다." 그러다가 뒤에 가서는 "내가 그를 알고 지냈을 때 강민철 씨는 이미 20년 이상 교화소 생활을 했습니다."

강민철이 1983년부터 2008년까지 수감돼 있었다고 보면 수감 기간은 모두 25년이고, 윈 틴 씨의 두 번째 답변은 윈 틴 씨 자신과 강민철이 알고 지낸 기간은 길어야 5년이라는 말이다. 진행자는 거듭 20년을 강조하고, 윈 틴 씨 자신은 8~9년 또는 5년을 이야기하고 있는 셈이다. 또 미얀마 군정보국장 킨 눈이 숙청된 2004년 이후에야 윈 틴 씨가 자유롭게 다른 죄수들과 접촉할 수 있었다는 라종일 씨 책에 따르면, 윈 틴 씨가 강민철을 알고 지낸 기간은 길게 잡아야 5년이다.

이 기사는 인터뷰가 영어로 진행됐는지 버마어와 영어의 통역을 통한 것인지를 밝히지 않았는데, "남새"라는 번역이 특이하다. 다른 나라 말로 진행된 인터뷰를 우리말로 번역하면서 굳이 "채소"가 아닌 "남새"라는 북한식 표현을 쓸 필요가 있었을까?

'의도된 오역'으로 의심되는 곳도 보인다. "강민철이 테러의 목적이 무엇이었는지 말한 적이 있습니까?"라는 질문에 대한 답변.

> Win Tin: He told me this. At that time, he was an army officer, and he was recruited by somebody there, and then he was trained very hard, and then he was told to go to Burma and sent to Burma ……
>
> 강민철은 당시 인민군 장교였고 북조선 인민군 상부에 차출돼 고된 훈련을 받았다고 말했습니다. 그리고 버마 파견 명령이 내려져 버마로 오게 됐다고 말했습니다. 물론 그는 자신의 임무가 무엇인지 잘 알았습니다. 다만 그 같은 명령의 배경이나 이유에 대해서는 말한 적이 없습니다.

윈 틴 씨의 답변에 "장교"(army officer)라는 영어 표현은 있지만, 어디에도 '북조선' 또는 '인민군'이라고 번역될 여지는 없다.

"강민철이 자신의 테러 행위를 후회한 적이 있습니까?"라는 질문에 대한 답변에서도 똑같은 오류가 보인다. "자기 나라 정부"(his own government)를 "자신의 조국 북조선"이라고 번역했으니 말이다.

이렇게 인터뷰를 진행하다 "북조선에 대해서 자신의 심정이 어떤지 얘기한 적이 있습니까?"라는 질문이 나오지만, 영어 원문이 없고 한국어로만 돼 있다.

본인은 당초 남한이 아닌 북조선 고향에 돌아가 가족을 만나고 거기에서 뼈를 묻고 싶다고 말했었습니다. 하지만 불행히도 그의 조국은 그를 받아들이지 않았습니다. 강 씨는 왜 자신이 조국에 돌아갈 수 없는지 그 이유를 알 수 없다면서 분개하고 화를 내곤 했습니다. 자신은 조국의 명령에 따라 버마까지 와서 테러 임무를 수행해 사람들까지 죽였는데 자신이 정작 고국에 돌아가고 싶다고 할때는 받아주질 않았다는 것이었습니다.

원 틴 씨와 가까이 지냈던 버마 사람들은 그가 강민철을 가리켜 '북한 공작원'이라고 말했을 것이라고 믿지 않는다.

원 틴 씨는 사회주의자라는 이유로 버마 군부에 의해 감옥에 보내진 사람이며, 북한을 다녀온 적도 있다. 북한 방문이 그의 투옥 이유인지는 알 수 없지만, 버마 군사정권이 북한과 외교 관계를 단절한 상황에서 원 틴 같은 이는 분명 '기피 인물'이었을 것이다. 2015년 11월 말부터 12월 초 필자가 버마를 방문해 만난 이들 중 여러 사람으로부터 '원 틴은 매우 신중하며 특히 북한이나 아웅 산 묘소 사건과 같은 민감한 문제에 대해 그렇게 가볍게 이야기했을 리가 없다'라는 취지의 말을 들었다.

또 원 틴 씨의 RFA 인터뷰가 공개된 지 한 달 뒤 KBS 기자가 원 틴 씨를 찾아가 아웅 산 묘소 사건과 강민철 등에 대해 질문하자, 원 틴 씨는 "그런 문제에 대해서는 잘 모른다"라며 답변을 거부했다는 사실도 확인했다. 원 틴 씨가 정말 강민철을 북한 공작원이라고 믿고 있었다면, 불과 한 달 만에 상반된 태도를 보일 이유가 없다.

'의도된 오역'을 의심하는 이유가 있다.

'민청학련 사건'(1974년) 때도 그런 일이 있었다. 박정희 정권은 일본인 기자까지 민청학련 사건에 연루시켜 '내란선동죄'라는 무시무시한 혐의를 씌웠다. 주인공은 다치카와 마사키太刀川正樹 당시 『일본현대』 기자.

사건 발생 36년 만인 2010년 1월 27일 서울중앙지방법원 판결을 통해 무죄판결을 받은 그는 『뉴스 앤 피플』과의 인터뷰(「민청학련 관련 재심서 무죄판결 받은 일 다치카와 기자 "36년 누명 벗게 해 준 한국 민주화에 큰 감격"」, 2010년 1월 29일)에서 "당시 지명수배로 쫓기던 유인태 전 국회의원(당시 서울대 사회학과 재학)이 안쓰러워 7,500원을 쥐어 준 것이 내 운명을 바꿔 놨다"라고 말했다. 인터뷰를 하다 만난 유인태가 매일 잘 곳도 없이 돌아다녀 몰골이 초췌한 데다 "라면밖에 못 먹고 산다"라는 말에 불고기라도 사 먹으라며 취재 사례의 뜻까지 겸해 돈을 준 것인데, 수사 과정에서 이 돈이 "북한의 사주를 받은 혁명자금"으로 둔갑했다고 술회했다. 그는 이어 "일본어 통역을 통해 조사받는 과정에서 혐의가 날조됐다"라며 "나중에 공소장에서 '내란 선동' '대통령 긴급조치 위반' 등의 무서운 단어를 봤을 때는 너무나 소설 같은 이야기가 내 인생에 펼쳐지고 있어서 웃음밖에 나오지 않았다"라고 회상했다.

다치카와 기자는 '내란 선동'과 '대통령 긴급조치 위반' 혐의로 감옥에 갇혀 재판을 받았고, 징역 20년이 선고된 뒤 10개월을 복역하고 1975년 2월 일본으로 추방됐으며, 그의 가정은 풍비박산됐다. 한국 정부는 그에게 어떤 보상을 했을까?

한국 대사관은 왜 강민철을 보살폈을까?

앞서 말했듯이, 아웅 산 묘소 테러리스트로 알려진 강민철이 정말 북한에서 온 공작원일까를 의심하는 까닭은 그의 옥바라지를 한국 정부가 했다는 사실 때문이다. 북한 특수공작원을 남한 정부가 보살필 이유는 없다.

이런 사실을 처음 밝힌 이는 바로 라종일 씨다. 그는 『아웅산 테러리스트 강민철』에서, 1998년 국정원 차장 시절 미얀마 군정보국장 킨 뉸 장군에게 사적으로 부탁해 강민철과 "한국 측 외교관"과의 면담이 시작됐다고 밝했다. 여기서 "한국 측 외교관"은 물론 국가정보원 관계자일 것이다.

당시 버마의 정보부장이면서 2인자인 킨 뉴 장군과 면담하는 자리
에서 중요한 안건들을 대략 마무리하고서, 강민철에 대한 이야기
를 꺼냈다. 그러고는 그와의 면회를 허락해 달라고 요청했다. 킨 뉴
장군은 처음에는 어려운 일이라는 반응이었다. 그러나 내가 여러
가지 이유를 이야기하면서 되풀이해 청하자 한동안 주저하더니 수
락해 주었다. 그러나 면담은 버마 정부의 공식적인 조치가 아니었
고, 어디까지나 킨 뉴 장군의 개인적인 결정에 따른 비공식적인 차
원에서 이루어진 것이었다. 즉 정보부의 국장이 강민철이 수감되
어 있는 인세인감옥에 파견되어 근무하고 있는 정보부 파견관에게
개인적으로 지시해서 한국 측 외교관과 면담을 주선해 주는 식이
었다. (242쪽)

한국 국가정보원 해외담당 차장이 미얀마 군정보국의 책임자와 사적인
관계를 맺는다는 것은 있을 수 없는 일이다. 더구나 강민철은 한반도 역사를
뒤틀어 놓은 엄청난 사건의 주인공으로서, 그의 신병에 어떤 변화가 초래될
경우 자칫 이 나라 역사가 또 한 번 뒤틀어질 수 있었다. 한국 정부는 1998년
당시 국가 공식 채널로는 도저히 할 수 없었던 일, 국민들에게는 공개할 수
없는 은밀한 공작을 벌이려 했던 것이 틀림없다.

강민철에 대한 그러한 은밀한 공작이 무엇이었을까? 라 씨의 책『아웅산
테러리스트 강민철』을 보면 대강을 짐작할 수 있다. 그는 강민철을 한국으로
데려오거나 제3국으로 빼내지 못한 데 대해 막중한 부채 의식을 갖고 있음을
드러냈다. 심지어 그는 호주 정부 고위급 인사와 세계 각지에 네트워크를 보
유하고 있는 한국의 기독교계 거물급 인사를 통해 강민철을 제3국으로 빼돌
리기 위해 애썼다는 사실을 가감 없이 밝혔다.

김대중 정부가 출범한 1998년은 국가정보원이 김현희 사건(일명 'KAL 기 폭파 사건') 등 국정원 관련 4대 의혹의 진실을 규명하겠다고 나서는 등 과거 군사정권 시절의 중앙정보부 또는 국가안전기획부와는 다른 모습을 보이려 시도할 때였다. 당시 김대중 정부나 개명한 국가정보원 또는 라종일 씨 등 국정원의 새 멤버들이 아웅 산 묘소 테러 사건의 진상을 밝히려 했는지는 알 수 없지만, 지금도 이종찬 초대 국가정보원장과 라종일 차장 등이 대북 공작 조직을 궤멸시켰다는 비난이 나오고 있는 것을 보면 국정원은 일정 정도 과거 유산과의 단절을 모색했을 것으로 보인다.

하지만 라 씨 또는 당시 국정원이 미얀마의 감옥에 갇혀 있던 강민철과 접촉한 것은 아웅 산 묘소 테러 사건의 진상을 밝히기보다는 자칫 김대중 정부의 과거 단절 움직임 속에 이 사건의 내막이 드러나는 것을 막기 위한 공작이었을 개연성이 높다. KAL기 사건의 주인공 김현희가 1997년 12월 안기부 직원과 결혼한 것도 이런 움직임과 무관하지 않을 것이다. 이후 김현희가 '한국에 안착한 북괴 공작원'이 된 것처럼, 강민철 역시 한국에 왔다면 김현희와 동급의 대우를 받을 수 있었을 것이다.

라종일 씨 책에도 김현희와 강민철을 동급으로 대우하려는 의지가 드러나 있다. 그는 두 사람을 가리켜 "수십 년간 이어 온 남과 북 사이의 갈등으로 인한 부조리한 희생자"(241~242쪽)라고 밝히고 있다. 또 강민철과 접촉한 한국 정부 인사가 그에게 김현희가 쓴 책을 전달했다고도 했고, 강민철은 이 책을 받고 매우 흥분하는 모습을 보였다고도 했다. 라 씨는 이밖에도 강민철이 김현희와 같은 조직에서 활동했다는 이야기도 전하고 있다.

실제로 한국 국가정보원 차장이 버마 군정보국장에게 '개인적으로 부탁해' 시작된 강민철과 "한국 측 외교관"과의 면담은 일과성이 아니었고 이후 2004년까지 계속된다. 결국 라 씨가 '개인적으로 부탁해' 시작한 면담은 한국 대사관의 공식 업무가 된 것이다.

1998년에 한국 대사관 직원이 그를 면회하러 가기까지 그는 15년 동안 한국인을 한 명도 만나지 못하고 지냈다. …… 한국 대사관에서 사식 차입을 받을 때는 음식물이 풍부한 편이어서 특히 초콜릿 같은 과자류 등을 주변에 나눠 주기도 했다. 다른 죄수들이 나눠 주는 사식을 얻어먹기도 했다. (232쪽)

남한 외교관이 김치와 김밥이나 라면 같은 음식과 초콜릿 같은 과자를 가져왔을 때 강민철은 매우 기뻐했다. 특히 한국 사람이라면 누구나 그렇듯이 김치를 좋아했다. …… 남한 외교관이 용돈도 조금 넣어 주었다. 그 돈을 받아서 영치금으로 두고 필요할 때 썼다. (234쪽)

"남한 외교관"이 "아웅 산 테러리스트 강민철"에게 사식을 넣어 주고 용돈과 책 따위를 전했다? 이유가 뭘까? 차라리 라종일 씨가 초지일관 '사적 관심' 차원에서 자기 돈으로 사식을 넣어 주고 용돈을 줬다면 이해가 되지만, 버마 주재 한국 대사관에서 강민철을 지속적으로 관리했다는 말은 정말로 이해가 가지 않는 일이다.

라종일 씨는 마치 자신이 강민철을 면회한 것처럼 첫 면담을 다음과 같이 리얼하게 묘사했다.

인세인감옥 문을 들어서면 바로 면회실이 있었는데, 강민철의 면담은 그 면회실을 지나 안에 있는 또 하나의 방에서 이루어졌다. 그 방 가운데 테이블이 하나 있었다. 테이블을 가운데 두고 남한의 외교관과 강민철이 1998년 처음 마주 앉아 이야기를 나누었다. 강민철로서는 15년 만에 처음 한국말을 하는 동포를 만난 셈이었다. 처음 그는 경계하는 태도였고, 원망과 원한이 섞인 복잡한 심경을 보였다. 자신의 인생을 망쳐 버린 북한 집권층에는 물론이고 남한에 대해서도 불만과 원망을 숨기지 않고 드러냈다. 그러나 얼마 후, 남한 외교관이 그의 원망을 이해해 주는 너그러운 태도로 대하자 차츰 경직된 태도가 풀리고 진심 어린 대화들이 가능해졌다는 이야기를 들었다. 또한 강민철은 자기 나이가 원래 두 살 더 어리다고 말하면서 한두 살 나이가 많은 외교관을 '형님'이라고 부르겠다고 했다는 것이다. (242~243쪽)

"남한 외교관"도 라종일 씨의 사해동포주의 또는 감상주의에 푹 빠져들었을까? 이 "남한 외교관"은 라종일 차장의 개인적 관심에 따른 강민철과의 면담을 대신한 것이 아니라 당시 국정원 차원의 모종의 공작을 펼치고 있었던 것이다. 그렇지 않다면 그가 "원망을 이해해 주는 너그러운 태도로" 강민철을 대할 이유가 없다. 분명 한국 정부는 강민철을 한국으로 데려오려 했거나, 아니면 제3국으로 빼돌리려 했거나, 그것도 아니면 그의 환심을 사고 안심시키려 했거나, 아무튼 지속적으로 그와 접촉하며 무슨 일을 꾸미고 있었던 것이다.

그러나 강민철과 한국 측의 접촉이 반드시 김대중 정부 출범 이후의 일일 이유는 없다. 라종일 씨는 아웅 산 묘소 테러 사건이 일어난 지 15년 만인 1998년 처음으로 강민철과 한국 정부 관계자의 면담이 시작됐다고 밝히고 있지만, 전두환에서 노태우로 이어지던 1980년대 신군부 2기 시절 한국 정보기관은 강민철과 지속적으로 접촉했을 공산이 크다.

그렇게 증언하는 이가 있다. 바로 강민철이 죽을 때까지 머물렀다던 인세인교도소의 교도관이었던 우 세인 테이 씨다. 세인 테이 씨는 1985년 6월 만델레이에 있는 교도소에서 랭군의 인세인교도소로 옮겨 온 뒤부터 1989년 퇴직할 때까지 그곳에서 일했다.

필자는 2015년 말 미얀마를 방문했을 때, 그에게 "한국 대사관 관계자들이 강민철을 면회 온 적이 있느냐"고 물었고, 그는 "한국 측 인사 두세 명이 네댓 차례 찾아왔었다"라고 말했다. 그와의 대화는 한국어를 능숙하게 하는 버마인 통역을 통해 전화상으로 진행됐다. 세인 테이 씨는 『어느 교도관의 퇴직: 김민추의 마지막 밤 — 수인의 기억』을 막 탈고한 상태였다. 그를 포함해 미얀마 사람들은 강민철을 '김민추'로 기억하고 있다. 이 책은 220쪽 분량이며, 강민철에 관한 이야기는 113~115쪽에 나온다. 한국 측 인사들이 너덧 차례 강민철을 찾아왔었다는 내용은 이 책 114쪽에 있다.

세인 테이 씨는 "김민추로부터 직접 들은 이야기와 사건 당시 신문에서 본 내용 등을 종합해 재구성했다"(114쪽)라고 밝히고 있고, 강민철이 "남한에도 가고 싶지 않고 북한에도 갈 수 없다고 말했다"라는 등 남북한에 관한 이야기는 라종일 씨 책의 내용을 축약한 느낌이다. 한국 측 인사들이 1980년대 말 강민철을 찾아왔다는 그의 증언은 좀 더 확인이 필요하겠지만, 아웅 산 묘소 테러 사건의 의혹을 밝히는 데 매우 귀중한 실마리가 될 수 있다.

미얀마에서는 최근까지 한국의 국가정보원이 제공한 자료에 근거해 아웅 산 묘소 테러 사건을 다룬 책들이 잇달아 출간됐고, 이 때문에 현지 북한 대사관 관계자들이 버마 군 당국자와 함께 서점가를 돌며 문제의 책들을 모조리 수거해 간 일도 있었다 한다. 라종일 씨 책에 인용된 버마어 책을 찾기 위해 서점가를 돌아다니다 들은 이야기다.

아무튼 한동안 계속되던 "남한 외교관"과 강민철의 대화는 한국과 미얀마 양측에서 동시에 일어난 모종의 정세 변화, 특히 북한과의 관계 변화로 인해 중단된다. 라 씨는 "남북 간에 교류와 협력이 활발해지면서 현지 대사관은 강민철과의 접촉을 피하라는 지시를 받"았다면서(237쪽), 2004년 버마 최고 지도층 내부의 권력투쟁으로 2인자 킨 뉸 장군 등이 실각한 뒤 면담이 불가능해졌다고 덧붙였다(243~244쪽).

미얀마 주재 한국 대사관 측과 강민철과의 면담이 중단된 것은 아마도 새로 들어선 노무현 정부가 국가정보원 차원에서 추진되는 강민철을 둘러싼 모종의 공작에 제동을 걸었기 때문일 것이다. 한국 측과 강민철과의 면담이 중단된 때(2004년)로부터 2년이 지난 2006년 초, 안기부와 국정원에 오랫동안 몸담았던 정형근 당시 한나라당 의원 등은 강민철을 한국으로 데려와야 한다며 그의 송환을 촉구하는 청원서를 국회에 제출했고, 정 씨는 그해 11월 국가정보원장 후보자 김만복 씨에 대한 국회 정보위원회 인사청문회에서 정부가 강민철의 송환을 막고 있다며 불만을 표시했다.

그러면 강민철을 관리한 것은 한국뿐일까? 그럴 리가 없다. 강민철과 직접 대면한 것은 한국 정보당국 관계자였지만, 그 뒤에는 미국이 있지 않았겠나? 어쩌면 1998년 라종일 당시 국가정보원 차장이 강민철을 만나기 위해 미얀마를 찾아갈 때부터 미국의 보이지 않는 손이 작용했을 것이다. 그 증거를 찾기는 쉽지 않겠지만 그렇게 볼 만한 정황이 있다. 미국 부시 정권 말년, 민주당으로의 정권 교체가 확실시되던 2008년 8월 존 네그로폰테John Negroponte 미 국무부 부장관이 한국을 방문해 유명환 외교부장관과 권종락 제1차관과 만난 것이 그것이다.

외교부가 그해 8월 5일 배포한 보도 자료「존 네그로폰테 미국 국무부 부장관 방한 결과」에 따르면, 양 측은 "한-미 동맹 미래 비전을 구체화해 나가기 위한 협력 방안과 한-미 FTA 조기 비준 및 한국의 미국 비자 면제 프로그램(VWP) 연내 가입을 포함하여 양국 간 협력 방안 등"을 논의한 것으로 돼 있다. 안건 가운데는 북한 핵 및 6자회담 문제, 민주주의 확산과 인권 증진, 테러 등이 포함됐다. 이 보도 자료는 "특히, 양측은 미얀마 헌법 초안에 대한 국민투표(5월 10일)가 공정하고 자유로운 선거 원칙에 부합되게 진행되지 않고 있다는 국제사회의 평가를 재확인하고, 앞으로 미얀마 정부가 실질적 민주화 조치를 취해 나갈 필요가 있다는 데 인식 공유"라고 밝혔다.

FTA나 비자 면제 프로그램 따위가 미 국무부 부장관이 직접 한국에 와야 풀릴 사안인지도 의문이지만, 특히 미 국무부 부장관이 직접 방한해 미얀마 국민투표가 공정했네 어쨌네 하며 한-미 두 나라가 머리를 맞대고 고민하는 모양새는 우습기 짝이 없다. 그보다는 오히려 한국과 미국의 공동의 적인 북한, 2007년 4월 외교 관계를 복원한 북한과 미얀마의 관계, 두 나라가 24년 만에 외교 관계를 복원하기까지 걸림돌이 됐던 '아웅 산 사건'과 '강민철의 신병 처리'가 더 큰 관심사가 아니었을까? 네그로폰테가 2008년 5월 중순 한국을 방문한 직후 '아웅 산 테러리스트 = 강민철'이 사망했다는 AP통신의 미확인 보도가 흘러나온 것은 우연일까?

강민철 사망, 설說

한국 정부 또는 정보 당국과 강민철 사이의 은밀한 만남이 중단된 지 약 4년 뒤인 2008년 5월, 강민철이 사망했다는 소식이 미국의 AP통신을 통해 알려졌다. AP는 "수감 당국 관계자"의 말을 인용해 "강민철(53)이 미얀마에서 25년간의 복역 생활을 하는 도중 5월 18일 숨을 거뒀다"라며 "강 씨는 사망 이전 심각한 간 질환을 앓고 있던 것으로 전해졌다"라고 보도했다.

이런 식의 AP통신 보도는 미국의 정보 당국이 군사, 안보, 테러 정보 등 거의 확인이 불가능한 낭설을 퍼뜨릴 때 활용하는 수법이다. 예를 들면, 무인항공기UMV가 테러리스트 누구누구를 죽였네 어쩌네 하는 때 말이다.

강민철의 사망 소식이 전해지기 두 달 전인 2008년 3월 17일, 그가 입원했다는 소식을 처음 전한 것도 AP통신이었고 그 서술 방식도 동일했다.

'강민철이 입원했다 사망했다'는 AP통신 보도는 사실일까? 한국의 국가정보원 차장을 지낸 라종일 씨의 책 『아웅산 테러리스트 강민철』에 따르면, 강민철이 죽었는지는 한국 정부도 확인하지 못했다.

…… 그의 사인(死因)도 풍문에 불과할 뿐 어느 누구도 그의 죽음
에 관하여 캐어묻는[캐묻는] 이가 없었다. 죽은 후 시신도 화장해

서 재마저 없애 버렸다는 이야기뿐, 어딘가에 그의 유체 일부라도
남았다는 기록을 찾을 수 없다. 그래서인지 그가 병으로 죽은 것이
아니라 다른 원인이 있다는 이야기도 있다. 공식적으로 그가 간암
으로 죽은 것으로 기록되어 있으나 그와 함께 수감되었던 사람들
에 따르면 그가 죽기 전까지 건강했고 가끔 배가 아프다는 이야기
가 있었을 정도이지 중병의 증상은 전혀 없었다고 한다. 그 때문에
그가 살해당했다는 이야기도 있다. (7~8쪽)

감옥에서 부른 구급차는 너무 늦게 왔고, 구급차가 병원에 도착하
기 전, 그는 차에서 숨졌다. 한국 대사관에서 불과 10분 거리인 미
니공(Minigong) 교차로에서였다. (251쪽)

아무튼 강민철이 사망했다면, AP통신이 "병원의 한 관계자"의 말이라며
강민철의 입원 사실을 공지한 2008년 3월 17일 전후 사망했을 공산이 크다.
그렇게 추정하는 이유는 아웅 산 묘소 테러 사건의 진상과 강민철의 신병을
둘러싼 미얀마 군부의 이상한 움직임의 한가운데 서 있는 킨 늇이 가택 연금
에서 풀려나 자유롭게 나다닐 수 있게 된 시점이 바로 2008년 3월이기 때문
이다. 강민철의 사망 또는 행방을 군정보국장 킨 늇 장군의 행보와 연결짓는
이유는 강민철의 정체에 조금 더 가까이 다가서기 위해서다.

킨 늇은 아웅 산 묘소 폭파 사건의 열쇠를 쥐고 있는 핵심 죄수들을 감시
하고 관리했던 금고지기였다. 구중궁궐보다 더 은밀한 곳에 감춰져 있던 금
고 속 '귀물鬼物'과 금고지기에게는 자그마치 24년이라는 긴 세월 동안 숨기
고 감출 비밀이 무수히 많을 것이다.

1988년 8월 버마에서 민중들의 궐기가 한창일 때, 강민철 등 인세인감옥
에 있던 '특별한 죄수' 세 명의 행방이 묘연했고, 그래서 한동안 강민철이 탈
옥했다는 이야기가 나돌기도 했다. 강민철과 함께 빼돌려진 특별한 죄수 가

운데는 킨 늇의 전임자로 역시 네 윈 정권의 2인자 소리를 듣다 아웅 산 묘소 테러 사건이 일어나기 몇 달 전 갑자기 숙청됐던 틴 우 장군과 그의 측근이 었던 보니 장군이 있었다. 두 사람 모두 아웅 산 묘소 테러 사건이 발생하기 넉 달 전 군정보국이 해체될 때 숙청된 사람들이다. 킨 늇 군정보국장이 아웅 산 묘소 테러와 직접 관련돼 있는 이들 세 명을 별도로 관리 또는 보호하고 있었음을 확인할 수 있다.

24년간 강민철을 감시해 온 킨 늇이 숙청된 때(2004년 10월)가 바로 미얀마와 북한의 수교 협상이 막바지 국면에 다다랐을 때였다. 이어 북한과 미얀마는 2007년 4월 정식으로 수교하고, 아웅 산 묘소 사건으로 끊어진 외교 관계를 복원했다. 그러면 두 나라 재수교의 걸림돌로 작용해 왔던 '금고 속 귀물' 강민철의 신병 처리 문제가 떠올랐을 것이다. 그렇다면, 무려 44년 형을 선고받은 킨 늇이 자유의 몸이 된 시점(2008년 3월)이 바로 강민철의 신병 처리가 완료된 시점이라고 봐야 한다.

'금고 속 귀물 강민철'과 '금고지기 킨 늇'의 신병 처리는 또한 아웅 산 묘소 테러 사건을 북한 소행이라고 결론을 내린 버마 지도자 네 윈의 재위在位와도 관련이 있다.

네 윈은 2002년 사망할 때까지, 아니면 최소한 1990년대 말까지는 막강한 영향력을 행사하며 미얀마를 지배했다. 아웅 산 묘소 테러 사건 직전 군정보국장 틴 우 장군을 숙청하고 조직을 와해시킨 것도 네 윈이고, 아웅 산 묘소 테러 사건이 마무리된 이듬해 다시 군정보국을 재정비하면서 이 비밀 조직의 수장으로 — 또한 강민철을 감시할 금고지기로 — 킨 늇을 앉힌 것도 네 윈이다. 그래서 네 윈이 살아 있는 동안에는, 북한의 강도 높은 외교적 노력에도 불구하고 북한과 미얀마의 수교는 이뤄질 수 없었다. 또한 킨 늇을 수장으로 하는 미얀마 군정보국이 존재감을 과시하고 있는 한, 두 나라의 관계 개선은 이뤄질 수 없었을 것이다.

그러나 네 윈이 2002년 사망하면서 상황이 달라진다. 무엇보다 북한이 더 적극적으로 미얀마와의 재수교를 위한 외교적 노력을 펼쳤을 것이고, 미얀마에서는 북한과의 단교를 결정하고 북한을 테러리스트 국가로 낙인찍었던 네 윈의 수족들에 대한 제재 또는 숙청 작업이 시작됐을 것이다.

1983년 5월 틴 우의 숙청이 아웅 산 묘소 테러 사건을 위한 사전 정지 작업이었다면, 2004년 킨 늇의 숙청은 아웅 산 묘소 테러 사건을 역사적으로 청산하는 작업이었다고 볼 수 있다.

'북한 = 테러리스트 국가' 공식의 정점에 서 있던 네 윈이 죽고(2002년), 네 윈의 피후견인 소리를 듣던 킨 늇이 핵심 지도부에서 밀려났으며(2004년), 이들이 걸림돌이 됐던 미얀마와 북한의 수교가 재개된(2007년) 뒤, 킨 늇이 지켜 온 비밀 금고 속 '귀물' 강민철을 처리하는 수순을 밟았을 것이다.

이때 한국 정부는 그를 데려가거나 또는 다른 방식으로 그의 신병을 처리하기 위한 은밀한 공작에 착수했을 것이고, 이미 북한과의 재수교를 결정한 미얀마의 새 군사 지도부 역시 강민철의 신병 처리를 더 이상 미룰 수 없었을 것이다.

건강하던 강민철은 아마도 이즈음부터 배앓이를 시작했을 것이고 수시로 병원을 드나들다 2008년 3월 어느 날 급한 통증을 느낀 뒤 뒤늦게 온 앰뷸런스에 실려 간 것이다.

한편, 진모는 정말 사형당했을까? 진모의 사형 집행에 대해서도 여러 차례 설이 나돌았지만, 정작 그가 사형을 당했는지는 확인되지 않았다. 그를 한국으로 데려왔는지도 모를 일이다. 그가 사형을 당했다는 소식이 전해질 때마다 그의 신병에 대한 의혹은 계속 커진 것이 사실이다.

진모의 사형 소식을 처음 전한 것도 AP통신이었다. 1985년 4월 22일 『연합통신』(연합뉴스의 전신)은 "랭군 암살 폭파 사건의 주범인 북괴군 육군 소좌 진모가 지난 6일 새벽 랭군 부근 인세인교도소에서 처형됐다고 교도소 소식통들이 20일 전했다"라면서 "진의 사형 집행은 공식적으로 발표된 바 없으나 버마의 최고위 기관인 국가평의회는 지난달 그의 사면 요청을 기각한 바 있다"라고 보도했다(「랭군 폭탄 테러 주범 처형, 지난 6일 — 강민철은 무기 연기」/ 랭군AP=聯合).

AP통신은 이때부터 '교도소 소식통'을 독점하고 있었던 모양이다. 교도소 관계자 누구도 AP통신의 보도를 확인해 주지 않았다. 사흘 뒤인 1985년 4월 24일 자 랭군발 로이터통신 기사는 진모 사형이 확인 불가 낭설 또는 누군가 고의로 퍼뜨리고 있는 거짓 정보임을 확인하고 있다.

> 버마 당국자들은 24일 버마 랭군 암살 폭발 테러 사건의 주범인 북괴 소령 진모(31)가 최근 처형됐다는 외신 보도에 대해 입을 굳게 다문 채 이를 확인 또는 부인하기조차 거부했다 서울 발 보도들은 진이 지난 10일 처형됐다고 말했으나 그 밖의 외신들은 그가 지난 6일 교수형에 처해졌다고 전한 바 있다. 버마 교도소 관리들이 진의 처형 여부에 대해 논평을 거부하는 가운데 한 외무부 관리는 다만 이 같은 외신 보도들의 신빙성을 의심하고 있다고만 말했다. (「랭군 테러 주범 사형 — 버마 확인 여부 거부」, 『연합뉴스』 1985년 4월 25일)

진모는 2년 뒤인 1987년 '또 한 번' 사형당한다. 이번에도 '알려졌다'였다.

> 버마 정부는 사형이 선고된 랑군[랭군] 테러 암살 사건의 범인 2명 중 1명의 사형을 집행한 것으로 알려졌다. 일본 관계 당국의 한 소식통은 30일 이같이 말했으나 사형이 언제 집행되었는지와 랑군 사건의 범인으로 체포돼 사형을 선고받고 복역 중인 북괴군 소좌 진모와 대위 강민철 중 누가 처형되었는지에 관해서는 밝히지 않았다. (「버마 랑군 암살범 1명 사형 집행」, 『연합뉴스』 1987년 3월 30일)

제 8 부

강민철은 북파공작원이란 말인가?

아웅 산 묘소 테러 사건은 그 사건이 일어나기 전인 1982년 초 안기부와 각 군이 비밀리에 모종의 북파공작을 시작할 때부터 그 사건을 마무리하기 위한 다대포 공작에 이르기까지 육사 12기 핵심 멤버들이 북파공작원들을 양성 또는 동원하면서 벌인 수상한 작전들과 연결돼 있다. 이 모든 사실은 강민철이 북한 공작원이 아니라 북파공작원이라는 의심을 갖게 한다. 실제로 아웅 산 묘소 테러의 주범이라는 강민철이 북파공작원임을 의심케 만드는 이가 있다. 라종일 씨다. 그는 강민철에 대해 무한한 연민을 표시하고, 그를 돌봐주지 못한 데 대해 심한 자책과 울분을 토로한다. 그는 '북파공작원'이라는 말을 단 한 번도 쓰지 않으면서 사실상 북파공작원들을 위한 헌사 獻辭를 썼다.

"테러리스트 강민철"에 대한 수상한 연민과 동정

2011년 7월 24일 자 『중앙SUNDAY』에 매우 독특하고 수상쩍은 인터뷰가 실렸다.

인터뷰의 제목은 「라종일 전 국정원 차장이 밝히는 '아웅 산 테러 비화'」. 라 씨는 김대중 정부 시절 국가정보원에서 해외와 북한을 담당하는 자리에 있었고 김대중 정부와 노무현 정부에서 각각 주영 대사와 주일 대사를 지낸 인물이다. 그런 그가 인터뷰에서 '아웅산 테러리스트 강민철' 이야기를 꺼냈다.

기사 첫머리. "국가정보원(국정원)이 김대중 정부 당시인 1999년 미얀마 현지 교도소에서 장기 수감 중이던 북한 특수공작원 강민철의 한국 송환 방안을 검토했고 미얀마 정부도 긍정적 반응을 보였으나 남북 관계에 악영향을 준다는 이유로 포기한 것으로 확인됐다."

라종일 씨의 발언들. "강민철은 테러를 지시한 북한으로부터 버림받았고 한국 정부도 대북 관계를 고려해 그를 외면했다." "북한 정권의 죄악상은 두말할 나위도 없지만 한국 정부도 한편으론 인권을 외치면서 다른 한편으론 분단의 피해자인 한 젊은이를 외면했다는 비판으로부터 자유롭지 못하다." "강민철을 한국에 데려오거나 제3국에서 살게 하지 못한 데 대해 공직을 그만둔 뒤에도 끊임없이 자책감을 가져 왔고, 이런 사실을 공개해 국가권력에 희생된 사람들에게 속죄하고 싶다."

북한 테러리스트를 왜 한국에 데려와야 하고 왜 제3국으로 보낸다는 말인가? 차라리 북한으로 송환될 수 있도록 노력했다면 모를까. 그는 또 왜 "국가권력에 희생된 사람들"에게 속죄하려 할까? 그 또는 그가 속했던 조직이 무슨 잘못을 저질렀다는 말인가?

라종일 씨에 의하면, 강민철을 한국에 꼭 데려와야 할 이유는 강민철이 "국가권력에 희생된 사람들" 중 한 명이기 때문이다. 이 또한 얼마나 초현실적인 이야기인가? "국가권력에 희생된 사람"이 한국 사람이고 그 국가권력이 한국 정부 또는 한국 국가기관이라면 라종일 씨의 말에는 하자가 없다. 그런데 강민철은 '북한 공작원'으로 돼 있다. 그런 그를 왜 "국가권력에 희생된 사람"이라며 보듬어 안으려 할까?

2008년 5월 20일 AP통신에 따르면, 강민철은 버마의 교도소에서 25년간 복역하다 간 질환으로 사망한 것으로 돼 있다. 그런 뒤 3년여 만에, 한국의 국가정보원 차장을 지낸 이가 갑자기 강민철에 대해 애틋한 연민을 보이고 그것도 모자라 강한 자책감에 시달리는 모습을 보이는 이유가 무엇일까?

그가 2011년 7월 난데없이 "테러리스트 강민철"을 언급한 데는 분명 어떤 정치적 이유가 있을 것이다.

라종일 씨가 2011년 『중앙SUNDAY』와 인터뷰하고 2년 뒤 『아웅산 테러리스트 강민철』(창비)이라는 책을 낼 때는 아웅 산 묘소 폭탄 테러 30주년을 앞둔 이명박 정부 말년이었다. 2012년에 한국 정부는 아웅 산 묘소 폭발 사건을 기리는 기념비를 세울 것을 미얀마 정부에 요청했고, 2013년 12월 31일 한국과 미얀마는 추모비 설립에 합의했으며, 2014년 6월 6일 한국 외교부장관을 위시한 사절단이 기념비 앞에서 묵념을 올렸다. 아웅 산 묘소 테러 당시 버마 주재 참사관을 지낸 송영식 씨는 2012년 『나의 이야기』(엔북)라는 회고록을 펴냈다. 또 『코리아 타임스』 기자로 버마 사건 현장에 있다 부상당했던 박창석 씨도 2013년 9월 『아웅산 다시 보기』(백산출판사)를 썼다.

이들 책 저자들이 의도한 것은 아닐지라도, 이런 책들이 동시다발적으로 출간되는 것은 아웅 산 묘소 테러가 북한 소행임을 다시 한 번 천하에 고하는 의식과도 같은 것이다. 북한에 대한 적대감을 드높이는 의식! 그런 적대감에 기초한 분단국 한쪽의 정체성을 확인하는 의식!

라종일 씨는 2013년 10월 책을 펴낸 뒤 여러 지인에게서 항의 또는 질책성 질문을 받았다면서도, 이후에도 특강이나 연설 등을 통해 '소신 행보'를 이어 갔다.

라종일 씨는 모 에세이스트와 공동으로『가장 사소한 구원. 70대 노교수와 30대 청춘이 주고받은 서른 두 통의 편지』(알마, 2015년)라는 책을 펴내면서 가진 인터뷰에서도, "어떤 사람을 만날 때 존경스럽다는 생각을 하시나요?"라는 질문에 답하며 난데없이 "테러리스트 강민철"을 언급했다.

> 특별히 존경할 만한 그런 분들도 있는데요. 저는 될 수 있는 대로 만나는 사람마다 참 훌륭하다고 생각해요. …… 아무리 형편없는 사람을 만나도 훌륭한 점이 있어요. 테러리스트 강민철에 대한 전기를 쓴 것도, 흉악한 살인범이지만 그런 사람에게도 동정이 가기 때문이었어요. (http://ch.yes24.com/Article/View/27933)

이쯤 되면 강민철에 대한 라종일 씨의 연민은 거의 병적 집착에 가깝다. 기회가 생길 때마다 강민철을 언급하는 그는 분명 강민철에 대해 엄청난 부채의식을 갖고 있는 것이 틀림없다. 왜 그럴까?

> 솔직히 이 사건[아웅 산 묘소 테러]은 전두환, 김일성 두 사람의 책임이에요. [전두환이] 광주사태를 일으키지 않았더라면 그런 일은 일어나지 않았겠죠. 후에 두 사람은 친해지고 비싼 선물도 주고받고 파티도 했지만, 그러면서도 강민철을 꺼내 줄 생각은 안 했어요. 입에 담지도 않았죠. 고 김수환 추기경, 김대중, 노무현 대통령이 죽고는 온 나라가 떠들썩했지만 이 젊은 애가 25년을 감옥에서 살다가 죽었는데, 아무도 관심을 보여 주지 않았어요. 책으로라도 그 사람을 살려 놓겠다, 싶어 썼어요. 국내에서는 주목을 받지 못했는데,『뉴욕 타임스』에서는 저를 인터뷰해서 전면에 실었어요. 번역도 되지 않은 책을 소개해 줘서 놀랐어요.

아웅 산 묘소 테러를 김일성과 전두환의 공동 책임이라고 말하는 것은 상식적으로 이해할 수 없는 말이다.

아울러 그는 아웅 산 묘소 테러가 전두환의 광주 학살에 대한 응징이라는 해괴한 논리를 견지한다. 그런데 이 논리는 전두환 정권이 광주에서의 학살 이듬해인 1981년부터 만들어낸 것이었다. 북한이 캐나다 태권도 사범들을 사주해 전두환을 암살하라는 지령을 내렸다는 각본이 이미 1981년부터 나왔고, 실제로 캐나다 교포들이 한국과 캐나다에서 체포되는 사건이 있었다. 그때 그 간첩 사건 각본의 주제가 바로 '광주 학살 응징'이었다. 또 이 사건이 한창 언론을 탈 무렵인 1982년 9월 발생한 의문의 대구 미국문화원 폭탄 테러 사건 역시 '광주 학살에 대한 응징'을 내세웠다. 이들 사건의 내막에 대해서는 제1부와 5부에서 살펴봤다.

'전두환 정권의 광주 학살에 대한 북한의 응징'론은 30년 뒤 아웅 산 묘소 테러의 '남북한 공동 책임'론으로 발전한다.

『중앙SUNDAY』와의 인터뷰에서 라종일 씨는 강민철에 대해 왜 관심을 갖게 됐느냐는 첫 질문에 이렇게 대답했다. "강민철은 흉악한 테러범이다. 큰 죄를 지은 게 사실이다. 하지만 분단 상황의 희생자이기도 하다. 남한도 간접 책임이 있다."

아웅 산 묘소 테러가 일어난 데 대해 남한에도 책임이 있다고 말하는 것은 그가 아마도 유일무이할 것이다. 종교 지도자쯤 되는 어떤 이라면 모를까, 국가정보원 차장을 지낸 경력의 소유자가 할 수 있는 말이 아니다. 너무 비상식적인, 따라서 매우 충격적인 발언이다.

라종일 씨가 아웅 산 묘소 사건에 대해 남북 공동 책임론을 개진하고 아웅 산 테러리스트 강민철에게 과도한 연민을 보이는 이유가 무엇일까?

그것은 그가 자신의 책 『아웅산 테러리스트 강민철』에서도 거듭 강조하고 있는 팩트, 즉 '아웅 산 묘소 테러는 북한 특수 요원 강민철 등이 저질렀다'라는 팩트가 거짓이라는 사실을 뒤늦게 알게 됐거나, 아니면 최소한 그 팩트에 대한 확신이 사라졌기 때문이 아닐까? 위 팩트가 사실이 아니거나 또는 그 팩트에 대한 확신이 사라졌지만 '강민철은 북한 공작원'이라는 공식 결론을 부정할 수 없는 처지에 직면해 있는 모순된 현실이 그로 하여금 비상 식적인 연민을 유발하고 남북 공동 책임이라는 궤변을 낳은 것이다.

> 우리 민족은 정치적인, 그리고 도덕적인 잘못으로 한 젊은이를 참혹한 운명에 처하게 하고는 모른 척해 버린 것이다. …… 여러 사람이 편하게 살기 위한 공모로 한 사람을 감옥에 가두고 비참한 최후를 맞도록 내버려 둔 다음, 그를 잊은 것이다. …… 이 젊은이의 경우 가해자가 주변의 몇 사람이 아니다. 우리 모두가 직간접으로 그의 운명에 연루되어 있다. (65쪽)

> 그가 저지른 범죄에 대해 나는 그 자신보다는, 그로 하여금 그런 짓을 저지르게 하고 그 결과 비참한 운명에 빠지게 한 사람들에 대한 한탄과 분노를 금할 수 없다. …… 그가 처한 고통스러운 상황을 알면서도 애초부터 이에 대한 책임을 느끼기는커녕 이를 관심 밖의 일로 치부해 버리고 손가락 하나도 움직이려 하지 않는 사람들에 대해서도 분노를 넘어 한탄하지 않을 수 없다. 이들은 모두 자신들에게 불편한 사실은 외면해 버리고 머나먼 버마의 감옥에서 들려오는 한 젊은이의 숨죽인 고뇌의 외침에는 귀를 막아 버린 것이다. (169쪽)

놀라우리만치 지나친 동정과 애정과 연민, 그리고 자책! '아웅산 테러리스트 강민철 = 북한 공작원' 공식과는 절대로 어울릴 수 없는 감정!

책 전체가 그렇지만 특히 에필로그 「잊힌 테러리스트의 죽음을 애도하며」를 읽다 보면, 라종일 씨의 글은 남쪽 당국이 양성한 '북파공작원'을 위한 헌사라는 확신에 이르게 된다.

적어도 근대세계에서는 죽음에 관한 기념물 중 가장 중요한 것이
아마도 **국가와 관련된 죽음**일 것이다. 국가와 관련된 죽음에 관해서
는 많은 기념물들이 있어서 그들에 대한 우리의 기억이 항상 계속
되도록 요구한다. 대표적으로 어느 나라나 국가가 기념하는 **국립묘**
지들을 만들어 국가의 사업으로 목숨을 잃었거나 **국가를 위하여 큰 기여**
를 한 인물들을 기억하고 그들의 죽음을 애도한다. 국가의 성립이나 유
지 혹은 발전과 번영에 기여한 사람들에 관한 기념물들은 각기 그
국가가 추구하는 목적에 맞게 만들어지고 그런 목적을 계속 추진
하는 것에 도움이 되도록, 그렇게 사람들을 설득하도록 설계되어
있다. …… 강민철의 죽음은 남북한을 통하여 아무에게도 아무런
의미도 없었단 말인가? 이 작은 책의 보잘것없는 기록들이 그의
생을 기억하고 죽음을 애도하는 유일한 기념물이 되어야 하는가?
그가 그토록 애타게 그리워하던 동포들 중에 그를 추모하는 사람
도 없고 그렇게 가고 싶어 하던 조국의 어디에도 그를 기억하는 작
은 땅 한 뼘 없다. 강민철은 남한의 현충원에는 물론이고 북한의
혁명열사의 능에도 들어갈 자리가 없다. (256~257쪽)

그의 업적을 기리기 위해 기념물이라도 세우란 말인가? 그가 국가를 위
해 헌신했음을 기억하란 말인가? 그런 그의 죽음을 온 국민이 애도하기라도
해야 한단 말인가?

강민철을 버마에 파견한 기관이나 관계자가 아니라면 할 수 없는 말이
다. 강민철을 사지에 보낸 자 또는 그런 일에 동조했던 자들만이 할 수 있는
말이다. 왜 국정원 차장을 지낸 라종일 씨가 이런 말을 해야 할까?

이십대 중반의 젊은 나이로 전도유망한 청년에서 온 몸에 상처투성이인 불구의 죄수로 하루아침에 나락과 같은 상황에 떨어져서, 매일매일 비참한 상황에서 온갖 어려움을 견뎌 나가던 이에 관한 생각도 할 수 있었어야 한다. …… 조국에서 멀리 떨어진 이국의 감옥에 갇힌 채 25년의 세월을 견딘 끝에 외로움과 고통 속에서 죽어 간 젊은이의 죽음을 애도하고 조문하는 의식이라도 갖추었어야 했다. (259~260쪽)

우리는 그를 그저 흉악한 범인이라고 생각하고 모든 것을 그의 책임으로 돌리고 그가 당한 일, 그의 가슴에 맺혀 있었을 이야기에는 귀를 막아 버려도 되는 것인가? …… 그런 일을 지시한 국가는 그 젊은이가 외국 감옥에 갇히자 그를 부인하고 모른 척해 버렸다. (261쪽)

라종일 씨가 강민철에 대해 구구절절 밝힌 애정, 연민, 동정을 우리는 도저히 이해할 수 없다.

북파공작원들의 한 맺힌 이야기

라종일 씨가 "아웅산 테러리스트 강민철"에 대해 풀어 놓는 이야기는 남한 언론 매체들을 통해 전해지고 있는 북파공작원들의 슬픈 이야기다.

KBS는 2004년 4월 23일 〈조국의 이름으로 ─ 북파공작원 Y〉라는 타이틀로 북파공작원들에 관한 특집 프로그램을 방영했다. 첫 번째 섹션 〈Y는 누구인가? 'Y'는 왜 사라지고 잊혀져야만 했는가?〉의 내레이션.

'남과 북의 드러나지 않은 전쟁'인 첩보전을 수행하며 수많은 북파공작원들이 희생됐다. 그러나 그들은 잊혀진 존재였다. 조국의 분단은 남북한 상호 간의 체제 경쟁과 이념 대결의 악순환을 반복하는 역사의 비극……

또 다른 섹션 〈강요된 침묵, 그리고 잊혀진 존재〉의 내레이션.

북파공작원은 그동안 자신들의 이름을 잊어야만 했고 잊혀진 존재로 살아야만 했다. 그들은 조국을 위해 목숨을 걸고 사선에서 대북공작 임무를 수행했지만 자신들에게 명령 내린 조국으로부터 철저히 버려졌다.

앞서 인용한 라종일 씨 책의 첫 쪽이 생각난다. "이 책이 이용당하고 버려지고 잊힌 젊은 생명들에 관한 하나의 증언이 되기를 바란다." "버려지고 잊힌"이라는 표현은 한국의 언론에서 북파공작원을 가리키는 말이다. 남한 정보 당국과 군 당국이 이용하고 버리는 북파공작원!

『신동아』 2000년 11월호는 「죽음을 넘나든 북파공작원의 '30년 묻어 둔 비사'」에서 북파공작원 주진하 씨(인터뷰 당시 51세)의 사례를 소개했다.

북파공작원들은 대체로 가난하고 힘없는 집에서 태어나 제대로 공부하지 못했으면서 몸은 날쌘 사람들이 '사냥' 대상이 돼요. 그러나 순수하기 때문에 나라를 위한 일이라는 말 한마디에 목숨까지 담보로 바치고는 아무것도 건진 게 없어. 나라를 앞세워 꼬드긴 사람들이 그저 우리를 이용하고 버린 거죠.

물색조가 우리한테 물색을 하러 왔어요. 저는 …… 한마디로 불량 청소년이죠. 노벨극장 주변에서 남의 것 도둑질하고 유치장도 들락날락하고, 동대문 실내 스케이트장이 있었는데 거길 우리가 꽉 잡고 있었어요. 이런 생활을 하다가 물색조에 …… 우리 19~20세 때 ……

자기는 정보부에서 나왔다고 하면서 7XX부대라는 것이 있는데 6개월 동안 훈련을 받고 이북에 한 번 갔다 오면 제대증도 주고 취직도 시켜 주고 성과에 따라서 보상금도 주는데, 보상금은 대체로 개인택시 한 대 값 정도 주고 다달이 연금도 준다 이겁니다. 그리고 가족한테도 매달 생활비를 보내 준다 이겁니다. 우리로서는 그 얘기가 꿈만 같았죠. 나이 19, 20, 21세 되는 놈들이 …… 그래서 멋도 모르고 거기에 응했죠.

이렇게 물색조에 걸려 북파공작원이 된 이들이 마지막에 하는 말은 "우리는 속았다"다. 『월간 조선』 2002년 5월호에 실린 「'음지의 전사' 북파공작원의 현대사 비화」에 나오는 이야기다.

기자는 북파공작원 문제를 취재하면서 20여 명의 전직 북파공작원들을 만날 수 있었다. 그들은 한결같이 "물색 기관들이 금전적 보상을 약속했다"고 증언했고……. 그러면서 이들 대부분에게서 들을 수 있는 한결같은 말은 "그러나 우리는 속았다"였다.

다시 라종일 씨 책으로 가 보자. 라종일 씨가 북한의 테러리스트의 삶에 대해 풀어 놓는 이야기들은 사실은 모두 북파공작원들에 해당되는 이야기다.

테러를 행하는 자는 모든 사람의 공분을 사 마땅한 범죄자다. 테러
리스트는 대체로 세상을 혐오하며 사람의 생명을 가볍게 여기고
…… 어떤 부류는 정상적인 생활을 할 수 없는 자들로 자신의 사적
인 인생의 실패를 보상받기 위해 파괴를 저지르기도 한다. (165쪽)

다시 『신동아』 2000년 11월호에 실린 주진하 씨의 이야기를 들어 보자.

― 그 비행장 벙커 폭파로 상 받으셨어요?
상은 못 받았지만, 전 육군 첩보대 내에서 최고 실력을 인정받았
지. 내 나이가 50이 넘었어도 그건 아직 생생해요. 그 세뇌 속에서
헤매고 살았으니까. 그런 애들이 나뿐만 아니라 엄청 많아. 사회에
적응을 못하고 말야. 그러니 사회에 나와 방탕 생활도 하고 그랬
어.
― 사회에 나와 고생하는 사람들이 많은가 보죠?
그때 일했던 친구 중에는 생활고에 허덕이니까 사시미칼을 가방에
가지고 다니면서 가정파괴범 짓을 한 경우도 있어. 교도소에서 17
년간 썩다가 결국 청송감호소에서 자살했대요. 애들이 그래요, 환
상에 사로잡혀 가지고, 거기서 세뇌받으면서 니네는 대한민국 최
고다, 니네가 무슨 짓을 해도 다 빼 주니까 걱정하지 마라, 이런 식
으로 세뇌를 받고 나온 사람들이 할 게 뭐 있겠어. 그 전에도 애들
이 가정환경이 좋은 애들도 아니었고, 가진 기술도 없고, 재건원에
있다 온 애들, 구두 닦다 온 애들, 그런 애들이거든요.

1983년 북파공작원이 돼 그해 말 다대포 공작에 투입됐다는 북파공작원
이재영 씨도 "조국으로부터 버림받은" 이야기를 한다.

사실상 우리는 국가에서 버림받은 사람들이다. 평생 먹고살 걱정
없게 정착금 주고 직장 마련해 준다고 유혹해서 끌고 갔는데, 3
년 동안 목숨 걸고 일한 대가가 겨우 200만원이었다. 집에 와 보
니 어머니는 그새 돌아가셨고, 동생들은 차마 나와 눈을 마주치
지 못했다. 내 눈의 살기가 무서워서 피했다. 외부와 일체 단절돼
서 산 속에서만 살다 보니 시내버스 타는 것도 잊어버리고 대인기
피증이나 우울증 때문에 자살하거나 정신이상이 생긴 동료들도 적
지 않다. (「목숨을 바쳤지만 조국은 이용만 했다」, 『충북인뉴스』
2004년 1월 8일. http://www.cbinews.co.kr/news/articleView.
html?idxno=6840)

김영대 북파공작특수임무동지회 중앙본부 사무총장도 비슷한 이야기를
한다. 1972년 남산을 지나다 가족 생계를 보장하고 제대할 때 3천만 원을 주
고 직업까지 보장한다는 '물색조'의 말에 속아 북파공작원이 됐다고 한다.
김 씨는 2016년 MBN, 조선TV 등 여러 매체에 등장하여 자신의 지난날을 회
고했다.

거기서 배운 게 사회에서는 전혀 쓸모없는 기술인 데다 써서도 안
되는 기술들이다. 살인, 납치, 절도, 폭파 등을 어디에 쓰겠는가. 또
우리는 수년 동안 철저하게 인간성 말살 교육을 받아 왔기 때문에
아무런 순화 기간 없이 사회에 적응하는 것이 상당히 어려웠다. 또
군 정보사 측에서 제대 이후에도 우리를 감시하는 데다 제대증 주
특기란에 '첩보'라고 써 놓아 우리의 신분을 알고 난 뒤에는 우리
를 채용하려 하지 않았다. 이렇게 정상적인 생활이 불가능해지자
뒷골목으로 들어가거나 절도자 등의 범죄자로 전락하는 경우도 많
았다. 또 지금 우리들 중에서는 한두 번씩 이혼 경험이 있는 회원

들이 상당히 많은데, 정상적인 가정생활을 하는 사람들이 많지 않다. (다음 카페 〈실미도 증언〉「조국 위해 죽을 각오 ─ 북파공작 특수임무동지회 사무총장」, 2004년 2월 22일. http://cafe.daum. net/silmidotrue/)

김영대 씨는 당시 부여받은 임무가 무엇이었냐는 질문에 "아직 구체적으로 언제 어떤 임무를 수행했고, 결과는 어떠했다는 이야기를 할 수는 없다. 30년이 지났지만 국가안보, 국익과 직결되는 문제이기 때문"이라고 말을 아꼈다.

라종일 씨 책의 한 대목을 다시 음미해 본다.

우리 민족은 정치적인, 그리고 도덕적인 잘못으로 한 젊은이를 참혹한 운명에 처하게 하고는 모른 척해 버린 것이다. 마치『몽떼크리스또 백작』의 에드몽 단떼스처럼 여러 사람이 편하게 살기 위한 공모로 한 사람을 감옥에 가두고 비참한 최후를 맞도록 내버려 둔 다음, 그를 잊은 것이다. 단떼스의 경우처럼 이 젊은이의 경우 가해자가 주변의 몇 사람이 아니다. 우리 모두가 직간접으로 그의 운명에 연루되어 있다. 말하자면 가해자인 셈이다. (65쪽)

이 말은 북파공작원을 쓰다 '버린' 당국자가 스스로에게 변명하고 '조국과 민족을 위해 한 일'이라고 스스로를 위로하는 말이 아닌가? 국가정보원 차장을 지낸 이가 '북한 공작원 = 강민철' 이야기를 하면서 왜 이런 참회를 할까?

단떼스 이야기도 마찬가지다. 에드몽 단떼스는 프랑스 작가 알렉상드르 뒤마Alexandre Dumas가 1845년에 쓴 소설『몽떼 크리스또 백작』의 주인공이다. 선장을 꿈꾸던 전도유망한 청년 단떼스는 주변의 모략과 음모에 의해, 당시 엘베섬에 유폐돼 있던 나폴레옹과 연관돼 있다는 모함을 받고 감옥에 갇혀 14년간 옥살이를 하게 된다.

라 씨는 1998년 자신이 미얀마 정보국장을 찾아가 그때까지 15년간 인세인감옥에 갇혀 있던 강민철과 한국 정부 당국자와의 면담을 요청했다는 사실을 상기하며 단떼스를 떠올린 모양이다. 그러나 아무런 잘못이 없이 주변의 모략과 음모에 의해 옥살이를 해야 했던 소설 속 주인공과 '아웅산 테러리스트 = 강민철'을 동일시한 것은 명백한 오류이거나 고의적인 착란錯亂으로 보인다. 강민철에게 면죄부를 주려는 욕심이 지나쳐 무리수를 둔 것일까? 혹시 강민철은 아웅 산 묘소 테러에서 아무런 역할을 하지 않았던 것은 아닐까? 그저 현장 주위를 헤매다 체포되는 역할만 부여됐던 것은 아닐까?

라종일 씨는 강민철을 묘사하며 "남북한을 통틀어 자기의 인생을 비참하게 망쳐 놓은 고국과 동족에 대한 격심한 증오도 지니고 있었다"(236쪽)라고 썼다. 그런데 정말 그렇게 사는 이들이 있다. 북파공작원으로 38선을 넘어갔다 체포돼 다시 남파됐다 자수한 뒤 사형을 당한 심문규 씨 같은 이들과 그 남겨진 가족들이다.

강원도 철원 출신인 심문규 씨는 한국전쟁 때 한국군에 입대한 뒤 1955년 육군첩보부대HID 북파공작원이 됐다. 동료 여섯 명과 함께 공작을 위해 북한으로 보내졌다 체포됐고, 그러는 사이 그의 일곱 살 난 아들 한운 씨는 아버지를 찾으러 부대에 왔다 억류돼 북파공작원 교육을 받게 된다. 한운 씨는 초등학교 1학년 나이에 산악 구보를 하며 뱀을 잡아먹는 혹독한 훈련을 했다고 훗날 진술했다. 아들이 그 끔찍한 북파공작 교육을 받는다는 소식을 들은 아버지 문규 씨는 '남파'를 자청, 1959년 남으로 내려왔다.

그러는 사이에 아들 한운 씨는 친척들의 각고의 노력 끝에 군에서 빠져나올 수 있었다. 아들 때문에 다시 남파된 심문규 씨는 아들이 무사히 집으로 돌아갔다는 사실을 확인한 뒤, 군 당국에 자수했다. 남한 군 당국은 심문규 씨를 1년 6개월, 정확히는 563일 동안 구금한 상태에서 북한에서 보고 들은 정보를 모두 캐낸 뒤, 1961년 5월 사형시켰다.

아들 심한운 씨는 1959년 외숙모의 손에 이끌려 아버지 면회를 가 아버지를 만난 것이 마지막이었다. 당시 아버지 심문규 씨는 "공부는 잘 하고 있니? 아버지 곧 나갈 테니 걱정마라"라고 말했다 한다.

남한 군 당국은 심한운 씨나 친척들에게 심문규 씨가 사형당한 사실을 반세기 가까이 알리지 않다가, 노무현 정부 시절인 2006년에야 그 사실을 통보했다. 아들에게 전달된 아버지의 사형 판결문에는 "위장자수자", "이중간첩"이라고 적혀 있었다.

예순 셋이 된 아들 한운 씨는 '진실화해를 위한 과거사정리위원회'에 진상 규명을 요청했고, 이 위원회는 2009년 "군 수사기관이 증거를 조작해 심문규 씨를 위장간첩으로 몰았다"라는 조사 결과를 내놨다. 한운 씨는 2011년 아버지에 대한 재심을 청구했고, 서울중앙지방법원 형사합의 21부(부장 이원범)는 2012년 10월 22일 심문규 씨에게 무죄를 선고했다.

"남북한을 통틀어 자기의 인생을 비참하게 망쳐 놓은 고국과 동족에 대한 격심한 증오"를 품을 사람은 바로 북파공작원이다.

구보 속도와 35kg 배낭

라종일 씨 책은 북한 특수부대원들의 강도 높은 훈련 과정을 마치 본 듯이, 경험한 듯이 그리고 있다. 어디서 그런 이야기를 들었는지, 누구의 증언인지는 밝히지 않는다.

그런데 그의 이야기는 남한 북파공작원들의 증언과 하나도 다르지 않다. 남북의 훈련 교범이 똑같은 것일까?

라종일 씨는 강민철이 다녔다는 특수군사학교 이야기를 다음과 같이 풀어 놓는다.

특수군사학교의 신입생 중에는 한 달여에 걸친 기초훈련 과정에서 탈락해 퇴교당하는 경우도 있었다. 기초훈련 과정은 야외에서의 생존 기술, 250킬로미터에 달하는 강행군 훈련, 산악에서의 야간 활동 등이다. 처음에 그들은 35킬로그램의 모래 배낭을 지고 10킬로미터의 속보 강행군을 하는데, 차츰 거리를 늘려 20킬로미터, 40킬로미터, 그리고 50킬로미터에 이르는 강행군을 한다. (215쪽)

라종일 씨의 책에는 공작원들의 구보 속도가 자주 등장한다.

1968년 청와대를 습격한 북한의 124부대원들은 한겨울 얼어붙은 산악지대에서 남한의 방어선을 돌파해 가는 전술 능력을 보여 주었다. …… 무릎까지 빠지는 눈길에서 중무장을 한 채로 시간당 평균 10킬로미터를 주파한 것이다. 그들의 행군 교본을 보면 빠르기에 따라 구보, 반구보, 속보, 도보 등으로 나뉘는데, 눈길이 아니라면 구보인 경우 한 시간에 12킬로미터의 속도로 이동할 수 있다고 한다. (214쪽)

"아웅 산 테러리스트 강민철" 이야기에서 왜 이렇게까지 구보 속도를 상세히 언급하고 묘사해야 할까? 김신조가 얼마를 갔으니 우리도 얼마를 가야 한다는 말은 북파공작원들을 훈련시킬 때 교관들이 하는 이야기 아닌가?
　다음은 앞서 소개한 『신동아』 2000년 11월호 「죽음을 넘나든 북파공작원의 '30년 묻어 둔 비사'」에 등장하는 북파공작원 주진하의 이야기다.

김신조는 산악 훈련 팔부능선으로 1시간에 30km 간다고 그러지만, 우리도 25km는 갔다고, 밤에 말야.

또 다른 북파공작원의 이야기도 비슷하다.

이창수(49, 가명)는 에이아이유(Army Intelligence Unit) 1기생
으로 입대하던 68년, 17살의 청소년이었다. 군 당국은 5월부터 2
달여에 걸친 끈질긴 '물색' 끝에 그를 북파요원으로 '영입'했다.
…… 10대의 이 씨는 혹독한 훈련 끝에 불과 몇 개월 만에 30kg짜
리 모래배낭과 5kg짜리 발목 아대를 찬 채 12km의 산악을 1시간
이내에 주파했다. 국군 장비는 물론 에이케이소총, 소련제 기관총
등 북한군 장비 사용법까지 완전 습득한 그는 말 그대로 '인간 병
기'가 됐다. 기본 훈련을 마친 뒤엔 10명 단위로 쪼개져 인천대, 남
산대, 양구대, 운천대 등 예하부대로 옮겨졌다. 북한 침투 지역의
지형·지물을 빼닮은 그곳 안가에서 통신과 독도법, 살인, 폭파 등
의 전문기술을 익혔다. 이 씨는 69년부터 침투 작전에 나섰다. 침
투조는 5인 1조로 편성됐고, 육군 대위가 조장을 맡는 것이 일반적
이었다. (「북파공작원 ① 우리는 '인간 병기'였다」, 『한겨레』 2000
년 10월 8일)

또 다른 북파공작원의 증언. "어떤 훈련을 받으셨냐?"는 질문에 대한 대
답이다.

25일 동안 일반 부대 훈련소에서 하는 제식훈련에서부터 사격, 수
류탄 투척 등의 교육을 받았어요. …… 25인용 텐트 쳐 놓고 생활
하면서 정말로 모진 교육을 다 받는 거야. 등에는 30kg 모래배낭
을 짊어지고 양 발에는 1.5kg짜리 모래주머니를 차고, 그렇게 생활
하는 거야. (「죽음을 넘나든 북파공작원의 '30년 묻어 둔 비사'」,
『신동아』 2000년 11월호)

라종일 씨가 강민철의 특수부대 훈련 과정이라며 쓴 내용 역시 위의 북파공작원 교육 과정과 크게 다르지 않다.

훈련보다 더 어려운 것은 실제 상황의 연습이었다. 예를 들어 매복과 기습 훈련을 실제로 하는 것이다. 어떤 경우에는 지정된 장소에서 우선 전화선을 따고 도청을 해서 일정한 시간과 장소에서 차량을 전복시키는 작전을 수행하는 것이다. 때로는 중요한 관청을 습격해 그 안에 있는 사람들을 살해하라는 연습 아닌 연습도 있었다. …… 이때 공격과 수비는 단순한 연습이 아니고 실탄을 사용하는 실제 상황이어서 사상자가 발생할 수밖에 없다. (216~217쪽)

아웅 산 묘소 테러 당시 버마 주재 한국 대사관 참사관이었던 송영식 씨도 『나의 이야기』에서 1961년 육군첩보부대에서 하사관으로 복무하던 시절의 이야기를 다음과 같이 하고 있다. 역시 남북한 양쪽에서 똑같은 교본으로 특수공작원들을 훈련시키고 있다고 해야 할까?

나중에 육군첩보부대(AIU, 일명 HID)에 배속 …… HID는 공작원을 훈련시켜 극한적인 적대 관계에 있던 북한에 침투시키는 부대로서 예하부대가 휴전선과 동서 해안을 중심으로 몇 군데 있었다. 원하면 예하부대 근무도 가능했으나, 예하부대로 가면 공작원 파견 훈련과정에서 '나쁜 짓을 많이 배우게 된다'는 우려 때문에 본부 근무를 택했다. 나의 주특기는 첩보 하사관이었으며, 도청, 미행, 시설 침투 등 쉽게 말해서 스파이가 되는 교육과 실습을 받았다. …… 함께 근무하던 하사관들 중에는 좋은 직장에서 일하다가 군 복무 기피로 강제 입영된 사람들을 비롯해서, 서울의 유명 대학 학생들, 공작 지원 업무에 필요한 기술을 보유한 장인 등 다양한 사람들이 있었는데 ……. 첩보부대 시절, 나는 훈련 교육에서 매우 우수한 성적을 냈다. 신분을 위장하고 국가 중요시설인 철도 공작창에 들어가 내부 시설을 조사해 보고하는 데 성공했고, 탁월한 해체술로 여러 종류의 열쇠를 열 수 있었다. (53쪽/56쪽/58쪽/59쪽)

송영식 씨와 함께 근무하던 하사관들 중에는 서울의 유명 대학 학생들도 있었고 공작 지원 업무에 필요한 기술을 보유한 기술자들도 있었던 모양이다. "아웅 산 테러리스트 강민철"이 버마에 특파된 이유도 그 특별한 기술 때문이었다.

강민철이 버마 작전에 선발된 것은 거의 우연이었다고 한다. 지휘부에서 인선을 하던 중 작전 수행에 통신 전문가도 필요하다는 의견이 나왔고 그에 따라 이미 선발된 다른 사람을 제외시키고 강민철을 보내기로 결정한 것이었다고 한다. (라종일, 『아웅산 테러리스트 강민철』, 219쪽)

"실패하면 자폭하라!": 누구의 이야기일까?

라종일 씨는 『아웅산 테러리스트 강민철』을 비롯해 여러 기회에, 강민철을 국가에 의한 희생자라 부르며 연민과 동정을 표시했다. 국가가 시키는 대로 했으므로 그에게만 모든 죄를 물을 수는 없다는 것이다. 라종일 씨의 말이 맞다. 그런 일을 지시한 누군가가 벌을 받아야 마땅하다.

라종일 씨가 강민철을 가리켜 하는 말들 가운데 "자살"과 "자폭"이 눈에 띈다. 북한 공작원들은 무조건 자폭하라는 지시를 받는단다. 라종일 씨는 이런 이야기를 누구에게서 들었을까?

북한의 공작은 테러에만 초점이 맞추어져 있었고, 그 후 요원들의 신변 안전이나 탈출, 만약에 체포될 경우와 대응법, 그리고 어떤 방법으로라도 이들을 구출하는 것에 대해서는 별 관심을 기울이지 않았다. …… 사건이 일단락된 후 북한 특수부대 지휘관들의 반응을 보면 어떤 반성도 있었던 것 같지 않다. …… 북한의 공작에서는 "만약에 실패할 경우에는"이라는 것은 없다. ……실패를 하는 경우에는 당연히 공작원이 자폭하는 길뿐이라는 것이다. (160쪽, 161~162쪽)

강민철은 아웅 산 묘소를 폭파한 뒤 자폭하라 했는데 살아남으려고 발버둥을 치다 체포됐다는 말이다. 그 '자폭 명령'을 거듭 확인하기 위한 간첩(?)의 증언!

이때[다대포 작전 당시] 잡힌 북한 공작원 전춘[충]남과 이상규는 원산 앞바다 황토섬에 있는 간첩 해상 안내 연락소에서 지도원으로부터 버마 아웅 산 묘소 폭발 후에 북한 공작원 2명이 잡혔다는 이야기를 들었다고 했다. 지도원의 말로는 이들이 …… 부상을 당하고 …… 생포된 것은 배신이며 부끄러운 일이라고 비난했다고 말했다. …… 특히 비난을 받은 것은 …… 스스로 자폭하지 못한 것이었다. (158~159쪽)

라 씨는 이처럼 북한 공작원들이 자폭하라는 지시를 받는다고 주장하지만, 그가 풀어 놓는 자폭에 관한 이야기들은 사실은 하나같이 북파공작원들의 이야기다. 또 남북한의 특수공작원 교육이 똑같아서일까?

뱀과 들쥐를 잡아먹으면서 견뎌야 했던 혹독한 훈련 뒤 북파 명령이 하달될 때의 이야기.

무장 임무는 10~20명의 팀이 들어가 주요 시설을 폭파하거나 노동당[조선로동당]이나 군부의 고위 인사를 테러하는 게 핵심이었다. 물론 생포 시 보안을 위해 군번이나 계급은 없었다. 복장은 북한 군복이었고 북한제 소총을 휴대하거나 우리 소총의 경우 총번(고유번호)을 제거한 상태였다. …… 임무 수행 후 살아 돌아올 수 있는 경우는 많지 않았다. **침투 작전은 있었지만 복귀 작전은 제대로 없었다**…… 북파공작 팀장을 지낸 이시연 [국민생활안보협회] 공동대표는 "폭파·살해 등의 임무로 소란이 일어나면 휴전선이나 해안의 경계가 강화되기 때문에 이를 돌파하고 돌아온다는 건 쉽지 않은 일"이라고 말했다. (「돌아오지 못한 북파공작원 7,726명」, 『중앙일보』2013년 9월 28일)

HID36지구대장을 지내 1953년 휴전 이후에도 북한군 고위급 인사를 납치해 오는 등 "혁혁한" 전과를 올렸다는 김진수 씨(인터뷰 당시 76세)도 똑같은 이야기를 하고 있다.

1951년 3월부터 1961년 1월까지 HID36지구대에서 사망, 실종된 사람이 200명. …… 신원은 알려지지 않았다. …… **일부는 적지에서 북파공작원을 내팽개친 무능한 상관들도 적지 않았다고 한다. 대부분의 HID 장교들은 작전 계획을 세우고 공작원들을 적지에 투입하는 역할만 했다.** …… 침투조가 인민군과 교전을 벌이면, 대원들을 구출하기는 커녕 혼자 귀환해 버린 일도 많았다……. HID 요원들의 증언에 따르면, 당시 모 장교는 5~6개월 동안 요원을 40~50명가량을 잃고 HID에서 쫓겨나기도 했다. (「HID 대북 침투공작 책임자 김진수의 최초 증언」, 『월간 조선』 2006년 4월호)

다시 북파공작원들의 증언.

선생들이 우리한테 그래요. '너희들은 올라가서 생포되든지 자수를 하게 되면 죽는다'고. 이북에서 우리를 최고 악질로 본다 이겁니다. 세워서 묶어 놓고 산 채로 껍데기를 벗긴대요. 그 고통이 어마어마하니까 올라가다가 유사시에는 **자폭하라**고 세뇌 교육을 받았어요. …… 영화에서처럼 극약 같은 걸 주는 게 아니라 **수류탄 같은 걸로 자폭하라** 그러더라고. (「죽음을 넘나든 북파공작원의 '30년 묻어 둔 비사'」, 『신동아』 2000년 11월호)

부대원들은 "(명령만 떨어지면) 보이는 것은 다 죽여라" "**체포되면 자폭하라**" 등 실전에 대비한 구호를 매일 반복해서 외쳤고 …….
(「[비화] "28년 전 백령도 해상에서 대북 보복작전계획 있었다"」, 『월간 조선』 2010년 5월호)

어느 북파공작원은 "최근 북한의 장기수 송환 등을 지켜보면서 어떤 생각을 하셨어요?"라는 질문에 다음과 같이 대답했다.

제가 교육을 받을 때 '**생포되면 자살을 해라**. 붙잡히면 너희들은 거기에서 교육받고 도로 남파된다. 어차피 너희들은 죽은 목숨이다. 국가와 민족을 위해서 입 다물고 거기서 죽어라.' 이런 교육을 받았습니다. 그러다 보니까 억울한 마음은 가졌지만, '나도 보상을 받을 수 있는데' 하는 생각은 가졌어요. 하지만 감히 빽도 없고 힘도 없는 사람으로서 어디다 얘기했다가 나한테 불이익이 온다든가 이러면 우리 집안은 하루아침에 무너지는 거란 말입니다. (「죽음을 넘나든 북파공작원의 '30년 묻어 둔 비사'」, 『신동아』 2000년 11월호)

결국 라종일 씨가 말하는 '강민철'의 자폭에 관한 이야기는 북파공작원들이 늘 하는 이야기였다. "그의 일생을 망친 것은 …… '이념' '정의' '민족' '자주' 등 엄청난 명분을 앞세운 국가권력이었다."(170쪽) "그가 연루된 사건에 대해 그는 처음부터 스스로 판단하고 행동할 능력이 없었다. 그의 운명은 전적으로 외적인 요인에 의해 결정된 것이다."(172쪽) "강민철이 속한 조직은 상명하복의 체계가 엄격한 군이었고, 그중에서도 특수임무를 수행하는 특별한 부대였다."(174쪽)

라종일 씨가 '북한 공작원 강민철'에게 연민과 동정을 표시하면서 하는 말, **"특수임무를 수행하는 특별한 부대"**! 남쪽에서 '북파공작원'을 가리키는 말, **'특수임무수행자'**!

북한 공작원들이 작전에 실패하면 자폭하고 자살하라는 지령을 받는다는 것은 거짓말이다. 하지만 그 거짓말은 남한 사회에 횡행하고 있다.

남파된 공작원들은 김일성, 김정일의 교시와 대외정보조사부, 사회문화부에서 반복 주입한 세뇌 교육의 영향에 경도돼 상당수가 수사에 협조하기보다는 자결·자폭이라는 죽음의 길을 자초했다. 지난 87년 KAL-858기 폭파범 김현희는 공작 직전 대외정보조사부에서 "이곳에 남은 가족들을 생각해 담뱃갑에 든 독약 앰플을 깨물어라. 포로가 돼 비밀을 다 누설하면 반드시 죽는다. 적지에서 자폭하면 공화국의 가족에겐 영광이 남는다" 등의 세뇌 교육을 받았다고 한다. 당시 폭파범 김승일·김현희도 …… 바레인 당국에서 피검 조사를 받던 중 함께 음독을 기도……. 김승일은 죽고 김현희는 목숨을 건졌다. …… 83년 다대포 간첩 전충남, 이상규는 무장이 돼 있던 탓에 상황이 불리해지자 수류탄으로 자폭을 기도했다 일부만 목숨을 부지하기도 했다. 이어 84년 대구 신암동에 출현, 주민 2명을 살해한 무장간첩은 휴대한 극약으로 자살했고……

(「앰플부터 자폭까지, 남파 간첩 잇따른 죽음의 길」, 『연합뉴스』 1997년 11월 20일)

'아웅산 테러리스트 강민철'은 수류탄을 터뜨려 자살하지 않았고, KAL 기 폭파 테러의 '주연'이라는 '김현희'는 독약 앰플을 깨물지 않았으며, 다 대포 간첩(?)이라는 전충남과 이남규가 자폭을 기도했다는 것도 사실이 아 니다. 1984년 대구에 출현한 무장간첩이 극약으로 자살했다는 말도 말 많고 탈 많은 이 나라 정보기관의 주장일 뿐이며, '1·21 사건의 주역'이라는 '김 신조' 역시 스스로 자신의 자폭 기도 이야기를 부정한다.

'강민철' '김현희' '전충남' '이남규' '김신조' ……. '북한 공작원 = 자 폭' 공식을 선전하는 데 널리 활용하는 이들은 모두 '살아남아서' '자폭'의 증거로 활용되는 모순적 존재들이다. 남쪽 당국에서 반북 적대 이데올로기 를 조작하는 데 널리 활용하는 이 사람들은 또한 하나같이 '북한 공작원'으 로서의 정체가 의심스러운 문제적 인물들이다.

이들 '살아 있는 자폭의 증거물들' 외에 '북한 공작원'으로서의 정체를 조금도 의심받지 않는 (비)전향장기수 수백 명은 '북한 공작원 = 자폭' 공식 이 완전히 날조된 허위임을 웅변한다.

2000년 여름 『연합뉴스』 북한부 기자 시절 '남파공작원'을 만난 이야기.

당국의 허가를 받아 이들의 이야기를 채록하는 어느 교수에게 부탁해, 비전향장기수들이 출소 후 집단으로 거주하는 서울 관악구 어느 주택에서, 북송이 예정된 이재룡 씨(당시 66세)를 만났다.

약 7시간 계속된 그의 이야기 채록을 도왔고, 이 씨로부터 들은 이야기 를 2000년 9월 2일에 이 씨 등 62명의 비전향장기수가 북송되는 날 4회 시리 즈 형식으로 기사화했다. 채록을 도울 뿐 기사화하지 않는다고 약속했지만, 이들이 모두 송환된 뒤라면 문제가 없을 것이라고 생각했던 것이다.

북송된 이들 모두 수만 군중의 열렬한 환호를 받으며 만면에 웃음을 띠고 평양 시내에서 카퍼레이드를 벌이는 가운데서도, 이 씨의 표정은 내내 어두웠다. 회사에 비치된 TV 수상기를 통해 그의 표정을 살피면서 며칠 동안 마음이 편하지 않았다.

'한 건 하자'는 욕심도 있었지만, 어떻게든 그들의 이야기를 있는 그대로 전하고 싶었다. 작성한 기사 그대로 송고된 것은 아니었지만, 그나마 그들의 이야기를 조금이라도 알릴 수 있었던 것은 다행이라고 여기고 있다.

'납북 어부 출신 남파공작원'인 이 씨는 자의에 의해 북측에 남았다. 강원도가 남북으로 갈라진 탓에 그의 친형이 북에 살고 있다고 했다. 이 씨는 '통일공작을 위한 남파'를 자청했고, 2년여에 걸친 공작원 교육을 받고 남파됐다. 사람을 죽이고 시설을 폭파하는 교육이 아니라 '공화국'(북한)의 우월함을 널리 알려 남쪽 주민들을 포섭하기 위한 대인 공작이 주 교육 내용이었다고 한다. 그는 남파 교육 마지막 단계에서 체포될 경우의 행동 요령을 숙지한다고 밝혔다.

북측은 이들 남파 통일공작원들에게, 남측이 북파공작원들에게 그러듯이 '만일의 경우 자살하라'고 했을까? '만에 하나 붙잡히게 되면 아는 것을 순순히 털어놓으라. 생명을 보전하라!' 남파 공작 임무가 실패할 경우의 대비책! 생명을 보전하라는 명령! 수류탄을 까고 자폭하라는 말 따위와는 완전히 거리가 멀다.

라종일 씨 책에 장황하게 나열돼 있는 '자폭' 이야기는 모조리 북파공작원들의 입에서나 나올 수 있는 말들이다.

제 9 부

네 원의 버마와 미국, 북한

아웅 산 묘소 테러는 미국과 북한의 첨예한 대결 구도, 남북 적대 관계, 한-미의 대북 적대적 운명 공동체, 비동맹운동 진영에서의 북한과 버마의 돈독한 관계 등 얽히고설킨 4자 관계 속에서, 북한의 외교적 공세에 시달리던 미국이 난국을 타개하기 위한 비책이 절실히 필요한 상황에서 벌어진 사건이었다. '버마에서 벌어지는 남한을 겨냥한 북한의 테러' 시나리오는 연출자의 의도대로 '북한의 외교적 고립'으로 이어졌다. 2007년 4월, 북한이 각고의 노력 끝에 미얀마와 외교 관계를 복원한 것은 그 공작의 시효가 만료됐음을 의미한다. 미국이 지배하는 국제사회는 여전히 북한을 고립시키고 있지만, 미얀마와 북한의 재수교는 그 고립의 사슬 하나가 풀렸다는 의미다.

네 윈의 버마식 사회주의와 미국

1958년과 1962년 두 번에 걸친 쿠데타로 버마(현 미얀마) 국가권력을 장악한 네 윈과 미국은 어떤 관계였을까?

네 윈은 쿠데타에 성공한 뒤 사회주의를 표방했지만, 쿠데타 이전 그의 행적은 일반적인 사회주의국가의 지도자로서의 면모와는 사뭇 달랐다. 미국 등 서방 국가의 군사적 지원을 받아 자신의 영향력을 키운 제3세계 군부 지도자의 한 사람이었을 뿐이다. 한때 비동맹운동 세력의 든든한 후원국으로 인정받던 버마가 미 군산복합체의 이익에 편승해 비동맹운동을 깨뜨리는 역할을 하게 되는 것은 어쩌면 당연했다.

네 윈과 미국 등 서방과의 관계에 대해서는 르노 이그리토Renauld Egreteau 와 래리 제이건Larry Jagan이 함께 쓴 『버마의 군대와 외교Soldiers and Diplomacy in Burma』가 시사하는 바가 크다.

쿠데타 직후 네 윈 정권은 미국 풀브라이트 장학금과 포드재단 기부금을 거부하고 랭군에 있는 존스 홉킨스 학교 캠퍼스를 폐쇄하는 등 일시적으로 폐쇄와 고립주의 노선을 걷기 시작했다. 이 때문에 1950대로 거슬러 올라가는 미국-버마 안보 협력과 1958년 맺어진 원조 협약도 폐기되는 듯했다.

그러나 이즈음 네 윈은 스위스와 오스트리아 등지를 제 마음대로 오갔고 이스라엘을 방문하는 등 이상한 행보를 보였다.

민트 우 탄트가 2008년 1월에 낸 『발자취가 사라진 강 — 버마의 역사The Rivers of Lost Footsteps — Histories of Burma』에 따르면, 네 윈은 1960년대 초부터 1970년대 중엽까지 수시로 오스트리아를 들락거리면서 정신과 전문의 한스 호프 Hans Hoff 박사를 만났다. 그럴 때면 네 윈은 늘 런던과 제네바 등지를 다녔다. 명분은 쇼핑이었지만, 사회주의를 표방하는 아시아 제3세계 지도자가 1960년대에 서유럽 국가들을 돌아다니면서 쇼핑만 즐겼을 리 없다. 이런 외국 나들이는 미 중앙정보국CIA과 영 대외첩보국MI6 등과 긴밀한 관계를 맺지 않고서는 상상할 수 없는 일이다. CIA와 MI6 등 서방 정보기관들이 사회주의를 표방하거나 공산주의에 경도된 제3세계 지도자를 살해하는 데 혈안이 돼 있을 때였다.

네 윈은 쿠데타를 일으키기 3년 전, 즉 우 누 대통령 밑에서 군권을 장악하고 있을 때인 1959년, 이스라엘을 방문해 당시 벤 구리온 국방장관을 만나기도 했다. 사회주의 또는 비동맹운동 진영인 버마의 군사 지도자로서는 도무지 어울리지 않는 행보였다.

이런 행보를 이어가다 1962년 두 번째 쿠데타에 성공해 정권을 장악했고, 1966년 미국 존슨 행정부는 네 윈을 백악관에 초청해 극진히 환대했다.

특기할 것이 있다. 미국이 버마와 한국 두 나라를 동시에 동일한 작전 대상국으로 취급한 정황이다. 존슨 행정부는 네 윈을 백악관에 초청하기 한 해 전인 1965년 5월 한국의 박정희 대통령 내외를 백악관에 초청해 베트남 파병 대가로 1억5천만 달러 규모의 지원을 선물했던 것이다.

1964년 8월 4일 통킹만 사건을 조작해 베트남 침략전을 전면화한 미국은 곧바로 한국 정부에 파병을 요청했고, 박 정권은 9월 11일 이동외과 의료진 130명과 태권도 교관 10명 등 비전투요원들을 보낸 상태였다. 존슨 행정부와 박정희 정권은 전투병 파견 문제를 놓고 이런저런 논의를 거친 뒤 백악관 회동에서 베트남 전투병 파병을 확정했다.

박 대통령이 미국에서 돌아온 지 한 달 여 만인 1965년 7월 2일 정부는 국무회의에서 '국군 1개 사단 및 필요한 지원부대'를 베트남에 파병하기로 의결했고 이어 8월 13일 국회에서 공화당 단독으로 전투병 파병안을 통과시켰다. 대통령의 미국 방문 직후 베트남 파병을 위한 절차가 일사천리로 진행됐다는 말이다.

네 윈이 백악관에 간 1966년, 존슨 미 대통령은 한국을 방문해 박정희 대통령과 함께 26사단을 시찰하는 등 두 나라 군사 협력이 더 강화됐다. 미국 존슨 행정부가 버마의 네 윈과 한국의 박정희를 잇따라 백악관에 초청한 것은 버마와 라오스의 산악 지역을 베트남 침략전의 교두보로 사용하면서 한국군의 베트남전 개입을 유인한 것과 관련이 있다.

버마와 한국은 미국에게는 베트남 침략전을 위해 동시에 작전을 펼쳐야 했던 대상이었던 것이다.

1962년 네 윈이 쿠데타에 성공한 것은 국내 각지에서 출몰하는 반군을 소탕하는 데 혁혁한 공을 세우면서 인지도를 높인 덕분이기도 했지만, 이스라엘을 오갈 정도로 긴밀했던 서방의 지원과 지지가 없었더라면 권력을 잡기가 쉽지 않았을 것이다.

네 윈의 쿠데타는 한 해 전인 1961년 한국에서 박정희 쿠데타가 일어난 배경과 흡사하다.

미국이 이미 1950년대부터 이승만 정권을 폐기하고 새로운 쿠데타 정권을 세우기 위해 소위 '에버 레디 플랜Every Ready Plan'을 가동하면서 백선엽, 박정희, 장도영 등 일제 치하 장교 출신자들과 접촉하고 있었다는 사실은 널리 알려져 있다.

미국은 1950년대부터 버마와 안보 협력 및 정보 협력 관계를 맺고 있었고, 버마 북부 산지로 밀려 내려온 중국국민당 잔당들과도 정보를 주고받고 있었다. 아마도 이 시기 네 윈의 호화로웠을 유럽 나들이는 서방 국가들이 아시아의 최빈국 독재자를 길들이는 공작이었을 것이다.

미국이 네 윈 정권에 무기를 제공하기 시작한 것은 공식적으로는 네 윈이 쿠데타로 정권을 장악한 뒤인 1963년부터로 돼 있지만, 미국은 이미 중국이 1949년 공산화되고 1950년대 들어 동남아시아 각국에서 공산주의운동이 활발하게 전개될 때부터 각종 무기를 지원하며 버마 군부 지도자를 키우고 있었다.

미 존슨 행정부는 1960년대 중엽부터, 한편으로는 네 윈의 사복私腹을 채워 주고, 다른 한편으로는 네 윈에 의해 쫓겨난 전 버마 대통령 우 누가 1973년까지 태국에서 4년간의 망명 생활을 끝낸 뒤 미국에서 1년간 머물 수 있도록 하며, 버마의 전·현직 지도자를 두 손바닥 위에 올려놓고 있었다.

네 윈은 이런 미국의 '양다리'에 신물을 느끼며 1973년 한 해 동안 랑군을 찾아 온 미국 외교관과 만나지 않는 등 그 나름 미국에 대한 불만을 표시하면서도 미국의 영향권에서 벗어나지 못했다. 자신의 군사정권을 유지하려면 미국이 제공하는 각종 정보와 무기가 필요했기 때문이다.

1970년대로 들어서면서 미국과 버마 네 윈 정권과의 관계는 더 은밀해졌고 또 친밀해졌다.

버마와 미국의 군사적 관계 및 국방 문제에 정통한 버마 학자 마웅 아웅 미오에에 따르면, 버마는 1978년부터 1982년까지 5년간 수색 및 인명 구조용 경輕 수송기 17대와 버마 내륙을 관통하는 강에서 사용할 순시선 6대를 들여왔다. 1972년부터 1975년까지 미국 주도 아래 일본과 독일 및 다른 몇몇 서방 국가는 버마에 총 3억7천800만 달러에 달하는 물자와 돈을 제공했고, 1981년에는 미국과 버마 사이에 3천만 달러에 달하는 원조 협약이 체결됐다. 또 1974년부터 미국과 버마는 마약 단속을 명분으로 "제한적이지만 주목할 만한" 협력 관계를 지속해 왔다.

하지만 미국은 네 윈 정권과 마약 단속을 명분으로 하는 협력 관계를 지속하면서, 다른 한편으로는 중국 공산화로 버마 북부 지역으로 쫓겨 내려온 중국국민당 잔당들에게 무기와 달러를 지원하며 인도차이나반도를 전쟁과 테러의 기지로 만드는 작전을 전개하고 있었다. 쿠데타로 집권한 네 윈과 네 윈에 의해 쫓겨난 전 대통령 우 누를 모두 후원하는 이중 플레이와 마찬가지였다.

미국은 1970년대 후반부터 집중적으로 버마를 제 품에 끌어안기 위한 노력을 기울였고, 이처럼 미국 등 서방 제국이 네 윈 정권에 공을 들이는 가운데 1977년부터는 세계은행과 아시아개발은행이 버마에 차관을 들이밀기 시작했다. 이는 네 윈 정권의 선택이었다기보다는 서방 자본주의국가들의 선택이며, 미국이 버마를 상대로 본격적인 자본 공세에 나섰음을 의미한다.

미국이 1977년부터 버마에 대한 포섭 공작을 펼친 데 대해서는 1983년 사건 당시 버마 주재 한국 대사관 참사관이었던 송영식 씨도 동의한다. 송영식 씨는 "미얀마 정부는 이[아웅 산 묘소 테러] 사건이 유엔 등이 개입해 국제적인 관심의 대상이 되는 것을 원치 않으며, 1977년 이후 대서방 경제협력을 추진해 왔기 때문에 북한과의 경제협력 문제가 사건 처리에 그다지 지장을 주지 못할 거라는 견해도 있었다"라고 밝혔다(『나의 이야기』, 199~200쪽).

장세동 씨 역시 자신의 책 『일해재단』에서 "1975년 제30차 유엔총회에서 한국 문제가 토의되었을 때 버마 정부는 서방측 안에 기권하고 공산 측 안에 지지를 표명하였으며, 남북한 동시 유엔 가입 문제에 대해서도 중립을 내세워 확실한 태도 표명을 유보하였다"라고 지적한 뒤, "이러한 버마 정부의 입장은 집권 사회주의인민계획당[버마사회주의계획당] 전당대회에서 채택(1977년, 1982년)한 '정치보고서'에 한국 문제와 관련하여 '한반도에서의 외군의 철수와 휴전협정을 평화협정으로 대체하는 것을 지지한다'라는 데서도 잘 나타나 있다"라고 밝혔다(18쪽).

또 1977년 9월 버마 지도자 네 윈이 북한을 방문했다. 1977년부터 미국이 세계은행 등을 앞세워 버마에 대한 포용 또는 포섭 공작을 시작할 만한 이유가 충분했다는 말이다.

집권당인 버마사회주의계획당이 월간 『국제 문제 뉴스』라는 잡지를 펴내 자본주의국가들의 세계관을 적극 수용하기 시작한 것도 이 즈음이다. 네 윈은 겉으로는 사회주의와 불교에서 말하는 극락정토의 실현을 내세우면서, 속으로는 이미 자본주의 강대국들과 세계관을 공유했던 것이다. 특히 1980년대 들어서면서 더욱 미국은 버마 군사정권에게 없어서는 안 될 파트너가 돼 있었다.

1979년에 TV 수상기가 버마에 보급되기 시작하면서 미국 TV 영화 시리즈 〈스타스키와 허치Starsky and Hutch〉, 〈초원의 집Little House on the Prairie〉이 버마에 수입됐다. 민트 우 탄트는 『발자취가 사라진 강 — 버마의 역사』에서 이렇게 말한다. "그런데 갑자기 엄청난 일이 일어났다. 바로 TV와 비디오였다. 1979년 오락에 굶주린 버마 국민들에게 TV 수상기를 안겨 준 것이다." (Myint-u Thant, 『The River of Lost Footsteps Histories of Burma』, 2006, p, 137)

식량 수입도 어려운 나라에서 서구 영화나 드라마를 마구 들여올 수는 없었다. 네 윈 정권이 들여온 영화는 모두 헐리우드 무비였고 요즈음 식으로 말하자면 '미드'였다. "당시 버마 청년들은 숀 코네리에서 로저 무어로 넘어가는 007의 세대교체를 지켜볼 수 있었다. …… 채널은 한 개뿐이고 늘 딱딱한 관급 뉴스만 …… 아침 이른 시간에는 미국 드라마를 방영했다. 〈사랑의 유람선The Love Boat〉이 한동안 버마 국민들의 마음을 사로잡았다. …… 1980년대 초에는 태국 국경을 넘어 비디오카세트 레코더가 밀수입되기 시작했다." (317쪽)

북-미 적대 관계

미국이 베트남 침략전쟁에서 승기를 빼앗기게 되는 결정적 사건인 구정 대공세는 북한이 원산 앞바다에서 미 전함 푸에블로호를 끌어간 지 일주일 뒤인 1968년 1월 30일 시작됐다. 최신 첩보함을 빼앗겨 혼비백산할 지경에 북베트남 인민군과 남베트남 민족해방전선(NLF, 베트콩)이 남베트남군을 상대로 일제 공격을 시작하자, 미국은 제대로 손을 쓸 수가 없었을 것이다.

이뿐만 아니라 1974년과 1975년, 북한은 유엔 안보리 등 국제 외교 무대에서 아시아와 아프리카 비동맹 국가들의 지지 속에 주한 미군 철수 의제를 통과시키기 위해 총력전을 펼치며 미국을 궁지로 몰았고, 결국 1975년 유엔 총회는 주한 유엔군사령부 해체와 주한 외국군 철수, 휴전협정의 평화협정으로의 대체 등 북한의 주장을 모두 담은 결의안을 가결했다. 1975년 유엔 총회에서 버마가 소련 및 북한 편을 들었다는 점은 앞서 지적했다. 북한은 또 1974년 미국 의회에 북-미 평화협정 체결을 제안하는 서신을 보내는 등, 한반도 분단 체제를 극복하고 통일을 이룩하기 위한 외교적 공세에 총력을 기울이고 있었다.

미국이 베트남에서 패배하고 철수한다는 소식은 아시아, 남미, 아프리카 등지에서 반제反帝 자주 노선을 추구하는 나라들을 고무시켰고, 미국의 위신은 추락할 수밖에 없었다. 또한 북한은 비동맹운동의 한 축인 버마와 '형제국가' 수준의 긴밀한 관계를 유지하면서 미국의 동아시아 패권을 조금씩 허물어뜨리고 있었다. 북한이 있는 한, 동남아에서의 미국의 패권은 곧 상실될 것이 거의 확실했다.

미국은 우선 국제사회에서 북한의 발언권을 억제하려 했을 것이고, 비동맹권 국가들 사이의 단결을 깨뜨리려 했을 것이다.

1977년부터 세계은행과 아시아개발은행 등 미국과 유대계 자본이 좌지우지하는 국제 금융기관에서 버마 네 윈 정권에게 차관을 제공하고 미제 TV 수상기와 '미드'가 버마에 보급된 것은 바로 미국의 비동맹 공작의 일환이었다. 새로 들어선 최빈국의 쿠데타 정권을 활용해, 1955년 인도네시아 반둥Bandung에서의 첫 회의를 시작으로, 사회주의도 아니고 자본주의도 아닌, 즉 미국 편도 아니고 소련 편도 아닌 중립 노선을 표방하는 아시아와 아프리카 나라들의 움직임에 파열구를 내기 위한 작업이었던 것이다.

비동맹운동은 미국과 소련이 양분하는 국제 관계에서 이렇다 할 성과는 거두지는 못했지만, 2차 세계대전 이후 극렬해지는 미 · 소 냉전에 편승하지 않으려는 자세를 견지했다. 중국의 저우언라이周恩來와 인도의 네루 등이 기치를 올린 이 비동맹 세력의 중심에는 바로 미국과 대척점에서 세계를 바라보고 있는 북한이 있었다.

미국은 어떻게든 북한의 비동맹 외교 노선에 재를 뿌리려 했고, 무너질

듯한 한반도 분단 체제를 유지하기 위한 노림수를 찾아야 했다.

1979년 소련과 친분이 두터운 쿠바에서 제6차 비동맹 정상회담이 열리고 북한이 조정위원국이 되자, 미국은 박정희 정권과 손잡고 특단의 대책을 강구해야 했다. 미국과 박정희 정권이 1979년 쿠바에서 열린 비동맹회의를 깨뜨리기 위해 손을 잡은 것은 한국 정부가 2010년 2월 공개한 외교문서로도 확인된다.

당시 북한은 비동맹운동 정식 회원국이었던 반면 한국은 회원국이 아니었다. 정상회의를 앞두고 쿠바가 작성해 회람한 공동성명 초안에는 "남한에 있는 모든 외국 군대를 철수하고, 유엔군사령부를 해체하고, 외국군 부대와 시설들을 해체해야 한다"라는 문구가 포함되어 있었다. 또한 초안에는 "1972년 7·4 남북공동선언[성명]의 3대 원칙인 자주, 평화, 민족대단결 원칙에 기초해 한반도 민중들의 자주와 평화통일을 쟁취하고 외세의 개입으로부터 자유로워지고자 하는 노력에 경의를 표했다"라는 조항도 들어 있었다. 이런 상황에서 미국은 훈령을 통해 한국에 비동맹 외교 강화 지원 방안을 제시했고, 한-미 양국이 총력 외교를 펼치는 가운데 마침내 버마는 비동맹운동 탈퇴를 선언했다. 한국은 이미 박정희 정권 시절부터 비동맹을 깨기 위한 미국의 지렛대 또는 불쏘시개였던 것이다.

1979년 쿠바 아바나에서의 제6차 비동맹정상회담에서 벌어진 네윈과 카스트로의 정치적 대립은 버마의 친중국화 및 미국의 중국 포용 정책과도 관련이 있다.

르노 이그리토와 래리 제이건이 함께 쓴 『버마의 군대와 외교』(394쪽)와 피터 카레이Peter Carey의 『버마: 분열된 사회의 변화를 위한 도전Burma: The Challenge of Change in a Divided Society』(74쪽)에 따르면, 세계은행과 국제통화기금 등이 버마에 차관을 제공하면서 미국이 버마의 네 윈 정권을 포섭하기 시작한 1977년에는 중국 최고 지도자 덩샤오핑鄧小平도 버마를 방문했고, 1979년 7월에는 버마 총리 카가 중국을 방문해 당시 돈으로 1억 위안의 경제기술협

력협정을 체결했다. 그에 앞서 1979년 1월 말 덩샤오핑이 미국을 방문해 지미 카터Jimmy Carter 미 대통령과 정상회담을 갖고 외교 관계를 수립함으로써 1971년 시작된 핑퐁외교의 대미를 장식했다.

비동맹운동권을 갈라놓는 결정적인 사건은 덩샤오핑의 미국 방문 직후인 1979년 2월 17일 중국이 친소 국가인 베트남을 침공한 사건이었다. 이해 9월 쿠바 아바나에서 제6차 비동맹정상회의가 열렸고, 비동맹회의 의장국인 쿠바의 지도자 피델 카스트로Fidel Castro가 중국의 베트남 침공을 비난하자, 이미 미국과 중국의 품에 안기기 시작했던 버마 지도자 네 윈은 카스트로의 친소 발언은 미-소 냉전 체제에서의 중립을 표방하는 비동맹운동의 정신에 어긋난다며 맞섰고 급기야 비동맹운동 탈퇴를 선언해 버린 것이다.

친중 국가 캄보디아를 베트남이 침략하고 이를 응징하겠다며 중국이 베트남을 공격한 데 대해 비동맹운동 진영 국가들의 의견은 제각각일 수 있었지만, 카스트로의 중국 비난에 대해 이를 친소 일변도로 몰아세우며 비동맹운동 탈퇴를 결정한 네 윈의 처사는 다분히 미국의 포섭 전술에 따른 것으로 볼 수 있다. 네 윈은 또 이듬해인 1980년 10월 중국을 방문하고, 1981년에는 버마와 미국 사이에 3천만 달러 규모의 원조 협약이 체결된다. 버마는 미국과 중국이 밀착하는 가운데 양쪽으로부터 구애를 받고 있었던 것이다.

버마가 떨어져 나오면서 비동맹운동 진영의 분열이 가시화된 가운데, 이제 '결정적 한 방'이 필요했다. 북한을 국제사회로부터 철저히 고립시키는 동시에, 미국과 서방 식민지 종주국들에 반기를 드는 비동맹권을 깨뜨리는 일석이조의 좋은 수가 없을까?

비동맹운동에서 탈퇴하면서 1979년 사실상 미국 편에 선 버마의 네 윈 정권이 역시 비동맹권에서 상당한 지위를 누리면서 사사건건 주한 미군 철수 등 미국의 제국주의 노선에 반기를 드는 북한과 관계를 끊는다면? 그렇다면 비동맹운동이 완전히 와해될 것이고, 북한을 고립무원의 처지로 몰아넣을 수 있을 것이다.

북한이 가족들을 동반하고 편안하게 여행을 즐길 수 있는 유일한 나라, '형제국'이나 다름없는 버마가 북한을 내치도록 하려면, 북한이 버마를 공격하거나 배신하는 사건이 일어나야 한다. 웬만한 사건으로는, 버마가 북한을 내치도록 만들기가 쉽지 않다. 그만큼 충격적이고 기상천외한 사건이 필요하다. 북한이 버마를 공격하거나 배신할 리 없지만, 버마에서 북한이 남한을 공격한다거나 남한을 겨냥한 테러를 벌이는 사건을 연출한다면, 그 효과는 배가될 것이다. 이런 사건을 연출하기에 충분한 여건이 조성되고 있었다.

새로 들어선 전두환 정권이 미국의 전략에 편승해 박정희 정권의 '반북反北 비동맹외교' 노선을 그대로 승계했고, 아시아와 아프리카 국가들을 상대로 한 대통령 순방 일정을 연달아 입안하고 있었다. 그 일정에 버마를 끼워 넣기만 하면 되는 일이었다.

버마와 한국은 CIA 동시작전구역

앞에서도 잠깐 언급했지만, 버마와 한국 두 나라는 식민지에서 해방되고 나라가 만들어질 때부터, 미 중앙정보국CIA의 '동시작전구역'이었다. CIA가 언제든지 동일한 또는 동형의 작전을 동시에 벌일 수 있는 구역이라는 말이다. 저들에게는 한국과 버마가 따로 있는 것이 아니라, 아무 때고 군사작전을 펴기 위해 군대를 보낼 수 있는 '아시아'의 일부였을 뿐이다.

일제日帝와 미제美帝가 격돌한 아시아판 제2차 제국주의 전쟁 이후, 미군은 소련에서 기원한 공산주의의 확산을 저지하는 전략의 일환으로 동남아시아와 한반도에서 동시에 반공 반소反共反蘇 공작을 시작했다.

이에 따라 버마와 한국 및 티베트에서 CIA의 다양한 공산주의 억제 전술들이 탄생한 것이다.

2차 세계대전 이후 소련 공산주의의 영향력이 확산되면서 미국의 트루먼 행정부는 공산주의 저지를 위한 여러 조치를 포함한 봉쇄 전략을 강화했다. 티베트, 한국, 미얀마(버마)에서, 공산주의 확산을 막기 위한 CIA의 여러 가지 형태의 전략이 생겨났다. 버마에서 CIA는 중국국민당 정보부와 손잡고, 새로 탄생한 중화인민공화국[중공]에 침투할 군대를 조직하고 훈련시킬 목적으로 여러 비밀작전을 수행했다. 중국국민당이 패퇴했지만, 중국 공산주의자들은 아직 취약했고, 수 천 명의 중국국민당 군대가 버마에 머물면서 그 다음 작전을 준비하고 있었다. CIA는 중국국민당 군대를 중국에 들여보내 인민해방군과 전투를 치를 수 있도록 장비를 지원하고 훈련하는 데 관여했다. 1950년 여러 차례에 걸쳐 버마를 기점으로 하는 중국 침투 작전이 수행됐으나 실패했다. …… 다시 쫓겨온 이들은 버마에 정착했고, CIA의 도움으로 아편을 밀매해 자금을 모아 중국 및 인도차이나반도에서 벌일 비밀 작전을 준비했다. …… 한국전쟁 기간에 CIA는 1949년 10월부터 이미 첩보 활동 및 비밀공작에 관여했던 비밀 작전 요원들을 북한과 남한에 확보하고 있었다. 1951년 초까지 CIA는 수백 명의 훈련된 북한 출신 피난민들을 공중을 통해 북한 지역 네 곳에 투입했으며, 이들이 조선인민군과 교전을 벌이면서 후방을 교란시키도록 했다. …… 1953년 7월 휴전 이후, CIA는 해상 작전을 수행했고 해안 루트를 통한 게릴라 작전을 계속했다. 이와 동시에 CIA는 중국 인민해방군의 티베트 점령에 저항하도록 티베트 주민들을 지원했다. CIA는 통신체계를 수립했고, 수백 명의 티베트 전투원들을 모집해 미국 콜로라도에서 훈련시켰으며, 이들과 이들의 군사작전에 필요한 장비들을 티베트에 공중 투하했다. (Yuwu Song, Encyclopedia of Chinese-American Relations, McFarland, 2009, p.51)

버마와 한국을 공동의 단일 작전구역으로 삼기 위해서는 두 나라를 제 맘대로 넘나들 수 있는 운송 체계가 있었을 것이다.

실제로 CIA는 한국전쟁이 일어난 1950년 '시빌 에어 트랜스포트Civil Air Transport(CAT)'를 90만 달러에 사들여 에어데일Airdale이라는 이름의 회사를 설립했다. CAT는 1949년 마오쩌둥毛澤東의 중국공산당에 패해 타이완으로 밀려난 장제스蔣介石의 국민당군이 소유하고 있었다. CIA는 이 항공사 소속 비행기를 활용해 방콕에 있는 미군 기지로부터 버마 국경 샨 주에 거점을 마련한 중국국민당 잔여 세력에게 무기를 공수했고, 샨 주에서 나올 때는 그 지역 주민들이 재배한 마약을 싣고 귀환하는 공수 체제를 갖췄다. CIA는 에어 아메리카를 이용해 마약이나 무기를 운반하면서 특수부대를 이곳저곳으로 실어 나르는 비밀 작전을 수행했다는 말이다. (CAT는 1957년 '퍼시픽 코퍼레이션Pacific Corporation'으로, 1959년에는 다시 '에어 아메리카Air America'로 이름을 바꿨다.)

그리고 CIA는 1959년부터 1962년까지 미군 특수부대를 투입해 라오스 정규군인 왕립 라오스군을 훈련시켰고, 1962년부터는 캄보디아에서 비슷한 작전을 수행하면서 베트남 전쟁을 준비했다. CIA는 이들 나라 외에도 태국과 타이완 및 일본 등지를 오가며 다양한 작전을 펼쳤다.

미국이 중국의 후방을 교란하는 데 필요했던 'CIA-중국국민당' 동맹은 한국전쟁이 가장 치열했던 1951년 소위 '페이퍼 클립 작전Operation Paperclip'으로 중국 윈난성雲南省 국경을 60km나 진격하는 전과를 올리기도 했지만, 10년 뒤인 1961년 미국은 이 동맹을 깨뜨린다. 미국은 버마 국경에 밀려든 중국국민당 잔당들을 지원하는 데 반발하는 버마 정부와 새로 관계를 트기 시작했고, 급기야 버마 군부 내 실력자로 부상한 네 윈과 내통하는 지경에 이른다. 네 윈이 쿠데타로 버마 정권을 장악한 때가 1962년이다.

버마의 사이비 사회주의 군사정권이 미국 정보 조직과 밀접한 연관을 맺고 있었다는 사실은 다음의 자료를 통해서도 충분히 뒷받침된다. CIA의 동남아 마약 루트를 추적해 온 알프레드 맥코이Afred W. McCoy가 1972년 쓴 글을 《글로벌 시큐리티》가 〈버마: 1950-1961〉라는 글에서 인용한 것이다. 원문은 http://www.globalsecurity.org/intell/ops/burma .htm에서 볼 수 있다.

> CIA의 도움으로 중국국민당은 1961년 버마 군대의 공격으로 라오스와 태국 접경지대로 쫓겨날 때까지 버마에 머물렀다. 하지만 그 무렵 중국국민당은 부족민들을 완전히 장악함으로써, 2차 대전 직후 [연간] 40t가량이던 샨 주의 아편 생산량을 1962년까지 300t 내지 400t으로 거의 1,000% 늘렸다. 태국 북부에 근거지를 튼 중국국민당 군대는 계속해서 당나귀가 끄는 포장마차를 대규모로 샨 주에 보내 아편을 실어 날랐다. 1960년대 들어 태국과 버마에는 아편으로 인한 사회문제가 대두됐다. …… 그러자 미국은 이번에는 아편 생산을 억제하도록 버마 정부를 지원했다. 아편 생산지를 찾아내 제초제를 뿌리기 위한 헬리콥터 여러 대를 보내 줬고, 마약단속국DEA 직원들을 파견했다. 이와 동시에 버마로 통하는 도로를 건설하는 데 필요한 자금도 보내줬다. 미국은 버마가 도저히 가망이 없는 독재국가라는 사실에도 불구하고 이 나라를 그저 자국에 고분고분한 나라로 남겨 놓으려 했다. 네 윈은 …… 오랜 기간 버마를 통치할 수 있었다.

미국은 네 윈 정권을 출범시키면서 버마 산악 지역에서의 군사작전을 완전히 중단했을까? 그럴 리 없다. 미국은 그런 나라가 아니다.

중국국민당에 대한 지원은 끊었지만, 18살 때부터 중국국민당 잔당의 일원으로 활동했고 훗날 '마약 왕'으로 불리게 되는 쿤 사의 세력을 은밀히 키우면서 마약 사업을 계속했다. 이후 1967년, 태국 국경으로 밀려났던 중국국민당 잔당들이 다시 버마 국경을 넘어와 쿤 사 군대를 밀어내고 샨 주 일대 아편 생산의 80%를 장악하는 '아편전쟁'이 벌어지고, 다시 1970년대 초에는 쿤 사가 다시 영토를 회복하는 등 밀고 밀리는 공방전이 계속된다.

버마 군부가 미국이 제공한 헬리콥터를 이용해 샨 족 군을 겨냥한 군사 작전을 벌인 때가 바로 미국 영화와 드라마, 미제 TV 수상기와 비디오 기기 등이 버마로 쏟아져 들어가기 시작한 때다. 그런 것들과 함께 각종 군사무기도 쏟아져 들어왔던 것이다.

이 지역 마약 재배에 미군이 깊숙이 관여하고 있었음은 미국이 베트남 전쟁에서 패하고 완전히 철수한 1975년부터 이 일대 마약 생산량이 급감한다는 사실에서도 확인된다.

또한 쿤 사는 리처드 아미티지Richard Armitage라는 이가 1975년부터 1979년까지 베트남과 태국에서 마약 거래에 관여했다고 실토한 바 있다. 아미티지는 1970년대 태국 주재 미국 대사관에서 일했고 훗날 미국의 조지 W. 부시 정권에서 국무부 부장관 자리에 오르는 인물이다. 또한 CIA 요원 대니얼 아놀드Daniel Arnold와 제리 대니얼Jerry Daniel이 쿤 사를 상대로 무기와 마약 거래를 했다는 사실도 뒤늦게 밝혀진다. (『CIA의 마약 거래』 www.darkpolitics. com.)

이처럼 CIA가 버마와 태국 일대 소위 '황금의 삼각지대Golden Triangle'에서 마약을 가져다 팔아 공작금을 마련하는, 또는 사복私腹을 채우는 더러운 거래가 최고 전성기에 이른 것은 1975년부터 1979년 사이였다. '아버지 부시'(조지 H. W. 부시)가 CIA 국장으로 재직하던 시절이었다.

쿤 사가 마약 밀매에 관여했다고 밝힌 CIA 인사는 또 있었다. 바로 테드 새클리Ted Shackely 다. 새클리는 1976년 조지 H. W. 부시가 CIA 국장이 된 뒤 CIA 2인자가 된다.

부시가 CIA 국장이던 시절, 버마와 태국 접경 산악지대에 근거지를 둔 쿤 사와 CIA 요원들 사이에 무기와 마약 밀거래가 성행했고, 그가 부통령으로 재직하던 1980년대 한국이 두 차례나 버마에서 끔찍한 일을 겪는다는 사실 사이에는 아무런 연관이 없는 것일까?

두 차례의 끔찍한 일이 모두 '북한 소행'으로 공식화되지만, 둘 모두 자작극 소문이 끊이지 않는다면? 아웅 산 묘소 테러의 주인공 강민철과 KAL기 폭파 테러의 주인공 김현희가 같은 조직의 일원이었다는 라종일 전 국정원 차장의 미확인 전언도 있다(『아웅산 테러리스트 강민철』, 209쪽).

미국과 쿤 사의 관계, 특히 쿤 사의 세력이 확장되고 축소되는 시기에 초점을 맞춰 보면 그 의구심은 더 깊어진다.

1983년까지 쿤 사의 세력이 확장되면서 아편 생산량도 늘어나 '황금의 삼각지대' 일대 아편 생산의 75%가 그의 관할에 놓이게 된다. 이때 다시 쿤 사는 중국국민당 세력을 태국 국경 너머로 밀어냈지만 다시 버마와 태국 두 나라 정부군의 공격을 받고 라오스 영내로 쫓겨난다. 쿤 사는 1986년까지 다시 세력을 확장하여 라이벌 세력들을 제압하고 '황금의 삼각지대' 지역 마약 생산량의 80%를 통제하기에 이른다. 같은 해 미국은 미군 실종자와 관련된 정보를 얻는다는 명분으로 쿤 사와 접촉했다.

미국 CIA와 무기-마약 밀거래를 하던 쿤 사는 미국의 필요에 따라 세력을 확장하기도 하고 다시 밀리기도 했다는 말이다. 이 '미국의 필요'는 아마도 이 지역에서 벌어지는 군사작전과 관련이 있지 않았을까? 쿤 사가 세력을 확장한 시기는 1983년 아웅 산 묘소 폭파 사건과 1987년 KAL기 폭파 사건이 일어난 시기였고, 이들 사건이 마무리되면 그의 세력은 다시 축소됐다.

그러다 미국은 1989년 갑자기 쿤 사를 미연방 대배심에 마약 밀수 혐의로 기소한다. 1987년 KAL기 폭파 사건을 기화로 1988년 북한을 '테러 지원국'으로 지정한 것으로서 쿤 사의 용도가 폐기된 것일까? 미국은 이후 쿤 사를 잡기 위해 버마 군사정부를 압박했고, 1995년 11월 쿤 사가 버마 군사정부에 투항한 뒤에는 그의 미국 송환을 줄기차게 요구했다.

CIA 마약 사업의 꼭두각시였고 그런 연유로 파나마의 대통령까지 지냈던 마누엘 노리에가Manuel Noriega가 미국에 송환돼 감옥에 갇힌 때도 바로 1989년이다. 왜 그를 데려갔을까? 국제사회의 정의를 위해서? 아니다! CIA

의 더러운 마약 거래를 은폐하기 위해 그 산증인인 노리에가를 철창 속에 가 둔 것이다.

　미국은 왜 쿤 사를 데려가려 했을까? 무슨 입막음이 필요했을까? 쿤 사 는 북한과 버마가 외교 관계를 회복한(2007년 4월) 지 6개월 뒤인 2007년 10 월 사망한다.

미국과 KAL: 전략적 공생 관계

　미 중앙정보국CIA이 버마와 라오스 접경 '황금의 삼각주' 지역에서 반 군을 지원하며 모종의 비밀 군사작전을 수행하기 위해 시빌 에어 트랜스포 트CAT를 사들였다고 앞서 밝힌 바 있다. 그런데 이 CAT는 한국에 지사를 두 고 있었고, 한국전쟁 발발 직후인 1951년에는 그 자회사격인 Korea National Airlines(KNA, 대한국민항공)이 설립됐다. 1951년은 "CIA가 국민당 게릴라 들을 버마로 실어날랐다"는 바로 그해다. 한국과 버마는 미 CIA의 동시작전 구역이었다는 사실이 자명해진다. 미국 정보국이 소유한 항공사가 한국전쟁 이 한창일 때 한국에 자회사까지 설립했다면, 이 회사가 무슨 일을 했을지는 충분히 미뤄 짐작할 수 있다. 미 CIA의 첩보전을 수행하고 있었던 것이다.

　놀라운 일은 박정희 쿠데타 직후 KNA의 후신으로 대한항공KAL이 설립 된다는 사실이다. 이에 대한 이야기는 데이비드 피어슨 박사의 책 『KAL 007 — The Cover-up: Why The True Story has not been told』(『KAL 007 사건 — 은폐: 진실을 말하지 않는 이유』)에 상세히 수록돼 있다.

　1983년 9월 1일 사할린 부근 소련 영공을 침입했다 격추당한 KAL 007 기 사건의 내막을 파헤친 이 책은 대한항공에 얽힌 한-미 두 나라의 공모 관계에 대해 매우 구체적으로 논하고 있다. 피어슨 박사의 책 제1부 제5장 ("KOREAN AIR LINES")은 한국이라는 나라가 대단히 취약한 존재이며 이

나라의 정권이나 특정 재벌기업이 미국의 농간에 얼마든지 휘둘릴 수 있음을 웅변하고 있다.

KAL의 모회사인 한진이 회사의 기반을 닦은 것은 일제로부터 조선이 해방된 뒤 미 군정 치하에서 트럭 운수사업을 시작하면서부터였으며, 이후 한진은 선박과 항공기 분야로 사업을 확대해 한국전쟁과 베트남전쟁 당시 미군의 하청업체로 일하면서 막대한 부를 축적했다.

한국전 당시 한진은 미군 부대에 식수를 공급하며 엄청난 돈을 벌어들였고, 전쟁이 끝난 뒤에는 육로와 해상으로 미군 원조 물자를 수송하며 또 엄청난 수익을 올렸다. CIA가 운영하는 '시빌 에어 트랜스포트CAT'의 한국 지사장 메릴 헐스Merrill Hulse는 "미국의 원조 물자를 조금이라도 더 받기 위해 모두들 한진과 손을 잡으려 했다"라고 말했을 정도다.

한진그룹과 미국의 특수한 관계에 대해서는 한진 창업주 조중훈 씨도 시인한다. 그는 자서전 『내가 걸어온 길』(나남출판사, 1996년)에서 한국전쟁 직후 사업이 번창하게 된 계기를 이야기하며 "주한 미8군과 본격적인 수송 계약을 체결한 이듬해인 1957년 1월, 자본금 1천만환의 '한진상사 주식회사'로 법인 설립 등기를 했다"라며 "한진상사는 그해 10만 달러에 달하는 계약을 체결한 이래 연평균 300퍼센트씩의 급신장을 했다"고 밝혔다(34쪽).

조 씨는 또 미국의 베트남 침략전이 본격화될 때인 1966년 3월 10일 주월駐越 미군 사령부에서 군수 담당 부사령관 앵글러 중장과 계약서에 서명한 사실을 이야기하며 "한진이 1966년도에 미군과 체결한 790만 달러의 계약은 당시 국내 업체가 월남에서 수주한 최대의 용역이었다"라며 "10년 전에 한진이 국내에서 처음 미군과 계약했던 7만 달러에 비하면 100배가 넘는 대규모 사업이었다"라고 썼다. 그는 또 "특히 한국의 다른 업체들이 미국 회사의 하청을 받는 간접계약 형식으로 월남에 진출한 데 비하여, 한진은 주월 미군 사령부와 직접 계약을 맺었다는 점에서도 특별한 일이었다"라면서, "그 무렵[1966년 5월] 대월對越 진출을 다룰 관계 법령도 제대로 갖춰져 있지 않았던 때"에 "한진은 당시 재무부로부터 허가를 받아 퀴논에 지사를 설립했다" 라고 덧붙였다(67쪽).

조 씨는 그러면서 주월 미군 사령부와 계약을 체결하기 앞서 "월남의 어디에서든 내게 신용장을 주도록 당부하는 펜타곤의 추천도 있었던 터라 마음이 든든했다"라며 "1966년 1월부터 나는 본격적인 계약 체결을 위한 협상에 들어갔다"라고 덧붙였다(62쪽).

5·16쿠데타 이듬해인 1962년 1월 9일 박정희 의장의 국가재건최고회의는 1년 안에 국적기state-run airline 회사를 설립하겠다고 의결했다. 미국의 눈에 들지 못했던 장면 내각 시절 미국의 요청에 따라 이후락을 수장으로 하는 '정보연구회'가 설립되고 박정희 쿠데타가 일어나자마자 중앙정보부(초대 정보부장 김종필)가 출범한 것과 마찬가지로, 한진을 국적 항공사로 만들려는 예정된 플랜이 있었을 것이다.

조 씨는 자신이 항공 산업에 관심을 갖게 된 때가 1950년대 말이며, 4·19혁명으로 이승만 정권이 무너지고 허정 과도정부가 들어선 직후, "과도내각의 교통부에 일단 한진상사 명의로 항공 운송사업 면허를 신청하는 한편으로, 4인승 세스나기 한 대를 미국에 발주하였다"라면서 "KNA가 재정적으로 궁핍하여 더 이상의 발전을 기대하기 어려웠던지, 교통부에서는 [1960년] 8월 초 부정기 운송사업 면허를 쉽게 내주었고, 미국에 주문했던 세스나기도 도착하여 통관을 마쳤다"라고 밝혔다(39쪽).

미국이 박정희 정권을 통해 한국 국적 항공사를 설립하는 과정은 간단했다. CAT의 자회사격으로 1951년 설립된 한국항공KNA 문을 닫게 하고 대한항공Korean Airlines(KAL)을 설립한 것이다. KNA는 빚이 80만 달러에 이르고 적자가 누적돼 파산 지경에 놓여 있었다. 이에 대해 조 씨는 자서전에서 " '대한국민항공사' (KNA)가 적자의 늪에서 헤어나지 못한 채 계속 어렵게 운영되고 있었다. 국제선 취항이 가능했던 곳으로는 홍콩, 타이베이 등이 있었으나 그나마 여러 가지 사정으로 운항 중단이나 휴항이 되풀이되어 초라하기 그

지없는 형색이었다"라고 설명했다.(38쪽) KAL은 일본의 전일본항공All Nippon Airlines으로부터 항공기 두 대를 리스 형태로 도입해 사업을 시작했다. 박 정권은 KAL의 경영권을 곧바로 한진에 넘겨주지는 않았지만, KAL은 박정희 정권이 생겨나기 훨씬 전부터 미국을 등에 업고 있었던 한진에 넘어가게 돼 있었다.

조 씨는 박 정권으로부터 KAL을 인수하는 과정에 대해 "당시 여권 재정통이었던 김성곤 씨와 김형욱 중앙정보부장, 이후락 청와대 비서실장 등으로부터 세 차례에 걸쳐 항공공사 인수 요청을 받았지만 정중하게 사절"(97쪽)했다면서, 1968년 여름 박정희 대통령이 직접 자신을 청와대로 불러 국적기 설립의 필요성을 강조하면서 "항공공사를 맡아 줄 것을 재삼 요청하였다"(99쪽)라고 덧붙였다.

이런 박정희 정부의 요청에 따라 한진은 1968년 11월 1일 KAL 인수 의사를 정부에 통보했으며, 정부와 협의를 거쳐 납입자본금 15억 원을 액면가대로 계산하여 5년 거치 10년 상환으로 정했으며, 항공공사의 누적 적자를 포함한 부채 등 27억 원을 그대로 떠맡았다고 한다(103쪽).

그러나 조 씨는 자신이 1960년에 항공사를 설립했으나, "5·16혁명을 고비로 중도에 포기할 수밖에 없었다"(96쪽)라고 밝혔고, KAL이 설립되기 직전 KNA 대표로 있던 신용욱愼鏞項 씨가 박정희의 혁명정부로부터 부정 축재자로 몰려 구속됐다 풀려났으며 풀려난 지 열흘 만에 여의도 샛강에서 자결했다는 비화도 공개했다(40~41쪽). 박정희 정권이 쿠데타 직후 KAL을 설립해 놓고 적자에 허덕이다 결국 한진에게 경영권을 넘겨야 했으며 이후 한진은 — 틀림없이 미국의 적극적인 후원 속에 — 승승장구 사업에 날개를 다는 일련의 흐름으로 미뤄 볼 때, 대한민국 국적기 KAL은 한진을 위해 만들어졌음을 알 수 있다.

피어슨 박사는 "KAL은 한국의 중앙정보부KCIA 자산이었으며, KCIA는 CIA의 기획에 따라 설립, 운영됐고, CIA가 훈련시킨 요원들로 채워졌다"라며 "CIA는 1960년대 초부터 박정희 정권을 위해 국내외에서 정보활동을 벌였다"라고 밝혔다.

아무튼 KAL은 1970년대, CIA 국장을 지낸 윌리엄 케이시William J. Casey가 미국 수출입은행 사장 겸 회장을 지내는 시기에 신규 노선을 확장했고, 록히드 마틴과 보잉 등 미 헬리콥터 및 항공기 조립 생산에 필요한 자금을 이 은행으로부터 지원받으며 급성장한다. 피어슨 박사는 "조 씨 형제는 KAL 인수 후, 기업과 정치권, 정보조직 및 군부가 얽혀 있는 권력 구조의 한 축이 됐다"라면서 "그들은 정권이 원하는 모든 일에 흔쾌히 나섰고, KAL은 중앙정보부의 수족처럼 움직였다"라고 지적했다.

CIA, 'KCIA', KAL의 태생적 공생 관계는 훗날 전두환 정권에서 두 차례나 KAL기가 격추 또는 폭파되는 의문의 사건이 일어나는 것과 무관하지 않을 것이다.

제 10 부

여록

아웅 산 묘소 테러 사건이 동북아시아에서의 미국의 대소 대북對蘇對北 전략과 한-미 대북 적대 공생 구도 속에서 자행됐다는 주장을 뒷받침하는 사건들이 여럿 있다. 아웅 산 묘소 사건 발생 한 달 여 전 소련 전투기에 의한 KAL기 격추 사건, 전두환 정권 말년에 일어난 '김현희 사건' 등등. 아울러 남북회담을 통해 아웅 산 묘소 사건을 북한에게 뒤집어씌우려던 전술은 2010년 천안함 침몰 사건 뒤에 시작된 남북회담에서 똑같이 재연되었다. 또 '광주 학살의 응징으로서의 아웅 산 묘소 테러'라는 시나리오 전체를 관류하는 인물, 장세동 전 청와대 경호실장의 이상한 독백도 빼놓을 수 없다.

1983년 KAL 007기 격추 사건

버마 아웅 산 묘소 테러 사건(1983년 10월 9일)은 지금까지 논한 대로, 버마 또는 한국 측 어느 한쪽의 공작만으로는 일어날 수 없는 사건이다. 양국에서 매우 주도면밀하게, 공식적인 의사 결정 라인을 벗어나, 두 나라 핵심 권력자 몇몇이 머리를 맞대야만 벌일 수 있는 사건인 것이다. 그런데 1983년 당시에는 두 나라가 지도부 또는 핵심 권력자들끼리 머리를 맞대고 그런 일을 꾸밀 정도로 친밀한 관계가 아니었다. 그래서 두 나라 핵심 권력층과 긴밀한 관계를 유지하면서 두 나라 권력 창출 과정까지도 깊숙이 관여하고 있는 제3의 세력이 두 나라 핵심 권력자들과 각각, 그리고 동시에 일을 꾸몄을 것이라는 결론에 이르게 된 것이다.

이처럼 두 나라 핵심 권력을 제 멋대로 부릴 수 있는 자들이 누구인지를 짐작케 하는 사건이 있었다. 아웅 산 묘소 테러 사건이 일어나기 한 달 여 전에 발생한 소련에서의 KAL기 격추 사건(1983년 9월 1일).

결론적으로 KAL기 격추 사건은, 아웅 산 묘소 테러 사건과 마찬가지로, 전두환 정권 시절 한국이라는 나라가 미 군산복합체 파워엘리트 세력의 농간에 아무 때고 휘둘릴 수 있는 신세였음을 웅변하는 사건이다.

또 아웅 산 묘소 테러 사건 발생 초기부터 최근까지 범행 현장에서 나팔 소리를 유발해 폭발의 신호를 준 것으로 알려져 있는 천병득 경호처장의 친형 천병인 씨가 바로 격추된 KAL기 기장이었고, 그가 전두환 대통령 일행을 태운 비행기를 몰고 버마로 가기로 돼 있었다는 점도 특기할 만하다.

천병인 씨는 아웅 산 묘소 폭탄 테러가 일어나기 한 달여 전인 1983년 8월 31일 KAL 007기를 몰고 알래스카 앵커리지를 출발해 김포공항으로 오던 중 소련 영공에 침입했다 소련 공군기가 쏜 미사일에 비행기가 격추되면서 비행기와 함께 산화했다. 45살 나이에 11년간 무사고 비행의 기록을 갖고 있던 천 씨가 왜 당시 항로를 이탈해 소련 영공에 깊숙이 들어갔는지에 대해 당시 많은 의문이 제기됐다.

전문가들 사이에서는 이 여객기가 미군의 대소對蘇 첩보전에 활용됐다 희생됐다는 가설이 가장 유력하다.

2014년 말레이시아 여객기가 우크라이나와 인접한 도네츠크 상공에서 격추됐을 당시 어느 전문가는 31년 전 발생한 대한항공 007기 격추 사건을 떠올렸다.

> 천병인 기장은 자신이 출입 제한 구역인 소련 영공으로 200마일 이나 들어가 있었다는 사실과 이것이 우연히 그렇게 된 것이 아니 라 자동항법장치automaton로 인한 것처럼 계속 그대로 운행하고 있 었다는 사실을 틀림없이 알고 있었을 것이다. 천 기장은 그때서야 자신이 레이건 시절에 엄청난 국제적 공분과 미디어 조작을 위해 기획된, 자살을 감수할 수도 있는 임무를 수행하고 있다는 것을 깨달았다. 조종사들이 잘 알고 있듯이, 목숨을 걸고 도네츠크 상공을 비행하 다가는 교전 구역으로 들어간다는 사실과 그곳을 비행하는 비행기 에 대한 격추 계획은 오래 전부터 수립되어 있었다는 사실은 분명 하다. 민간 항공기가 교전 구역을 통과하는 일은 우연히 벌어지는 일이 아니며, …… (글로벌 리서치, 「대한항공 007기 사건, 말레 이시아기 실종 사건과 똑같다」, 2014년 7월 21일. http://journal-neo.org/2014/07/21/kal-007-case-shows-parallels-with-malaysian-airlines-mh17/.)

레이건 시절에 소련과 북한 등 공산주의국가들과 그 지도자들에 대해 국제사회의 공분을 자아낼 만한 사건을 조작해, 세계 각국 언론 매체들을 통 해 반소 반북 여론을 퍼뜨리는 사건들이 기획됐었다는 말이다. KAL기 격추 사건, 아웅 산 묘소 테러 사건, 김현희 사건 등 '한반도 남녘을 희생자, 북녘을 가해자'로 하는 대표적 사건들 모두 그런 사건의 범주에 포함될 수 있다.

이삼성 한림대 교수는 『미래의 역사에서 미국은 희망인가』(당대, 1996년)에서 미국 정보전 전문가의 글과 책을 인용해 KAL 007기가 미국의 첩보전에 동원됐음을 밝혔다. 이 교수는 또 1978년 KAL 902기가 소련 영공을 깊숙이 침범했다 소련 공군기의 요격으로 무르만스크에 비상착륙한 사건 역시 우리 국적기가 미국의 대소 첩보전에 동원된 사례임을 시사했다.

이 교수는 예일대학 사회학과 데이빗 피어슨David E. Pearson 박사의 견해를 인용해 "1983년 8월 31일[9월 1일] KAL 007 사태는 이 같은 엄청난 미소 간의 냉전과 거미줄 같은 첩보체계의 망 속에서 일어난 것"이라며 "이 같은 중복적이고 집중적인 첩보망 속에서 KAL 007이 소련 영공 깊숙이 침투하고 그 이후에도 이 비행기가 소련 전투기의 추격과 그 경고에도 반응을 보이지 않고 마침내는 도망을 치다 격추당하기까지, 미국 측이 전혀 모르고 있었다는 것은 이치에 닿지 않는다"고 부연했다(68쪽).

피어슨 박사는 미국의 세계적 패권을 뒷받침하는 군사적 신경 체계의 핵심인 '세계적 군사 지휘 통체 체계World-wide Military Command and Control System: WWMCCS'를 연구해, 1984년 8월 미국의 진보적 저널인 『네이션The Nation』에 KAL 007에 얽힌 의문점들을 날카롭게 파헤친 장문의 글을 발표했고, 미국 의회의 본격적인 진상 조사를 촉구한 바 있다(이삼성, 『미래의 역사에서 미국은 희망인가』, 64쪽).

KAL 007기 사고를 당한 캄차카반도 지역은 1980년대 초 더욱 가열됐던 미·소 신냉전 구조 속에서 미국이 더 공격적으로 정보전을 벌이는 지역이었다.

데이비드 피어슨 박사는 1987년 출간된 『KAL 007 — The Cover-up: Why The True Story has not been told』(『KAL 007 사건 — 은폐: 진실을 말하지 않는 이유』)에서 당시 미 국방장관 캐스퍼 와인버거Casper W. Weinberger가 "중동 유전 지대와 같이 서구 국가들이 방어하기 어려운 지역을 소련이 공격하면 미국과 서구 국가들은 '평화를 회복하기 위해restore peace' 다른 곳에서 반격에 나서야 한다고 말했다"라며 "미국과 서구 국가들이 반격에 나서기 가장 좋은 곳이 바로 KAL 007기가 넘어간 곳이었다"라고 밝혔다(20~21쪽).

피어슨 박사는 1982년 미국 레이건 정권이 '북태평양 유연 작전 1982 North Pacific Flexible 1982'이라는 이름 아래 두 개 항모 전단을 동원해 캄차카반도를 침공하는 훈련을 벌였고, 1983년 3월에는 더 큰 규모의 '플리텍스 작전 83 Operation Fleetex 83'이라는 훈련을 실시했다고 덧붙였다. 이 작전에서는 세 개 항모 전단과 300대의 전투기를 북태평양에 전개했으며, 당시 미 태평양사령관 로버트 롱Robert Long 제독은 이 훈련을 가리켜 "2차 세계대전 이후 태평양 함대가 실시한 최대의 함대 훈련이며, 미국이 태평양, 특히 북태평양과 동북 아시아를 다시 주시하고 있음을 과시한 것"이라고 떠벌렸다 한다(21쪽).

피어슨 박사는 또 김형욱 전 중앙정보부장과 함께 일했던 인물an associate 의 말과 미국 신문 『보스턴 글로브The Boston Globe』 보도를 인용해 "당시 대한 항공기는 수시로 북한 또는 소련 영공을 넘나들며 정보를 수집했으며, 당시 미 공군은 대한항공 등 민간 여객기 동체 옆에 부착된 카메라를 통해 생생한 사진 정보를 확보했다"라고 밝혔다(97쪽).

1983년 9월 1일 KAL 007기가 미 첩보전의 일환으로 소련 영공에 침입했다 소련기에 의해 격추된 사건은 언젠가는 일어날 수밖에 없는 사건이었던 것이다. KAL기가 미국의 대소 첩보전에 동원되어야 했던 이유는 이 항공사의 태생부터 CIA와 밀접한 관계가 있다는 사실에서 찾아야 할 것이다. 이에 대해서는 제9부의 끝머리 「미국과 KAL: 전략적 공생관계」 살펴봤다.

실제로 KAL 007기 기장 천병인 씨는 자신이 몰 비행기가 미국의 대소 첩보전에 활용되고 있다는 사실을 잘 알고 있었다. 천 씨는 비행에 앞서 부인 김옥희 씨에게 "다음 비행은 특히 위험해. 어쩌면 못 돌아올지도 몰라"라고 말했고, 남편의 말에 불안을 느낀 부인 김 씨는 남편이 비행을 떠나기 하루 전 3천만 원짜리 생명보험을 들었다 한다(31쪽).

1978년 4월 19일 소련 영공을 침범했다 소련 공군기의 요격으로 무르만스크에 강제 착륙했던 KAL 092편 기장 역시 자신이 무슨 일을 하고 있는지를 잘 알고 있었다. 기장들이 이런 비극적 현실에서 아무런 저항도 하지 못한 채 죽음의 비행에 나설 수밖에 없었던 이유는 KAL과 CIA 사이의 태생적 관계에서 찾을 수밖에 없다.

특히, 레이건 정권은 1982년 7월 소련을 겨냥한 무한 군비 경쟁인 '우주 전쟁'(일명 '스타 워즈Star Wars')에 나설 것을 선포했고, 이는 1980년대 내내 계속됐다. 1986년 레이건 정권은 전두환 정권 및 나카소네 정권과 공동으로 전술탄도미사일요격체계ATBM를 개발하겠다고 공언하기도 했다.

이처럼 미국이 북태평양 지역에서 소련을 겨냥해 공격적인 전략·전술을 실행에 옮길 때는 바로, 전두환 정권의 청와대와 안기부, 보안사 수뇌부가 극비리에 수상한 북파공작을 벌일 때였다. 바로 그때 국제사회에서 북한을 고립시키기 위한 대통령의 비동맹 순방 외교가 연이어 추진됐고, '북한에 의한 광주학살 응징' 시나리오에 따른 사건들이 이어지다 아웅 산 묘소 테러 사건이 일어났다. 마침내 북한은 국제사회에서 고립됐고, 미 레이건 정권과 전두환 정권은 '전략적 승리'를 거둔 것이다.

광주에서의 학살을 방조하면서까지 정통성 없는 정권을 창출해야 했던 미국으로서는 어떻게든 이 정권을 안정시켜야 하는 과제를 안고 있었다. 소련을 압박하면서 전두환 정권에 정통성을 부여하기 위해서는 '북괴의 만행'을 극대화함으로써 분단국 지도자상을 만들어 주는 것이 최선이었을 것이다.

전두환은 이미 1970년대 초반부터, 어떤 '보이지 않은 손'에 의해 서서히 이 나라 권력 핵심부 가까이 배치됐고, 그런 일련의 과정을 거쳐 미국이 옹립한 전두환 정권은 '대북 공작'을 벌이는 데 망설일 이유가 하등 없었다.

이삼성 교수는 "KAL 007의 희생이 이러한 미국의 비밀 아닌 비밀공작들의 일환으로 발생한 것이라면, 미국은 종속적인 친미 약소 동맹국의 민간

여객기를 냉전의 제물로 이용한 가공할 범죄 행위를 한 셈"(72쪽)이라면서,
1978년과 1983년 두 차례나 발생한 KAL기의 소련 영공 침범이 미 군산복합
체 파워엘리트 세력과 한국의 독재정권이 공모해 벌인 음모였음을 시사했다
(73쪽).

1983년 아웅 산 묘소 사건과 2010년 천안함 사건

   1985년 장세동 안기부장이 '아웅 산 묘소 테러에 대한 북한의 책임과 시
인'을 노리고 대북 접촉에 나선 정황(제6부 참조)은 2011년 남북 접촉 당시
의 모습과 겹쳐진다.

   라종일 씨가 『아웅산 테러리스트 강민철』에서 언급한 아웅 산 묘소 사건
이 일어난 1980년대의 "현실의 부조리"(11쪽)가 2010년대에도 반복되고 있
는 것이다.

   라종일 씨가 매우 추상적으로 표현한 "현실의 부조리"를 풀어 써 보자.
'북측을 가해자, 남측을 피해자로 만드는 끔찍한 사건이 일어나고, 북측이 자신들과는
무관하다고 주장하는 이 사건에 대해, 북측이 그냥 그럴듯한 말로라도 책임을 인정하거
나 사과 비슷한 말이라도 해 줄 것을 남측이 종용, 권고 또는 애걸하고, 북측이 이를 받
아들이지 않음으로써 남북 관계는 개선의 실마리를 찾지 못한다.'

   차이가 있다면, 2011년 남측 밀사들이 매우 비굴하게 '북한의 시인'을
애걸한 것과 달리, 1985년 남북 접촉을 주도한 장세동 안기부장은 정중한 어
조로 매우 진지하게 북측을 설득하려 했다는 정도다.

   1985년 9월 4일 허담 특사와 장세동 안기부장의 대화를 보자.

   장세동: …… 남북이 대화를 하는 과정에서 개인적으로도 하나의
   큰 갈등을 가지고 있습니다. …… 2년 전의 상황은 제 개인적으로

는 정말 잊을 수 없는 경험이었습니다. 그러나 우리 대통령 각하께서는 그러한 문제까지 포함해서 모든 것을 초월하시겠다고 하시면서 정상회담 준비를 추진하라고 말씀하셨습니다. 그렇지만 저 개인적으로 각하를 보필해 드리면서 오늘 이 자리를 만든 과정에서도 수많은 갈등을 느껴 왔습니다. 우리는 같은 뜻을 가진 단군의 한 핏줄을 이어받았습니다. 어찌 서로 피의 대적을 할 수 있겠습니까? 물론 대통령 각하께서는 모든 것을 초월하시고 정상회담을 하시겠다는 의지를 보이시기 때문에 허 특사를 이렇게 맞이하여 정상회담 추진을 위해 진지하게 대화하고 또 제가 하는 일에 보람도 느끼기도 합니다만, 그 당시 경호실장이었던 제가 어찌 그 상황을 쉽게 잊을 수 있겠습니까? 그 당시 허 특사 선생께서는 외교부장으로 계셨기 때문에 그 일을 잘 아실 것이고 국제적으로 매우 어려운 입장에 처했을 것으로 생각됩니다. …… 이러한 문제가 만에 하나 두 분 정상이 만나셔서 격의 없이 허심탄회하게 대화하시는 데 장애 요소가 되어서는 안 되겠다는 것입니다. 과거에 7·4공동성명을 하기 전에 여기서 이후락 부장이 거기에 갔었습니다. 그때 김주석께서 **좌경맹동주의자의 경거망동 때문에 청와대 습격 사건이 생겼다는 정도의 말씀을 하셨습니다.** …… 어떻게 해서든지 이로 인한 불신을 풀고 진실된 신뢰를 바탕으로 우리가 추진하는 일에 옥동자를 낳아야 한다는 것을 강조하고 싶습니다. …… 과거의 불신이 두 분의 통일 의지에 가교를 놓는 데 한 점의 장애가 되어서는 안 되겠기에 **제가 허 특사께 간곡히 말씀드리는 것입니다.** …… 그러나 우리 국민의 마음속에 자리 잡고 있는 불신의 씨앗을 깨끗이 씻고, 두 분의 만남을 성공시키기 위해서 말씀드린 것이니, 허 특사께서는 충분히 이해하시고 이를 뒷받침하는 데 노력해 주시면 감사하겠습니다.

허담: 음, 나한테 버마 사태에 대해 말씀하셨는데, 사실 전 뭐, 우리의 입장을 표명했는데, 솔직히 다 말씀드려서 우리와 사실 관계가 없는 그런 문젭니다. …… 결국은 우리가 그 문제를 시인할 수도 없고 더구나 사과할 수도 없는 게고 남측에서 그걸 우리보고 시인하고 사과하라든가 이렇게 되면 결국은 우리가 큰일을 망칠 수도 있습니다. …… 그런 불행한 과거가 있는 것을 들춰서 다시 이것으로 서로 가슴 아픈 것을 다치기 시작하면 끝이 없겠지요. 그것은 어느 때 가서 밝혀지지 않겠습니까? 그건 뭐 시간이 가면 자연히 역사가 증명할 건데 만약에 이 문제에 대해서 지금 당장 잘잘못을 따지게 되면 사실 큰일을 망칠 수도 있습니다. 그러기 때문에 우리 입장은 그에 대해서는 역사가 밝힐 것이니 과거를 불문하고 앞으로 그러한 불행이 다시 일어나지 않도록 서로 노력하자는 것입니다. …… 장 부장 선생이 말씀하신 것에 대해서는 지금 그걸 가지고 논쟁하지 말고, 앞을 내다보고 좋은 결과를 가져오는 것으로써 민족 앞에 대답을 하면 되지 않겠습니까? (조갑제, 「전두환 '그때 내가 말려서 전쟁 안 했다'」, 《조갑제닷컴》 2009년 7월 13일. http://www.chogabje.com/ board/view.asp?C_IDX=28212&C_CC=AH.)

"~다는 정도의 말씀"이라? 장 부장은 "옥동자를 낳아야 한다"거나 "두 분의 통일 의지"를 강조하며 북한이 이런 정도의 사과를 해 줄 것을 허담 특사에게 부탁하고 있다. 장세동 안기부장의 이런 화술은 20여년이 지난 지금도 되풀이되고 있다.

2010년 3월 26일 남측 병사 46명의 생명을 앗아간 '천안함 사건' 1년 뒤인 2011년 5월, 남측은 남북대화의 전제 조건으로 북한이 천안함 사건에 대한 책임을 인정할 것을 줄기차게 주장했다. 그것이 여의치 않자 아예 북측에 대해 '사과 비슷한 것이라도' 한마디 해 줄 것을 '애걸'하는, 참으로 한심한 작태를 연출했다.

남북 밀담의 내막은 북한이 공개했다. 2011년 5월 중국 베이징 비밀 접촉에 대해 북한 국방위원회 대변인이 『조선중앙통신』 기자의 질문에 대답하는 형식으로 그 비밀 접촉에서 오간 이야기를 모두 공개한 것이다.

5월 9일부터 진행된 남북 간 비밀 접촉에 나선 남측 인사들은 김천식 통일부 정책실장, 홍창화 국가정보원 국장, 김태효 청와대 대외전략비서관 등이었다. 북한 국방위 대변인은 천안함·연평도 사건과 관련해 "(남쪽이) '제발 북측에서 볼 때는 사과가 아니고 남측에서 볼 때는 사과처럼 보이는 절충안이라도 만들어 세상에 내놓자'고 하면서 '제발 좀 양보해 달라'고 애걸했다"고 밝혔다. 대변인은 이어 "(남쪽은) 두 사건에 대한 문제가 타결되면 5월 하순경 정상회담을 위한 장관급 회담을 열어 합의 사항을 선포하고 6월 하순경에는 제1차 정상회담을 판문점에서, 제2차 정상회담은 그로부터 두 달 뒤에 평양에서, 제3차 정상회담은 내년 3월 (서울) 핵안보정상회의 기간에 개최할 것을 예견하고 있으니, 제발 딱한 사정을 들어 달라고 구걸하였다"라고 주장했다. 국방위 대변인은 북쪽이 두 사건에 대한 사과를 거부하자 "(남쪽이) 최소한 두 사건에 대해 '유감이라도 표시해 달라. 말레이시아에서 다시 만나 이 문제를 결속하자. 그리고 정상회담 개최를 빨리 추진시키자'고 하면서 돈 봉투까지 내놓았다"고 주장했다(「북 "남쪽이 정상회담 제안" 비밀 접촉 공개」, 『한겨레』 2011년 6월 1일).

북한 측의 주장에 대해 남측은 "사실무근"이라는 입장을 밝혔지만, 남측은 회담 직전 공개적으로 북한의 사과를 종용하는 발언을 한 바 있다. 북측의 일방적 발표가 조금 과장됐을 수는 있지만, 사실무근이 아니었던 것이다.

정부 고위 당국자는 "**북한이 '문지방'** 하나만 넘으면 모든 대화의 문이 **열려 있다**"며 "천안함·연평도 문제가 없었던 것처럼 웃고 회담하는 것은 초현실적 발상"이라고 말했다. 5·6 개각에서 교체 관측이 나왔던 현인택 통일부 장관을 유임시킨 것과 맞물려, **북한이 사과하기 전에 대북 정책은 바뀌지 않을 것임을 내비친 것이다.** (「"천안함 사과 '문지방' 넘어야 대화"」, 『경향신문』 2011년 5월 8일)

천안함 사건이 북한 소행이라고 밀어붙일 만한 사건인가? 천안함 사건이 북한 소행이라는 주장은 '대내용'일 뿐이다. 여러 학자가 '폭발'은 없었다고 밝히고 있고, 유엔이나 아시아안보포럼ARF 등 국제 무대에서는 남측의 일방적 주장이 관철되지 않았다.

이런 사건을 두고 '북한의 사과' 운운하는 것 자체가 어불성설이다. 2010년 7월 ARF 회의 결과에 대한 실망과 낭패!

…… 의장 성명은 천안함 사건에 대한 유엔 안전보장이사회의 의장 성명을 지지하고 천안함 침몰의 원인으로 '공격'(attack)을 적시했으나, 이 공격을 규탄(condemn)한다는 안보리 의장 성명의 표현은 담지 못했다. 의장 성명은 천안함 사건 관련 내용을 담은 8항에서 "2010년 3월 26일 공격으로 초래된 대한민국 함정 천안함의 침몰에 '깊은 우려'(deep concern)를 표명"하고 "대한민국 정부의 이 사건에 따른 인명 손실에 대해 애도를 표하였다"고 밝혔다. (「ARF 의장 성명 "천안함 침몰 깊은 우려"」, 『연합뉴스』 2010년 7월 24일)

유엔 안보리 의장 성명에서 나온 '규탄' 역시 누구를 규탄한다는 말인지 명시하지 않은 외교적 수사에 지나지 않았다. '북한의 압승, 한국의 패배'라는 말이 국제사회에서 나돌았다. 모든 언론 매체는 한국 정부의 입장과는 너무도 다른 결과에 대해 실망과 낭패를 표시했다. 「ARF 천안함 성명 '규탄'도

빠졌다」(『경향신문』 7월 25일), 「'규탄' 빠진 ARF 성명 … 유엔 성명보다 수위↓」(《뉴시스》 7월 25일), 「'북한' 없는 ARF 성명 … '천안함 외교' 대중 관계 악화만 남기고 종결」(《오마이뉴스》 7월 25일), 「ARF 성명 초안에 천안함 '공격' '규탄' 빠져」(YTN 2010년 7월 23일), 「아세안안보포럼…천안함 성명 '규탄' 빠져」(『매일경제신문』 2010년 7월 25일), 「ARF 성명 초안 "천안함 우려" …공격·규탄 빠져」(SBS 2010년 7월 23일), 「ARF 성명 지각 채택 … 천안함 '공격' 넣고 '북한' '규탄' 빠져」(『동아일보』 2010년 7월 26일). CBS의 《노컷뉴스》는 안보리 의장 성명 문안 작성 과정에서부터 북한을 비난하는 문구가 빠졌다고 보도했다(「안보리, 천안함 '의장성명' 합의 … '北'자는 빠져」, 2010년 7월 9일).

에피소드.

천안함 사건 발생 약 한 달 만인 2010년 4월 23일 당시 이명박 대통령이 김영삼, 전두환 두 전직 대통령을 청와대로 초청했다. 천안함 사건에 대한 조언을 듣기 위해서였단다. 전 전 대통령은 "(아웅 산 묘소 테러를) 당했을 때 김정일이 했다. 김일성은 지시하지 않았다"라며 "그때 김격식 대장이란 사람이 총책임자였다. 김격식이 지난해 2월 북한 4군단장으로 왔다. 4군단이 이번 침몰 지역 담당이다"라고 말했다 한다(「김영삼 "100% 북 어뢰에 당했다", 전두환 "아웅 산 테러도 김격식이 총책"」, 『중앙일보』 2014년 4월 24일).

아웅 산 묘소 '작업 방식'과 김형욱 살해 공작

아웅 산 묘소 테러 사건에 등장하는 동건애국호 이야기에서 생각나는 이야기들이 있다. 하나는 박정희 정권 말년, 박정희가 김재규의 총에 맞아 죽기 불과 2주 전인 1979년 10월 중순 파리 외곽에 있는 양계장에서 김형욱을 죽였다는 북파공작원의 이야기이고, 다른 하나는 박정희가 유신 독재를 선포한 뒤인 1973년 8월 일본에 망명해 있던 김대중 씨를 납치해 오는 이야기다.

이런 일을 벌일 수 있는 조직과 그 구성원들이라면, 버마 아웅 산 묘소 테러 사건 정도는 아주 손쉽게 처리할 수 있을 것이다.

『시사저널』 보도(「"김형욱은 내가 죽였다"」, 2005년 4월 11일)를 통해 상세히 공개된 김형욱 살해 사건의 작업 방식modus operandi은 그 규모와 준비 및 실행 과정, 침투와 탈출 루트 설정 등이 영화 《뮌헨》에 나오는 모사드의 암살 공작만큼이나 치밀하고 정교했다. 장기간에 걸쳐 수많은 이를 동원한 밀도 있는 작업이었음이 분명하다.

김대중 납치 사건은 유럽의 심장부인 파리에까지 침투하는 공작에 비하면 훨씬 수월했겠지만, 그를 호텔에서 납치해 한국으로 데려오기까지의 과정 역시 치밀하고 대담했다. 김대중 납치는 이후락의 중앙정보부가 대북 공작 조직을 동원해 벌인 일이라는 사실은 널리 알려져 있다. 김형욱을 파리에서 납치해 살해한 조직 역시 이 조직이었던 것으로 미뤄 짐작된다.

김형욱 씨 살해조組는 작전 개시 11개월 전인 1978년 11월부터 일본을 경유해 이스라엘 텔아비브로 가 그곳에 있는 이스라엘 정보기관 모사드에서 특수 훈련을 받았다 한다. 1년 동안 암살조와 유인조로 나눠, 서로 모르는 상태에서, 강도 높은 훈련과 연습을 반복했을 것이다.

또 김형욱 살해 공작조는 — 아마도 다른 나라 정보조직이 주요한 역할을 했을 것이다 — 그를 살해할 방법과 장소를 물색했고, 프랑스 파리 근교의 양계장을 선택했다. 이들 공작조는 양계장을 지키는 이들을 매수해 놓고 한국인 '실행조'가 무리 없이 작업을 마무리할 수 있도록 조처했을 것이다. 프랑스 파리 근교에서 벌인 이런 일들은 검정 머리에 노란 피부를 가진 동양인이 할 수 있는 일이 아니다. 프랑스를 제 집 드나들 듯 하는 백인들이 아니고서는 불가능한 일이다.

침투 과정과 루트는 이스라엘이나 미국 또는 프랑스 정보기관 공작원들이 알아서 정했을 것이고, 한국의 '실행조'를 안내한 이들 역시 그들이었을 것이다. 이처럼 서방 국가(들)의 정보조직과 공작원들이 김형욱 살해 공작에 깊숙이 개입했다는 사실은 버마 아웅 산 묘소 테러 사건에도 다국적 정보조직이 관여했을 것임을 짐작케 한다.

『시사저널』 기자와 만난 중앙정보부 특수공작원 이 모 씨의 이야기를 들어 보자.

> 침투부터 임무 완수 후 탈출까지 항공로를 택하지 않고 해상 루트와 육상 루트를 번갈아 이용했다. …… 해상 루트는 화물선 등에 타면 흔적 없이 접근할 수 있었기 때문이다. …… 이스라엘 북부 하이파 항구에서 화물선을 타고 벨기에의 항구 도시인 안트베르펜(앤트워프)으로 들어갔다. …… 벨기에에서 우리를 기다리던 차를 타고 국경을 넘어 파리로 들어갔다. …… 프랑스 수사 당국은 당연히 스페인반도를 통해 피레네산맥 넘어 침투해 들어왔을 것이라고 여겼을 것이다. 2차 세계대전 때부터 특공대가 투입됐던 그쪽 비밀 루트가 있기 때문이다. …… 모든 의심받을 상황이나 코스를 뒤집어서 허를 찌르는 침투가 필요했고, 성동격서 전법으로 지브롤터해협을 지나 북해 도버해협까지 거치는 기나긴 침투 코스를 택한 것이다.

이 씨는 이처럼 치밀한 작전을 수행하는 과정에 도와준 사람들이 있지 않느냐는 질문에 이렇게 답했다. "우리는 우리 목표를 향해서만 가면 되었다. 도와준 사람들이 있었으니까 무사히 목표물까지 들어갈 수 있었겠지만, 우리는 그 사람들의 신원을 알 필요는 없었다."

한국의 '실행조'가 이스라엘 하이파 항구를 출발해 프랑스 파리에 도착하기까지의 경로 역시 한국 정부 조직만으로는 어림도 없는, 상상도 할 수 없는 일이다.

그런데 이들이 화물선을 타고 이동하는 모습은 이동 시간이나 배에서 몸을 숨기는 방식 등등 "아웅 산 테러리스트 강민철" 등이 화물선을 타고 버마 랑군항으로 들어오는 모습과 똑같다.

[1979년] 9월 24일께 하이파 항에서 안내원이 마련해 준 화물선을 탔다. 안내원이 매수해 둔 사무장 방에 숨어 열흘가량 항해한 끝에, 10월 4일께 벨기에 안트베르펜 항구에 도착했다. 배에서 내려 대기하고 있던 자동차를 타고 프랑스 국경을 넘어 파리로 들어 갔다. 10월 5일 파리에 도착해 안내원과 양계장을 답사했다. 김형욱을 납치해 암살하기까지 파리에서 만 이틀간 머물렀다.

열흘간 화물선 선실에 몸을 숨긴 채 버마에 침투한 것으로 되어 있는 강민철의 이야기.

······ 화물운송선이었다. ······ 진모, 강민철, 신기철 ······ 세 공작원들은 항해하는 도중에는 모습을 드러내지 않고 계속 선실 내에서만 생활했다. 보통 사람들에게는 답답하기 짝이 없는 생활이었겠지만 온갖 힘든 훈련을 통해 인내심을 키운 이들에게는 이 정도 어려움이야 차라리 좋은 휴식의 시간이었다. ······ 선실 내에서 한편으로 전의를 다지면서 다른 한편으로는 고된 훈련에 지친 육신을 충분한 휴식으로 달랬다. 이들은 사람이 나오지 않는 한밤중에나 잠시 바깥으로 나와 갑판에서 바닷바람을 쏘이면서 가볍게 몸을 풀었다. 간혹 다른 선원들에게 보일지라도 이미 특수공작 활동을 겸하는 배에 근무하고 있는 선원들인만큼 이런 일에는 익숙해져 이들의 존재를 이상하게 여기지도 않았고 못 본 체했다. 6일간

의 항해 끝에 …… 9월 15일 새벽 5시경 랑군강 입구에 도착 ……

(라종일, 『아웅산 테러리스트 강민철』, 82~83쪽)

이 대목에서 '아웅 산 테러리스트 강민철'의 훈련 과정을 떠올려 본다.

임무에 필요한 훈련은 특별한 것이 없었다. 이미 이런 공작에 숙련
된 요원들이고 경험이나 능력 면에서 높은 평가를 받는 요원들이
었다. 단지 잘 알지 못하는 먼 나라이고 공작의 성격도 이제까지
수행했던 어떤 다른 임무보다 엄중하다는 것이 특별한 점이었다.
(81~82쪽)

아웅 산 묘소 테러 '실행조'가 직접 폭약을 설치했는지 또 실제로 폭파
버튼을 눌렀는지는 알 수 없지만, 아무튼 이들을 사건 현장, 또는 그 근처에
데려다 놓기만 하면 되는 일이었다.

파리 시내 한복판에서 사람을 납치해 파리 외곽의 양계장으로 끌고 가
서 '일'을 마무리한 뒤 흔적을 남기지 않고 현장을 빠져나와야 하는 작업에
비하면 아무 것도 아니다. 김형욱 살해 공작에서는 프랑스 정보기관도 눈치
채지 못하게(?) 빠져나와야 했지만, 버마 아웅 산 폭파 사건에서는 범인들이
잡혀야 했고 '나는 북한 공작원이요'라고 말해야 했다. 그러지 않았더라면
아웅 산 묘소 테러가 '북한 소행'임을 입증(?)할 수가 없었을 것이다.

'실행조'는 따로 있고 강민철 등에게는 그저 '체포될 역할'만 부여됐는
지도 모른다는 추론이 가능한 이유다.

이들을 안전하게 탈출시킬 방안이나 비상사태를 위한 대비책도 없
었다. 이들은 결국 탈출하는 과정에서 죽거나 부상을 입고 잡혀서
모든 진상이 백일하에 드러나게 되었다. (136쪽)

어차피 이들은 버려져야 했기에, 모처에서 자그마치 2주일이나 머물렀다는(?) 이들 테러리스트들은 '거사' 3일 전 이 집을 나와 하루 뒤 폭탄을 설치하고도 다시 그 집으로 돌아가지 않고 이틀 동안 모기떼가 득실대는 숲에서 자야 했던 것이다. '자신들의 신원이 발각되지 않도록 하기 위해서'였다는 것이 전두환 정권의 설명이었다.

그러나 이들이 정말로 자신들의 신원을 감추기 위해 거사 사흘 전 거처를 나왔다면, 사건 현장에 남겨진 폭발물과 동일한 폭발물을 갖고 이리 뛰고 저리 뛰다 붙잡히지 말았어야 했다. 이들 물품은 사건 발생 바로 다음 날 버마로 날아간 '진상조사단'(단장 박세직 안기부 차장)이 제공한 '북한 공작원들의 소지품'과 같은 종류였다. 무려 2주일씩이나 아무 탈 없이 지내던 곳을 놔두고 왜 이리저리 헤매다 붙잡힌단 말인가? 이들은 아마도 거사 3일 전 버려졌을 공산이 크다.

김형욱 살해조는 1979년 초 밤에 청와대 별관으로 불려가 박정희 대통령이 따라 주는 술을 마셨다고 한다. 박 대통령은 누구를 죽여라 따위의 말은 하지 않았고, 단지 "나쁜 놈이로구나. 내가 믿었던 김형욱 이놈이 나쁜 놈이로구나" 하며 통탄을 했다고 한다.

미국이 안두희에게 김구 선생 살해를 지시하는 방식도 이와 똑같았다. 안두희는 1992년 4월 12일 사건의 진상을 끈질기게 추적해 온 권중희 씨에게 암살 배후를 털어놓으면서, 경무부장 조병옥과 수도청장 장택상 등의 소개로 미국 중앙정보국CIA의 전신인 전략사무국OSS의 한국 책임자(중령) 등을 알게 됐으며 OSS 한국 담당 장교와 안두희 자신이 소속된 서북청년단이 긴밀히 정보를 교환했다고 진술했다. 그 미군 장교는 백범을 제거해야 할 '블랙 타이거'라고 부르며 넌지시 암살의 필요성을 흘렸다고 안두희는 덧붙였다(「정부 수립 50돌 10대 의혹 사건 1. 김구 암살」, 『한겨레』 1998년 8월 1일).

아웅 산 묘소 폭파조 또는 '체포될 조'는 거사에 앞서 누구를 만났을까?

김현희 사건

송영식 씨는 2012년 펴낸 회고록 『나의 이야기』에서 "몇 가지 빼놓고 싶지 않은 에피소드를 소개"한다며 "사표를 제출한 이야기"를 꺼낸다. 놀랍게도 그는 미얀마 정부가 11월 4일 자로 대북 단교 조치를 취하던 날 전보로 서울에 사표를 제출했다.

초년 외교관 시절에 전쟁이 한창이던 베트남 주재 대사관 근무를 자청하고(1968년 10월), 박정희 대통령 시절에 청와대 비서실을 거쳐 주미 대사관 제1참사관으로 일하다 '그저 쉬고 싶다'라는 생각에 버마 주재 한국 대사관 참사관 근무를 자원한(1983년 3월 28일) 그의 이력을 보면, 그가 선뜻 사표를 제출한 것을 이해할 만하다. 그러나 다른 이들에게는 놀라운 일이었고, 특히 아웅 산 묘소 테러와 관련된 이들이 볼 때는 더욱 놀랄 일이었을 것이다. 그것도 버마가 북한과 단교한 날 사표를 제출했다? 혹시 항명? 아니면 무슨 내막이라도 알고 있단 말인가?

사표가 바로 수리되지 않은 까닭이리라. 물론 유능한 인재를 잃고 싶지 않은 주위의 보살핌도 있었을 것이다. 그렇지만 어느 날 갑자기 외무부장관 노신영을 죽어도 못하겠다는 안기부장으로 보내고(1982년 6월), 외교부 공직자 수십 명을 한꺼번에 몰아낸 전두환 정권 아래에서라면 그리 볼 수만은 없는 일이다.

그는 본부 고위 인사로부터 가만히 있으면 될 텐데 왜 사표를 냈느냐는 힐난을 받았다 한다. 그는 또 귀국 후 몇 개월 동안 보직을 받지 못하고 직제에도 없는 심의관, 부실장 등 "유야무야한" 자리를 떠도는 낭인 아닌 낭인 생활을 해야 했다. 그는 "아무도 직접 언급하지는 않았지만 직위 해제에 해당하는 처벌을 받은 거라고 생각"했다고 밝혔다(220쪽). 그는 귀국 후 1년 동안 이렇다 할 보직을 받지 못하는 "이상한 처벌"을 받았다.

즉각 사표를 수리하면 될 일인데 그를 이런저런 "유야무야한" 자리로 내

돌린 것은 앞서 말했던 아웅 산 묘소 테러 사건 직후 "골프 친구"로 알고 있는 CIA 직원이 송영식 씨 집까지 방문해 그의 안위를 걱정한(?) 일(224쪽)과 동일한 맥락에서 살펴볼 일이다. 혹시 그가 아웅 산 묘소 테러의 내막을 파악했거나 의심하고 있는 것은 아닐까를 확인하려 했을 것이다.

아마도 정보문화국 심의관으로 북한 업무를 관장하는 정보2과에 출근하라는 명령(1984년 4월 9일)은 그에 대한 마지막 '간 보기'가 아니었을까? 북한에 대한 적개심이 흐려졌다거나 혹은 북한을 동정하는 태도를 보이지는 않는지에 대한 집중적이고도 포괄적인 검증 작업이 아니었을까?

아무튼 1987년 9월 그가 미주국 심의관으로 발령(1989년 1월 31일까지 재직)이 난 지 불과 두 달여 만에 우리 역사를 또 한 차례 심하게 비트는 사건이 발생한다.

KAL기 폭파! 일명 '김현희 사건'이다.

'김현희 사건'이란 1987년 11월 28일 이라크 수도 바그다드를 출발해 아랍에미리트연합UAE 아부다비와 태국 방콕을 경유해 서울로 향하던 대한항공 KAL858기가 다음날인 11월 29일 버마 안다만 해협(일명 '버마 해협')에서 격추 또는 폭파돼 승객과 승무원 등 115명 전원이 사망 또는 실종된 사건이다. 전두환 정권은 이 사건이 88 서울올림픽 참가 신청을 방해하기 위해 북한이 벌인 소행이라고 발표했지만, 지금까지도 자작극 논란이 끊이지 않고 있으며, 유족들을 포함한 사회 각계에서 진상 규명을 요구하는 목소리가 이어지고 있다.

그런데 송영식 씨의 책 『나의 이야기』에는 '김현희 사건'이 없다. 송영식 씨는 1987년 12월 16일 대통령 선거와 선거 이틀 뒤 미 하원 아시아태평양소위원회 스티븐 솔라즈Stephen Solarz 의원이 미 국무성 차관보를 출석시켜 한국 선거 관련 청문회를 개최한 사실 등을 소개하면서도, 선거 전날(12월 15일)의 '김현희 귀국 쇼'나 11월 29일 버마에서의 KAL기 폭파에 대해서는 일언반구 언급하지 않았다. 또 1987년 6월 우 산 유 버마 대통령이 한국을 방문한 사실에 대해서도 마찬가지다. 4년 전 버마 주재 한국 대사관에서 일할 당시를 아예 떠올리고 싶지 않았기 때문일까?

솔라즈 의원의 청문회는 한국의 선거와 KAL기 폭파 사건의 관련성에 쏠리는 관심을 따돌리기에 충분했다. 미국은 일찌감치 한국의 선거판에 '감 놔라 배 놔라' 하며 '미국이 인정하는 공정 선거' 분위기를 연출하기 시작했다.

> 1987년은 우리나라 정치사에서 매우 획기적인 해이다. …… 대통령 직선제 일정에 세계 여러 나라들도 비상한 관심을 보였다. 미국 정부는 1987년 12월로 예정된 선거에 선거참관인단을 파견해 선거가 공정하게 치러지는지 감독하겠다고 나섰다. (273~274쪽)

송영식 씨는 언제 미국이 남한 선거를 '감독'하겠다고 나섰는지를 밝히지 않았다. 저들이 한국에 선거참관인단 파견을 예고한 시점은 어쩌면 '김현희 작전'이 시작된 시점일지 모른다.

1987년 2월 미 국무성과 의회는 당시 한국민들에게는 대단히 의아스러운 '한국민주화촉진결의안'을 잇달아 내는 등 분주하게 움직이면서 한국에 선거참관인단을 보내야 한다는 분위기를 조성했다. 당시 국내에는 이미 신군부 2기가 전두환에서 노태우로 이어질지 모른다는 두려움과 거부감이 팽배했고, 그런 가운데 학생운동 진영과 지식인들은 이에 극력 저항하며 김대중과 김영삼 등 '두 김 씨' 중 한 사람이 대통령이 되기를 원했다. 이런 가운데 미국 정가에서 '한국의 민주화 촉진' 운운하며 선거참관인단을 보내려 했던 것은 노태우 정권 창출을 위한 속내를 드러낸 것이나 다름없었다.

3월에는 상원 외교위원회 아시아태평양소위원회가 한국관계청문회를 개최했다. 청문회 의제는 한국의 반미주의였다. 어떻게 하면 한국 민중들의 반미 의식을 누그러뜨릴 것인지가 저들의 관심사였다.

상원 외교위 아태소위 위원장 앨런 크랜스턴Alan Cranston은 "한국에서 왜 반미주의가 일어나느냐"고 개탄(?)하면서 그것은 미국이 국민의 편이 아닌 쪽과 제휴했다는 한국 국민들의 인식 때문이라고 지적했다. 그래서 그 같은 인식을 불식시키기 위해 한국의 민주 발전을 촉구하는 결의안을 내고 한국 관계 청문회를 열 의향이라고 설명했다(「미국의 높아져 가는 '대한 관심'」, 『동아일보』 1987년 2월 20일). 이때도 저들이 말하는 "한국의 민주 발전"은 전두환에서 노태우로 이어지는 군부독재정권 연장을 그럴싸하게 포장하는 말에 지나지 않았다. 특히 저들에게 있어서 '한국의 민주화'는 북한에 대한 적대를 전제로 한 것임은 물론이다.

청문회에서 데니스 디콘시니Dennis Deconcini 의원(민주당)의 발언이 그것이다. "한국의 완전한 민주주의는 미국의 정치적·안보적 이익을 위해서뿐만이 아니라 한국의 안보 이익을 위해서도 매우 중요하다. 정치 개혁과 자유화의 착실한 진행은 민주주의에 의한 단합을 도모, 북한에 대한 한국의 안보를 강화시킬 것이다."(「한국의 민주화 안보에도 도움」, 『동아일보』 1987년 3월 19일)

문제의 선거참관인단이 한국을 방문한다는 소식은 '김현희 사건'이 일어나기 사흘 전인 11월 26일 외신을 통해 전해졌다. 미 의회 의원들과 보좌관, 한국 문제 전문가들 및 선거 관련 전문가들 21명이 대통령 선거 투표와 개표 과정을 지켜보기 위해 12월 12일 서울을 방문한다는 소식이었다.

앞서 제1부에서 솔라즈 의원과 김일성 주석과의 대화가 아웅 산 묘소 테러 사건의 모티프를 제공했을 개연성을 언급했다. 또 김현희 사건 역시 아웅 산 묘소 테러 사건과 똑같은 동기, 즉 군부독재정권 창출 또는 연장이라는 목적에서 자행된 작전일 개연성을 지적했고, 두 사건과 관련해 결정적인 시기에 스티븐 솔라즈가 등장한다는 사실도 함께 언급했다.

송영식 씨가 회고록에서 전하는 이야기가 바로 그것이다. 미국이 일찌감치 선거참관인단을 파견해 한국 대통령 선거를 감독하겠다고 나서고, 선거

18일 전 김현희 사건이 일어나 온 국민의 분노와 공포심을 자극하고, 이런 공포 분위기가 지배하는 가운데 대통령 선거 전날인 12월 15일 '김현희 = 북한 공작원'이 김포공항을 통해 입국하고, 다음 날 치러진 선거에서 전두환과 육사 동기인 노태우 후보가 당선되고, 선거 다음 날인 12월 17일(미국 시간 12월 16일) 솔라즈가 한국 대통령 선거 청문회를 열고 선거를 사실상 추인하는 절차를 통해 노태우 정권이 창출된 것이다.

김현희 사건은 이 나라 민주화의 역정에서 군부독재 타도를 향한 민중들의 몸부림이 가장 치열했던 시절, 신군부의 독재정권을 전두환에서 노태우로 순조롭게 승계시키는 데 중요한 역할을 한 사건이었다.

광주에서의 학살에 대한 분노와 저항으로 위태위태하던 전두환 정권에게 아웅 산 묘소 테러 사건이 정권 안정의 계기를 마련한 것처럼, 군부독재 종식을 향한 다수 국민들의 저항을 누그러뜨리고 노태우 정권 창출의 명분을 제공한 것이 바로 김현희 사건이다. 그런 점에서 아웅 한 묘소 테러와 김현희 사건은 전두환과 노태우로 이어지는 신군부 2기 정권 창출을 위한, 한 뿌리에서 나온 두 개의 작전이었다고 볼 수 있다.

전두환 정권에서 두 차례나 버마를 무대로 벌어진 이 끔찍한 사건과 관련해 매우 결정적인 국면에서 번번이 미 하원 아시아태평양소위원회 위원장 스티븐 솔라즈가 등장한 것이 우연일 수 없다.

송영식 씨 회고록 내용 중, 어쩌면 김현희의 KAL기 사건과 관련이 있을 것 같은 이야기 하나.

미국 정부가 우리의 방위산업 물자 수출에 비상한 관심을 보이던 일도 기억에 남는다. 한번은 미국에서 이란의 747 비행기가 1987년 11월 17일 한국 무기를 구입하려고 김포공항에 기착했다는 정보를 입수했다며 사실 여부를 확인해 달라고 요청해 왔다. 외교부에서는 관계 기관에 내용을 전달했는데, 후속 조치가 없었던 걸로

보아 잘못된 정보였던 모양이다. (281쪽)

11월 17일은 '김현희 사건'이 일어나기 12일 전이다. 후속 조치가 없었다면, 미국의 확인 요청을 한국의 관계 기관이 그냥 묵살했다는 이야기? 아니면 '아니다, 그런 일 없다' 뭐 이런 답신이 있어야 하지 않을까? 혹시 버마 안다만 해협에서 폭파 또는 격추된 비행기가 이 비행기 아니었을까?

1983년 10월 9일의 아웅 산 묘소 테러와 1987년 12월 9일의 '김현희의 KAL기 폭파' 사건이 같은 조직에서 기획하고 실행했을지 모른다는 의구심을 불러일으키는 이야기도 전해진다.

[강민철은] 1987년에 일어났던 KAL기 폭파 사건과 체포된 테러범 김현희의 이야기를 듣고 매우 흥분했다고 한다. 강민철은 한때 해외 특수임무 요원을 훈련하는 조직인 해외조사부에서 그녀와 함께 있었던 적도 있었다고 했다. 김현희가 자서전을 출판했다는 말을 듣고는 그 책을 몹시 보고 싶어 했다. 남한 외교관을 통해 그 책을 손에 넣자 읽고 또 읽었다. 그러고는 그 책에 나오는 사람들의 이름을 거론하면서 자기도 아는 사람이라고 말했다. 그러면서도 그는 주변의 동료 수인들에게 공작원으로서의 김현희의 활동 자체는 매우 초보적인 것이어서 별로 이야깃거리가 되지 못한다는 말도 했다. (라종일, 『아웅산 테러리스트 강민철』, 209~210쪽)

김현희도 강민철도 끔찍한 범죄를 저지른 범죄자들이지만, 다른 면으로 보면 수십 년간 이어온 남과 북 사이의 갈등으로 빚어진 부조리한 희생자인 것이 사실이다. 적어도 이제는 김현희처럼 강민철에게도 한 인간으로서 자신의 판단으로 주변과 자신의 삶을 가늠하고 영위할 기회를 주어야 한다고 생각했다. (241~242쪽)

강민철과 접촉한 한국 정부 또는 정보 당국은 분명 그를 김현희와 동등하게 대우하겠다는 의도를 갖고 있었다. "남한 외교관"이 강민철에게 김현희의 책을 준 것은 '너 역시 김현희처럼 될 수 있을 것'임을 암시하는 행위였다. 한국에서 곧 자서전을 쓸 수 있을 것이라는 희망을 줌으로써 어떤 '일탈 행동'을 막으려 했을 것이다. "서울에서 왔다"라거나 "성북국민학교를 다녔다"라는 따위의 말을 두 번 다시 하지 않도록.

김현희는 사건이 일어난 지 무려 1년 4개월이 지난 1989년 2월 3일에야 서울지방검찰청에 의해 살인과 항공기 폭파 치사, 국가보안법 위반 혐의로 기소됐다. 그것도 불구속 기소였다. 파격적인 대우였다. 이어 1990년 3월 27일 대법원에서 사형 확정 판결을 받았으나, 불과 보름 만에 특사로 풀려나 안기부 '촉탁 직원'이 됐고, 1997년 자신을 경호했던 안기부 직원과 결혼했다. 엄청난 테러를 저질렀다는 자백(?)에도 불구하고 김현희는 단 하루도 수감된 적이 없다. 당시 안기부 수사국장이 정형근 씨, 재판관이 황교안 씨였다.

전두환-노태우 신군부 2기 시절 정권의 핵심 인사였던 박철언 씨의 회고록 『바른 역사를 위한 증언 (1)』에는 김현희 사건이 아주 짧게 두 곳에 언급돼 있다. '김현희'는 거명조차 않는다.

> 1월 29일, 안기부의 차기 대통령에 대한 현황 보고가 있었다. 노태우 당선자는 "마유미 사건 수사 때 특수한 정보는 없었는가? 중국과 소련의 관계 개선에 대비해 역량을 함양하라. 대공산권 관련 조직 기능을 강화하라. 동구권 연구에도 소상해야 외교상 국익을 확보할 수 있다"며 주로 북방 정책에 대비한 주문을 했다. (290쪽)

"마유미 사건 수사 때 특수한 정보는 없었는가?"라는 말이 무슨 뜻일까?

'사건에 대한 내막이 드러나지 않도록 잘 단도리했느냐'는 뜻으로 들리는 것은 필자뿐이 아닐 것이다.

전두환에서 노태우로 이어지는 신군부 정권 연장에 지대한 공헌을 한 것으로 알려진 김현희 사건을 노태우 대통령의 지나가는 한마디 말로 정리 하고 있다. 그리고 다음 페이지에서 한 차례 더 거론한다.

> 1988년 2월 초, 한시해 대표와 제33차 남북 비밀 접촉을 가졌다. 한시해 대표는 노 후보가 당선되었으니 나에게 축하한다는 뜻을 전했다. 그러나 당시 대선 직전의 대한항공 폭파 사건 때문에 상당 히 어려운 시기였고 선선히 인사를 받을 처지가 아니었다. 그래서 나는 "당신은 몰랐는지 모르지만, 이러한 일이 있어서 남북 관계가 큰 위기다. 내가 개인적으로 당신을 공격하려는 것은 아니다. 우리 내부에서 북에 대한 응징론이 대두되고 남북 간 심각한 상황에 진 입될 우려가 있었다"고 사태의 심각성을 일깨워 주었다. 그리고 나 는 "하지만 내가 노 당선자를 비롯한 상부에 간곡히 말씀드려 이 제 겨우 고비를 넘겼다. 하마터면 다시는 당신을 보지 못할 뻔했 다"며 예전에 한시해가 부탁했던 250mm짜리 스케이트 한 벌을 주었다. 당시 남북 비밀 회담 수석대표 간에는 서로 어느 정도 믿 음이 쌓여 개인적인 부탁까지 주고받는 가까운 사이였다. (291~ 292쪽)

1985년 남북 특사 회담 실무접촉 대표로 북측 대표와 만나던 인연이 계 속 이어지고 있었던 모양이다. 그런데 왜 박 씨는 자신의 말만 적었을까? '김현희 사건'에 대해 한시해는 뭐라 말했을까? 박 씨는 매우 진지하게 이 문제를 거론한 것처럼 써 놓고, 곧바로 스케이트를 선물했다고 쓰고 있다.

박 씨는 이처럼 '김현희 사건'에 대해서는 아무런 기록도 남겨 놓지 못하면서도 김현희와 함께 찍은 사진을 책에 게재했다. 끔찍한 사건이 일어난 지 불과 3개월이 조금 지난 1988년 2월 5일 찍은 것으로 돼 있다. 김현희가 가운데 섰고 박 씨, 그와 함께 안기부에서 일했던 강재섭 씨 등 세 명이 나란히 포즈를 취했다. 국민들에게는 '천인공노할 만행을 저지른 간첩'이라 해 놓고, 뒤에서는 나란히 서서 기념사진을 찍어도 괜찮은 인물이 바로 김현희다. 강민철이 김현희와 같은 조직에서 함께 있었다고 말했다는 라종일 씨의 전언이 귓전을 맴돈다.

버마통 한국통: 미국의 폴-밀 게임

앞서도 살펴봤지만 아웅 산 묘소 테러 사건이 일어나기 위한 필요하고도 충분한 조건은 1983년 5월에 완비됐다. 버마의 군정보국 틴 우 장군을 숙청함으로써 버마를 치안 및 안보 공백 상태에 빠뜨리고, 이 틈을 타 한국 대통령의 버마 국빈 방문 일정을 급조했다. 한국에서는 이미 1년 전인 1982년 5월 말 노신영 외무장관을 '허수아비 안기부장'으로 앉힌 뒤 버마에서와 똑같은 작업을 벌였다.

이처럼 버마 군정보국과 전두환 정권 안기부의 공식 의사 결정 라인을 무력화시켜 놓고 두 나라 정권의 핵심 및 그 비선 조직을 가동해 한국 대통령의 버마 국빈 방문을 결정하는 일은 — 두 나라 정권 핵심이 그런 일을 공모할 만큼 긴밀한 관계를 맺고 있지 않았기에 — 버마와 한국의 권력 핵심부를 동시에 움직일 수 있는 세력만이 할 수 있는 일이다.

버마의 네 윈 정권과 전두환 정권을 좌지우지할 수 있는 세력이 있다면, 그들은 아마도 주한 미국 대사관과 버마 주재 미국 대사관 또는 이들 대사관에 속한 미 정보 조직에서 다년간 근무하면서 한국과 버마 두 나라의 정권 핵심, 특히 정보계 및 군부 실력자들과 긴밀한 관계를 갖고 있어야 하며, 본국으로 귀환한 뒤에도 국무부(한국의 외무부에 해당) 또는 CIA 등 정보 계통에서 두 나라 정세와 두 나라 권력 핵심부의 움직임을 훤히 꿰고 있었던 이들일 것이다.

그 또는 그런 자들이 누군지는 알 수 없지만, 미국에는 그런 자들이 수도 없이 많다. 대니얼 도나휴Daniel A. O'Donahue 전 주버마 대사 같은 이들이 바로 그런 사람들 중 하나다. 한국과 버마 두 나라의 정권 핵심 세력들과 긴밀한 관계를 가지면서 이들 두 나라의 움직임을 손바닥 들여다보듯 훤히 꿰고 있는 사람들 가운데 한 명이라는 말이다.

미국의 '외교연구트레이닝협회의 외교사 구술 프로젝트The Association for Diplomatic Studies and Training Foreign Affairs Oral History Project' 인터뷰(1996년)를 보면 그가 어떤 인물인지 알 수 있다(www.adst.org/OH%20TOCs/0%27Donohue,%20Daniel%20A.toc.pdf).

이 프로젝트는 세계 각국 주재 대사들과 국무부 및 CIA 등 정보계 인사들과의 심층 인터뷰를 통해 미국 외교사를 재정리하는 것으로, 한 사람의 인터뷰가 거의 소책자 한 권 분량에 이를 정도로 심층적이다. 미군의 학살이나 테러 등 미국의 치부를 드러내거나 절대로 외부에 알려져서는 안 될 이야기 또는 인물은 인터뷰 대상에서 제외됨은 물론이다. 도나휴 인터뷰의 경우도 ― 적어도 대외적으로 공개되는 자료에는 ― 그가 한국과 버마에서 어떤 인물들과 접촉했고 무슨 일을 했는지 등에 대해서는 한마디도 들어있지 않다.

도나휴가 버마 주재 미국 대사를 지낸 기간은 1983년 12월부터 1987년 3월까지다. 아웅 산 묘소 테러 사건이 거의 정리될 즈음에 부임해, '김현희 작전'이 개시될 즈음에 버마를 떠났다. 버마와 남북한 관계를 결정적으로 비틀어 놓는 두 사건이 일어난 시점에 그는 버마에 없었다는 말이다.

그러면 우리는 아웅 산 묘소 테러 사건이 일어났을 때 버마 주재 미국 대사가 누구였는지를 찾을 것이다. 도나휴의 전임자는 패트리샤 바이언스Patricia Byrnes. 그런데 그의 재임 기간은 1979년 11월 27일부터 1983년 9월 14일까지다. 그 역시 아웅 산 묘소 테러 사건이 일어나기 약 한 달 전에 버마를 떠난 것으로 돼 있다.

전임자는 아웅 산 묘소 테러 사건 발생 한 달 전, 버마 군 정보국이 해체된 지 넉 달 뒤에 버마를 떠나고 후임자는 아웅 산 묘소 테러 사건 발생 두 달 뒤 부임하는 절묘한 타이밍!

아웅 산 묘소 테러가 일어난 이후 버마에 부임한 도나휴는 아웅 산 묘소 테러 사건과 김현희 사건 전후에 한국을 두루 섭렵한 한국통이었고 동시에 버마통이었다.

1931년생인 그는 박정희의 쿠데타가 일어난 1961년부터 1964년까지 4년간 주한 미국 대사관의 정치 파트Political Section에서 일했다. 그의 상관이 필립 하비브Philip Habib로, 훗날 주한 미국 대사(1971년 10월 ~ 1974년 8월)를 지내는 인물이다. 도나휴는 1964년부터 1966년까지 3년간 본국으로 돌아가 국무부 '코리아 데스크'에서 일하다 1966년 국무부 정무국Executive Secretariat S/S으로 자리를 옮긴다. 국무부 정무국이 하는 일은 백악관과 행정부 사이의 업무 협조 및 조정이다. 그는 국무부 정무국에서 일하면서도 한국 문제에 깊숙이 관여했다. 그는 "수시로 코리아 데스크로 내려가 시시콜콜한 충고를 주곤 했다"라고 밝혔다. 1968년 1월 23일 미 최신 첩보함 푸에블로Pueblo가 북한에 나포된 뒤 박정희 정권이 북한에 대한 보복 공격을 주장할 때, 그는 사이러스 밴스Cyrus Vance 전 국방부 부장관이 이끄는 4명의 특사단 일원으로 한국을 방문하기도 했다.

그는 당시 미 특사단을 맞이한 이범석 외무부 의전실장을 기억하며, "불행하게도 그는 아웅 산 묘소 테러 사건으로 목숨을 잃는다"라고 밝혔다. 아웅 산 묘소 테러 사건이 다 마무리될 즈음에 버마 주재 대사로 부임한 그가 어떻게 이범석 장관을 또렷이 기억하고 있을까?

도나휴는 푸에블로호 나포 사건이 한창 진행 중일 때인 1968년 여름 가나 주재 미국 대사관의 정치부장Chief of Political Section으로 가 1971년까지 머문다. 이 시기는 그의 외교관 이력에서 일종의 외유에 해당한다.

그 뒤 그는 "한국으로 갈 것을 전제로" 육군전쟁대학Army War College에 입교한다. 그가 1961년부터 1964년 한국 주재 미국 대사관 정치 파트에 있을 때 부장으로 있던 하비브가 주한 미국 대사 발령을 받았고 하비브를 따라 자신도 한국으로 가게 돼 있었다는 말이다. 육군전쟁대학에서 1년간 교육을 이수한 뒤인 1972년 한국 대사관으로 가 맡은 직책은 정치 자문Political Counselor이었다. 전쟁 기술자가 왜 정치 자문을 할까?

그는 1974년 하비브 대사가 미 국무부 동아시아태평양담당 차관보로 갈 때까지 그와 함께 한국에 머물면서 박정희의 유신정권이 탄생할 수 있도록 음양으로 도왔을 것이고, 1972년 7 · 4남북공동성명을 좌초시키며 남북 관계를 극한의 대결구도로 되돌려 놓는 데서 막후 역할을 했을 것이다. 또 1973년 이후락의 중앙정보부가 김대중 씨를 납치 했을 때는 주일 공사로서 이 사건에 개입했던 김재권(본명 김기완) 씨를 미국으로 빼돌리는 데도 일정한 역할을 했을 것이다.

자신의 목숨을 살린 것이 미국이라고 믿는 김대중 씨는 훗날 대통령이 되고, 그를 납치하는 데 관여했던 김기완 당시 주일 공사의 아들 성 김은 2011년 주한 미국 대사로 부임한다.

도나휴는 1960년 김대중 씨가 전라남도 목포에서 국회의원 선거에 출마했다 낙선했을 때를 시작으로 몇 차례 만났다면서 "그에 대해 늘 존경심을 갖고 있었고, …… 그는 대단히 유능하고 카리스마를 지닌 정치인이었다"라고 회고했다.

1974년 "10월 또는 11월" 하비브를 따라 국무부에 간 도나휴는 1976년 여름까지 '한국과장Office Director for Korean Affairs'으로 일하며, 자주국방의 기치를 들고 미국과 맞서던 박정희 정권이 서서히 무너지는 과정을 지켜봤을 것이다. 이 시기는 김형욱 전 중앙정보부장이 미국으로 망명한 뒤 미 의회 청문회에 출석해 박정희 정권의 부도덕성을 폭로할 때이고, 소위 '박동선 게이트' 사건이 터져 미국과 박 정권과의 관계가 껄끄러울 때였다.

또한 이 시기는 미국이 베트남전쟁의 수렁에서 빠져 나오기 위해 안간 힘을 쓰다 결국 패전의 쓴맛을 보면서 철수하는 때이기도 했다. 이때 존슨 행정부와 박정희 정권은 주한 미군 철수 문제를 놓고 신경전을 벌였다.

도나휴는 인터뷰에서 자신이 미 국무부 한국과장으로서 마지막에 한 일 은 "1977년 하비브 대사 및 브라운 미 합참의장과 함께 주한 미군 철수 문제 를 처리하는 것"이었다고 밝혔다.

2차 대전 당시부터 태국은 미국의 동남아 전략의 거점 국가였다. 미국은 이때부터 태국을 교두보 삼아 라오스, 캄보디아, 버마, 베트남 등 각국에서 공산주의 확산을 막는다는 명분을 내걸고 다양한 형태의 비정규전을 벌였 다. 이후 도나휴는 태국 주재 대사로 방콕에 부임해 이듬해인 1978년까지 머 문다. 한국통이었던 그가 태국 군부 인사들과 친분을 쌓고 태국과 접경을 이 루고 있는 버마 문제에 관여하게 되는 계기가 이때 마련됐을 것으로 보인다.

이후 그의 이력은 외교관에서 전략가로 변모한다. 과거에도 그는 정통 외교관이라기보다는 미 국무부나 한국 주재 미국 대사관에서 정치 또는 정 무 파트에서 경력을 쌓아 왔지만, 태국 주재 대사를 지낸 뒤부터는 아예 일 명 '폴-밀 게임Pol-Mil Game' 분야 전문가가 된다.

폴-밀 게임이라면 흔히들 '정치-군사 연습' 정도로 이해하지만, 실제로 는 약소국 정부 전복 및 적성국 지도자 암살 및 사주, 국가 테러, 심리전 차 원의 여론 조작, 전쟁 유발을 위한 양동작전 등 공개적이고 합법적으로 벌 일 수 없는 모든 더러운 공작이 그 범주에 들어간다. 캐나다 교포들을 유인 해 '전두환 시해 모의극'을 꾸미고, '광주 학살에 대한 북한의 응징'이라는 허구적 상상을 실제 사건으로 만들고, '동백림 사건'과 같은 간첩 조작극을 기획하는 것도 일종의 '폴-밀 게임'이다. 모두 라종일 씨가 말하는 "허구적 가능성"이 "사실이 될 수 있는"(『아웅산 테러리스트 강민철』 65쪽) 사건들 이다. 시야를 넓혀 보면, 1973년 9월 11일 칠레 군부의 쿠데타를 사주해 사회주의 정권의 지도자 살바도르 아옌데Salvador Allede 대통령을 살해한 것이나, 1976년까지 이탈리아에서 중도좌파 정권을 이끌며 공산당과의 연정을 꾀하다 미국의 미움을 산 알도 모로Aldo Moro 전직 총리를 납치해 살해한 것(1978년 5월), 1961년 케네디 정권 출범 직후 미 합동참모본부와 CIA가 벌인 쿠바 피그스만 침공 사건 등 수없이 많다.

도나휴를 이런 길로 이끈 이는 당시 미 국부무 폴-밀 전략 담당 차관보 자리에 있던 레스리 겔브Leslie Gelb였다. 도나휴는 겔브 바로 밑 폴-밀 전략 담당 부차관보가 됐다. 도나휴는 "이때 나는 남아시아를 떠나 다시 미국으로 돌아왔지만, 그것은 훨씬 큰 의미가 있었다"라면서 "동아시아는 이때 전쟁의 소용돌이에 빠져들고 있었고, '폴-밀'은 당시 동아시아 담당자들이면 누구나 관여했던 분야였다"라고 밝혔다.

그는 또 "핵무기 비확산이나 동맹 정책alliance policies, 즉 카터 행정부가 집중했던 문제들 가운데 하나는 내가 과거에 다뤄 보지 않았던 것들이었다"라고 덧붙였다. 카터가 대통령으로 재직하던(1977~1980) 1970년대 말 동아시아를 무대로 대외적으로 알려지지 않은 은밀한 작전들이 여럿 진행됐다는 말이다. 표현이 애매해 정확한 내용은 알 수 없지만, 위에서 '동맹 정책'은 비동맹운동과 관련된 문제를 뜻하는 것으로 보인다. 1970년대 말 미국의 최대 국제정치 이슈가 바로 핵무기 비확산 문제와 비동맹 문제였다.

이때 미국을 괴롭히는 비동맹 문제의 핵심은 바로 버마와 북한의 문제로, 미국은 이들 두 나라가 아시아와 아프리카 비동맹권 나라들의 맹주 역할을 하며 국제사회에서 주한 미군 철수와 유엔사령부 해체를 이슈화하는 것을 막는 데 혈안이 돼 있었음은 앞에서도 살펴봤다.

도나휴는 "내가 겔브 밑에서 폴-밀 전략 담당 부차관보로서 주로 한 일은 군사 원조 프로그램, 군수 통제, 무기 판매 전반의 통제와 관리였다"라고 설명했다. 그는 또 "나는 때때로 겔브 차관보의 분신alter-ego처럼 활동했다"라며 '폴-밀 전술'에 깊이 관여했음을 시사했다.

도나휴가 이런 '풀-밀 전술'에 관여하던 때는 1978년부터 1981년까지다. 그가 한창 '풀-밀 게임'에 몰두했을 1970년대 말 한국은 극심한 정치적 소용돌이에 빠져들었다. 라종일 씨는 이때를 가리켜 "유신체제가 심각한 위기를 맞게 된다. 이 위기는 파국으로 이어지고, 비극적인 상황을 맞게 된다"라면서 "특유의 전략을 구사할 기회"가 되고, "폭력의 행사가 정치적 게임의 중요한 전술적 요소로 등장"한다고 설명했다(『아웅산 테러리스트 강민철』, 47쪽). "폭력의 행사가 정치적 게임의 중요한 전술적 요소로 등장"할 때 한국은 정치적 소용돌이 속으로 빨려들어갔고, 이때가 바로 어떤 이들에게는 "특유의 전략을 구사할 기회"가 됐을 것이다.

도나휴는 레이건 정권 첫 해인 1981년 8월 미 국무부 동아시아담당 부차관보로 승진한다. 이때나 지금이나 미 국무부 동아시아국의 최대 현안은 바로 북한 문제다. 그가 미 국무부 동아시아국에 일할 때 아웅 산 묘소 테러 사건이 일어났고, 사건 발생 두 달 만인 1983년 12월 그는 버마 주재 대사로 부임한 것이다.

이상한 독백, "아웅 산 묘소 테러는 피할 수 없는 역사(役事)"

앞서, 라종일 씨가 아웅 산 묘소 테러에 대한 책임이 남과 북 모두에게 있다고 일관되게 주장하는 데 대해 의구심을 표시했다. 아웅 산 묘소 테러가 북한 소행이라고 주장하면서도 당당하게 "북한에게 책임이 있다"라고 말하지 못하는 이유가 의심스러운 것이다.

그런데 그와 비슷한 이야기를 하는 이가 또 있다. 바로 장세동 씨다. 그의 책『일해재단』에는 "분단된 조국의 원죄"라는 말이 여러 번 등장한다. 라씨는 장 씨의 책을 많이 인용하지는 않았지만, 그 논지는 거의 장 씨의 책과 동일하다. 강민철에 대해 이야기하면서 남북한을 가리지 않고 "조국"이나 "한국"이라는 용어를 사용하는 라 씨의 이상한 논리 전개 방식도 "분단된 조국이 원죄"라는 장 씨의 논지와 궤를 같이한다.

장 씨는 일해재단 설립의 의의를 설명하는 글에서 "결국 우리의 분단은 아웅 산 [묘소] 암살 폭발 사건, 그 비극의 연원(淵源)이었"다고 주장했다 (104쪽). 남북 분단 때문에 아웅 산 묘소 테러 사건이 일어났다는 주장이다.

그는 또 인명재천을 이야기하면서 분단된 조국의 원죄를 들먹였다. 그는 왜 이 끔찍하고도 해괴한 사건으로 정부 각료 4명 등 17명이 목숨을 잃은 것이 분단 때문이라고 이야기할까?

> 수많은 전장(戰場)의 현장에 있어 본 경험에 미루어 사실상 삶과 죽음의 선택은 애당초 인간의 몫이 아니라는 것을 알고 있다. 누가 먼저 죽자고 해도 안 될 일이요, 그 고비에서만은 빠져나오겠다고 발버둥 쳐도 안 될 일이 바로 그 일이다. 더구나 웃돈 얹어 줘 가며 죽음의 순서를 바꿔 보려고 해도 역시 안 되는 것은 인간이 마지막 순간을 선택하는 순서인 것이다. 다만 분명히 해 둘 것은 분단된 조국의 원죄(原罪)가 저 멀리 이민족이 살고 있는 남지나 해역에 까지 뻗쳐졌고, 그 민족을 향한 증오의 씨가 우리 국가로서는 대들보 같은 인재를 잃게 한 것이다.(94~95쪽)

위 인용문의 끝 문장은 『일해재단』 머리말에도 똑같이 나온다. 아웅 산 묘소 테러가 분단 때문에 일어난 일이라는 장 씨의 수상한 독백이나 그 사건의 책임이 남북한 모두에 있다는 라 씨의 주장은 이 사건이 북한 소행이라는 세간의 인식과는 상당한 괴리가 있다. 라 씨가 강민철에 대해 애틋한 연민을 표시하면서 그를 외면한 '조국'에 분노에 가까운 안타까운 심정을 토로한 것에 비추어 볼 때 강민철이 북한 공작원이 아닌 북파공작원이라는 심증을 갖게 한다는 점은 앞서 지적했다.

라 씨와 장 씨 등의 발언의 의미를 의심케 하는 표현은 또 있다. 장 씨가 거듭 이야기하는 '역사役事'라는 표현이 그것이다. 기독교인들에게는 매우 친숙한 표현이다. 교인이 아니더라도 "주(님)께서 역사하심으로 말미암아" 등등의 말을 들은 적이 있을 것이다. 인간의 능력으로는 이룰 수 없는 어떤 일을 신이 행한다는 의미다. 국립국어원의 사전은 이 단어를 이렇게 설명하고 있다. "(1)『건설』토목이나 건축 따위의 공사. (2)『기독교』하느님이 일함. 또는 그런 일. (3)『북한어』육체적 힘을 들여서 하는 일을 통틀어 이르는 말." 북한 소행으로 기정사실화돼 있는 사건을, 전후 최악의 비극적 사건을 가리켜 '역사役事'라는 말을 쓸 수는 없다. 그가 독실한 기독교 신자여서 이런 말을 무시로 쓰는 것일까?

장 씨는 『일해재단』(89쪽)에서 이렇게 밝혔다.

> 아웅 산 묘소 폭파 사건은 전두환 대통령의 암살을 목표로 한 아주 치밀하게 계획된 사건이었다. 과연 누가 이 견딜 수 없는 아픔을 주었는가. 우리 4천만이 함께 생각할 문제이고, 그 어떤 섭리(攝理)가 당시 국가원수의 최종적 불행함을 막고 우리의 국운(國運)을 지켜주었는가 하는 점을 생각해 본다. 그러나 그 불행과 섭리는 인간의 생각으로는 미루어 헤아릴 수 없는 불가사의한 것도 아니었고, 더구나 운명에 맡겨진 것은 더욱 아니었다고 생각한다. **분단 국가의 불행한 엄연한 역사적 현실로 '피할 수 없는 역사(役事)'** 라고 믿고 싶다.

"아주 치밀하게 계획된 사건"이라 해 놓고 왜 "피할 수 없는 역사(役事)"라 할까? 북한이 저질렀다는 아웅 산 묘소 테러 사건을 이야기하면서 이런 표현을 쓸 이유가 없는 것이다.

물론 그의 책『일해재단』은 아웅 산 묘소 테러가 북한 소행이라는 일관된 논지를 유지하고 있다. 그런데 그가 마치 독백 또는 고해하듯 "역사役事" 또는 "분단된 조국의 원죄" 운운할 때는 이 사건이 누가 저질렀다는 말인지를 분명하게 밝히지 않는다. "북한에 의해 아주 치밀하게 계획된" 또는 "북한에 의한" 등등의 표현을 쓰면서 역사役事 운운하면, '북한이 저지른 끔찍한 테러 = 역사役事'가 되기 때문이다. 아웅 산 묘소 테러가 북한의 소행임을 강조하려면 '역사役事' 운운하지 말아야 한다. 그런데 장 씨는 '역사役事'임을 강조하기 위해 '북한의 소행'을 드러내지 않고 있는 것이다.

'아웅 산 테러리스트 = 강민철' 공식을 유지하면서도 그에게 한없는 애정을 표시하거나 '북파공작원'이라는 말을 단 한 마디도 하지 않으면서 북파공작원들의 처절한 운명을 애통해하는 라 씨의 화술과 똑같은 괴이한 화술이다. 장 씨는 이렇게도 말한다.

> 운명이라고 체념하고 주저앉기에는 너무나 벅찬 미래의 역사가 우리를 채찍질하고 있었다. 그분들은 떠나셨지만 그 후 국력의 나래를 힘껏 펴는 대열에 전두환 대통령이 앞장서고 우리 모두는 함께 동참하고 따랐다. …… 분단이 아웅 산 참사를 낳았고 참기 어렵고 오묘한 주어진 역사(役事) 속에 많은 아픔이 잠기고 또 다른 과제를 남겼다.(93~94쪽)

아웅 산 묘소 테러가 북한에 의해 "치밀하게 계획된 사건"이 맞다면, 이는 "오묘한 주어진 역사役事"일 수 없다. 6·25전쟁을 '분단이 낳은 비극'이라고 하는 데 대해서도 이견이 분분한데, 하물며 "북한의 소행"이라고 못을 박아 놓은 아웅 산 묘소 테러 사건에 대해 '분단이 낳은 참사' 운운하는 용기는 어디서 나올까? 혹시 그가 '역사歷史'를 잘못 쓴 것이라면 그런대로 이해할 만도 하겠지만, 그는 분명 "役事"라고 한자를 병기해 놓고 있다. "끔찍하다"는 말 대신 "오묘한", "주어진"이라는 수식어까지 붙여가면서.

그런데 위 인용문 첫 문장에서 장 씨가 주장하는 "역사役事"의 의미를 찾을 수 있다. "운명이라고 체념하고 주저앉기에는 너무나 벅찬 미래의 역사가 우리를 채찍질하고 있었다." 아웅 산 묘소 테러는 우리(?)로 하여금 가슴 벅찬 미래로 나아가기 위한 일종의 자극제라는 말이다. 아웅 산 묘소 테러 사건은 대다수 국민에게는 민족적 비극이고 국가적 참사였지만, 어떤 이들에게는 위태로운 정권의 안정을 도모하고 흔들리는 분단 체제를 굳건히 하면서 '소수의 희생'을 바탕으로 새로운 민족적 도약과 국가적 발전으로 나아가기 위해서는 '불가피한' 역사役事였던 것이다.

그 '어떤 이들'에게 그 사건은 정부에 대한 국민의 비판 의식을 누그러뜨리고 국민들을 "총화단결"하게 하는 계기이기도 했다.

> 10월 12일 자『요미우리신문』은 미얀마 사건이 한국 국민의 총화단결 계기가 되었다는 긍정적인 기사를 게재했고, 10월 13일 자『데일리 미러』지는 전 세계에서 일어난 동정의 물결 속에서 한국은 잃은 것보다 얻은 것이 많다는 기사를 실었다. 이번 사건으로 북한이 공산주의와 사회주의 국가를 포함한 국제사회 전체로부터 테러 집단으로 규탄 받는 계기가 되었다는 게 보도의 핵심 요지였다. (송영식,『나의 이야기』, 215쪽)

장세동 씨는 2013년에 펴낸『역사의 빛과 그림자 — 버마 아웅산 국립묘지 폭탄테러사건』(맑은샘)에서도 매우 의미심장한 말을 남겼다. "대통령을 직접 겨냥한" 북한의 "암살 시도"의 예로 1968년 1월 21일의 청와대 사건(김신조 사건), 1970년 6월 22일의 국립묘지 현충문 폭파 사건, 1974년 8월 15일 육영수 여사 저격 사건(문세광 사건), 1981년 7월 8일 필리핀 골프장 테러 모의 사건(최중화 사건), 1983년 버마 아웅 산 묘소 테러 사건을 든 뒤에, 이렇게 말했다. "1974년 영부인을 한순간에 잃었을 때에도, 그리고 1983년 국가의 각료들이 한꺼번에 순국하는 처참한 결과에도 우리는 인내하여 이 땅에서의 전쟁을 억제해 왔다. 이러한 인내와 지원에 대한 보답이 천안함 폭침이고 연평도 포격이고 핵 위협이라면, 이쯤 해서는 한 번은 단단히 생각해 봐야 할 것이다."(22~23쪽) 북한이 저질렀다는 이러저러한 사건을 열거한 뒤 덧붙인 "이쯤 해서는 한 번은 단단히 생각해 봐야 할 것이다"라는 말이 무슨 뜻인지 짐작하는 것은 어렵지 않다. 그가 이처럼 '보복'이나 '응징'을 위한 또 다른 사건을 암시한 지 3년여가 흘렀다.

버마 아웅 산 묘소 테러 사건 관련 일지

1982년

5월 말 전두환 대통령 서남아 4개국(인도 · 오스트레일리아 · 뉴질랜드 · 파푸아뉴기니) 순
　　　방 계획 수립.

6월 1일 전두환 대통령, 서남아 순방 일정 총괄하던 노신영 외무부장관에게 국가안전기획
　　　부장 맡으라고 권유. 다음 날, 노신영 장관은 고사하려 대통령 면담 대기 중 방송에 '노
　　　신영 안기부장 발령' 보도.

9월 우 칫 라잉 버마 외무부장관이 한국을 방문해 우 산 유 대통령이 전두환 대통령을 버마
　　　에 초청하고자 한다는 의사 전달.

1983년

5월 말 대통령 서남아 순방 일정에 버마를 추가하라는 "청와대의 지시" 하달. 외무부 아주
　　　국 등 인력 물갈이.
　　　같은 시기, 버마 군정보국장 우 틴 우 장군 숙청과 동시에 군정보국 조직 해체. 버마의
　　　보안 및 치안 시스템 무력화.

5월 21일 버마 주재 한국 대사관에 전두환 대통령 방문에 필요한 치안과 시설 등 제반 여건
　　　보고하라는 '친전 훈령'. 당일 이계철 대사와 송영식 참사 긍정적 회신.

5월 26일 '10월 8(토) ~ 10월 11일(화) 일정 전두환 대통령 국빈 영접' 가능성 극비리 타진
　　　하라고 지시하는 두 번째 '친전 훈령.'

5월 31일 우 틴 툰 버마 정무총국장, 이계철 대사에게 전두환 대통령 방문 진심 환영 통보.

8월 5일 버마를 첫 기착지로 하는 서남아 6개국 순방 일정 발표.

9월 15일 북한 선박 동건애국호 버마 랭군항 입항.

9월 22일 대구 미 문화원 폭탄 테러.

10월 9일 아웅 산 묘소 테러 발생.

10월 10일 이원경 특사, 주동원 정보문화 국장, 문영구 총무처 소청심사위원장과 외무부 직
　　　원 2명, 총무처 직원 3명, 장의사 4명, 버마 입국(15시 20분). 심기철 말레이시아 주재
　　　대사 버마 입국(16시 15분).

10월 11일 박세직 안기부 차장을 포함한 14명의 신상조사단(안기부 7명, 치안본부 5명, 육

군 2명) 버마 입국.

이원경 특사, 우 칫 라잉 버마 외무부장관 면담.

버마 정부 특별 성명, 용의자 1인 사살과 1인 체포.

한국의 진상조사단, 사살자 사체와 유류품 확인.

문기열 방글라데시 주재 대사, 버마 도착.

우 칫 라잉 외무부장관 등 버마 정부 조문 사절단 방한.

10월 12일 송영식 참사관을 제외한 버마 주재 한국 대사관 직원들 귀국. 심기철 말레이시아 주재 대사와 이원경 특사를 수행한 박태희 외무부 서기관 버마 잔류.

버마 수사 당국, 용의자 1인 체포.

한국 진상조사단, 생포 용의자 소지 권총 감정.

10월 13일 한국 진상조사단, 버마 조사위원장 민 가웅 내무종교장관 면담, 증거품 보관 등 기술적 협력 논의.

한국 진상조사단, 1978년부터 1983년 사이 한국 정부가 노획한 북한 공작원 장비 131점과 북한 공작원 침투 사건별 획득 장비의 사진, 사살 및 자폭한 간첩의 사진들 제공.

10월 15일 버마 수사 당국, 송영식 버마 주재 한국 대사관 참사관과 무관(박원용?)을 사건 조사 청문회에 출두하게 함. 아웅 산 묘소 폭파 사건이 한국의 자작극인지 의심하는 질문.

10월 17일 버마 정부, 중간 수사 결과 발표. 체포된 2인과 사살된 1인 등 합계 3인의 "코리언"이 이번 사건의 범인들이라고 단정. 국적이 남한인지 북한인지는 밝히지 않음.

송영식 대사 대리, 틴 툰 버마 정무총국장 만나 심기철 대사의 외무부장관 특별대표 임명 사실 통보, 범인 합동 심문 가능성 타진.

10월 18일 국가안전기획부 대공수사국 성용욱 국장과 한철음 과장 버마 급파.

10월 19일 심기철 특별대표와 박세직 진상조사단장, 버마 외상 면담. 박 단장이 계속 요청해 온 범인 면담 일주일 뒤 가능하도록 하겠다고 약속.

10월 25일 한국을 포함한 각국 대표들 병원에서 강민철 면담. 강민철, "서울에서 왔다"라고 진술. 국가안전기획부 성용욱 대공수사국장, 강민철에게 "어떻게든 살아야 하지 않겠느냐"라고 말함.

10월 28일 한국 측, 범인 심문을 재차 요청. 버마 측, 거부.

11월 2일 버마 측, 한국 측의 범인 진술 내용 확인 결과를 외교공한으로 요청.

11월 3일 한국에서 보내 온 북한 공작원 노획 장비, 각종 테러 사건 사진첩, 신문기사 등의 자료를 버마 측에 전달. 강민철, "북한 공작원"이라고 자백(?).

11월 4일 버마 정부, 송영식 대사 대리에게 강민철 조사 결과 통보. 수사 종결 발표. 북한과의 외교 관계 단절 발표. 북한 외교관들에게 48시간 내 출국 명령. 전두환 대통령, 네 원의장에게 감사의 친서 전달.

11월 6일 버마에 주재하던 북한 외교관과 그 가족들 강제 추방.

11월 10일 북한 주재원들이 떠난 빈집에서 현장검증. 강민철 등이 2주간 머물면서 남겼다는 빈 맥주병 등 수거.

11월 22일 아웅 산 묘소 폭발 테러 사건의 범인으로 체포된 용의자 2인에 대한 재판 절차 개시. 양곤지방재판소(1심 법원)의 특별법정으로 양곤의 육군 시설에 재판소 설치. 경찰 측은 용의자 2인의 신원을 북한군 진모 소령(30), 강민철 대위(28)라고 발표.

11월 30일 제7차 공판을 끝으로 검찰 측 증인 심문 종료.

12월 3일 다대포에서 '간첩' 생포.

12월 6일 제9차 공판. 양곤 지방재판소(1심 법원) 재판장, 피고인에 대해 유죄를 선고. 진모 소령은 시종 묵비권 행사, 강민철 대위는 죄목 인정.

12월 9일 사건 발생 두 달 만인 9일 랭군지구 인민법원 제8특별재판부의 마지막 10차 공판. 피고인 2명에게 법정 최고형인 사형을 선고.

12월 15일 피고인 강민철 대위 버마 중앙법원(최고재판소)에 상소. 진모는 상소 포기.

1984년

1월 11일 최고 재판소, 재판 개시.

2월 9일 피고 강민철 대위 상소를 기각, 사형 판결 확정.

10월 3일 『동아일보』 유엔보고서 내용 보도, 「폭파 참사 1주 맞아 버마, 랭군 범인 구명 탄원 곧 처리 ― 강철민[강민철]만 감형 가능성」.

1985년

4월 22일 진모 처형 보도. 공식적으로 확인된 바는 없음.

2007년

4월 26일 미얀마 ― 북한, 외교 관계 복원

2008년

5월 20일 AP통신, "소식통" 인용해 강민철 사망 보도. 공식적으로 확인된 바는 없음.

후기

연극의 세 요소. 희곡, 배우, 관객.

아웅 산 묘소 테러는 이 세 요소를 모두 갖추고 있다. 버마와 한국의 권력 핵심부를 주인공으로 하는 세계사적 '희곡'이 쓰였고, 1983년으로부터 지금까지 30여 년간 수많은 '배우'가 대를 이어 무대에 오르고 있고, 역시 30여 년 동안 연인원 수억 명의 '관객'이 관람하는 연극이다.

그러나 과연 희곡 작자가 누구인지는 밝혀지지 않는 연극이다.

북한이 쓰고 연출했다? 북한이 왜? "광주 학살을 자행한 전두환을 응징하기 위해 그랬다더라"는 그럴듯하게 들리는 해설이 있다. 치밀하게 작전을 수행하고 — 꽝 하는 순간의 쾌감을 맛보았다 치고 — 둘도 없는 비동맹 형제국 버마로부터 절교 선언을 당하면서 국제사회의 미아로 전락하는 등 가진 모든 것을 잃었다?

북한의 지도부를 구성하는 이들은 그렇게 어리석지도 않고 무모하지 않다. 미국의 포위망을 뚫기 위해 수십 년 공들인 탑을 하루아침에 무너뜨리고 미국과 그 하위 동맹국들을 환호작약하게 만들 일을 스스로 벌였을까?

그래서 '맹동주의자들'을 들먹인다. 고도의 집단이성이 작동하는 조직 내부에도 미치광이들이 제멋대로 날뛸 수 있다는 것이다. 그런 자들이 청와대를 기습하는 1968년 1·21 사건을 벌였다 떠벌리면서, 1983년에도 똑같은 일을 벌였을 것이라고 말한다. 거기에다 1980년 '광주사태'라는 반민주적 사건에 대한 '동족으로서의 응징'이라는 해괴망측한 궤변이 곁들여진다.

그런데 이처럼 교묘하고 기상천외한 궤변으로 여론을 조작하면서 우리 역사에 추악한 상처를 남기는 대서사극을 쓸 수 있는 자들은 누구일까? 아웅산 묘소 테러 사건의 진상과 진실은 왜 밝혀지지 않는 것일까?

도무지 앞뒤가 맞지 않는 '공식 결론'을 정부가 인정하고 몇몇 나라가 인정했다는 이유만으로 사건에 대해 의문을 제기하는 것조차 불온시하는 적극적 조작과 은폐 시도가 있었기 때문이었다.

물론 이런 적극적 조작과 은폐는 '그저 그랬으려니' 하거나 '그랬거나 말거나' 하는 식의 사회적 무관심과 방관을 밑바탕에 깔고 있을 것이다. 무관심과 방관은 부도덕하면서도 가혹한 체제에 순응하며 살아남으려는 생존의 전술이기도 하다. 적극적 조작과 은폐가 필요조건이라면 방관과 무관심은 충분조건이다.

이처럼 적극적으로 진실을 은폐하려는 세력은 솔직한 의견을 제시하고 사건의 정확한 진상을 알고자 하는 인간 본연의 몸부림을 음흉한 목적을 띤 '이적 행위'로 몰고, 그런 의견들로 인해 자신들의 주장이 엉터리라는 사실이 드러날 때면 즉시 '빨갱이'로 본다.

그 전형이 있다. 걸핏하면 '북한의 사주' 또는 '종북'이라는 딱지를 붙이는 전형적 수법. 어느 신문 사설(2015년 3월 17일). 제목은 "아웅 산·KAL부터 천안함 의혹설까지 남엔 박薄하고 북엔 후厚한 조작설의 역사".

> 1983년 아웅 산 폭파 사건이 있었다. …… 이 사건이 북한의 특수 공작원에 의해 저질러진 것임을 공시발표했다. 북한은 부인했다.

그때 한국 내 일부 세력이 이 사건을 정권에 의한 조작 사건으로 규정했다. 범인 강민철의 자백은 옥사(獄死)할 때까지 일관됐다. 그래도 국내 조작설은 수그러들지 않았다. 1987년 KAL 858기 폭파 사건 때도 비슷했다. 115명이 사망한 이 사건의 범인으로 김현희가 체포됐다. 범행 일체를 자백했다. '88서울올림픽 참가 신청 방해를 위해 대한항공 여객기를 폭파하라'는 김정일(金正日)의 친필 공작 지령을 받았다는 사실도 공개됐다. 하지만 북한은 부인했다. 국내에서는 또 조작설이 등장했다. 김현희는 지금도 '내가 범인이다'라고 주장하고 있다. 하지만 조작설은 '김현희는 가짜'라며 이를 믿지 않는다. 남한 발표엔 박(薄)하고, 북한 주장엔 후(厚)한 역사다. 결정적 증거는 대지 못하고 의혹의 나열만으로 이어져 온 조작설의 역사다. 그런데 그 역사가 또 반복되고 있다. …… '진실'은 증거가 제시돼야 한다. 천안함 의혹에 대한 스모킹 건 (Smoking Gun: 결정적 증거)이 하나라도 나왔어야 한다. 그런 목소리를 윽박지르거나 진실을 억누를 시대도 아니다. …… 32년을 이어온 아웅 산 조작설의 역사. 28년을 이어온 KAL 조작설의 역사. 지금의 천안함 의혹설과 무엇이 다른가. 듣는 중간자들의 눈엔 똑같이 '증거 못 대는' 조작설의 역사일 뿐이다.

매우 점잖아 보인다. "그런 목소리를 윽박지르거나 진실을 억누를 시대도 아니다." 역설법이다. 정부의 공식 발표를 부정하고 의심하는 것을 '조작'이라고 말하는 역설. 1970~80년대 수없이 자행된, 그래서 2016년 현재까지도 대법원 판결로 국가가 배상금을 물어야 하는 수많은 '국가적 조작의 역사' '국가범죄의 역사'를 도외시하고, 정부가 발표한 수상쩍은 사건들을 의심해 온 것을 '조작의 역사'라고 되받아치는 역공!

저들이 짐짓 점잖을 빼는 얼굴을 하고는 어떤 짓을 하고 있는지 우리는 너무도 잘 알고 있다. 도청과 감시, 추적과 미행을 일삼으며 호시탐탐 정치적 소수자를 찾아 국가와 법의 테두리 밖으로 몰아내려 안달하고 있음을.

저들이 말하는 '결정적 증거'란? 북한이 아닌 다른 누군가 아웅 산 묘소 테러를 저질렀다는 것을 증명할 결정적 증거? 우리가 처한 현실에서 그런 증거를 찾아내기란, 내게 내가 아닌 증거를 대라는 것 만큼이나 어려운 일이다.

국가나 정부가 A가 범인이라고 공식 발표한 사건을 재수사하면 B가 범인인 경우도 있고 피해자가 자작극을 벌인 경우도 얼마든지 있다. 피해자인 척 고통스러운 표정을 짓지만, 정작 피해를 보기는커녕 어마어마한 이익을 챙기고 누리는 경우다.

또 어떤 주장이 너무 터무니없다면, 또 그런 주장 속에 담긴 말들이 서로 아귀가 맞지 않는다면, 또한 그런 아귀가 맞지 않는 주장을 퍼뜨리고 있다면, 그 주장과 그 주장을 펴는 이들을 의심하는 것은 당연하다.

저들이 말하는 '공식 발표', '국가 인정', '국제사회 확인' 따위는 국제사회를 관객 삼아 올린 한 편의 연극 무대에 등장한 배우들의 대사일 뿐이다. 희곡, 배우, 관객 등 연극의 세 요소를 완벽하게 갖춘 아웅 산 묘소 테러는 피해자연하는 쪽(남한)이 가해자가 되어야 하는 쪽(북한)이 갖고 있던 모든 것을 빼앗은 사건이다. 완전한 제로섬게임이다. 그런데 그런 게임의 패자가 될 수밖에 없는 쪽이 게임을 벌인 것으로 돼 있다. 지기 위한 게임을 스스로 벌였다는 궤변이다.

진상을 보려는 의지가 없이는 보이지 않는다. 또 그 진상을 밝히는 데는 엄청난 용기가 필요하다.

어떻게든 사건을 은폐하고 조작하려는 자들에게는 자신들이 감추고자 하는 어떤 사건의 진상을 들춰내려는 '정치적 소수'는 '적'이나 다름없다. 어떻게든 그를 적으로 몰아세우려 할 것이다.

역사는 반복된다는 말이 있다. 한 번은 비극으로, 또 한 번은 희극으로.

그런데 어떤 인위人爲가 개입되면 반복되는 역사는 비극과 비극 또 비극으로 점철될 수 있다. 그런 조짐이 보인다.

2016년 가을 '최순실 사건'이 불거지기 몇 달 전 박근혜 정권은 꼭 1983년 상황을 재연할 듯한 분위기를 연출하고 있었다.

대통령이 아프리카를 순방하며 우간다로 하여금 북한과의 외교 관계를 단절하게 했고, 언론은 이를 대단한 성과인 양 떠벌리고, 외교부장관 윤병세는 쿠바를 방문해 외교 관계 복원 의사를 전달했다. 이 역시 북한의 고립을 겨냥한 것임은 불문가지.

아웅 산 묘소 폭파 사건 이후 '늑대 사냥'이라는 이름의 북한 고립 외교전을 펼쳤던 때와 흡사하다.

미국 쪽에서는 북한을 다시 '테러 지원국'으로 지정해야 한다고 주장하고 있다. 아웅 산 묘소 테러 사건 이듬해부터 저들은 북한을 테러 지원국으로 몰아가려 했고, 2년여 뒤 '김현희 사건'이 발생하면서 마침내 북한은 미국에 의해 '테러 지원국'으로 지정됐다. 그리고 20년 뒤, 아웅 산 묘소 테러 사건의 '시효'가 만료돼 북한과 미얀마가 국교를 회복한 이듬해 그 명단에서 북한이 빠졌다. 그런데 지금 다시 북한을 '테러 지원국'으로 지정하려는 움직임이 일고 있는 것이다.

아웅 산 묘소 사건이나 천안함 사건과 같은 기상천외한 사건이 또 벌어질지 모른다는 불안에 휩싸인다. 굳이 후기를 붙이는 이유다.

2016년 12월에

강진욱

『연합뉴스』에 민족뉴스취재본부가 있던 호시절에 북한부와 남북관계부에서 7년 정도 근무했고, 그 전후 몇 년 외신부에서 근무하면서 분단 체제의 모순을 제대로 깨달았다. 대학에 입학하던 1983년 버마 아웅 산 묘소 테러 사건이 일어나고 대학을 졸업한 1987년 김현희 사건이 일어난 것 역시 이 땅의 모순에 눈뜨는 계기가 됐을 것이다. 어쩌면 이들 사건을 통해 깨달은 이 땅과 세계의 모순에 대한 고민은 유전자처럼 육신을 지배했는지도 모른다. 아웅 산 묘소 사건 현장에서 카메라를 들었던 언론계 대선배를 북한부 기자 시절 찾아간 것이나, 30여 년이 지나 이 사건에 대해 책을 내게 된 것도 바로 그 때문이 아닐까? 2015년 5월 충남 홍성 주재 기자로 발령을 받았고 6개월 뒤인 그해 11월부터 안양 주재 기자로 있다. kjwook1125@naver.com

1983 버마

저자 강진욱
펴낸곳 | 박종철출판사
주소 | (10497) 경기도 고양시 덕양구 화중로104번길 28. 704호(화정동 씨네마플러스)
전화 | 031-968-7635(편집), 031-969-7635(영업), 031-964-7635(팩스)
신고번호 | 제 2013-000045호
신고연월일 | 1990년 7월 12일

초판 1쇄 발행일 | 2017년 6월 10일

값 20,000원

ISBN 978-89-85022-81-1 03340